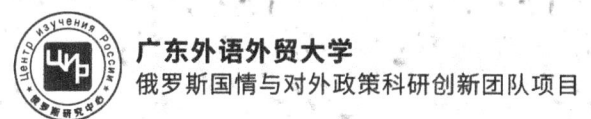

广东外语外贸大学
俄罗斯国情与对外政策科研创新团队项目

第三辑

俄罗斯对外关系发展研究

主　编·王树春 / 江洪飞
副主编·曹　聪 / 林尚沅

时事出版社
北京

图书在版编目（CIP）数据

俄罗斯对外关系发展研究.第三辑／王树春，江洪飞主编. -- 北京：时事出版社，2025.3. -- ISBN 978-7-5195-0640-7

Ⅰ.D851.22

中国国家版本馆 CIP 数据核字第 2024HE7397 号

出 版 发 行：时事出版社
地　　　　址：北京市海淀区彰化路 138 号西荣阁 B 座 G2 层
邮　　　　编：100097
发 行 热 线：（010）88869831　88869832
传　　　　真：（010）88869875
电 子 邮 箱：shishichubanshe@sina.com
印　　　　刷：北京良义印刷科技有限公司

开本：787×1092　1/16　印张：28　字数：430 千字
2025 年 3 月第 1 版　2025 年 3 月第 1 次印刷
定价：218.00 元

（如有印装质量问题，请与本社发行部联系调换）

前　言

本书是师生共同研究俄罗斯对外关系的学术成果，是《俄罗斯对外关系发展研究（第一辑、第二辑）》的延续，也是本系列最后一本研究成果。

近年来，全球局势发生了重大而深刻的变化。俄罗斯作为一个大国，其自身对外政策的变化特别引人关注。在本丛书第一辑、第二辑内容基础上，我们根据国际局势的最新变化和俄罗斯对外政策的最新调整作出了内容更新与补充，以便读者能够更好地理解俄罗斯与其他国家在当今世界中的互动关系。

本人已在俄罗斯问题研究与教学工作上耕耘了30余年，一直致力于将教学与科研相互结合，以实现教学经验启发科研方向、科研成果反哺教学实践的良好互动。在课堂上，本人向学生详细讲解了俄罗斯的历史、文化、政治、经济和对外政策，帮助他们更好地理解这个国家在国际事务中的作用。本人讲授的"俄罗斯问题研究"课程先后被评选为广东省级一流课程、国家一流课程。在时间的沉淀下，本人凭借着这些教学尝试和多年的科研积累，编写了这套丛书的第一辑和第二辑，在此基础上，通过又一次进行完善与更新，我们整理出俄罗斯对外关系发展的最新变化。希望这些资源可以为读者提供最新的研究视野，帮助他们更好地理解和分析俄罗斯对外政策的现状与未来趋势。

本书的主题是俄罗斯对外关系研究，通过整理俄罗斯独立以来不同时期的对外政策变化，我们在总结变化的基础上发现其规律。本书结构大致为俄罗斯与独联体国家的关系、俄罗斯与西方国家的关系以及俄罗斯与亚洲、美洲和非洲国家的关系及附录。

本书的具体分工如下：全书的框架设计、选题的确定、课上的交流和课后的指导均由本人负责；每篇文章由本人的学生团队的专题小组具体负责；文章的润色与修改由本人带领江洪飞博士、曹聪博士、林尚沅硕士完成。

　　感谢所有给予本人支持与帮助的人！编写这本书不仅需要本人多年来积累的学术经验和研究成果，也离不开那些支持本人教学与科研工作的可亲可爱的学生们！此外，也要感谢时事出版社对本书的支持和协助，帮助我们将研究成果传播到更广泛的读者群体中去。同时，也期待着国内外学者与广大读者的批评指正。

王树春　于白云山下寓所
2024 年 8 月 8 日

目录 contents

俄罗斯与独联体国家关系

冷战后俄乌关系演变：回顾与展望 ………… 殷晓镕　江洪飞 / 003
俄白联盟发展及前景 ………………………… 许庭芳　江洪飞 / 027
冷战后俄哈关系：回顾与展望 ……… 林佩纯　王佳浩　曹　聪 / 044
冷战后俄格关系特点及态势 ………………… 许　汶　曹　聪 / 065

俄罗斯与西方国家关系

冷战后俄欧关系的发展态势和特点 ………… 叶杰雯　林尚沅 / 105
冷战后俄罗斯对美国政策的演变及前景
　展望 …………………………… 邓芷怡　赖骏晖　林尚沅 / 128
冷战后俄法关系分析：回顾与展望 ………… 叶文珏　林尚沅 / 146
冷战后俄罗斯对德政策分析 ………… 杨漫雪　陈梓航　李天赐 / 165
美俄间网络战分析与展望 …………………… 李　玥　林尚沅 / 188

俄罗斯与亚洲国家关系

冷战后的俄日关系：回顾与展望 …… 谭雅轩　林沁霓　曹　聪 / 231

冷战后俄印关系发展：回顾与展望 …………… 叶晓琳　曹　聪 / 251
21世纪以来中俄农业合作关系探析 …………… 秦晟贤　江洪飞 / 275
冷战结束以来俄土关系变化发展动因探究与前景
　　展望 ………………………………………… 罗祎麒　江洪飞 / 296
冷战后俄叙关系发展态势及前景展望 ………… 梁海瑶　曹　聪 / 315

俄罗斯与拉丁美洲国家关系

冷战后俄罗斯对委内瑞拉政策分析 …………… 余尚恩　江洪飞 / 343
冷战后俄巴关系：回顾与展望 ………………… 郭丽日　曹　聪 / 370

俄罗斯与非洲国家关系

俄罗斯对非洲政策变化的动因探究与前景展望…… 余　悦　林尚沅 / 389

附　录

2023年俄罗斯对外关系大事记 …… 张　康　董芬芬　黄嘉妍　马闻政 / 419

俄罗斯与独联体国家关系

冷战后俄乌关系演变：回顾与展望

殷晓镕　江洪飞[*]

【摘　要】 从1991年到2024年，俄乌关系走过了三十余年风雨历程。三十余年间，俄乌关系在内外因素以及历史传统的影响下处于曲折发展的状态。一方面，两国在双边和地区层面上的某些特定领域取得了一定的合作成果，两国关系有所发展；另一方面，两国由于历史遗留问题以及民族问题时常产生纠纷。在国家利益方面，俄乌双方的冲突虽然有所缓和但始终得不到根本解决，矛盾不断激化，于2022年再次爆发严重冲突。处在全球化日益加深的时代，大国竞争和地缘争斗加剧，俄乌两国关系必然处于曲折发展状态，尤其是在2022年俄乌冲突爆发以来，俄乌双方应该尽快基于共同利益诉求，进行和平谈判以结束战争。

【关键词】 俄罗斯　乌克兰　俄乌关系

苏联解体后，俄罗斯和乌克兰相继独立，两国开始建立双边外交关系。三十余年来，由于历史遗留问题以及各自国家利益的冲突，两国虽在总体上不断努力促进发展友好和平关系，但两国冲突矛盾始终没有停止。俄乌两国双边关系发展曲折，双方在推动经贸、政治、能源、军工等领域深入合作的同时在地缘政治、国家安全等方面存在较大分歧，两国关于苏

---

[*] 殷晓镕，广东外语外贸大学国际关系学院国际政治专业2021级本科生；江洪飞，广东外语外贸大学西方语言文化学院俄语语言文学专业2021级博士研究生。

联历史遗产的纠纷持续不断，在外部势力的不断挑拨影响下，俄乌两国关系很难长期保持在相对良好和平的状态。对于俄乌两国来说，毫无疑问，需要正视影响两国关系的问题与冲突，尽力沟通协调、求同存异，深挖经贸合作潜力，拓展两国合作的方向和道路，努力深化双边合作和地区合作；两国要凝聚共识，加强和平协商与战略互信，尽力推动两国关系向和平发展。但是，不可置疑的是，在未来很长一段时间内，两国在国家战略和利益上仍然存在较尖锐的矛盾与分歧，尤其是目前俄乌冲突并未结束的情况下，两国关系未来的走向仍然不明朗，地区冲突爆发的概率仍然较大。未来，两国的冲突矛盾或大于和平共处。但是，从长期来看，两国关系再次修好的潜力较大，和平与合作仍然是两国互惠互利的关键。

一、俄乌关系发展回顾（1991年至今）

三十余年来，俄乌两国在双边层面和地区层面的关系曲折发展，合作与冲突并存。自1997年两国签署《俄乌两国友好合作伙伴关系条约》以来，两国保持了较长时间的和平友好关系。双边层面上，俄乌努力促进两国政治关系友好发展，关注两国经济发展的互补性，以政治伙伴为纽带推动经济领域以及军工领域合作的深入。地区层面上，俄乌两国重视独联体的发展，共同推动独联体和平友好建设，着力借助周边地区的条件发展经济贸易，推动"四国统一经济空间"的建设以促进多边贸易。值得关注的是，在维持友好关系的进程中，始终是俄罗斯占据主动角色，乌克兰从未真正靠向俄罗斯。因此，由于历史纠葛、地缘政治纷争等因素，2003年以来，两国矛盾愈发激烈，双边关系曲折反复，尤其是2014年乌克兰危机之后，两国关系进一步恶化，至今仍未得到妥善修复。总体上看，俄乌较为辗转反复的政治关系极大影响了两国在其他领域正常的交往与合作。同时，两国在地缘政治和国家安全上始终存在冲突，苏联历史遗留如黑海舰队、克里米亚等问题一直影响两国关系的深化。

（一）双边层面

1. 经济领域

第一，俄乌两国在很长一段时间内互为对方主要贸易市场，以及在独联体内的第一大贸易伙伴。苏联解体之后，俄罗斯试图与美国建立"成熟的战略伙伴关系"[1]的构想偏离实际，因而俄罗斯将战略重点转向独联体国家，优先发展与独联体国家的关系，其中最为突出的是俄乌经贸往来。1996年，两国贸易额达180亿美元，占乌克兰出口贸易的一半。[2] 1998年，两国签署"1998年至2007年经济合作条约"。2001年，乌克兰就成为俄罗斯在独联体国家中第一大贸易伙伴。尽管2004年乌克兰境内爆发"橙色革命"，乌克兰与俄罗斯仍然保持高额贸易量，乌克兰仍然是俄罗斯在独联体国家中的第一大贸易伙伴。在亚努科维奇时期，两国政治关系的好转为经济合作提供了契机，俄罗斯与乌克兰的经贸关系回暖。截至2009年，双边的贸易总额达到371.87亿美元，同比增长61.9%。随着愈发频繁的贸易往来，俄罗斯对乌克兰的贸易比重从此前的1/4增加至1/3，同时乌克兰对俄罗斯的贸易额占比也由原来的4.9%上升到6%。[3] 2014年乌克兰危机后，两国政治关系的恶化致使经贸合作受阻。2014年，俄乌贸易额下降50%，当年俄罗斯不再是乌克兰最大的贸易市场。[4] 此后，尽管俄乌紧密的贸易伙伴关系遭受严重冲击，但双边贸易并未断绝。俄罗斯仍然是乌克兰最大的贸易伙伴，两国双边货物贸易额为123.15亿美元，俄罗斯是乌克兰最大的商品出口市场，乌克兰对俄罗斯出口48.3亿美元，占乌克兰出口总额的12.67%。[5] 2020年，乌俄双边贸易额为56.41亿美元，同比

---

[1] ［美］兹比格纽·布热津斯基著，中国国际问题研究所译：《大棋局：美国的首要地位及其地缘战略》，上海人民出版社1998年版，第129页。
[2] 徐晓冬：《浅析"橙色革命"以来的俄乌关系》，《内蒙古民族大学学报》2008年第3期。
[3] 张蒙蒙：《后乌克兰危机时期的俄乌关系研究》，新疆大学2018年硕士学位论文。
[4] 吕明慧：《苏联解体后俄乌政治关系研究》，黑龙江大学2015年硕士学位论文。
[5] 《乌克兰的对外经贸关系》，国际贸易投资网，http://www.china-ofdi.org/ourService/0/4181。

下降 15.4%，但俄罗斯仍然是乌克兰第二大贸易伙伴国。① 2022 年俄乌冲突爆发，与俄罗斯进出口保持增长的国家共 36 个，乌克兰成为与俄罗斯进出口增速最低的国家，累计下降 63.6%。

第二，能源合作道路曲折。俄乌两国长期保持着能源合作，但合作道路曲折。乌克兰对俄罗斯能源依赖度极高，但是两国能源贸易关系发展较为动荡。② 2004 年前，俄罗斯对乌克兰供气价格为 50 美元/千立方米；2005 年后，俄方将天然气价格提高到 95 美元/千立方米；2011 年时，俄乌天然气价格几乎与欧洲持平。此后，天然气价格一路飙升，甚至高于出口到欧洲其他国家的价格。③ 2012 年，俄罗斯对乌克兰供气价格升至 430 美元/千立方米。④ 2013 年，供气价格下调至 268.5 美元/千立方米；2014 年乌克兰危机爆发，俄罗斯对乌克兰供气价格再次上调 44% 至 385.5 美元/千立方米；⑤ 2022 年，俄乌冲突爆发，俄罗斯天然气出口价格飙升至 730 美元/千立方米。此外，俄罗斯对欧出口能源需要借助乌克兰境内管道。苏联解体后，直到 21 世纪初，俄罗斯流入欧洲的天然气中仍有约 85% 是过境乌克兰的。⑥ 乌克兰境内的俄气过境管道共有 12 条，乌克兰境内管道向欧洲输送天然气总运力为 1460 亿立方米/年。⑦ 英国石油公司数据显示，2000 至 2020 年俄欧天然气交易总额约占世界天然气交易额的 15.5%。2000 年俄罗斯出口至欧洲的天然气为 1300 亿立方米，2018 年增加到 2000

---

① 《俄保持乌第二大贸易伙伴国地位》，中华人民共和国商务部，2021 年 1 月 26 日，http://www.mofcom.gov.cn/article/i/jyjl/e/202101/20210103034640.shtml。
② 赵婧芳、吴志勤、孙竹：《俄乌天然气贸易关系及博弈》，《国际经济合作》2015 年第 10 期。
③ 数据来源：BP Statistical Review of World Energy, June 2004-2012。
④ 《乌克兰改从西欧进口天然气》，中国国家能源局，2012 年 11 月 28 日，http://www.nea.gov.cn/2012-11/28/c_132004266.htm#:~:text=%E6%A0%B9%E6%8D%AE%E5%8D%8F%E5%AE%9A%EF%BC%8C%E4%BE%9B%E6%B0%94%E5%A7%8B%E6%96%B9E7%B1%B3430%E7%BE%8E%E5%85%83%83%E3%80%82。
⑤ 《俄罗斯对乌克兰天然气供应价格上调四成》，第一财经官网，2014 年 4 月 1 日，https://www.yicai.com/news/3657595.html。
⑥ 方瑞瑞、冯连勇：《过境乌克兰的俄罗斯天然气管道为何能够坚挺运行?》，《能源》2023 年第 2 期。
⑦ 梁萌、张奇、白福高、张燕云、孙姿、彭盈盈：《乌克兰油气储运系统与过境运输启示》，《油气储运》2021 年第 6 期。

亿立方米，相比2000年增长了54%。①欧洲每年从俄罗斯进口天然气由乌克兰境内管道的转运量高达50%以上。2022年5月俄乌冲突进一步升级以来，乌克兰停止通过东部卢甘斯克向欧洲转运天然气，该路线所转运的天然气几乎占通过乌克兰运往欧洲天然气最大量的1/3。俄乌能源博弈过程中引发了多次"天然气之争"，严重损害俄乌欧三方利益。在三方促使下，2009年1月12日，俄罗斯、乌克兰、欧盟签署天然气过境供应监测协议。2009年1月19日，俄乌两国签署2009—2019年天然气购销合同，并且两国于2019年12月19日在德国柏林就俄罗斯天然气过境乌克兰达成原则性协议，至此，俄乌两国能源风波暂时平息。2022年俄乌冲突爆发后，能源风波再次涌现，并且更为严重。

第三，农业领域合作范围较广，但乌克兰对俄罗斯不对称性依赖较强。在农业领域，俄乌两国同样有较大的共同利益，两国在农业经济发展上的互补性较强。在玉米生产贸易方面，1998年俄罗斯从乌克兰进口了88.6万美元的玉米。2005年，乌克兰对俄罗斯的玉米进口贸易额升至1583.8万美元。2012年，乌克兰对俄罗斯进口玉米贸易额数额降至944万美元。2018年，乌克兰对俄罗斯的玉米进口贸易额大幅下降至61.3万美元。在农业化肥贸易方面，1999年，乌克兰进口俄罗斯的化肥产品约占其所需的23%。2006年，进口数量占比大幅提升至73%。2010年，乌克兰对俄罗斯农业化肥的进口贸易量占乌克兰化肥总需求的40%左右。2018年，乌克兰从俄罗斯进口化肥产品的数量约为乌克兰总需求量的33%。②此后，尽管乌克兰从俄罗斯进口农业化肥产品数额不断下降，但两国仍然保持相对稳定的农业贸易联系。

2. 政治领域

第一，1991年至2004年"橙色革命"前，俄乌总体上呈现出睦邻友好、平稳发展的双边政治关系。俄乌两国共建友好合作关系，以平等互利

---

① 王树春、陈梓源、林尚沅：《俄乌冲突视角下的俄欧天然气博弈》，《俄罗斯东欧中亚研究》2022年第5期。

② 数据来源：Download trade data | UN Comtrade: International Trade Statistics。

推动共同发展。苏联解体后,乌克兰保持与俄罗斯的合作关系,并加入独联体。1993年,俄罗斯通过《俄罗斯联邦外交政策构想》,明确独联体国家的重要战略地位。从1994年开始,俄罗斯总统叶利钦多次主动出访乌克兰,1997年、1998年乌克兰总统库奇马两次出访莫斯科。1997年,俄乌两国总统在基辅签署《俄乌两国友好合作伙伴关系条约》,这是俄乌走向和解的一个重要标志。2000年以来,俄罗斯一直致力于改善同乌克兰的双边关系,尤其是在20世纪末21世纪初普京执政时期,积极推动解决黑海舰队在乌驻军问题、举行联合军演,就统一电网问题签署协议,等等。①但是,2004年乌克兰"橙色革命"爆发后,由于立场和倾向的不同,两国关系渐行渐远。

第二,2004年至2014年"广场革命"及乌克兰危机前,两国关系龃龉不断,稳定与动荡并存。乌克兰"橙色革命"之后,天然气成为俄罗斯牵制乌克兰的战略物资,两国爆发多次"天然气之争",其中发生于2006年、2009年和2014年"断气"危机最为严重。在黑海舰队的驻军问题、克里米亚以及顿巴斯地区的独立问题上,两国产生了较大的冲突。2009年,由于黑海舰队的驻军问题爆发"灯塔事件",俄方扣押乌方塞瓦斯托波尔地方司法人员。2010年,乌克兰亲俄派总统亚努科维奇上台以来,两国关系迎来短暂"蜜月期"。在黑海舰队驻军问题上,两国的激烈冲突得到缓和。2010年,俄乌双方签署关于俄罗斯黑海舰队在乌克兰境内塞瓦斯托波尔港期限延长到2017年后的协议。2011年,普京提出欧亚联盟构想,试图推动原苏联国家之间的再合作。2013年,普京决定向乌克兰提供150亿美元的优惠贷款。同年,乌克兰总统亚努科维奇在普京的促使下做出了暂停乌欧联系国协定。但是,2014年,乌克兰危机爆发,两国关系岌岌可危,随后两国和平签署《明斯克协议》,但是俄乌发展和平稳定的双边政治关系却始终存在着不可调和的矛盾。

第三,2014年乌克兰危机后,两国关系逐渐走向破裂,并且短期内无法得到缓和。1997年两国所签订的《俄乌两国友好合作伙伴关系条约》本该到期自动续约,自2014年3月开始,乌克兰总统就宣布在

---

① 吕明慧:《苏联解体后俄乌政治关系研究》,黑龙江大学2015年硕士学位论文。

2019年该条约不再自动续约。2014年，俄罗斯支持克里米亚全民公投以脱离乌克兰。2014年12月，乌克兰议会废除"不结盟"政策，意味着乌方将正式靠向欧盟和北约。2019年，乌克兰宪法修正案获得通过，这意味着乌克兰将获得欧盟和北约成员国资格作为国家战略方针。2016年普京宣布中止执行在独联体框架内同乌克兰的自由贸易协定。2018年，乌克兰议会通过"顿巴斯重新一体化"法案，将俄罗斯定义为"侵略国"。2018年11月，俄乌在刻赤海峡再次爆发严重冲突，乌克兰政府宣布东部和南部地区进入30天战时状态。① 俄乌矛盾愈发尖锐，此后，两国矛盾进一步激化并升级，2022年初，俄罗斯公开承认乌克兰东部顿巴斯地区两个自治州的独立，乌克兰局势再次动荡。目前，2022俄乌冲突仍在持续进行，并且由于矛盾激烈程度高、利益纠纷大，短时间内，冲突得到和平解决的概率较低。

3. 军工领域

第一，两国国防建设联系密切。俄乌之间的国防工业体系处于高度相互依赖状态，双方各自的国防工业建设离不开对方。首先，俄罗斯国防工业的发展高度依赖乌克兰军工产品。2014年乌克兰危机之前，乌克兰向俄罗斯出口的军工产品占俄罗斯进口装备总量的比例虽然仅有4.4%，但对俄军战斗力形成有着至关重要的意义。② 乌克兰危机爆发之后，乌克兰中断与俄罗斯的国防技术合作，直接停止对俄出口发动机，俄制直升机当时极其依赖乌克兰供应的发动机。2020年，两国重新恢复正常的双边军工贸易。值得关注的是，断供意味着乌克兰的军工出口收益的大幅收缩。乌克兰南方设计局为俄罗斯现役战略弹道导弹提供30%的关键零部件和检修保养服务，而哈尔科夫的军工企业则为俄罗斯SS-25和SS-19洲际导弹提供导航系统，依赖乌克兰零部件的俄罗斯战略弹道导弹占到其战略力量的51%。③ 此外，俄罗斯20%的天然铀矿依赖乌克兰第聂伯彼得罗夫斯克的

---

① 宋博、蔡鹏鸣：《乌克兰危机对乌国防工业的影响》，《和平与发展》2019年第3期。
② 宋博、蔡鹏鸣：《乌克兰危机对乌国防工业的影响》，《和平与发展》2019年第3期。
③ 宋博、蔡鹏鸣：《乌克兰危机对乌国防工业的影响》，《和平与发展》2019年第3期。

东方采矿联合体供应。乌克兰企业还为俄罗斯空军提供空空导弹的导引头、减速伞和液压系统，以及各类运输机和直升机的发动机总成等。其次，乌克兰国防工业对俄罗斯也存在高度依赖。乌克兰一半以上的造船能力依赖俄罗斯的配套供应来实现。在2014年乌克兰危机爆发之前，乌克兰安东诺夫航空公司的一半企业产值依靠俄罗斯零部件供应来实现，其中市场前景最好的安-124运输机78%的零部件依赖俄罗斯供应。乌克兰东部地区的军工企业长期基于俄罗斯的材料工业和化学工业开展新产品的研发和装配。由于历史遗产存留、民族同源、工业体系等原因，两国国防建设存在高度的相互依赖性。但是，2022年俄乌冲突爆发以来，两国的国防合作中断，国防贸易脱钩。

第二，两国军工合作的相互依赖程度较高。在历史因素的影响下，在航天尤其是军事技术领域，俄乌存在高度的相互依赖性。大量军工企业在苏联时期被建立在乌克兰境内，苏联解体后，俄罗斯有1/3的军事装备由这些工厂提供，俄罗斯武装直升机所需要的发动机、军舰上的动力系统等都是由乌克兰生产。1998年两国签署了关于共同研制新一代安-70运输机的联合声明，这是两国在2005年前最大的联合军事项目。2006年12月俄乌双方签署2007年至2008年乌俄合作计划以及在安全和国防领域的合作文件。乌克兰的军事工业发展也无法完全脱离俄罗斯的援助，俄罗斯是乌克兰的主要军工市场（见表1）。实际上，俄乌两国均对对方的军工发展有着较高的依赖性，同时由于历史因素的影响，俄乌两国长期进行密切的双边军工合作。

表1 乌克兰武器主要出口目的国

年份 国家	2011年（百万美元）	2012年（百万美元）	2013年（百万美元）	2014年（百万美元）	2015年（百万美元）	2016年（百万美元）	2017年（百万美元）	2018年（百万美元）	2019年（百万美元）	2020年（百万美元）	合计（百万美元）
俄罗斯	—	105	172	167	52	104	78	52	—	—	730
中国	—	632	69	152	96	90	103	78	78	78	1376
印度	13	45	102	42	42	31	11	11	—	—	297

续表

年份 国家	2011年 (百万 美元)	2012年 (百万 美元)	2013年 (百万 美元)	2014年 (百万 美元)	2015年 (百万 美元)	2016年 (百万 美元)	2017年 (百万 美元)	2018年 (百万 美元)	2019年 (百万 美元)	2020年 (百万 美元)	合计 (百万 美元)
越南	20	18	18	36	11	11	10	10	—	—	134
泰国	7	102	46	46	45	70	99	55	—	—	470
伊拉克	58	125	56	—	—	—	—	—	—	—	239
巴基斯坦	130	8	8	8	2	8	8	12	12	8	204
埃塞俄比亚	76	182	62	19	7	50	50	—	—	—	446

资料来源：斯德哥尔摩国际和平研究所。

(二) 地区层面

1. 共建"四国统一经济空间"促进贸易发展

2003年，在俄乌两国的推动下，俄罗斯、乌克兰、白俄罗斯和哈萨克斯坦四国签署成立"四国统一经济空间"协定。[①] 2000年，乌克兰与其他三国的贸易额占乌克兰对外贸易总额的37%。2004年，乌克兰对其他三国的出口贸易额占乌克兰出口总额的21%，进口贸易额占乌克兰进口总额的43%。2005年，乌克兰进口其他三国的贸易额占乌克兰国内进口总额的39%。2010年，乌克兰从其他三国进出口贸易总额为433.82亿美元，占乌克兰国内进出口总额的38.67%。2018年，乌克兰对其他三国的进出口贸易总额为181.17亿美元，占乌克兰国内进出口总额的比例下降至17.39%。但是，受俄乌政治关系恶化的影响，2014年乌克兰危机之后，乌克兰加强与欧盟的贸易联系，对俄罗斯、白俄罗斯、哈萨克斯坦三国的进出口比重出现明显下降。

---

① 程生定:《试论俄白哈乌四国统一经济空间》,《国际问题研究》2004年第3期。

表2 乌克兰主要贸易伙伴贸易量

时间	与俄罗斯贸易额（百万美元）	与白俄罗斯贸易额（百万美元）	与哈萨克斯坦贸易额（百万美元）	乌克兰贸易总额（百万美元）	与三国贸易量占总比
2008年	35158	4916	4952	152538	29.50%
2009年	21731	2952	3452	85139	33.05%
2010年	35630	4467	3285	112171	38.67%
2011年	48952	6135	3534	151017	38.82%
2012年	45050	7270	3954	153343	36.70%
2013年	38299	5589	4156	140276	34.25%
2014年	22478	5588	2689	108296	28.40%
2015年	12315	3320	1889	75637	23.17%
2016年	8748	3683	1346	75481	18.25%
2017年	11144	4354	1600	92766	18.43%
2018年	11571	5093	1453	104194	17.39%

资料来源：中华人民共和国商务部。

2. 共同为独联体的建设作出努力和贡献

俄乌在独联体建设上有着较深的联系和较多的共同利益，驱使两国为共同建设独联体做出努力。1998年，两国总统签署了"进一步发展独联体国家合作关系的联合声明"。2001年莫斯科峰会上通过"独联体十周年活动总结及未来任务"。2011年，俄乌等八个独联体成员国签署新的"独联体国家自由贸易区协定"。俄罗斯2016年版《俄罗斯联邦外交政策构想》的优先方向仍然是加强与独联体国家的双边与多边合作。但是，2014年乌克兰危机之后，两国关系走向破裂，乌克兰开始启动退出独联体进程，2018年，乌克兰正式退出独联体，两国共建独联体进程就此结束。

3. 乌克兰进一步加紧与美西方集团联系，与俄罗斯地区合作进程严重受阻

首先，在乌克兰与美国、北约联系方面，独立之初，乌克兰对外政策上实行"一边倒"的亲美外交政策，乌美两国于1992年发表《关于美乌关系和建立民主伙伴关系的声明》。同时，乌克兰与北约签署"和平伙伴条约计划"，成为第一个与北约签署该框架文件的独联体国家。1997年7月，乌克兰与北约正式签署《特殊伙伴关系宪章》文件。自1999年起，为强化与北约之间的合作关系，乌克兰制定了两个为期三年的1998—2004年的政府计划。2008年，乌克兰重新启动加入北约进程。为进一步推进加入北约，2017年6月，乌克兰修改《对内对外政策原则法》，从国家法律上确认加入北约的议程。2019年2月，乌克兰再次提高加入北约议题的重要程度，将加入北约目标写入宪法。

其次，在与欧盟关系方面，1994年，乌克兰的议会选举和总统选举得到欧洲的确认，在政治体制方面，乌克兰融入欧洲的障碍得以排除。同年，乌克兰与欧盟签署《伙伴与合作临时协定》，乌克兰与欧盟的合作开始持续推进，欧盟开始对乌克兰提供财政支持。1999年，欧盟峰会通过的"欧盟对乌克兰共同政策"，加强欧盟与乌克兰之间的战略伙伴关系。2004年，乌克兰在欧盟的协助下度过"橙色革命"政治危机。2005年，欧盟宣布接受乌克兰为市场经济国家。2018年，乌欧"联系国协定"正式通过，自该协定2016年临时措施生效以来，乌欧贸易保持增长，2018年，欧盟贸易占乌克兰出口量的42%，[1] 并且该比重将持续上升。2019年乌欧官员签署关于深化合作的协议。乌克兰极力争取北约力量保障国家安全，加强与欧盟的经贸合作，扩大市场以进一步降低对俄罗斯的依赖度。乌克兰不断深化与北约、欧盟联系的行为与俄罗斯的战略目的形成较大冲突，导致两国合作进程进一步受阻。

---

[1] 《乌克兰与欧盟贸易额达到400亿欧元》，中华人民共和国驻乌克兰大使馆经济商务处，2019年10月17日，http://ua.mofcom.gov.cn/article/jmxw/201910/20191002905305.shtml。

二、俄乌关系曲折发展特点

(一) 两国经贸联系彻底脱钩及经贸关系深化的难度较大

1. 俄乌两国经济互补性较强，始终存在相互依赖

俄乌两国在能源贸易、国防建设、军工合作等方面互补性和联系性较强。首先，对于乌克兰，在能源物资的获取方面，乌克兰在相当长一段时期内无法完全脱离俄罗斯的能源供给，并且俄罗斯向欧盟出口天然气离不开乌克兰所提供的天然气管道。但是，作为维系两国经贸关系的重要纽带，俄乌之间的能源贸易已经在多次"天然气之争"的冲击下变得摇摇欲坠。尤其在乌克兰寻找到美国等进口替代市场后，严重冲击俄乌两国能源领域紧密的贸易联系。其次，在国防建设和军工合作方面，由于历史上同属苏联，在航天特别是军事技术领域以及国防建设领域，俄罗斯同乌克兰的合作关系十分紧密，两国国防建设和军工发展的相互依赖程度较高。尽管2014年乌克兰危机后，俄乌之间高度相互依赖的国防工业体系遭到毁灭性破坏，但是俄乌难以全面中断两国军工合作。2014年乌克兰危机后，乌克兰仍然从俄罗斯进口武器。最后，在农业合作领域以及其他工业产品贸易领域两国的经贸合作同样难以深化。尽管20世纪末俄罗斯是乌克兰商品的主要进出口市场，但是随着乌克兰自身经济结构的改革发展以及西方国家集团的支持援助，乌克兰产品的竞争力明显提高。伴随着俄乌政治关系恶化，两国的经贸联系无法进一步加强。与此同时，乌克兰推动提高与欧盟之间的经贸往来，欧盟早已成为并且将长期是乌克兰主要的贸易伙伴。随着时代的发展，俄罗斯对乌克兰更多的是地缘政治安全上的考虑。综上，即使在能源贸易、国防建设及军工合作、农业贸易和其他商品贸易上两国始终存在相互依赖，但受政治危机、经济发展、外部势力等因素的影响，两国的经贸合作难以深化。

2. 乌克兰经济发展对俄依赖度逐渐降低

在美国和欧盟的影响和帮助下,乌克兰的经济发展已逐渐减少对俄罗斯的依赖。美国协调欧洲为乌克兰在钢铁、化工及农产品方面提供先进的能源设备和技术,提供资金帮助乌克兰建设能源基础设施等;同时,促进乌克兰寻求其他能源市场以及能源的更优惠价格。欧盟逐渐放宽乌克兰产品进入欧洲市场的条件,减少了乌克兰与欧盟国家之间的贸易逆差,作为丰富的原材料出口市场和潜力巨大的商品进口市场,乌克兰对欧盟产生巨大吸引力,欧盟成为乌克兰重要贸易伙伴。[①] 随着美国和欧盟的支持,乌克兰得到了更多的技术和资金支持,同时得以进入欧盟市场。因此,乌克兰经济发展依赖俄罗斯的程度降低。此外,在欧美国家的支持援助下,乌克兰逐渐推行国内经济制度以及经济发展方式改革。乌克兰长期致力于能源改革,开拓能源市场,以减少对俄罗斯的能源依赖;调整国内经济发展方式,进行产业结构改革,减少重工业生产来增加消费品生产,推动国防工业和机械制造业的军工生产部门实行转产,积极发展全方位工业建设。在欧美国家的援助指导下,进行经济制度改革,逐渐走市场经济发展道路。虽然乌克兰经济发展对俄罗斯依赖程度逐渐降低,但是乌克兰经济始终不能完全脱离俄罗斯而独立发展。

(二)俄乌政治关系相对稳定与动荡并存

1. 俄乌对民族同源的态度差异影响两国政治关系

俄罗斯族与乌克兰族同根同源,拥有相似的文化。但是,俄乌两方对于民族同源的态度完全对立,这对两国的政治关系走向产生了较大的影响。对于俄罗斯来说,乌克兰与其同根同源,理应认同俄罗斯的政策目标、价值理念。站在乌克兰的角度,乌克兰历史上长期处于分裂状态,苏联时期长期受掌控使其在独立之后就表现出对西方的友好态势,欲借助西

---

① 郭欣:《欧盟对乌克兰政策研究》,外交学院2016年博士学位论文。

方的力量脱离俄罗斯的控制。首先，历史上的乌克兰长期处于分裂状态，17世纪中期为反抗波兰的压迫和统治，乌克兰人率部寻求沙俄保护，第聂伯河西岸的乌东地区并入成为当时沙俄的一部分。第一次世界大战中，西乌克兰再次被归入波兰，1922年签署联盟条约加入苏联的乌东顿巴斯地区，建成了乌克兰苏维埃社会主义共和国，西乌克兰则在第二次世界大战后才加入苏联。乌克兰东西两大族群的语言、文化和宗教传统迥异，乌克兰东部与俄罗斯融合时间长达300年，自然对俄罗斯民族文化产生认同，乌克兰西部则不然，这导致乌克兰东部亲俄与乌克兰西部亲西方的冲突对立状态，乌东西部的矛盾是俄乌两国政治关系动荡曲折的重要因素。因此，俄乌政治关系受两国民族国家起源的影响较大。在不同时代，乌克兰领导集团亲俄或是亲西方的态度是影响俄乌政治关系稳定发展的重要因素。由于态度差异的存在，俄乌政治关系必然是相对稳定与动荡并存的。

2. 俄乌在地缘政治安全上冲突大

乌克兰位于东欧，介于西欧发达资本主义国家和俄罗斯之间，是北约和俄罗斯之间的缓冲区。北约在苏联解体之后不断东扩，而乌克兰长期以来的目标始终是摆脱俄罗斯的控制。对于俄罗斯来说，若乌克兰成为北约成员国，必然严重威胁俄罗斯的国家安全。因此，为了国家利益和安全，防止乌克兰完全亲西方而加入北约，达到本国地缘政治战略目的，俄罗斯历来都把与乌克兰发展和平友好关系视作关乎国家安全的重点工作。俄罗斯不仅以主动温和的态度对待乌克兰，更是积极寻求与乌克兰的经济合作，在能源贸易等方面给予乌克兰及独联体国家极大的优惠。但是，由于俄乌在地缘政治安全上的利益冲突较大，其中一方获得了本国所认为的地缘政治安全都对另一方的安全造成威胁。因此，地缘政治方面的争端导致两国政治关系动荡。此外，黑海舰队的划分及驻扎问题是两国地缘政治冲突的重要原因，由于黑海舰队对两国地缘竞争具有极其重要的战略意义，两国为黑海舰队归属及驻扎的问题频发冲突。同时，在克里米亚归属以及乌东部顿巴斯地区独立问题上，俄罗斯始终认为克里米亚地区是俄罗斯的"圣殿山"，并且支持乌克兰东部顿巴斯地区两个自治州的独立。这符合俄罗斯追求更多地缘政治安全以及战略要地的利益需求，但是俄罗斯的行为与乌克兰的国家利益形成较大冲突。

3. 俄乌政治关系与乌克兰政府的态度密切相关

乌克兰在独立之初，深受东西方历史传统的影响，其国内主要有两种倾向，即亲俄派与亲西方派。乌克兰第一任总统克拉夫丘克是完全的亲西方派，他在执政期间采取了"激烈对抗"的对俄政策。在这种对抗政策的驱使下，俄乌两国政治关系急剧恶化。此外，克拉夫丘克政府对俄罗斯的对抗政策导致俄乌两国的经济联系中断，乌克兰居民生活水平急剧下降，遭到与俄罗斯经济联系较密切的乌克兰东部地区的强烈反对。乌克兰被迫于1994年提前进行大选。大选后上台的总统库奇马转而实行较为务实的"东西平衡"政策，两国签订了《友好合作伙伴关系条约》，该条约体现了俄乌两国共同推动建设平等互利的友好合作关系，明确两国关系具有战略性。这一时期俄乌关系虽时有波折，但大体上维持相对稳定。2005年，新上任的乌克兰总统尤先科推行一系列激进的欧洲一体化政策，俄乌关系跌入谷底，进入新的不稳定期。2006年，乌克兰进行了宪法改革后的第一次议会选举。乌克兰政府总理亚努科维奇实施亲俄战略，调整尤先科激进的欧洲政策，积极改善与俄罗斯的关系。亚努科维奇属于坚定的亲俄派，对俄罗斯有较高的民族认同，故亚努科维奇执政时期的乌克兰表现出对俄罗斯的友好态度，在这段时期俄乌政治关系相对稳定。[①] 由于俄乌较为复杂的历史传统，两国的政治关系很大程度上受到乌克兰领导集团对俄罗斯和西方态度的影响，这是俄乌政治关系相对稳定与动荡并存的重要原因。

---

① 王彦：《当代白俄罗斯和乌克兰对俄政策比较研究——社会转型视角下的分析》，外交学院2007年博士学位论文。

(三) 外部力量的影响深刻

1. 美欧势力深入致使乌克兰境内爆发"颜色革命" 加速恶化俄乌关系

与发动战争相比,策动"颜色革命"不仅成本低、成效大,且更容易得到"国际社会"的认可。对于西方来说,占据重要地缘位置的乌克兰是有效遏制俄罗斯的关键。乌克兰"橙色革命""广场革命",实际上是俄罗斯与以美国、欧盟为首的西方国家在政治和意识形态领域的竞争,为获得胜利,美国、欧盟通过各种手段对乌克兰等苏联加盟共和国施加政治、经济、文化等各方面的影响,全方位渗透这些后苏联国家,以此压缩俄罗斯的地缘战略空间。爆发于乌克兰境内的"橙色革命""广场革命"严重破坏了俄乌两国相对稳定的双边关系,两国关系降至冰点。

2. 美欧集团对乌的支援使得乌有能力与俄罗斯持续抗衡

首先,美国在克里米亚半岛、黑海舰队、塞瓦斯托波尔港等涉及乌克兰主权的问题上给予乌克兰坚定的支持;推动乌克兰加入美国主导的大西洋一体化,促进乌克兰加入北约;同时加强与乌克兰的经济能源合作,帮助其逐渐摆脱对俄罗斯的依赖。欧盟不仅对乌克兰进行一系列经济援助及人道主义援助,还对乌克兰提供技术援助,帮助乌进行经济能源部门的改革并资助乌克兰煤产业的复兴和重建。欧盟通过行动计划加强对乌克兰的改革支持,包括制度改革、经济改革、私有部门发展以及能源方面的改革和发展,在多方面帮助乌克兰脱离对俄依赖以实现本国发展。[1] 在2022年的俄乌冲突中,北约多国明确给乌克兰提供战争物资如军事武器、战斗人员,而且还提供大量的人道主义援助。同时,美国鼓动各国对俄罗斯进行经济制裁,目的是拖延战争进程,消耗俄罗斯的国家实力。自乌克兰独立以来至今三十余年,美欧等西方国家集团长期给予乌克兰支持与援助,使乌克兰认为自身有实力摆脱对俄罗斯的依赖,因此严重影响了俄乌两国关系的和平稳定。

---

[1] 叶文峰:《欧盟对乌克兰政策评析(1991—2005)》,外交学院2008年硕士学位论文。

三、俄乌关系曲折发展动因

三十余年来，俄乌两国关系曲折发展：克拉夫丘克时期俄乌两国矛盾重重，库奇马时期两国关系有所改善，尤先科时期两国渐行渐远，亚努科维奇时期两国关系拉近，波罗申科时期两国矛盾再起以及泽连斯基时期两国关系冰冻，俄乌两国关系发展和平与冲突并存，呈现曲折发展状态，究其原因，主要有以下几点。

（一）俄罗斯利益诉求

1. 俄罗斯寻求地缘政治环境安全以维护国家安全的需求

首先，苏联解体后，世界再次恢复为单极格局。俄罗斯作为全球军事强国，美国称霸全球战略目标的实现必定要与俄罗斯产生冲突，俄罗斯对美国的扩张充满了极强的不安全感。俄美为实现各自战略目标，对乌克兰的地缘政治争夺愈发激烈，与美抗争、维护自身地缘政治安全是俄罗斯极力争夺乌克兰的重要原因。其次，东欧剧变、华约解散使得俄罗斯失去西部的第一道安全防御屏障。在地缘政治上，俄罗斯对拉拢周边国家尤其是独联体国家、稳住周边地区局势极其重视，并借此维护自身地缘政治安全。最后，北约东扩严重压缩俄罗斯的生存空间，俄罗斯的国家安全受到极大威胁。乌克兰是俄罗斯战略收缩的底线和进入欧洲的第一站，同时更是在北约不断东扩情况下俄罗斯的最后一道防线，在地缘政治上，乌克兰对俄罗斯有着极其重要的战略意义。因此，对于俄罗斯来说，在地缘政治形势不断恶化情况下，促使乌克兰保持中立地位和不结盟政策是俄罗斯维护本国地缘政治环境安全的关键。但是俄罗斯拉拢甚至试图控制乌克兰的战略诉求与乌克兰谋求完全独立地位、亲近西方的政策产生较大冲突，这也是俄乌关系曲折发展的重要原因。

2. 乌克兰对俄罗斯具有极其重要的战略作用

黑海是俄罗斯南下的出海口和关键战略据点，苏联时期，俄罗斯黑海舰队长期驻扎在塞瓦斯托波尔港，从而维护其传统海上利益战略位置。同时，黑海是俄罗斯维护海洋强国地位不可或缺的保障。苏联解体、乌克兰独立后，黑海地区及克里米亚归乌克兰所有，由此，在地缘方面俄罗斯失去了南下出海口和战略据点，其地缘战略利益和国家安全严重受损。对于俄罗斯来说，拉拢甚至控制乌克兰关系到俄罗斯海洋强国的地位，只有保持与乌克兰的和平稳定的政治关系，才能保障其在黑海舰队驻扎以及控制黑海出海口的利益。此外，乌克兰是美俄在后苏联空间中进行遏制与反遏制的地缘政治博弈中最重要的一颗"棋子"。促使乌克兰保持中立不结盟政策是关系俄罗斯国家安全以及大国地位的关键。过去三十余年，美国以北约为支柱，构建起冷战后整体挤压和驱逐俄罗斯的欧洲安全架构，曲折动荡的乌克兰危机恰恰是俄罗斯与美西方安全秩序对抗的关键一环，2022年爆发的俄乌冲突实际上是俄罗斯对地缘势力的全力争夺。乌克兰目前在欧亚大陆占据重要地缘政治战略位置，乌克兰未来的走向是美俄在该地区地缘政治竞争胜利与否的关键。

3. 俄罗斯经贸稳定发展与乌克兰密切相关

首先，俄罗斯国家经济发展的主要方式是能源出口贸易，而俄罗斯出口能源的一大贸易伙伴是欧盟。每年欧洲从俄罗斯进口的天然气从乌克兰境内管道转运量高达50%以上，俄欧天然气贸易很大程度上依赖乌克兰境内的天然气管道，在俄乌关系恶化的情况下，乌克兰不仅提高天然气过境费用，而且截留俄罗斯的天然气甚至关闭天然气管道，阻断其向欧盟运输。这极大影响了俄欧的能源贸易合作，严重危害俄罗斯经济发展以及经济利益的获取。保持与乌克兰的友好关系，对俄罗斯来说，不仅能以更低的过境费用对欧盟出口能源，而且能有效持有乌克兰巨大的能源出口市场，保证俄罗斯获得巨大经济利益。其次，乌克兰是俄罗斯军工产品、工业制成品、农业化肥产品的主要出口市场，重工业发达、轻工业落后是俄罗斯的历史传统，俄罗斯国内自产的工业制成品由于质量、价格等多方面的原因，在欧洲市场不具备竞争力，在历史联系、地理位置等因素的促使下，乌克兰成为俄罗斯以农业化肥为代表的工业制成品的出口市场。保持与乌克兰的友好关系，能够保证乌克兰巨大的贸易市场及俄罗斯经济利益的获取。

（二）乌克兰的利益诉求

1. 政治上追求更高程度的独立自主，摆脱俄罗斯控制

独立之初，国家独立、完整和中立国地位是乌克兰的国家基本原则，并且实行亲西排俄的外交政策，加入北约和欧盟被乌克兰视为国家外交的优先选择，其实际目的是摆脱俄罗斯对乌克兰的控制，加入北约和欧盟以维护国家安全，在政治上追求更高程度的独立自主的发展。在历史因素的影响下，乌克兰东部的国民更加倾向俄罗斯，不仅以俄语为使用语言，更重要的是乌克兰东部更为认同俄罗斯的民族文化，这与乌克兰的国家安全和统一产生较大冲突。

2. 亲西方更符合乌克兰战略利益

乌克兰独立之后，历任领导集团中亲近西方的占多数，历届领导人政见差异、外交态度是影响俄乌关系的重要原因，乌方长期认为亲近西方更符合其国家的战略利益。加入北约和欧盟，乌克兰有其自身对国家利益的考虑。首先，在地缘政治安全上，乌克兰希望借助西方国家力量摆脱在军事力量上对俄罗斯的不对称性依赖，寻求更高程度的独立自主。此外，借助北约力量对俄罗斯形成制衡，最大限度地保障自身国家安全。其次，在经济发展方面，乌克兰靠向欧盟能够得到更高更优质的包括资金、技术、人才在内的经济发展援助。欧盟对乌克兰提供了大量的经济援助、政治帮助以及人道主义援助，乌克兰必然是选择亲近欧盟。乌克兰希望借助欧盟的援助振兴本国经济，提升经济发展潜力。最后，在国家地理位置上，乌克兰借助身居欧洲且邻近西欧的地缘政治优势，联合美欧和中东极力抵制

俄罗斯，力图成为在欧洲有重大作用和影响力的地区性大国。在这方面，乌克兰的最大利益诉求是借助北约和欧盟的力量维护本国的国家安全并促进国家全方位发展，增强其抵抗俄罗斯的能力，但这与俄罗斯产生极大的冲突。同时，由于美欧与俄罗斯存在较大的地缘政治战略冲突，乌克兰能够巧妙运用美欧与俄罗斯之间的冲突，积极寻求美国、欧盟、北约等外部力量的支持，能够具有更大的实力脱离俄罗斯而寻求独立自主发展。在西方国家的支持及援助下，随着国力的不断提升，乌克兰对俄罗斯的离心力不断加大，俄乌两国关系呈现曲折发展的状态，无法保持长期和平稳定的双边关系。

3. 乌克兰的经济发展及国家建设离不开俄罗斯的支持

在能源贸易以及军工合作等方面，乌克兰的发展与俄罗斯的态度和政策密切相关。实际上，乌克兰对俄罗斯也存在较高的依赖性，即使在政治危机、两国关系恶化的情况下，乌克兰还是与俄罗斯保持一定的经济贸易合作，若完全断绝与俄罗斯的经贸联系，乌克兰将面临经济发展停滞等问题。乌克兰与俄罗斯发展经济合作在地理空间上具有天然优势，不仅具有较长的共同边界线，而且边界地区均为俄乌两国主要的人口聚集地和重要的工业中心。乌克兰在苏联时期主要生产中间产品，在很长一段时间里，由于质量标准存在较大差距，乌克兰生产的工业制成品很难进入欧洲市场，同俄罗斯失去经济联系则意味着失去传统市场。即使在近些年，欧乌关系改善以及欧盟对乌克兰的经济援助，乌克兰开拓了更大的欧洲市场，但是俄罗斯传统市场仍然对乌克兰经济发展有着不可替代的作用。

（三）外部力量的影响

1. 美国与北约因素

苏联解体之初，为摆脱俄罗斯的控制，乌克兰一直谋求与美国建立密切的战略伙伴关系，试图依靠美国的力量推动本国的经济发展和政治独立，但是，美国及北约在很长一段时间内习惯从俄罗斯利益的立场看待乌克兰，对于乌克兰的考量更多以牵制俄罗斯为出发点。随着美国及北约欧洲战略的转变，北约开始大幅东扩，越来越多苏联加盟共和国成为北约成员国。同时，美国及北约积极渗入中亚地区，试图以中亚为中心向四周的印度、中国以及俄罗斯辐射势力，不断强化美国的全球威慑力。由此，位于中东欧交界处的乌克兰的地缘战略重要性开始显现。为了分化俄乌关系以遏制俄罗斯，自1993年开始，美国政府的对乌政策由"渗透"发展为"全面进入"。2005年，美国就已经承诺支持乌克兰加入北约，并对乌提供6000万美元援助用于民主改革，同时乌克兰允许北约军队在乌克兰全境进行军事演习。[①] 奥巴马上台后，帮助乌克兰构建与北约接近的机制，加速乌克兰加入北约的进程。2022年俄乌冲突爆发后，美国更是直接支持北约援乌抗俄。美国给予乌克兰有限度的援助，包括在乌克兰的能源基础设施建设等项目中提供必需的资金支持、在蕴藏丰富石油和天然气资源的里海地区积极进行势力渗透，力图在能源资源战略上制衡俄罗斯，同时给予乌克兰优惠的天然气销售价格，促使乌减少对俄依赖。在美国、北约等西方势力的挑动下，2004年乌克兰"橙色革命"、2013—2014年乌克兰"广场革命"、2014年乌克兰危机相继爆发，美国及北约的目的是扶植乌克兰国内亲西方势力上台以对抗俄罗斯，这极大破坏了俄乌关系正常化。美国与北约因素对俄乌关系曲折发展的状态有着重要的影响作用。

2. 欧盟因素

乌克兰独立之初，欧盟仍然从俄罗斯的视角看待乌克兰，但随着美俄矛盾日益加剧、俄乌两国"蜜月期"的结束，乌克兰的战略位置日益凸显，并且在欧盟东扩不断推进的情况下，欧盟开始重视并加强与乌克兰的关系。长期以来，欧盟向乌克兰提供经济和技术援助以促进乌克兰民主、人权，强化法治以及加快市场经济转型，是乌克兰最大的外部支援组织。欧盟的对乌措施实际上是包括经济、政治、人道方面的全方位渗透，加强在乌克兰的影响力，使得乌克兰从依赖俄罗斯转向依赖欧盟。乌欧间经贸

---

① 梁强：《美国在乌克兰危机中的战略目标——基于美乌关系的分析（1992—2014）》，《俄罗斯中欧东亚研究》2015年第2期。

合作不断深化，欧盟在乌的影响力不断增强。与此同时，俄罗斯在乌克兰的经贸影响力逐渐下降。随着乌欧经济贸易程度不断加深，乌克兰对俄罗斯的需求和依赖程度越来越低，维系两国关系的经济政治纽带的作用日益减弱，乌克兰离开俄罗斯也能发展，这也是两国关系平稳和动荡并存的重要原因。

3. 美西方势力介入致使俄乌冲突迁延日久

以美国为首的大部分西方国家给予乌克兰一定程度的支持，包括援助武器、提供雇佣兵、提供战争资金支持、人道主义援助等，使乌克兰有更加坚定的信心与俄罗斯战斗到底。实际上，2022年的俄乌冲突是在美国等西方国家的不断"拱火"下爆发的，制造严重的乌克兰危机符合以美国为代表的西方国家集团的利益。欧美国家从多方面对乌克兰提供援助并且制裁俄罗斯，在西方势力的影响下，自2022年2月冲突爆发以来，俄乌两国至今仍然没有达成和平共识，俄乌冲突仍然在持续进行。目前，俄乌关系依然是冲突对峙的状态。

四、对俄乌两国关系未来发展的展望

（一）短期：极具不确定性，冲突与矛盾仍然突出

2022年俄乌冲突及其发展态势是俄乌两国短期关系走向的关键。2022年初，俄罗斯公开承认乌克兰东部顿巴斯地区两个自治州独立，并对乌克兰发动特别军事行动。两国于2022年进行了五次停战谈判，由于俄罗斯关于保持乌克兰中立化、要求承认克里米亚和顿巴斯地区独立地位、要求乌克兰保持无核现状等条件对于乌克兰来说难以接受，多次谈判均未产生实质性结果。此外，在美国、北约、欧盟等外部力量的声援和物质支持下，乌克兰与俄罗斯持久作战的物质基础得到进一步巩固，两国冲突仍然在持续进行。

尽管在国际力量的介入后，俄乌冲突或许能够结束，但是两国在黑海舰队驻扎权，克里米亚、顿巴斯地区的领土纠纷，地缘政治争夺，国家安全保障等问题上的分歧在短期内无法得到缓解，这些问题是两国关系发展的主要障碍。双方依然保持对峙，但敌对的烈度会下降。短期内，尤其是在目前冲突尚未结束的情况下，俄乌两国关系仍然具有较大的不确定性，冲突和矛盾仍然十分突出。

（二）长期：双边关系再次修好潜力大，尽力深化和平与合作

1. 加强和平协商与战略互信

在地缘政治环境、领土纠纷方面，两国更应该加强战略互信，而不是盲目互相猜忌，两国应该共同意识到：冲突不利于两国的发展，而符合美国、欧盟等西方国家集团的战略利益。俄乌应该要借助共同的民族文化纽带，加强和平协商，求同存异，以促进两国的战略互信，维护两国的和平友好关系，维护中东欧周边地区的和平稳定，从而为两国的经济发展、思想政治文化发展提供安全的国际环境。合则两利，斗则俱伤。尤其是在2022年俄乌冲突至今无法得到解决的情况下，俄乌两国更应该加强和平协商与战略互信，和平谈判，尽快达成共识，以和平方式解决矛盾争端。俄乌两国作为中东欧地区的大国，理应强化和平协商与战略互信，促进两国的共同发展。

2. 继续深挖经贸合作潜力

1992年以来，俄乌两国一直保持着十分紧密的经济联系，俄乌两国互为对方重要的经济贸易合作伙伴。但是，三十余年来，两国冲突频发，这严重影响了两国经济贸易关系的正常化。两国经济发展相互依赖性及互补性较高，经济合作会长期存在，但是由于俄乌关系的曲折性，合作程度难以深化。俄乌两国应该继续加强经济合作交流，深挖经贸合作潜力，挖掘两国在能源贸易、国防军工产品、农业产品等方面更深层次的合作渠道。以能源贸易为例，不仅是天然气销售上的合作，还可以挖掘其他合作渠

道，如能源开发技术、天然气运输等方面的合作。此外，俄乌两国应加强沟通，保持和平稳定的政治关系，以平稳的政治关系促进稳定的经济合作，并不断挖掘经贸合作潜力，努力实现两国在国家利益上的双赢。

3. 拓展合作的方向和道路

俄乌的合作道路不应仅局限在能源贸易、国防军工产品、农业产品等方面，两国还应不断挖掘双边经贸合作潜在动力，不断拓宽合作的方向和道路。目前两国在航天航空、简单工业制成品、人道主义发展等领域的合作相对缺乏，俄乌两国可以基于具体国情，适当拓宽在这些领域的合作范围。对于俄乌两国而言，建立良好的双边关系，对两国的发展都具有重要的战略意义。

结　语

俄乌两国有着共同的历史渊源以及民族记忆，在经济贸易领域，在很长一段时间内，两国互为重要经贸合作伙伴。此外，在能源贸易、国防建设及军工合作、农业领域和其他商品贸易上，俄乌具有较强的互补性和依赖性，这种互补性和依赖性会持续存在。出于不同的战略方向和发展道路，在西方国家集团的影响下，两国的联系将逐渐减少，其经济发展的互补性和依赖性日益降低。但是，两国间的政治经济双边联系完全断绝的可能性极低。在2022年俄乌冲突长期化的严峻形势下，俄罗斯总统普京也明确声明两国在政治领域上的冲突不希望也不应该转移到经济领域上。合则两利，斗则俱伤。未来，由于根本利益冲突无法调和，俄乌关系仍是曲折发展状态，两国双边关系再次修好并进一步深化的可能性较大。对于俄乌来说，应明确对方对本国的战略意义，建立最有利的双边关系。此外，还应加大力度防范外部势力的干涉，加强和平协商与战略互信，深挖经贸合作潜力，拓宽两国合作的方向和道路，共同推动建设和平稳定的两国关系，以良好的政治关系促进两国的经济发展，并维护两国的国家安全和利益。

俄白联盟发展及前景

许庭芳　江洪飞[*]

【摘　要】 1999年俄白联盟正式建立。在二十多年的发展历程中，俄白联盟建设在政治、军事安全领域取得许多成果，但也存在诸多长期难以协调解决的分歧，这突出表现在经济领域。纵观发展全历程，俄白联盟主要呈现出经济一体化中摩擦不断、军事安全合作高度紧密、地缘政治影响等特点。俄白两国充分考虑自身国家利益诉求，不断变化对于联盟国家的支持和侧重点。短期来看，在西方势力的挤压下，俄白两国将加强彼此联系，推动联盟的进一步发展。而从长期预测，在一些协调困难的问题上两国矛盾将一直持续，阻碍联盟的深度融合。

【关键词】 俄罗斯　白俄罗斯　俄白联盟

俄罗斯与白俄罗斯之间自苏联时期至今都呈现出最特殊且紧密的关系。在苏联解体的表决会上，卢卡申科投了反对票。苏联解体后，俄罗斯与白俄罗斯也一直保持着紧密的联系。1995年，叶利钦和卢卡申科签署的《俄白友好睦邻和合作条约》为俄白联盟打下基础，两国开始了建立联盟国家的尝试。1999年，两国正式签署联盟国家条约，至此俄白联盟成立。从联盟成立前期到如今的蓬勃发展，俄罗斯和白俄罗斯两国根据本国利益

---

* 许庭芳，广东外语外贸大学国际关系学院外交学专业2021级本科生；江洪飞，广东外语外贸大学西方语言文化学院俄语语言文学专业2021级博士研究生。

诉求和外部环境形势，不断调整联盟国家的态度和联盟事宜的进程。

二十多年间，俄白联盟经历了大大小小的波折，但总体上不断向前并取得诸多成果。西方对俄罗斯的战略压迫和空间挤压，以及对白俄罗斯国内政治的干涉扰乱，都让两个国家意识到盟友伙伴的重要性，并因此坚定地推动联盟建设。2022年俄乌冲突中产生的两方阵营，更是将白俄罗斯向俄罗斯方向再推近一步。但即便俄白双方都明白联盟一体化的重要性，联盟建设中仍存在利益分歧，若无法协商解决，则会制约两国的联盟建设。

本文主要回顾俄白联盟建设进程中的主要事件，尝试总结其发展特点，并从俄罗斯和白俄罗斯的双边视角以及外部因素分析联盟建设动因，进而对俄白联盟发展前景做出预测。

一、俄白联盟发展成果

俄白联盟历经二十多年的发展，在政治、经济、安全等领域加紧一体化建设。其中，既有双方达成一致意愿，一体化进展顺利的成果，也存在双方因利益分歧而产生推进艰难的问题。两国在政治领域，重视政治联盟且保持各自的国家主权独立；在经济领域，筹划共同货币和统一市场关税制度；在安全领域，定期举办联合军事演习，构建共同安全体系。

（一）政治领域：寻求政治深度融合，过程波折

1995年2月21日，叶利钦和卢卡申科签署了《俄白友好睦邻和合作条约》，这是俄白联盟建立的基础阶段。1996年4月2日，两国在俄罗斯首都莫斯科签署了《关于组建俄罗斯和白俄罗斯共同体条约》，自愿组成一个深度融合的政治和经济共同体，俄白共同体建立，一体化进程正式启动。[1] 条约中表示，共同体将成立跨越国家的机构——联盟国家最高国务

---

[1] 刘丹：《"俄白联盟国家"20年历史嬗变与发展趋势》，《俄罗斯学刊》2019年第6期。

委员会、执行委员会和跨议会大会。双方将在条约规定下协调两国对外政策以及在重大问题上的立场，制定军事建设的共同原则。两国领导人多次解释该共同体"类似欧洲联盟性质"，并高度评价业已签署的条约。1997年4月2日两国在莫斯科签署了《白俄罗斯和俄罗斯联盟条约》，1997年5月23日通过《俄白联盟章程》，1997年6月11日这两份文件生效。① 1999年12月8日两国签署了《关于建立联盟国家条约》，这是俄白联盟进程中极其重要的文件。俄白两国关系由共同体转变为俄白联盟，两国一体化程度进一步加深。为实现联盟国的目标，规定成立由两国总统轮流担任主席的最高委员会，以及执行委员会和联盟议会等机构。在建设联盟国家的前期准备和实际筹建中，俄白两国都高度重视超国家的合作，在联盟中组建多个联合组织管理机构，双方充分交换政治军事意见。

在联盟筹建过程中，多份条约文件声明俄白两国将维持各自的国家主权，在联盟国家中保持各自的国旗、国徽和国歌等。但事实上，俄罗斯曾试图借助联盟以获得对白俄罗斯国家主权的一定控制，引起白俄罗斯方面的坚决反对。2002年9月，普京曾向卢卡申科提出联盟国家的三种政治方案：完全合并、欧盟模式和俄白联盟国家条约模式。② 普京倾向于前两种，其中"完全合并"是希望白俄罗斯以七个行政区完全并入俄罗斯，而卢卡申科坚持国家主权独立，只肯考虑第三种方案。2007年，俄罗斯方面暗示白俄罗斯在一定条件下要并入俄罗斯，让一向强调白俄罗斯独立地位的卢卡申科大为恼火。面对俄罗斯诸如此类的意图，白俄罗斯方面也多次公开否定合并的可能性。2019年3月，在白俄罗斯总统媒体见面会上，卢卡申科表示，98%的白俄罗斯民众不会同意与俄罗斯统一。在政治、文化生活中，白俄罗斯也有意加强与俄罗斯的区别。

俄白联盟政治一体化进程坎坷，尽管设置众多联盟政治机构却无法发挥有效作用，在近年来的政治联盟建设中渐行渐远。

---

① 刘丹：《"俄白联盟国家"20年历史嬗变与发展趋势》，《俄罗斯学刊》2019年第6期。
② 孙光荣：《俄白联盟国家发展新情况、原因及前景》，《俄罗斯研究》2002年第4期。

(二) 经济领域：经济矛盾长存，近期趋势向好

俄白两国分别于1994和1995年签订了《建立货币联盟协议》和《建立海关联盟协议》。双方根据协议取消了两国边境的海关检查制度，但在建立货币联盟方面无进展。1996年签署的《关于组建俄罗斯和白俄罗斯共同体条约》提出建立统一的经济区和统一的运输系统并逐步向统治共同的生产能力过渡，协调两国生产能力；实施统一的信贷和预算制度，为发行统一货币创造条件。此后，陆续签订的《为俄白两国经济主体建立平等条件的协定》等文件都表明两国在积极尝试实现经济一体化。但在实际进展中，经济领域存在较大阻力，难以深层次推进一体化。两国对于关税同盟意见不一，海关检查制度时常恢复。俄方曾于2000年3月恢复两国边境上的海关检查制度，白俄罗斯也采取了相同的措施，在2001年恢复共同边界的海关管制，并在相互贸易中实行禁止进口酒类，对烟草制品实行许可证制和配额制。[①] 这让两国期望中的关税同盟遭受挫折。有关共同货币的设计，更是前途未卜。2000年11月30日俄白两国总统签署了《关于联盟国家统一货币和统一货币发行中心协议》，推进共同货币的建设进程，但未获得实质进展。卢卡申科于2004年再次提出引入共同货币来加强联盟经济一体化的建议，但普京一改前态，对此提议兴致不高，该提议随着时间推移便不了了之。2021年9月，俄白两国领导人在双方会谈中表示，将计划进一步深化税收和海关关税一体化，继续推进单一货币、货币监管以及国家支付系统的整合。

在天然气、石油贸易中，俄白两国关于统一市场价格的制定多次产生分歧，价格政策成为棘手的问题。2002年4月，俄罗斯天然气工业集团愿以每1000立方米29美元的优惠价格向白俄罗斯供应天然气，欲与白俄罗斯天然气运输集团建立一家合资公司。俄罗斯和白俄罗斯方面对于该企业的估价存在巨大差值，双方谈判陷入僵局。其中，俄罗斯多次暂停对白俄罗斯的天然气供应。2006年，俄罗斯天然气工业集团随即宣布对白俄罗斯

---

① 潘广云：《俄白经济一体化评析》，《俄罗斯中亚东欧研究》2004年第1期。

天然气出口价格即将大幅上涨。此外，两国针对石油贸易的争端也愈发激烈。同年，俄罗斯方面宣布将减少从白俄罗斯炼油厂进口的石油供应量，并将对白俄罗斯石油出口征收的关税提升至每吨180.7美元。作为反击，白俄罗斯截留过境的"友谊输油管线"用以支付关税，导致该线路南方支线的停运。次年1月，两国代表签署了《关于解决石油和石油产品出口贸易和经济合作的措施》，其中规定俄罗斯石油出口税从每吨石油180美元降至53美元，但此后每年价格都在上涨。2011年俄白哈关税同盟正式生效，俄白签署免关税石油供应协议以及俄罗斯以优惠价格向白俄罗斯供应天然气的合同。[①] 2021年，俄白两国总统在会谈中关于能源定价问题达成一致意见，将俄罗斯对白俄罗斯的天然气出口价格维持在同等水平。2024年1月29日，联盟国家最高国务委员会会议在圣彼得堡召开。卢卡申科在会议上表示，俄白两国目前还没有就建立石油和天然气统一市场达成一致。

经济领域的矛盾贯穿俄白联盟发展全过程，对于联盟的和谐发展极为重要。近年来两国积极协商缓解经济矛盾，愿在不久的将来看到实际成效。

（三）安全领域：重视构建共同安全，发展顺利且迅速

俄罗斯和白俄罗斯关系密切，在一体化进程中高度重视共同安全，提升联盟安全实力。自1999年底两国签署成立联盟国家条约，以保留各自主权为原则的同时组成邦联国家，于2009年首次在白俄罗斯境内举行名为"西部-2009"的联合军演。此后，俄白每两年轮流举办类似规模的联合军演。截至2021年9月，"西部-2021"俄白联合军演伴随着俄白两国关系的持续升温而举行。此外，近两年来两国频繁举办、参与不同类型的联合军演。2020年9月14日，俄白举行了"斯拉夫兄弟-2020"联合军事演习。9月19日，俄罗斯举行的"高加索-2020"战略演习按期开幕，白

---

① 赵会荣：《俄白特殊关系的历史与现状——兼论俄罗斯对白俄罗斯政治危机的反应及原因》，国务院发展研究中心欧亚社会发展研究所官网，2021年5月8日，http://www.easdri.org.cn/newsinfo/2400609.html。

俄罗斯军队应邀参与；10月12日，集体安全条约组织成员国的"牢不可破的兄弟情-2020"联合军演在白俄罗斯举行。次年，"牢不可破的兄弟情-2021"在俄罗斯境内举行。2022年2月10日，俄罗斯和白俄罗斯联合军演"联盟决心-2022"在白俄罗斯境内举行。

除了联合军事演习，俄白两国联盟在军事理论和技术、武器制备等方面都注重互相合作。2001年，俄白双方批准军事理论文件，为联盟军事合作提供理论意见。2021年，卢卡申科和普京在视频会谈上签署了"联盟国家的新军事学说"。2022年2月初，俄白双方共同颁布了新的白俄罗斯和俄罗斯联邦军事理论文件，新颁布的版本带有时代特征的创新，彰显着俄白军事合作新纪元的开始。

在外部环境的压力下，俄白两国安全领域的利益诉求一致，联盟建设在军事方面颇有成果，联盟军事实力快速发展壮大。

二、俄白联盟发展特点

纵观俄白联盟建设历程，可以看出联盟一体化进程波折起伏。尽管在不同阶段联盟发展有不同的侧重，但存在很大的共性，主要呈现出以下特点。

（一）经济一体化中摩擦不断

经济一体化中的摩擦不断是俄白联盟建设过程中发生分歧争端最频繁的方面之一。其中最重要且难以协调的问题非俄白油气争端莫属。两国在联盟建立初期就因为油气出口关税价格和供应量问题产生连续不断的矛盾，中间曾有一段时间矛盾得到缓和。然而2014年至2018年两国油气矛盾激化，俄白高层领导人更是在各种公开场合发言相互指责。俄罗斯经济在2014年乌克兰危机后发展困难，这也导致白俄罗斯的经济受到冲击。白俄罗斯在考虑自身经济利益和稳定后，加强了对俄政策的独立性，采取多元化的外交政策，发展与西方国家的关系。俄罗斯在"受挫"的处境下，见白俄罗斯如此态度，认为白俄罗斯在得到优惠能源价格、市场份额的同时却与西方交好，于是俄罗斯运用经济手段向白俄罗斯施压。2018年7月24日，俄罗斯国家杜马通过了石油业税改法案，法案于2019年1月1日正式生效。根据该法案，2019年至2024年的6年间，俄罗斯交替将原油出口税从2018年的30%下调至0%；与此同时，2019年至2021年的3年间，增加同样数额石油和凝析油的开采税，并为国内一些炼油厂提供税收减免。[①] 此法案一出便激起白俄罗斯领导人的强烈反应。卢卡申科宣称莫斯科方面已不再将俄白两国关系看作兄弟关系，他把俄罗斯称为"关键的外国伙伴"。2018年年底，卢卡申科三赴莫斯科，就俄罗斯石油税改法案与普京会谈，会谈持续较长时间，多次谈判未果。有关天然气争端，2016年白俄罗斯向俄方提出，俄罗斯输白俄罗斯天然气的价格过高，不符合当前国际市场天然气价格趋势与白俄罗斯的预期。白俄罗斯逐渐减少交付俄方的天然气费用，而俄方从同年第三季度开始减少对白俄罗斯的免税石油供应。此次争端持续近一整年，以白俄罗斯偿还天然气欠款，两国修改俄罗斯对白俄罗斯供气定价机制为结果。双方就石油、天然气贸易不断博弈，以争取利益最大化。

此外，在经济领域的其他贸易方面，俄白摩擦也从未间断过。2009年，俄罗斯以缺少必要检测文件为由，禁止从白俄罗斯进口多类乳制品。2014年，俄罗斯受到西方的经济制裁，随即推出一系列反制裁措施，其中"食品禁运令"使白俄罗斯企业也受到波及。同年12月，白俄罗斯海关当局在没有通知和解释的情况下关闭从加里宁格勒地区向俄罗斯运输电子设备的陆上通道。2016年年底，俄罗斯动植物检验检疫局指责白俄罗斯企业向牛奶中添加奶粉，并禁止五家白俄罗斯企业向俄罗斯出口乳制品。2018年，俄罗斯又以质量问题为由，发起食品贸易战，限制白俄罗斯的香菇、牛奶对俄罗斯出口。俄白联盟的经济贸易不断受挫，摩擦持续发生，在两国没有就贸易问题真正完全达成一致意见的情况下，这一特点将贯穿联盟的未来发展历程。

---

① 程春华：《俄罗斯石油业税改的动因与影响》，《中国石油报》2018年8月16日。

(二) 军事安全合作高度紧密

联合军演是俄白两国自 2009 年起就一直按期举行的军事合作。近年来，俄白两国根据面临的共同形势，对军事安全合作进行调整，加快共建两国安全体系的步伐。俄罗斯向来与西方势力交恶，乌克兰危机后与北约的关系更是进一步恶化。同样，在白俄罗斯 2020 年大选中，西方势力借机支持白俄罗斯国内反动势力试图推翻卢卡申科政权，鼓吹"颜色革命"，并且对白俄罗斯实施多方面制裁打压。这样一来，不仅使白俄罗斯放弃了此前的欲与西方交好的多元化外交政策，与西方关系急速恶化，更使白俄罗斯主动向俄罗斯寻求帮助以稳定国内局势，促进俄白关系迅速升温，推动俄白联盟的进一步发展。对于地区安全的需求促使两国在军事上的联盟合作，共同抵御来自西方的军事威胁。2021 年 3 月 2 日，俄罗斯和白俄罗斯国防部首次签署了为期五年的战略伙伴关系计划。白俄罗斯国防部国际军事合作局局长奥列格·沃伊诺夫少将表示："白俄罗斯和俄罗斯国防部首次签署了一项战略合作伙伴计划，为期五年。这个计划将使我们能够清楚地表明立场，并发展与俄罗斯的合作。"[1] 俄罗斯和白俄罗斯拥有共同的防御空间，执行共同的军事计划、共同措施以应对西方的军事威胁。

(三) 地缘政治影响联盟发展方向与进程

从地缘政治角度看，白俄罗斯对于俄罗斯来说具有极其重要的战略意义。俄白联盟的建立和发展状况与俄罗斯在欧亚大陆的战略地位直接挂钩。在欧亚大陆上，俄美对此地的地缘政治竞争从未停止过，美国积极在欧亚大陆西部扩张势力，俄罗斯紧守东部地区抵御美国和西方国家的攻势。而白俄罗斯位于东欧平原西部，东邻俄罗斯，北与拉脱维亚和立陶宛交界，西邻波兰，南与乌克兰接壤。白俄罗斯独特的地理位置恰好处于俄

---

[1]《俄白强化军事关系 推动一体化进程》，人民网军事频道，2021 年 3 月 24 日，http://military.people.com.cn/n1/2021/0324/c1011 - 32059356.html。

美势力的中空地带，将两股势力隔绝。以美国为首的西方势力欲拉拢白俄罗斯以在地缘上占据优势，俄罗斯也积极与白俄罗斯建立兄弟同盟以求保留战略缓冲地带。对于白俄罗斯来说，这样的地缘位置对其政策选择有巨大影响：传统的历史同盟让其自然而然地与俄罗斯亲近，但又担忧对俄罗斯依赖过深，受来自俄罗斯的控制影响国家主权；尝试在俄美之间采取平衡外交政策，但一方面遭受俄罗斯方面的经济打压，另一方面西方势力仍以控制白俄罗斯为目的，借白俄罗斯大选扶持反动势力。这样的尝试让俄白联盟在二十多年的历程中动摇不定。2021年11月，两国总统通过了俄罗斯和白俄罗斯联盟的军事学说。根据文件内容，可总结出俄白两国的所属地区在过去二十多年里发生了以下翻天覆地的变化：乌克兰局势持续动荡、波兰和波罗的海三国日益军事化、俄美地缘政治对抗加剧、北约东扩不断加强等，都给俄白联盟的安全带来了新的威胁。加上2022年爆发的俄乌冲突给欧亚大陆上的地缘政治增添了更加复杂多样的因素。在这次冲突中可以很明显看出白俄罗斯选择俄罗斯一边，白俄罗斯虽声明未曾参与此事件，但面对西方对俄白两国的抨击指责也坚定地将两国放在同一阵营内，白俄罗斯也积极地在俄乌谈判中充当调停者的角色。如今的处境让俄白两国更加接近彼此，俄白联盟加速发展。

三、俄白联盟发展动因分析

俄白联盟能够在20世纪末建立并发展前进，既有两国民族间由来已久的历史文化宗教的影响，又存在着两国对于各自利益的综合考量，加之外部势力的不断挤压与各种制裁，更是助推着两国成为密不可分的兄弟盟国。

（一）共同历史文化宗教的基础

共同的种族、历史、语言、文化和宗教信仰使俄白联盟国家成为东斯拉夫人民紧密联系的一体化组织。① 俄罗斯与白俄罗斯的民族联系十分密切。4 至 6 世纪，斯拉夫人逐渐出现部落同盟。在民族大迁徙的冲击下，分化为三大支系，其中一支就是东斯拉夫人。俄罗斯人、白俄罗斯人和乌克兰人是东斯拉夫民族中主要的三个民族。三个民族血缘相近，文化都源于基辅罗斯，语言也同样由西里尔字母拼写的语言演变而来。俄白在宗教上也是同源的，即公元 10 世纪被接纳的东正教。18 世纪俄普奥三次瓜分波兰后，白俄罗斯成为俄国的一部分，此后，俄白两个民族共同生活的历史直至苏联解体，长达 300 年。即便苏联解体，白俄罗斯也与俄罗斯一直保持着紧密的联系。在联盟建立之前，两国领导人就签署了多份文件，维持苏联时期的亲密联系。相较于乌克兰，俄罗斯人和白俄罗斯人之间的认同感更强。在乌克兰，乌克兰语被定为官方语言，近年更是对俄语采取打压抑制的措施，逐步去俄语化。而在白俄罗斯，俄罗斯语与白俄罗斯语同样为通用语，甚至在公投中，绝大多数的民众支持使用俄语。

（二）俄罗斯利益诉求

1. 缓解北约东扩带来的安全威胁，保障战略空间

白俄罗斯对于俄罗斯来说，有着极其重要的地缘战略意义，通过建立联盟能够扩展与北约和美国博弈的空间，缓解西方势力东进的威胁。美国作为长期与俄罗斯对峙抗衡的国家，一直将俄罗斯视作主要敌人，不断对俄罗斯实施政治压迫、经济制裁和军事威胁，争夺挤压俄罗斯的战略空间和缓冲地带。在欧亚大陆西部利用北约对俄罗斯逐步加大军事威胁，形成更大的对俄罗斯军事胁迫的态势。北约自 1996 年公布了《东扩计划研究报告》后，东进步伐一直没停止过，前后经历三次东扩。西方国家蚕食俄罗斯的战略空间的效果显然是成功的，迅速把东欧国家拉进其势力范围内，经过多年的努力又把北约边线向东推近至俄罗斯的边境，拉上了格鲁吉亚、摩尔多瓦等国，更为关键的一步是成功拉拢乌克兰，让这个曾经的

---

① 刘丹：《"俄白联盟国家" 20 年历史嬗变与发展趋势》，《俄罗斯学刊》2019 年第 6 期。

苏联重要的加盟国完全倒向了西方，成为西方对抗俄罗斯的前哨阵地。北约如此的东扩气势令俄罗斯产生巨大的不安全感，乌克兰近年积极响应加入北约的态度更是让俄罗斯担心自身周边的处境。从俄罗斯西部看，是日益加强的北约军事威胁。面对西方咄咄逼人的压迫态势，俄罗斯的战略空间仅剩下了白俄罗斯和中亚诸国。

此外，美国除借北约对俄罗斯施压外，自身的战略调整也加强了对俄罗斯的打压。近年来，美国在世界范围内开始撤军，减少驻军和军事活动，在中东更是少见的大规模撤军，最明显的就是从阿富汗的全面撤军。美国撤军意图明显，即增加针对俄罗斯和中国的军事压迫。对俄罗斯来说，美国的战略改变只会让其感到越来越大的安全威胁，需要采取有效可行的应对措施以缓解当前困境。与白俄罗斯的联盟且不断加强军事方面的合作便是其最好的选择。俄罗斯把白俄罗斯看作安全缓冲区和抵御北约东扩的堡垒。白俄罗斯也是莫斯科通往西部前哨和飞地加里宁格勒的捷径。[①]联盟国家一体化能够防止俄罗斯再次失去所剩无几的战略空间，抵挡西方势力的进一步前进。

2. 增强在欧亚地区的影响，引领欧亚地区一体化

俄罗斯位处欧亚大陆北部，横跨两大洲，在地缘上对国家认同举棋不定。昔日大国的辉煌又让俄罗斯对于欧亚两边都有所考量，意图在欧亚地区构建属于自己的势力体系。那么俄罗斯首先能做的，就是从苏联时期的盟国下手，拉近与该地区国家的关系以增强自身在欧亚地区的影响力。在后苏联空间有众多的国际组织，其中包括一体化性质的组织，俄白联盟作为其中最成功的一体化组织，在欧亚地区发挥重要的引领作用。它的成功运作让俄罗斯看到了建立其他一体化组织的可能性，并且借俄白联盟为桥梁构建如欧亚经济共同体、俄白哈关税同盟、俄白哈统一经济空间，以及2015年成立的欧亚经济联盟。以两个国家的联盟为基点，俄罗斯意图将自

---

① 赵会荣：《俄白特殊关系的历史与现状——兼论俄罗斯对白俄罗斯政治危机的反应及原因》，国务院发展研究中心欧亚社会发展研究所官网，2021年5月8日，http://www.easdri.org.cn/newsinfo/2400609.html。

己的联盟版图向外扩张至整个欧亚大陆。

但对欧亚地区的看重，会在一定程度上减少俄罗斯对俄白联盟的关注。2012 年，普京提出构建欧亚联盟的设想，开始加速欧亚一体化的进程。2015 年，欧亚经济同盟正式建立，俄罗斯的重心从俄白联盟转移。俄白联盟发展速度在这一时期开始减缓。在欧亚经济联盟酝酿时期，卢卡申科曾经认为，如果欧亚经济联盟发展顺利，俄白联盟国家或许会融入其中而中止存在。[1] 继欧亚经济联盟正式启动后，普京又于 2016 年 6 月提出了"大欧亚伙伴关系"倡议。若将欧亚经济联盟定义为俄罗斯实现后苏联空间一体化的措施，那么"大欧亚"的构想则不再局限于后苏联空间，转而面向亚太地区甚至欧盟等更大范围的一体化计划。[2] 当俄罗斯的意图不断扩大后，俄白联盟作为其欧亚版图中看似略小的一环，必将受到影响和冲击。

（三）白俄罗斯利益诉求

1. 维护国家安全，抵御西方势力

白俄罗斯积极响应联盟国家建设同样也出于其安全利益考量。而且相较于俄罗斯的战略空间需求，白俄罗斯则更为迫切地寻求安全保障。原本在看到俄罗斯与西方国家持续交恶、经济实力下降后，白俄罗斯想逐渐减轻对俄罗斯的依赖，欲在俄罗斯与西方国家之间以多元化政策达到独保自身的目的。但现实给了白俄罗斯当头一棒，西方国家与白俄罗斯的交往互动只是想要增加一颗用于与俄罗斯博弈的棋子。白俄罗斯是不可能真正获得西方国家的帮助和支持的，想在两者中间找到平衡也是不现实的。西方国家为控制白俄罗斯，多次支持和鼓吹"颜色革命"，搅乱白俄罗斯国内形势，对白俄罗斯实施多轮制裁，不断打击、挤压其发展空间。2020 年的大选就是最好的体现，西方国家急切希望卢卡申科倒台以扶持依附于西方的政权上台。殊不知这样只会让白俄罗斯向俄罗斯靠近，使得白俄罗斯彻

---

[1] 刘丹：《"俄白联盟国家"：在引领欧亚地区一体化中前行》，《光明日报》2019 年 12 月 9 日。
[2] 张昊琦：《俄罗斯的"大欧亚"战略构想及其内涵》，中国社会科学院俄罗斯东欧中亚研究网，2017 年 5 月 28 日，http://euroasia.cssn.cn/xsyj/xsyj_elswj/201707/t20170721_3586452.shtml。

底放弃与西方交好的幻想，以保障国家安全为首要目标，自然而然拉近俄白联盟关系。

2. 缓解经济压力，寻求能源保障

在联盟建设中，白俄罗斯对俄罗斯的经济依赖是显而易见的。白俄罗斯人口较少，经济体量也远不及俄罗斯。1994年底，白俄罗斯的国内生产总值、工业和农业产值均在下降，外债总额高达23亿美元，消费品价格指数却又以惊人速度上涨，经济指标很差。1995年经济又下跌了10%，加上白俄罗斯每年还要消耗相当一部分的国民预算用于处理切尔诺贝利核电站事故带来的后果，使其经济面临系统性崩溃的风险。面对国内严峻的经济形势，白俄罗斯与俄罗斯的合作能在一定程度上缓解经济危机。俄罗斯一直是白俄罗斯的主要贸易伙伴，在白俄罗斯的进出口贸易总额中所占的比重一直很高。白俄罗斯市场容量小，60%以上的GDP需要依靠出口实现，并且超过30%的出口靠俄罗斯实现。[1]

能源保障也是白俄罗斯对俄白联盟看重的方面。俄白一体化让白俄罗斯获得了俄罗斯市场的优惠，以低廉价格购得原材料，从中获取利益。白俄罗斯国内能源紧缺，绝大部分的能源材料进口自俄罗斯。而在出口制品中，三成以上出口是从俄罗斯低价进口原油后制成石油产品转手高价售出。这就意味着白俄罗斯的贸易进出口都严重依赖俄罗斯。加之白俄罗斯每年要进口大量原料和生活资料，而出口制品的竞争力并不强，白俄罗斯常年贸易逆差，仅有的外汇储备不断被消耗。因此，每当俄罗斯调整石油天然气的进出口价格、控制关税和运输管道时，白俄罗斯方面反应强烈。

（四）外部因素

1. 北约东扩及欧盟制裁带给俄罗斯巨大压力

1991年苏联解体标志着冷战结束，因此北约也就失去了存在的合法

---

[1] 寇佳丽：《欧亚经济联盟谋油品市场统一》，《经济》2021年第3期。

性。于是北约决定更改战略方向，从过去主要防范以苏联为首的华约转向预防冲突和处理危机，以获得其存在的合理性。但其对于欧亚大陆的野心却未改变过，三次的东扩让它的战略前线推进至俄罗斯西部边界地带。当然，这样的东扩不是没有终点的，当其逐渐扩展至乌克兰时，俄罗斯所感到的强烈安全威胁必然迫使它采取行动制止这样的情况发生。普京在2022年2月24日的电视讲话中讲到，北约在乌克兰的举动"给俄罗斯造成了不安全感，影响到了俄罗斯的发展"。为了消除不安全感，俄罗斯会选择通过保留并扩大战略空间，以空间换时间，以提升国家安全感。

在经济上，欧盟对于俄罗斯的数轮打压制裁，同样会推进俄白联盟进程。2014年乌克兰危机后，因与俄罗斯利益立场不一致，欧盟对俄罗斯展开长期经济制裁。受2022年俄乌冲突影响，与美国站在一边的欧盟一开始就表明对俄罗斯的谴责与批判，从2022年2月23日起对俄罗斯开启经济制裁，且制裁范围之广、力度之大远超以往。面对欧盟的"赶尽杀绝"，俄罗斯则尝试采取措施抵御其带来的影响，诸如"去美元化"用卢布结算、推广使用SPFS（俄罗斯央行金融信息传输系统）以降低SWIFT（环球银行金融电信协会）制裁对俄罗斯金融稳定性的冲击等。这样能够让俄罗斯在经济贸易中，更注重与白俄罗斯的联盟合作，卢布的结算或许能够推动联盟共同货币的进展。

2. 西方拉拢白俄罗斯失败，孤立卢卡申科政权

牵制打压俄罗斯一直是以美国为首的西方势力的目的，保持着对俄罗斯攻势，在较大程度上获取对乌克兰的掌控后，也没有停下挤压俄罗斯战略空间的脚步，而是将白俄罗斯定为下一目标。以美国为例，在2008年对白俄罗斯实施制裁，白俄罗斯撤回驻美大使，两国关系恶化。但在看到白俄罗斯尝试与西方国家交好后，美国认为这是拉拢白俄罗斯以打压俄罗斯的时机。在不断的接触和联系下，美国国务卿于2020年2月访问白俄罗斯首都明斯克，推进美白两国的关系正常化。但同年面对白俄罗斯国内大选暴乱，美国却又按捺不住内心的真实意图，会见白俄罗斯反对派领袖，还试图警示俄罗斯不要插手白俄罗斯国内事务，妄图让白俄罗斯国内大乱并趁机挑拨俄白关系。但令西方势力没有想到的是，最终的结果与西方国家的本意背道而驰，卢卡申科看穿了西方国家的意图，主动向俄罗斯寻求帮助，俄罗斯也积极响应，帮助白俄罗斯平息国内动乱，巩固了卢卡申科政权。西方的一系列做法反而将白俄罗斯更加推向俄罗斯。

四、俄白联盟发展前景

俄白联盟在这二十多年里，时而快速推进，时而停滞不前，整体呈现的发展特点也许会在未来的进程中有所体现。近两年，在受到外部因素的强烈冲击下，俄白联盟发展加速，短期内将保持稳定步伐不断发展。但从长远看，这种理想的情况不会持续太久。

（一）短期内俄白联盟将保持稳定的一体化进程

在历经2020年白俄罗斯的政治危机后，俄白之间的关系迅速由相互埋怨转变为紧密联系，联盟一体化进程也随之加速。自两国签署联盟国家一体化法令以及一揽子的法令文件后，众多协议事项被提上日程，希望在日后得到协商与解决。联盟国家在经济、军事等领域加快了一体化的步伐，为联盟更深层次的发展清除了一定阻碍。

在2022年俄乌冲突中，白俄罗斯坚定站在俄罗斯一方，积极组织参与谈判，力挡西方舆论指责。此外，美国、英国、欧盟等对俄罗斯与白俄罗斯的各种制裁，使两国更加远离西方国家，让俄白彼此抱团取暖。俄罗斯坚信只有白俄罗斯是自己的忠实伙伴，维护与白俄罗斯的关系是自己的最好选择。白俄罗斯同样需要俄罗斯作为自己强大的盟国，在政治、军事、经济上得到帮助。两国之间的共同利益长期是不会改变的，需要共同抵御北约东扩的威胁。照此情形，俄白联盟建设只会加快至趋于平稳，一体化进程前景可观。

（二）长期看俄白联盟建设分歧长存且协调困难

尽管人们所看见的是俄白两国关系增温，联盟一体化成果喜人。但回顾联盟建设的一路曲折坎坷，自然能预料到建设道路未来一定充满不确定性与不稳定性。

首先，关于联盟组织机构的建设问题。两国在不同的文件条约中设置了联盟国家的多种机构，以两国领导高层担任联盟国家机构的领导。一是这些机构在目前并没有发挥较大的实际作用，没有真正地推动联盟国家的建设。二是在人员设置中，多以俄罗斯领导人为机构最高领导者，其余官员设置则差别不大。这样的设置安排表明俄罗斯在两国联盟中实际占据较高地位，但如此一来也可能成为未来机构运行中存在的隐患，影响两国在联盟国家中的地位和话语权等。

其次，在能源问题上的协调将是阻碍联盟进程的重大难题。尽管两国表示将会积极就此事进行沟通与协商，但两国的自身利益难以得到真正的协调，所计划的时间点能否切实执行存在很大的问题。

最后，对于联盟国家的深层次建设，诸如统一关税市场、共同货币这样的话题，两国都在这几年里避而不谈，虽没有反对但也没有表示出积极的响应。这让俄白联盟很可能只存在于两国某些领域的合作中，而无法实现真正的一体化。

换言之，在涉及一些较高层次的政治领域层面，两国势必会产生较大矛盾冲突。照此看来，联盟建设中两国的分歧将长存，且对一体化产生严重影响。

结　语

综上所述，俄白联盟是基于两国的利益诉求变化和外部因素影响的情形下初始建立、产生波动和向前发展。共同的历史背景、地缘环境，让两国天生对对方产生信赖。在面临西方巨大安全的威胁下，两国势必紧紧依靠把握彼此，才能保障自身安全发展。但如何在强势的压力环境下，协调解决联盟内部问题，让两国更加亲密无间，推动联盟一体化深度发展，仍然是两国需要共同思考和努力的方向。

冷战后俄哈关系：回顾与展望

林佩纯　王佳浩　曹　聪[*]

【摘　要】 20世纪90年代，俄罗斯与哈萨克斯坦分别独立，历史上的联合使得两国独立后在政治、经济、军事等多个方面仍保持密切的联系。进入21世纪，随着国际形势的复杂演变，俄罗斯和哈萨克斯坦的双边关系也呈现出新的变化。概括地说，俄哈双边关系虽然有过调整与转折，但整体呈现稳定趋势。2008年，在俄罗斯更换领导人后，双方高层对话频率有所下降，但两国仍然保持着高度信任。2019年，托卡耶夫成为哈萨克斯坦新一任国家元首，这并没有对俄哈关系产生较大的负面影响。尽管乌克兰问题使得俄哈双边关系产生较大波动，但从长期来看，两国关系仍呈稳定良好态势。俄罗斯与哈萨克斯坦关系的长期友好发展对独联体其他国家具有示范性作用，有利于维护中亚地区的和平与发展，同时也有利于促进地区乃至世界的稳定。

【关键词】 俄哈关系　俄罗斯　哈萨克斯坦　中亚地区

1992年10月22日，俄罗斯与哈萨克斯坦代表签署了互设外交使团协定书，正式建立外交关系。三十多年来，两国双边关系得到稳步发展，合作成果覆盖多个领域，成效辐射中亚地区乃至世界范围。在地区和国际层

---

[*] 林佩纯，广东外语外贸大学国际关系学院国际政治专业2021级本科生；王佳浩，广东外语外贸大学国际关系学院外交学专业2021级本科生；曹聪，中国社会科学院大学国际政治经济学院2024级博士研究生。

面上，在俄罗斯和哈萨克斯坦的积极倡导下，中亚地区致力于推进达成一个"欧亚联盟"的政治目标，通过加强地区国家间的双边及多边合作以带动中亚经济发展，团结地区力量应对国际危机。未来，俄罗斯与哈萨克斯坦仍会保持稳定向上的合作关系。

一、俄哈合作成果回顾

（一）双边层面

自苏联解体以来，俄罗斯与哈萨克斯坦的双边关系在多个层级联系均较为紧密，双方不断扩大和加深合作，基于共同利益达成了较为广泛的共识并取得显著的合作进展。[1]

1. 经济领域：共存经济一体化

对于哈萨克斯坦来说，虽然其国内储备有富足的资源，但经济结构的局限性非常明显，同时对俄罗斯形成了结构性依附；[2] 从俄罗斯方面来看，其有从哈萨克斯坦大量进口矿产资源和农业产品的需求。

1998年，基于相互信任、战略伙伴关系和多边合作，俄罗斯与哈萨克斯坦缔结了《俄罗斯联邦和哈萨克斯坦共和国永久友好和面向21世纪同盟关系的宣言》，宣言中具体规划了两国的经济合作要点，形成深入合作的经济关系。进入21世纪，随着两国经济总量的稳步提升，双方在经济领域的合作越来越密切，双边贸易额也逐年攀升。

2012年6月，在俄罗斯领导人访问哈萨克斯坦期间，两国元首就经贸领域的合作进行了深入的会谈，重点就促进两国经济一体化进程的系列问题进行探讨，在推进关税同盟以及经贸、能源等领域的合作达成共识，共

---

[1] 李睿思:《哈俄关系发展趋势及对"一带一路"影响分析》,《北方论丛》2021年第1期。
[2] 吴言:《从欧亚一体化进程看俄哈关系》,《乌鲁木齐职业大学学报》2016年第1期。

同续签友好合作互助条约。两国主要在经济贸易领域、燃料动力综合体、碳氢化合物运输领域、建立共同劳动力市场领域和交通领域达成较高程度的共识，并将为促进两国的发展创造条件、扩大合作、加大投入、提供保障。

2022年2月24日俄乌冲突爆发以来，哈萨克斯坦没有在政治上明确表示支持俄罗斯，反而在国际层面对外宣称尊重乌克兰的主权完整。哈萨克斯坦虽然不承认顿巴斯和克里米亚地区的独立，但在经济领域始终认为俄罗斯是哈萨克斯坦不可或缺的贸易伙伴，注重在经贸领域与俄罗斯保持稳定的伙伴关系。

2022年5月30日，俄罗斯总理米舒斯京在莫斯科与哈萨克斯坦总理斯迈洛夫举行会谈，所涉及的议题重点聚焦在双边经贸合作板块。斯迈洛夫在会谈中强调，哈俄两国在双边关系领域一直保持着高水平合作，俄罗斯仍是哈萨克斯坦的主要经贸伙伴，两国在多个领域都具有进一步发展的潜力。目前，进一步提高双边贸易和投资是两国面临的主要任务，哈萨克斯坦政府还表示将会全面支持两国联合启动的项目。[1]

2022年11月，在托卡耶夫访问俄罗斯期间，两国元首再次进行正式会谈，重点讨论了经济合作议题。就目前的情况来看，俄罗斯仍然是哈萨克斯坦的最大投资方之一，尤其在关键经济领域，两国已联合开展超过30个大型投资项目。

2. 政治领域：建立战略伙伴关系

（1）正式建交

1992年10月22日，俄罗斯与哈萨克斯坦代表签署了互设外交使团协定书，正式建立外交关系，为双边合作提供广泛而坚实的政治保障。此后，两国在最高级别上一直保持着密切的政治联系。

（2）探索阶段

中亚国家相继独立之后，各国国内民族主义情绪不断增加，均出现了

---

[1] 岳川：《俄哈总理举行会谈 聚焦双边经贸合作》，中国新闻网，2022年5月30日，https://www.chinanews.com.cn/gj/2022/05-30/9767546.shtml。

明显的去俄化趋势。哈萨克斯坦国内的去俄化倾向影响了俄哈两国在政治领域对话与合作的进程，但历史上两国深厚的联系也在帮助和促进彼此之间进行协商与谈判，探索进一步的合作模式。俄罗斯与哈萨克斯坦在1992年缔结了《俄罗斯联邦和哈萨克斯坦共和国友好合作互助条约》，逐步确立起两国在政治领域开展合作的基本理念和法律基础。

（3）发展阶段

1995年，在签署三项重要文件后，俄哈双边关系进入加快发展的阶段。1998年，俄罗斯与哈萨克斯坦共同签署了具有里程碑意义的《俄罗斯联邦和哈萨克斯坦共和国永久友好和面向21世纪同盟关系的宣言》。在这一阶段，虽然两国仍有部分冲突和摩擦，但是友好合作仍为两国共同发展的主基调。

（4）全面深入发展阶段

进入21世纪，俄哈两国都在为两国进一步发展而作出努力。一方面，普京执政后积极推动两国伙伴关系的升级。另一方面，哈萨克斯坦总统托卡耶夫意识到两国合作带来的红利，也积极推动巩固和加强俄哈战略伙伴关系和地区一体化建设的进程。双方目标较为清晰一致，在政治等多个领域的合作进一步深化，进入全面发展阶段。

2022年11月，哈萨克斯坦总统托卡耶夫应邀正式访问俄罗斯，并与俄罗斯总统举行会谈，共同探讨推动一体化的合作前景。会后，两国签署了俄哈两国建交三十周年的联合声明。声明中提到，俄罗斯和哈萨克斯坦将基于相互信任进一步发展同盟关系和一体化。①

3. 人文领域：文化交流深化

俄罗斯和哈萨克斯坦举行了丰富多彩的文化交流活动，在活动中传递彼此多元的文化，通过文化的交流打通两国人民直接交往的通道，为两国在政治、经贸、军事等领域的长期合作奠定了坚实的人文基础。

---

① 柳玉鹏：《哈萨克斯坦总统连任后首访俄罗斯》，《环球时报》2022年11月29日。

(1) 高等教育和中小学教育

俄罗斯在哈萨克斯坦境内设立了多所俄罗斯大学的分校，并且允许哈萨克斯坦籍的青年学生赴俄罗斯进修深造，同时也为哈萨克斯坦的中小学提供教材书籍和教学资料，通过俄罗斯国内完善的人才培养系统为哈萨克斯坦培养了一批批年轻专家和专业学者，由此促进了两国的教育交流，打通了青年人才的发展通道。

(2) 国家年

2003年，俄罗斯举办了"哈萨克斯坦年"，在此框架下开展了系列演出、展览、音乐会、演唱会等文艺活动。2004年，哈萨克斯坦举办了"俄罗斯年"，在此框架下举行了国家展、企业家的商业论坛和政治家国际会议等文化活动。以国家年的形式，促进两国人民对彼此文化的接触与认识，为基层文化交流提供活跃的平台。

4. 安全领域：军事技术合作

哈萨克斯坦与俄罗斯之间有长达近7200公里的陆地边境线，因此哈萨克斯坦是连接俄罗斯与其他中亚国家的重要通道。基于《共同安全条约》框架，两国间军事关系得到进一步发展，在武器和军事技术方面合作紧密，两国之间也开展了多次联合军事演习。[1]

(1) 确立合作框架，签署合作协议

1992年，俄罗斯与哈萨克斯坦等6个独联体国家共同签署了《集体安全条约》，以期达到提高协议各国联合防御能力的目的。2001年1月，俄哈两国建立了相应的双边委员会，签署扩大和加深军事经济合作的文件。紧接着，俄、哈、白三国单独就建立联合军队集团问题达成协议，俄哈两国还联合建立了边防军联合司令部，携手保卫外部边界。

(2) 军事武器合作密切

自2004年1月以来，俄罗斯陆续向哈萨克斯坦出口现代化武器，提供

---

[1] 孙梦迪：《21世纪以来俄罗斯与哈萨克斯坦关系研究》，黑龙江大学2019年硕士学位论文。

军事技术指导，出口相关零部件及配件。根据内部武器价格，俄罗斯以绝对优惠的条件向哈萨克斯坦出售军事产品，帮助哈萨克斯坦提高军事国防硬实力。

(3) 培养强力部门军事人才

在武装力量的改革方面，俄罗斯向哈萨克斯坦提供了大力支持。例如，俄罗斯军事院校以优惠的条件为哈萨克斯坦培养高水平军事指挥人才，通过提高军事人才综合素质的方式以改善哈萨克斯坦的军队干部组成情况，达到提升整体部队军事能力水平的作用。

(二) 地区层面

1. 政治领域："欧亚联盟"政治目标

受地区一体化和经济全球化趋势的影响，后苏联空间内的中亚国家充分感受到自身的地区重要性在不断增强，各国国家决策层也逐渐意识到，地区一体化是刺激地区经济和促进本国发展的有效手段，因此大力推进结构性重组进程是各国基于国家发展利益有意愿推进的战略。俄罗斯和哈萨克斯坦作为原苏联加盟共和国中领土最大的两个国家，自然承担起在后苏联空间推进地区一体化进程的重要责任。俄罗斯和哈萨克斯坦在推进地区一体化的方案上达成较深层次的共识，并已通过官方层面明确了这种理想模式就是所谓的"欧亚一体化"。

2. 经济领域：带动中亚经济发展

在经济全球化发展的背景下，机遇和挑战都促使俄罗斯和哈萨克斯坦在双边经贸领域上有更强的合作意愿，在此基础上以"区域经济共同体"的身份积极参加国际交流与合作。欧亚经济联盟是由俄罗斯主导的经济一体化模式的超国家机构组织。除在双边层面发展经贸关系，俄罗斯和哈萨克斯坦还计划在欧亚经济联盟等国际组织的框架下进一步加强经济联系。这不仅能提升两国在国际市场上的经济竞争力，还能扩大本国市场范围，创造新的合作机会与就业岗位。

3. 安全领域：团结地区力量应对危机

为维护区域的稳定与发展，在苏联解体后不久，集体安全条约组织于2002年5月正式成立，简称"集安组织"。[①]

同时，中国与俄罗斯、哈萨克斯坦等四国为缓和原中苏两国边境地区长期存在的紧张时局、加强边境地区军事领域信任措施，形成了会晤机制。[②] 在中国、俄罗斯和哈萨克斯坦的积极参与、密切协调下，元首对话机制很快显示出巨大生命力和发展潜能。

（1）集安组织：完善组织系统与机制

基于《集体安全条约》的框架，集安组织成员国间建立了较为高效的集体安全系统，系统内部的组织与管理制度也在不断改进和完善。[③]

俄罗斯与哈萨克斯坦在集安条约组织框架下还在多个领域形成了多项成果。例如，促进编制恐怖组织清单，推动成立阿富汗问题工作组，打击国际贩毒活动和非法移民活动，保障网络信息安全等。

集安组织内部危机应对机制的不断完善，使得集安组织在现实中能发挥更加强有力的作用。2022年1月，哈萨克斯坦境内发生了自该国独立以来的最大规模的暴动，全国进入紧急状态。哈萨克斯坦总统托卡耶夫向集安组织正式提出请求，暴动在一周内被镇压，哈萨克斯坦境内恢复了和平与稳定。此次以俄罗斯为主力的维和部队高调出兵介入哈萨克斯坦境内乱局表明，集安组织在提供军事援助、外部合法性、道义支持和阻止外部干涉等方面能够发挥重要作用，具备充分的军事实力。

（2）上海合作组织：优先发展安全合作

2001年，"上海五国"与乌兹别克斯坦签署了《上海合作组织成立宣言》，共同宣言的出台标志着上海合作组织的正式成立。自成立以来，上

---

① 于海波：《后冷战时期俄美中三国中亚政策比较研究》，中共中央党校（国家行政学院）2007年博士学位论文。
② 于洪君：《上合组织将从创新区域合作走向参与全球治理》，中国网，2018年11月27日，http://news.china.com.cn/world/2018-11/27/content_74213293_0.htm。
③ 李睿思：《哈俄关系发展趋势及对"一带一路"影响分析》，《北方论丛》2021年第1期。

海合作组织始终把深化安全合作作为优先发展方向，它弥补了冷战后欧亚区域间地理和安全的差距，为欧亚地区的安全与稳定作出了重要贡献。可以说，上海合作组织在欧亚区域安全管理中扮演着非常重要的角色。①

俄罗斯与哈萨克斯坦均为上海合作组织的成员国。上海合作组织开展地区安全合作的核心地区逐渐由中亚向南亚延伸，致力于应对的地区安全议题范围也不断扩大，应对地区安全问题的机制不断完善，并已初步形成了完备的例会决策、条约法律保障和联合反恐合作三个相互联合、相互促进的运转机制。上海合作组织除维持中亚国家的政治稳定、积极推进阿富汗的和平进程外，还在联合反恐和禁毒方面取得突出成就，包括颁布相关法律文件、建立有效合作机制、举行联合反恐军事演习以及抓捕恐怖分子等。

（三）全球层面

哈萨克斯坦特别重视与俄罗斯之间的传统友好关系，并将维系该友好关系置于本国外交战略的最优先地位，两国在国际或地区的重大问题上的表态与合作也表现得较为默契。俄哈关系的友好发展是哈萨克斯坦跨越中亚且更深层次地参与国际事务的坚实基础。②

值得关注的是，俄罗斯与哈萨克斯坦都属于能源大国，在世界能源市场上占有重要位置，两国能源价格对世界能源市场的稳定具有一定的影响力。

表3　2021年世界能源总产量排名

排名	国家	产量（千万亿英热单位）
1	中国	134.964
2	美国	98.337

---

① 李孝天、陈小鼎：《上海合作组织参与地区安全治理的特征、限制与改进路径》，《太平洋学报》2021年第9期。
② 邱昌情：《哈萨克斯坦参与全球治理的举措、动力及前景》，《俄罗斯东欧中亚研究》2020年第1期。

续表

排名	国家	产量（千万亿英热单位）
3	俄罗斯	64.103
4	沙特阿拉伯	26.586
5	加拿大	23.406
6	印度	18.988
7	澳大利亚	18.012
8	伊朗	16.704
9	印度尼西亚	16.274
10	巴西	11.875
11	阿拉伯联合酋长国	10.086
12	卡塔尔	9.879
13	挪威	9.696
14	伊拉克	9.24
15	哈萨克斯坦	7.262
16	阿尔及利亚	6.657

资料来源：美国能源信息署。

二、俄哈关系发展特点

（一）稳定向上的发展态势

俄罗斯和哈萨克斯坦从冷战结束至今始终保持友好合作关系，并在多个领域实现了新的突破。同时，两国合作的红利辐射范围由双边层面扩展到地区层面，甚至是全球层面。

1. 经济领域加快步伐

苏联解体初期，受国内经济形势和外交关系的影响，俄哈两国的双边贸易额明显下滑。1992年以来，俄罗斯与哈萨克斯坦之间的贸易总量逐步恢复并呈现不断加速发展的趋势。[①] 随着两国在外交、政治领域合作的持续深化，经贸合作的范围也不断扩大。两国之间的合作领域也在不断拓宽，已经从最初的能源领域扩展至高科技领域。

欧亚经济联盟成立后，后苏联的经济空间得到拓展并加快了融合的步伐，统一的市场和一致的管理方式使两国在联盟框架下的经贸合作有序开展。

2. 安全领域密切合作

哈萨克斯坦是中亚地区内唯一与俄罗斯接壤的国家，安全合作一直是两国的重点关注领域。应对威胁国家安全的违法犯罪活动是两国合作的重要动因。

在双边层面，俄罗斯与哈萨克斯坦的安全合作主要包括军事技术合作、人才联合培养和扩大军事领域的共同市场。在多边层面，两国在共同框架下保持密切的安全合作。

3. 人文领域成果显著

1992年至2007年，基于相似的文化背景，俄罗斯与哈萨克斯坦在社会文化领域展开紧密的合作。哈萨克斯坦以语言和文化作为纽带，积极接触并了解俄罗斯的现代文化。俄罗斯也通过书籍、影视剧等传播形式为哈萨克斯坦融入世界文化提供了多元渠道。但社会文化合作不是两国在这一阶段的合作重点，因此两国的合作规模和合作深度都非常有限。

2007年，两国领导人共同出席了第四届哈俄边境论坛，在论坛上签署了有助于拓展两国人文领域合作的纲要文件。至此，俄罗斯与哈萨克斯坦在人文领域的合作逐渐进入发展的快车道。近年来，两国在教育方面的合作取得明显进展。其中，互派留学生在促进两国教育领域的发展和拉近两国友好关系方面发挥着重要作用。

---

① 李睿思：《哈俄关系发展趋势及对"一带一路"影响分析》，《北方论丛》2021年第1期。

（二）政经关系发展不平衡

欧亚一体化进程在经济领域取得的进展速度快、成效大，但在政治层面总是受阻或停滞不前。

从历史上追溯，纳扎尔巴耶夫一贯主张维护哈萨克斯坦的主权完整和国际平等地位，希望将哈萨克斯坦塑造成一个在欧亚地区具有重要影响力的民族国家。但此意图与俄罗斯希望恢复在后苏联空间领导地位的诉求显而易见地产生冲突，因此，这在一定程度上影响了两国关系在欧亚一体化框架内的合作与深化。

从现实上分析，后苏联空间内国家之间实力的不对称是造成"政冷经热"局面的主要原因。显著的表现为，俄罗斯继承了苏联大部分的领土、工业基础和军事力量，其政治、经济、军事水平远超其他原苏联成员国，产生了客观上的实力不对称。而哈萨克斯坦作为实力相对弱小的国家，对俄罗斯的"侵犯"有一种天然的担忧。为了保持自身独立自主，哈萨克斯坦在乌克兰危机及俄乌冲突中坚持采取平衡的外交政策。

同时，由于欧亚一体化内部缺乏强而有力的制衡力量，导致大多数中亚国家对政治一体化构想的参与意愿不强，存在本国在新实体内受到俄罗斯领导和压制的顾虑。

（三）外部力量的推动作用明显

1. 美国对哈萨克斯坦的拉拢

自 1997 年起，美国开始在中亚地区推行"新中亚战略"，并逐渐取得了一定优势地位。[1]"新中亚战略"采用政治上拉拢、经济上援助和军事上渗透等手段，并开始注重情报信息，正在力争成为中亚地区的主导性力量，在一定程度上影响了俄哈关系的进一步深化，倒逼俄罗斯出于国家综

---

[1] 朱永彪、尹舒阳：《美国大中亚战略进入新阶段》，中国社会科学网，2010 年 11 月 13 日，http://euroasia.cssn.cn/xsyj/xsyj_zywg/201011/t20101113_1785808.shtml。

合利益的考量，在新国际形势下于多个领域巩固并加强与哈萨克斯坦的联系与合作。

(1) 政治领域密切接触

近年来，美国政府频繁邀请中亚各国首脑访美并开展重要议题的会谈。除此之外，美国的军政要员访问中亚地区的频率明显提高，加速了美国与中亚国家关系的升温乃至升级。美国企图凭此手段密切同中亚各国高层之间的接触，并借此机会在中亚国家推行"政治和经济改革"，使中亚国家积极向西方模式靠拢。同时美国极力扶植亲美势力①，试图在中亚各国建立亲美政权。

(2) 经济领域加强渗透

自20个世纪90年代中期以来，美国成为对中亚地区援助最多的国家。美国通过经济援助，向中亚国家推行美国的价值观念，极力促使中亚国家接受西方模式。② 同时，美国还扩大双边及多边的经济合作，通过参与能源开发、协助建立市场经济和增加投资等途径，逐步控制中亚部分国家的经济发展命脉，进而控制整个中亚地区能源的生产与运输命脉③，并通过北约在中亚地区组织实施"和平伙伴计划"，试图将部分国家纳入北约体系内，加强对这部分国家的意识形态和发展战略的渗透，达到削弱其他外界势力影响美国在中亚地区控制力的目的。

(3) 安全领域加深合作

苏联解体后，哈萨克斯坦继承了苏联最大的核试验场，国家核力量十分强大。在得到哈萨克斯坦完全弃核的承诺之后，美国开始积极接触哈萨克斯坦，并向哈萨克斯坦进行大规模的投资以帮助其恢复能源开发能力。在20世纪的最后十年里，哈萨克斯坦总统纳扎尔巴耶夫四次访美，积极寻求同美国的合作，尤其是在1999年，哈萨克斯坦与美国签署了《美哈2000年军事合作计划》，在密切了两国关系的同时，也挤压了俄罗斯在哈萨克斯坦军事领域的战略空间。

---

① 杨鸿玺：《20年来美国中亚战略的基本路径》，《国际展望》2011年第3期。
② 傅勇：《中亚在冷战后国际格局中的战略地位》，《世界经济研究》2002年第1期。
③ 傅勇：《21世纪初中南亚安全环境与中国西部安全》，《世界经济研究》2003年第12期。

虽然进入 21 世纪以后，美哈两国关系稍有降温，在奥巴马政府执政时期对哈萨克斯坦采取疏离政策，但是两国基于各自国家利益的考量，在 2018 年，哈萨克斯坦政府首脑重新高调访美，以对冲来自俄罗斯的外交压力，彰显哈萨克斯坦致力于平衡外交的立场。美国也在对付中国、俄罗斯的战略上加紧对哈萨克斯坦的投资与合作，以拉拢哈萨克斯坦这一地区重要力量。以美国为首的北约积极接近中亚军界的各方势力，官员间频繁互访，并签署一系列协议和协定。同时，美国还通过为重要国家提供资金和技术的方式介入这些中亚国家的军队建设和改革。总的来说，美国与哈萨克斯坦在安全领域中的关系不断密切。

2. 中国与哈萨克斯坦合作的深入

中国与哈萨克斯坦两国领导人通过战略协商，就"光明之路"与"丝绸之路经济带"的对接达成共识。① 双方在石油天然气开采、管道铺设等领域进行通力合作，对俄哈之间这一领域的工作开展形成了制约，一定程度上影响了俄罗斯与哈萨克斯坦在能源领域的合作。除能源领域外，中国还同哈萨克斯坦在核能、电力、风能、太阳能等领域也展开了合作。② 不管是出于政治考量还是基于经济利益，中国和哈萨克斯坦开展互惠互利的合作符合两国长远的战略利益。

三、俄哈关系发展动因

（一）俄罗斯的利益诉求

1. 巩固安全体系，保护战略防御要冲

俄哈两国间的安全关系可视为俄罗斯建立新的"俄式"双边及多边安

---

① 杨成：《"一带一路"下的中哈合作》，《光明日报》2017 年 6 月 8 日。
② 廖雷：《中哈战略伙伴关系坚定不移》，《中国青年报》2011 年 2 月 23 日。

全模式的尝试。后苏联空间既是俄罗斯国家外部安全的重要缓冲地带与传统利益区，又是对俄罗斯安全构成直接威胁的外部不稳定区域。①

哈萨克斯坦地处欧洲与亚洲的交汇处，是欧亚大陆的地理中心，具有得天独厚的地缘政治优势。俄罗斯与哈萨克斯坦一直都是睦邻友好的邻居，两国拥有全球最长的单段边境线，双方在军事安全领域拥有大部分共同利益，因此两国的边界安全必须依靠双方共同努力，协商合作才能得以解决。

俄罗斯地跨欧亚两大洲，人口主要居住在欧洲部分，广阔的土地和稀少的人口使得其中部变得十分脆弱，一旦中部被控制，连接俄罗斯的东部和西部的铁路和油气管道将直接被切断。俄罗斯加强与哈萨克斯坦的联系可以使哈萨克斯坦成为自己中部的坚强屏障，减轻本国的中部压力。

中亚是俄罗斯的南部地区与外高加索地区的重要连接部分。在俄罗斯看来，中亚腹地就是抵御欧洲进犯的天然屏障。苏联解体后，中亚地区的安全稳定形势非常脆弱，俄罗斯不仅要应对自身的安全威胁与挑战，还要应对外部势力"别有用心"的干预。因此在俄罗斯看来，若是能够有效控制中亚地区，那么俄罗斯就能够在中亚甚至整个亚欧大陆扩大话语权并提高影响力。

2. 推动后苏联空间一体化进程

重新整合后苏联空间的力量，推动以俄罗斯为中心的次区域一体化，是俄罗斯多年来一贯奉行的外交政策。受后苏联空间思维的影响，俄罗斯始终把中亚地区视为其"后院"。因此，俄罗斯认为，推动后苏联空间一体化是提升本国在地区的影响力乃至国际影响力的重要战略方针。

哈萨克斯坦作为后苏联空间范围内的大国，始终是俄罗斯推行中亚战略的重要伙伴。苏联解体后的十年里，俄罗斯的经济发展一直不景气，而哈萨克斯坦已经成为后苏联空间地区发展的领头羊，俄哈关系始终是俄罗斯寻求整合后苏联空间的重要环节。未来俄罗斯要打造自己的核心发展引

---

① 郑润宇：《从俄罗斯全球战略视角剖析俄哈关系安全模式》，《俄罗斯研究》2011年第5期。

擎依然需要哈萨克斯坦的帮助。哈萨克斯坦既能强化"自主性"建设，又发展与俄罗斯的特殊战略关系。俄哈关系不仅直接影响着哈萨克斯坦的"自主性"建设进程，而且对整个区域的安全与稳定有重要影响力。

3. 维护自身在哈萨克斯坦多层战略利益

俄罗斯通过加强与中亚最具影响力的国家——哈萨克斯坦的合作，使自身的影响力辐射到其他国家，从而维持自己在中亚地区的威望。俄罗斯作为超级大国苏联的直接继承者，不甘于沦为世界二流国家[1]，一直追求恢复苏联时期超级大国的地位。为了实现这一目标，仅靠俄罗斯一国的能力是远远不够的，因此普京在2015年就提出要建立"欧亚联盟"的政治目标，即以欧亚大陆的独联体国家作为战略依托，构建欧亚联盟，使其成为俄罗斯连接欧亚地区的"有效纽带"和"坚实环节"。

在这些独联体国家中，哈萨克斯坦自独立以后便迅速崛起，成为中亚经济发展的火车头。因此，俄罗斯发展外交的优先方向就是巩固和发展与哈萨克斯坦的伙伴关系。基于此，哈萨克斯坦境内有许多两国合资的企业至今仍在运营，两国还共同建设了拜科努尔宇航中心、宇宙监测站、铀矿等重要战略设施和物资。

4. 外交政策的地缘方向

俄罗斯外交政策的优先方向是加强同周边的独联体成员国发展双边和多边合作，进一步巩固在独联体地区运作的、由俄罗斯发挥主导作用的一体化组织。[2] 俄罗斯希望自己边境周围都是友好、繁荣、民主和稳定的国家。

哈萨克斯坦作为俄罗斯在中亚地区的重要战略伙伴兼盟友，是后苏联空间一体化进程的火车头，对俄罗斯而言具有重要的地缘战略意义，在能源、交通——过境运输和军事等领域具备很大潜力，但这些尚未完全得到利用。

---

[1] 霍孟林：《地缘视角下中俄关系未来发展的中亚因素》，《理论导刊》2015年第2期。
[2] 王术森、曾向红：《大国中亚地区外交新态势》，《现代国际关系》2020年第10期。

（二）哈萨克斯坦的利益诉求

1. 维持国家政权稳定，捍卫国家主权

从哈萨克斯坦的外交战略来看，哈萨克斯坦作为相对于俄罗斯较弱势的一方，在外交上如果能够尽可能配合俄罗斯的一些战略安排，与俄罗斯保持友好合作的密切关系，有利于以较低成本促进哈萨克斯坦本国的发展，提高本国的国际影响力。

从两国的军事关系来看，俄罗斯强大的军事实力能够满足哈萨克斯坦保障国家安全的需求，哈萨克斯坦需要借助俄罗斯的力量维护边境安全。在哈萨克斯坦的东北和西北地区居住有大量俄罗斯移民，一旦俄哈关系发生重大变化，哈萨克斯坦就会有被分裂的风险。[1] 同时，哈萨克斯坦追求中亚地区领导权的战略目标仅凭自身难以实现，需要俄罗斯提供政治上的帮助与支持。

2. 平衡大国博弈，协调地区关系

中亚作为连接欧亚大陆的重要区域，长期以来一直受到各国的重视。哈萨克斯坦是中亚地区最大的国家，毗邻俄罗斯和中国，油气资源丰富，战略地位十分突出。[2]

自独立以来，哈萨克斯坦就非常注重平衡大国在本国境内的力量，一直坚持奉行对外开放政策。在俄罗斯、美国等大国积极寻求在哈萨克斯坦发展利益的同时，哈萨克斯坦并没有选择偏向任何一方，而是根据自身需求积极发展同各国的外交关系。虽然哈萨克斯坦不得不面对各大国在本国相互竞争的局面，但哈萨克斯坦也因此获得了来自多个国家的有利资源以促进本国的经济发展。哈萨克斯坦奉行的多元平衡外交政策旨在通过平衡

---

[1] 任洪生：《地缘支轴、丝绸之路经济带与 21 世纪中哈地缘政治关系》，《西北民族研究》2017 年第 2 期。

[2] 文龙杰：《国家建设视角下哈萨克斯坦骚乱事件评析：原因与镜鉴》，《统一战线学研究》2022 年第 6 期。

外部大国力量以实现本国利益的最大化。① 因此，在美国势力积极介入哈萨克斯坦的时候，哈萨克斯坦需要通过引入俄罗斯的外部介入来平衡国内的博弈局势。

3. 寻求合作伙伴，谋求经贸发展

作为资源型国家，哈萨克斯坦需要寻求外界的技术支持和市场支撑，将自己的原材料合理地输出到国际市场中，以谋求经济利益的有序转化。

俄罗斯对哈萨克斯坦提供的经济援助有利于保障哈萨克斯坦的经济安全。俄罗斯、白俄罗斯和哈萨克斯坦三国之间建立了关税同盟，在这一框架之下，三国之间不仅实现了关税的统一，而且还建立了统一的对外贸易体系、海关管理体系和技术协调领域的法律制度，由此促进了哈萨克斯坦经济贸易的发展。

四、俄哈关系前景展望

（一）政治领域合作依旧紧密

1. 哈萨克斯坦无法完全摆脱对俄依赖

哈萨克斯坦需要寻求俄罗斯的政治支持和帮助，借助睦邻盟友俄罗斯强大的实力，谋求在中亚地区的领头羊地位。

（1）源自大国博弈的压力

由于中亚地区历来受世界大国的关注，该地区成为大国博弈与争夺利益的场所。哈萨克斯坦位于各大文明的交汇点，这导致它难以孕育属于本土的强大文明体系，并且不可避免地会遭受周边文明的深刻影响。因此，

---

① 王波、李扬：《论"丝绸之路经济带"倡议下中国与中亚地区能源合作制度建设的大国因素》，《东北亚论坛》2018年第6期。

哈萨克斯坦在寻求对外政治合作和经济发展的过程中，需要重点关注外来文明、政治势力入侵的威胁。

(2) 源自地区竞争的压力

乌兹别克斯坦处于中亚的中心地位，是中亚五国中人口数量最多的国家。乌兹别克斯坦的军事力量相对周边国家较为强大，单一的民族使得乌兹别克斯坦的社会结构相对稳定。在争夺中亚领导权的过程中，哈萨克斯坦认为乌兹别克斯坦是其最大的竞争对手。[①]

2. 俄罗斯需要维护在中亚的影响力

俄罗斯的历史条件促进了其加强同哈萨克斯坦的合作。中亚地区是苏联的传统势力范围，俄罗斯提高国际影响力的首要战略就是维护自身在中亚地区的影响力。密切同哈萨克斯坦的合作能够以此来辐射其他独联体国家。

俄罗斯的现实条件也决定了其必须加强与哈萨克斯坦的合作。俄罗斯主导中亚地区的战略目标与自身相对有限的经济实力之间相互矛盾，俄罗斯控制中亚国家的意图与中亚国家希望摆脱俄罗斯控制的意图之间相互矛盾。[②] 俄罗斯试图控制中亚的意图与其有限的政治、经济实力相矛盾，因此为了达到外交目标，俄罗斯必须通过联合中亚大国来对周边国家形成积极的辐射效应。

(二) 经济领域合作值得期待

俄罗斯与哈萨克斯坦会根据已有的合作成果来制定下一阶段经贸领域合作的规划。作为欧亚经济联盟的主要成员国，俄罗斯与哈萨克斯坦未来将通过超国家机构提交关于查明和消除贸易壁垒的全面建议。在双边贸易

---

① 江秋丽：《苏联解体后俄罗斯与哈萨克斯坦的合作研究》，北京外国语大学2015年博士学位论文。
② 曹槟、李晓玲、郝方甲：《中亚能源合作为丝绸之路经济带建设"添油加气"》，新华网，2014年6月21日，http://www.gov.cn/xinwen/2014-06/21/content_2705736.htm。

领域，两国作为彼此主要的贸易伙伴，将继续推动支持双边贸易额和投资规模的扩大。

1. 石油天然气领域

哈萨克斯坦是石油和天然气储量大国，俄罗斯在资源开发方面有先进的技术和经验，两国在能源领域的合作潜力巨大，尤其集中于蕴含丰富碳氢化合物的里海大陆架的产地开发。除了能源开发合作之外，两国还可以加强输送管道建设，优化出口通道，推动能源贸易和供应网络发展。

2. 核能领域

俄罗斯与哈萨克斯坦在核能领域拥有广阔的合作机会。哈萨克斯坦是世界上最大的铀储量国，俄罗斯拥有先进的铀开采技术，随着俄罗斯国内铀储量减少和核能领域发展需求的扩大，双方将增强在核燃料技艺链方面的合作。

3. 电力能源

哈萨克斯坦已经将电力能源网的一部分转给了俄罗斯，两国电力供应系统的一体化将会帮助哈萨克斯坦解决国内电力供应问题，与俄罗斯形成统一的购买市场，也将扩大哈萨克斯坦在俄罗斯的电力市场，加强两国之间电力能源领域合作。

（三）安全领域合作稳定

俄罗斯与哈萨克斯坦将继续在集安组织框架下，加强武装部队和其他安全机构的合作。俄罗斯将向哈萨克斯坦提供现代化的军事装备维修和管理方法，并继续租用哈萨克斯坦军事试验基地。俄哈一体化区域防空系统也在不断完善，双方举行联合作战演习的频率将逐渐提高。

2022年7月12日，在俄哈两国总统的电话会谈中，重点讨论了双边合作的热点问题。在俄乌冲突的背景下，俄哈关系正面临着新的考验，两国高层将继续保持着高频率的常态化沟通。同时，两国内部主流民意对两国保持友好关系的态度相对积极，双方在安全层面也仍保持稳定的合作关系。总体来说，两国多领域的合作关系不会发生根本性转变，哈萨克斯坦不会像外界预测的那样偏向"乌克兰化"。[①]

（四）人文领域合作加强

在俄乌冲突的背景下，俄罗斯与哈萨克斯坦在低政治领域仍保持密切交流，两国积极采取培养艺术领域的专家人才、促进高等教育合作等手段，在全球疫情得到有效控制后，逐步恢复并加强两国间的人文交流与合作。俄罗斯与哈萨克斯坦将逐步推动开展促进剧院、艺术团体和个体艺术表演互访与演艺的文艺活动，以及电影院线交流活动，还将通过互办国际音乐节以及与音乐相关的比赛以增强双方在文化和艺术领域的合作。

结　语

从俄罗斯与哈萨克斯坦的发展历史来看，两国关系总体呈现良性发展的趋势，这也进一步促进了欧亚一体化的进程。然而，虽然两国在经济等领域存在广泛的共同利益，但是在政治领域，两国的利益契合点非常有限，"政冷经热"的局面使得两国在一些问题上难免存在摩擦，不过这也表明两国关系还有很大的发展空间。

俄罗斯与哈萨克斯坦要进一步加强彼此之间的合作，地区的复杂性和欧盟发展的启示决定了欧亚一体化的进程只能是渐进的，俄哈之间必须在平等自愿和尊重主权的基础上加强共识和合作，巩固当前已经取得的重要成果，继续维护自身国内稳定和地区稳定来为欧亚一体化赢得更加良好的

---

① 万青松：《突然反目，俄哈"裂痕"有多深？》，观察者网，2022 年 7 月 14 日，https://www.guancha.cn/wanqingsong/2022-07-14_649224.shtm/。

环境。

俄哈关系未来的发展在短期内仍将维持在欧亚经济共同体的框架内。新的发展阶段之下，俄罗斯与哈萨克斯坦的关系既面临阻碍又具备潜力。进入21世纪后，中亚地区战略价值不断上升，哈萨克斯坦作为中亚地区国内政治较为稳定、经济水平较为发达的国家，其重要性日益凸显。俄哈两国无论是在安全或是能源领域均存在较大的合作潜力。

总体来说，俄罗斯与哈萨克斯坦的关系较为稳定，且保持友好的合作关系符合两国切身利益。当然两国也应重视两国关系中所受到的制约因素，无论是金融危机、新冠疫情还是西方制裁等都是两国关系进一步深化的"拦路虎"。俄哈两国应该切实寻找应对之策，深化政治、军事关系的同时推动两国经济间实现更好的合作。

冷战后俄格关系特点及态势

许 汶 曹 聪[*]

【摘 要】 冷战结束以来俄罗斯与格鲁吉亚的关系变化波动较大，在多个领域展开了较为密切的互动：军政领域聚焦于实施政治影响与在驻军、立场上的矛盾，经贸人文领域发展呈现良性趋势。然而，两国核心利益诉求相悖，始终难以解决分离势力地区的困境与复杂形势下北约势力的渗透问题，导致双方政治冲突频繁、政治外交关系敏感易受影响、彼此合作收益较不平等；又因受西方国家的干扰与大国博弈、在经政领域利益诉求偏向不一致的影响，俄格关系复杂多变。俄格关系的改善，需要依靠经贸与人文领域的合作，以实现两国未来的友好互利。

【关键词】 俄格关系 俄美博弈 独联体

俄罗斯与格鲁吉亚的关系是后苏联空间中较为重要的双边关系之一，是世界上比较特殊的国家间关系。历史上两国长期处于苏联一国体制中，天然具备多方面联系。冷战结束后受格鲁吉亚历届领导人逐步实施谋求加入北约与欧盟、亲近西方的政策影响，俄格两国在维持部分合作的框架下谋求关系进一步发展显得困难重重。

2008 年，在国际各方调停下，俄罗斯与格鲁吉亚在停火协议上签字，

---

[*] 许汶，广东外语外贸大学国际关系学院国际政治专业 2021 级本科生；曹聪，中国社会科学院大学国际政治经济学院 2024 级博士研究生。

俄格武装冲突至此结束。随后俄罗斯总统梅德韦杰夫宣布承认南奥塞梯和阿布哈兹独立，格鲁吉亚随即宣布与俄罗斯断交，双边关系跌入谷底。直至今日，两国关系仍未恢复正常化。

2012年格鲁吉亚议会选举中"格鲁吉亚梦想"联盟胜出，伊万尼什维利出任总理后奉行平衡务实的外交政策，即一方面继续谋求加入欧盟和北约，积极发展同美欧关系；另一方面主张改善同俄罗斯关系，两国良性互动增加，经贸和人文关系有所缓和。2015年格鲁吉亚举行驻外使节会议强调积极发展多元平衡外交、恢复发展与欧亚国家的关系，继续坚持对俄务实政策。俄罗斯也积极响应格鲁吉亚主动缓和两国关系的态度。但由于以美国为首的西方国家逐渐介入俄格关系，格鲁吉亚平衡务实的外交政策是否能够得以继续施行难以定论。

2022年俄乌冲突爆发后，格鲁吉亚于2022年正式申请加入欧盟，比其政府原定申请时间（2024年）提前了两年，显示出格鲁吉亚从未放弃亲近西方的外交立场。然而，格鲁吉亚却未参与西方国家集体制裁俄罗斯的行为。俄格关系的复杂多变体现着两国间独有的特点与深层的动因。本文将介绍冷战后俄格的互动过程，并从中总结俄格关系发展的特点，探究俄格关系发展的动因，展望两国关系未来的发展前景。

一、俄格互动发展过程

冷战结束以来，俄格不断开展两国在政治、军事、经济及人文领域的发展互动，但取得的成果优劣参差。政治领域中，俄格因特殊的地缘政治关联与历史联系而互动深刻，在内政与对待彼此的政策方面发挥着较大的作用。军事领域中，俄格由于核心利益的根本不同未能取得预期的长远利益，短暂的利益交汇在一定时期起到了缓和作用，对地区的和平与稳定起到积极作用。经济领域中，两国不断推进紧密的区域经贸合作互动，在实现各自利益与推动经济发展层面上取得了繁荣成果。人文领域中，两国开展了积极有效的互动，在一定程度上加强与拓宽了民间互动联系，为开展其他领域的互动施加了良性影响。

（一）政治领域

1. 俄罗斯倾向对格鲁吉亚施加利己政治影响

一方面，俄罗斯帮助格鲁吉亚平息国内冲突，稳定内政局势。谢瓦尔德纳泽上台后，俄格于1992年7月1日正式建交，建立合作的法律基础。在解决格鲁吉亚与南奥塞梯冲突的问题上，1992年6月24日俄罗斯总统叶利钦和格鲁吉亚总统谢瓦尔德纳泽签署索契协议，成立混合监督委员会以促停火协议的执行；[1] 在解决阿布哈兹冲突中，俄罗斯积极促使格鲁吉亚与阿布哈兹进行索契会谈，并最终签署停火协议，阿布哈兹和格鲁吉亚实现非军事化；[2] 在解决阿扎尔问题上，2004年3月格鲁吉亚与阿扎尔爆发冲突，4月格鲁吉亚总统萨卡什维利在阿扎尔周边进行军事演习以示威胁，俄罗斯国防部部长谢尔盖·伊万诺夫参与同格鲁吉亚政府的谈判，调停格阿双方冲突，最终时任阿扎尔总统阿巴希泽主动辞职。俄罗斯的干预举措令格鲁吉亚政府迅速摆脱了阿扎尔危机，阿扎尔由此回归格鲁吉亚。此外在谢瓦尔德纳泽执政初期，阿布哈兹分离主义武装与格鲁吉亚前总统加姆萨胡尔季阿于1993年先后卷土重来，格鲁吉亚一时间陷入三方混战危机。该年年底，在俄军的帮助下格鲁吉亚内乱得到平息，内政再因俄罗斯军事力量的介入呈现稳固态势。

另一方面，格鲁吉亚2003年爆发"玫瑰革命"引起的政权更迭也受俄罗斯的干预。在2003年格鲁吉亚议会选举中，俄罗斯表面上对格鲁吉亚政府和由萨卡什维利领导的反对派采取中立政策，实际上却暗中支持格鲁吉亚反对派。[3] 11月23日，俄罗斯外长伊戈尔·伊万诺夫分别同谢瓦尔德

---

[1] 谢尔盖·马尔科多诺夫：《大高加索的危机与俄罗斯——"五日战争"之结果及影响》，《俄罗斯研究》2012年第2期。

[2] Nicole. J. Jackson, "Russian Foreign Policy and CIS: Theoriesdebates and Actions," Routledge, 2008, p. 136.

[3] 梁英超：《苏联解体后的俄罗斯与格鲁吉亚关系研究》，北京外国语大学2016年博士学位论文。

纳泽和反对派领导人举行三轮会谈，以施加压力等手段令谢瓦尔德纳泽辞去总统职务，"玫瑰革命"结束。①

此外，俄罗斯一直十分重视自身在格鲁吉亚政局中所能发挥的作用，其决不允许以美国为代表的西方国家在格鲁吉亚政局中渗透势力并试图干涉格鲁吉亚事务甚至从内部操纵格鲁吉亚局势。

俄罗斯一直试图促使格鲁吉亚同阿布哈兹、南奥塞梯保持良好安全的关系。然而，2022年8月8日，俄罗斯外交部在南奥塞梯事件周年纪念日表示，关于外高加索安全问题的日内瓦会谈已被冻结，现正面临将会谈转移到更中立的地点的问题上，使通过阿布哈兹和南奥塞梯同格鲁吉亚方面能够持续直接对话，确保三方稳定、可靠的安全。俄罗斯外交部强调，正是因为西方集团因俄乌冲突而孤立俄罗斯，使日内瓦会谈实际上被冻结，截至2022年8月已被推迟两次。②

2023年3月初，格鲁吉亚议会收到一项"外国影响透明度"法案，该法案提议建立一个非政府组织、媒体和接受外国自主主体的登记册。格鲁吉亚反对派表示该法案具有俄罗斯色彩。该法案引起的抗议活动也不可避免存在西方国家暗中的支持力量，俄罗斯对此持关切态度，声称格鲁吉亚的抗议活动影响俄罗斯边境平静。3月底，俄罗斯外交部发言人扎哈罗娃表示，从外部影响局势的行为会影响格鲁吉亚地区的安全与稳定，并谴责西方国家将该地区视为自己的殖民地保护区，而不是一个现代的、年轻的民主国家。③ 对于西方国家对格鲁吉亚施加的不利于俄罗斯政治利益的影响，俄罗斯始终持警惕态度。

2. 格鲁吉亚在政治上与俄罗斯立场不一

苏联解体后外高加索三国的冲突不断，俄罗斯开始调整对高加索政

---

① 孙壮志主编：《独联体国家"颜色革命"研究》，中国社会科学出版社2011年版，第145页。
② 《俄外交部：关于外高加索问题的日内瓦会谈已被冻结》，俄罗斯卫星通讯社，2022年8月8日，https://sputniknews.cn/20220808/1042953968.html。
③ 《俄外交部：西方国家试图从内部操纵格鲁吉亚局势完全是不容许的》，俄罗斯卫星通讯社，2023年3月31日，https://sputniknews.cn/20230331/1049163010.html。

策，并谋划构建独联体为自身国防安全服务。1994年2月，俄罗斯总统叶利钦首次访问格鲁吉亚并与格鲁吉亚签订了包括《睦邻友好合作条约》在内的十一项协定。1994年3月，格鲁吉亚加入独联体，12月格鲁吉亚签署《独联体集体安全条约》。然而1997年由格鲁吉亚、阿塞拜疆、乌克兰及摩尔多瓦构成的"古阿姆"集团成立，这一组织被俄罗斯视为反俄的地缘政治架构①，2000年美国承诺向"古阿姆"集团提供援助。2008年俄格武装冲突爆发后，格鲁吉亚于该年8月宣布退出独联体，至此，两国对独联体的构想与诉求交汇彻底覆灭。俄格武装冲突后，两国之间紧张局势虽有所缓和，但两国之间的争端和矛盾仍然存在。2022年俄乌冲突爆发，格鲁吉亚在经济方面虽不与西方维持同一立场制裁俄罗斯，但其在政治领域参与乌克兰共同抗俄。格鲁吉亚志愿军团是乌克兰国际志愿军的主力之一，人数众多且作战勇猛。格鲁吉亚希望借俄乌冲突收复其在俄格武装冲突中损失的领土。2023年在关于"外国影响透明度"法案问题上，格鲁吉亚立场偏向西方国家，受到美国"对格鲁吉亚镇压抗议活动的责任人可能会受到美国制裁"的声明影响，认同美国国务院发言人内德·普莱斯的"推进这项法案与格鲁吉亚人民对欧洲一体化和民主发展的明确愿望不符，将损害格鲁吉亚与其战略伙伴的关系，并危及其欧洲－大西洋未来"观点②，议会随即撤回该法案。

3. 格鲁吉亚主动缓和与俄罗斯关系

2008年俄格武装冲突爆发，冲突结束后的日内瓦会谈也难以取得实质性进展，俄格现状引起格鲁吉亚反对派不满，其在2012年议会选举中实现"倒萨"的目标，新任领导人伊万尼什维利凭借组建的"格鲁吉亚梦想"政党赢得选举，新政府以国家利益为出发点实行理性务实的对俄政策。2012年11月1日，时任格鲁吉亚总理伊万尼什维利专门任命驻俄罗斯前大使阿巴希泽为修复格俄关系的特使；2013年1月13日，格鲁吉亚议会

---

① 马尔哈兹·马茨阿别利泽：《俄罗斯地缘政治构想与异化的格俄关系》，《俄罗斯研究》2011年第2期。
② 《美国务院：格鲁吉亚通过"外国影响"法案将破坏该国的欧洲－大西洋未来》，俄罗斯卫星通讯社，2023年3月3日，https://sputniknews.cn/20230303/1048367773.html。

议长签署大赦法案,释放了190名政治犯,其中包括被判有间谍罪的亲俄格鲁吉亚公民和俄罗斯公民;总理加利巴什维利表示格鲁吉亚运动员会参加2014年的索契冬奥会,而且格鲁吉亚将同俄罗斯在冬奥会安保工作合作中打击恐怖分子。俄罗斯作出了积极回应,梅德韦杰夫在2013年8月接受格鲁吉亚记者采访时表示:"俄方看到格鲁吉亚为改善关系作出的努力,也希望俄格关系能够有所发展。"[1] 总统普京在2013年度记者招待会中明确表示支持俄罗斯对格鲁吉亚实行免签,认为"免签制度将是俄格关系正常化中非常重要的一步,可以促进双方交流,帮助格企业在俄市场工作,从而为双方关系的最终正常化创造条件"。[2] 俄罗斯外交部副部长卡拉辛在2014年接受记者采访时指出,"2013年俄罗斯对格鲁吉亚公民入境的私人签证数量是2012年的1.4倍"。正因为格鲁吉亚奉行平衡务实外交政策,其与俄罗斯缓和关系积极性变高,也主动为俄格关系的破冰努力,并得到俄罗斯的回应。2018年12月,在祖拉比什维利当选新任格鲁吉亚总统后,俄罗斯外长拉夫罗夫表示俄罗斯祝贺祖拉比什维利成为格鲁吉亚总统并希望同第比利斯建立良好关系,进行建设性合作[3],这体现出双边倾向于缓和关系的态度,而这也得益于格鲁吉亚平衡务实外交政策的施行。

(二) 军事领域

1. 反恐合作举步维艰

1994年2月,俄罗斯总统叶利钦访格后签署的十一项协定中就包括关于两国开展边界合作的一系列文件,如《共同保卫两国外部边界》《俄罗斯边防军驻扎格鲁吉亚领土地位》等。但合作未得到持续推进,格鲁吉亚于1999年4月拒绝签署关于延长集体安全条约有效期的初步议定书,认为参加该条约并没有帮助格鲁吉亚解决分离势力的问题;1999年8月的第二

---

[1] 蒲公英:《俄格关系新动向》,《国际研究参考》2014年第6期。
[2] 蒲公英:《俄格关系新动向》,《国际研究参考》2014年第6期。
[3] 《俄外长:俄愿在格鲁吉亚新总统任内与第比利斯发展良好关系》,俄罗斯卫星通讯社,2018年12月7日,https://sputniknews.cn/amp/20181207/1027057011.html。

次车臣战争中格鲁吉亚拒绝了俄军借道格鲁吉亚领土进入车臣打击非法武装势力的请求。2000年普京上台后开始加强与格鲁吉亚的关系以保证北高加索局势的稳定。① 虽然俄方在持续推进边界合作，但格鲁吉亚仍然未在两次车臣战争中给予俄罗斯相应支持；且在第一次车臣战争结束后，车臣部分武装分子一直藏匿在格鲁吉亚的潘基西峡谷，格鲁吉亚与车臣的关系走向紧密，并谴责俄罗斯两次轰炸潘基西峡谷是侵犯其国家主权。至此，俄格两国的边界合作恶化。针对难以维持的边界合作，俄罗斯于2000年12月对格鲁吉亚实施严格的签证制度。"9·11"事件后世界反恐形势发生巨大变化，打击恐怖主义成为各国共识，格鲁吉亚迫于俄方与国际社会的舆论压力且想得到西方国家的认同而不得不有所行动②，于2002年8月开始在潘基西峡谷进行大规模军事演习，对该地区的车臣武装进行清剿，俄罗斯也向格保证不会对潘基西峡谷进行轰炸。2008年10月，俄格两国总统签署了《加强保卫俄罗斯与格鲁吉亚边界的备忘录》，并就格鲁吉亚向俄罗斯引渡车臣非法武装分子，加强两国强力部门合作，在俄格边界车臣段联合巡逻等问题上达成协议，新的合作措施包括分享信息，在边界岗哨之间建立热线电话等。

2. 围绕驻军问题摩擦不断

1992年，俄罗斯、格鲁吉亚、北奥塞梯和南奥塞梯签署《索契协议》，俄罗斯维和部队加入混合维和部队。按照两国1995年9月签署的《俄罗斯军事基地条约》，规定俄罗斯在格鲁吉亚境内拥有阿哈尔卡拉基、巴统、瓦基安尼、古拉乌达四个军事基地。1999年11月，两国在伊斯坦布尔发表联合声明，宣布从2004年就军事基地问题进行谈判；③ 但两国在撤出基地的期限问题上意见相左，格鲁吉亚提出俄罗斯应在3年内撤出，而俄罗斯由最初坚持25年内撤出，转为在11年内撤出。直到2001年10月末，

---

① 梁英超：《苏联解体后的俄罗斯与格鲁吉亚关系研究》，北京外国语大学2016年博士学位论文。

② 徐振泽、孙景源、舒梓：《车臣之鉴：俄罗斯恐怖事件根源及教训》，社会科学文献出版社2005年版，第251页。

③ 侯艾君：《车臣始末》，世界知识出版社2006年4月版，第264页。

瓦基安尼与古拉乌达两个军事基地才完全撤离。在多轮谈判后俄罗斯才于2007年11月15日撤离所有在格鲁吉亚的军事技术装备、武器和储存物资，阿布哈兹和南奥塞梯依旧留有俄罗斯的维和部队。2017年，俄罗斯维和部队仍然在边境活跃，且俄罗斯认为其维和部队是世界上最成功的维和特派团之一①，这与格鲁吉亚的边境安全立场相悖。因此，俄格两国因撤离军事基地问题产生裂痕，俄罗斯驻扎的维和部队随后也被格鲁吉亚视为重大障碍，双方互不相让，并多次产生摩擦。

（三）经济领域

1. 油气管道合作受到挑战

冷战结束后俄罗斯丰富的天然气与石油产量优势迎合了格鲁吉亚的巨大需求，两国积极开展油气管道的合作。据格鲁吉亚媒体消息，由俄罗斯支持运作的巴库-第比利斯-埃尔祖鲁姆管道（将里海阿塞拜疆采区的天然气运至格鲁吉亚和土耳其市场）2014年1月至8月输送天然气144亿立方米，同比增长9.6%。② 然而随着里海-中亚地区能源开发及各方对该地区能源争夺激烈化，格鲁吉亚油气管线过境地位日趋重要，俄格两国在管道合作过程中不断受到挑战。1999年第一条由西方主导的能源运输管线巴库-第比利斯-苏普萨管线投入使用③，2006年建成的巴库-第比利斯-杰伊汉管道进一步支持格鲁吉亚摆脱俄罗斯的油气管道合作制约，作为管道发起者之一的格鲁吉亚前总统施瓦尔德纳泽认为，建设通过格鲁吉亚领土的管道将是格鲁吉亚未来经济、政治安全和稳定的保障；④ 此外格鲁吉亚主要参与的南高加索输气管道与纳布科计划持续打击着俄格双边合作。

---

① 《7月14日，俄罗斯在格鲁吉亚-奥塞梯冲突地区发起第一次维和行动25周年》，俄罗斯联邦国防部，2017年7月14日，https://eng.mil.ru/en/news_page/country/more.htm? id = 12133260@ egNews。

② 《1—8月巴库-第比利斯-埃尔祖鲁姆管道天然气输送量同比增长9.6%》，中华人民共和国驻格鲁吉亚大使馆经济商务处，2014年9月18日，http://ge.mofcom.gov.cn/article/jmxw/201409/20140900736005.shtml。

③ 赵小霞：《格鲁吉亚油气管线过境地位研究》，兰州大学2010年硕士学位论文。

④ 赵小霞：《格鲁吉亚油气管线过境地位研究》，兰州大学2010年硕士学位论文。

2005年年末俄罗斯天然气公司宣布大幅度提高出口格鲁吉亚的天然气价格；2006年11月俄罗斯天然气公司宣布于年底停止对格鲁吉亚供应天然气；2008年俄格武装冲突导致石油、天然气输送暂时中断。

俄格对欧洲能源市场的竞争进一步挑战两国合作。同等条件下持有数条绕开俄罗斯能源管道的格鲁吉亚在过境费用上有较大的竞争优势。自1996年格鲁吉亚国际石油公司成立后，不断推进石油管道项目，其过境费用也为国内带来了巨大经济利润。格鲁吉亚一直发展油气管道建设，积极同西方国家进行合作。这不仅给格鲁吉亚带来巨大财政收入，缓解了国内资金缺乏的状况，而且降低了对俄罗斯能源的依赖，增强了与俄罗斯抗争的底气。

表4　2013年至2021年格鲁吉亚天然气管道过境收入

年份	2013年	2014年	2015年	2016年	2017年	2018年	2019年	2020年	2021年
过境收入（百万美元/每立方米）	88.6	97.2	96.0	94.0	94.9	119.0	146.9	169.0	249.8

资料来源：格鲁吉亚国家统计局。

随着过境格鲁吉亚天然气管道建设的不断完善与过境地位的提高，俄罗斯在该地区的天然气运输垄断权受到进一步挑战，两国油气管道合作形势严峻。特别是在俄乌冲突爆发的背景下，俄罗斯能源出口受以美国为首的西方国家制裁限制，格鲁吉亚同这些国家在油气管道输送方面的合作更加重要。

2. 经贸合作领域不断拓宽

苏联解体后，俄格经济均陷入下行困境[1]，过渡期后，两国政治环境逐渐稳定，经济关系也开始稳步发展。1994年叶利钦访格，双方签订了发展经济贸易合作协定和自由贸易协定，其中自由贸易协定规定除少量商品

---

[1] 梁英超：《苏联解体后的俄罗斯与格鲁吉亚关系研究》，北京外国语大学2016年博士学位论文。

外俄格进出口贸易中的商品将全部免除关税。此外，两国还积极拓宽经贸合作领域，加强有关经济合作的条约法律构建，如有关国际空中交通、通信领域合作、国际公路交通、贸易航运以及进行国家银行间核算的协定等①，这为双方开展经济合作建立了条件，使俄格两国市场互通，商品实现自由流通。2004 年俄格经济合作涉及领域广泛，合作水平也不断提高，格鲁吉亚有许多战略性工业项目都与俄罗斯资本进行合作，如"第比利斯上下水道公司"、里奥尼水电站等；俄罗斯资本开始大规模涉及格鲁吉亚金融、化工及食品工业，俄罗斯有 40 多个地区都与格鲁吉亚签署了经贸合作协定。

3. 双边贸易往来紧密难分

1994 年 2 月 3 日，俄格两国签订自由贸易协定，双边贸易就此有良好的条件与基础。1995 年俄罗斯是格鲁吉亚的第一大出口市场，第二大贸易伙伴，俄格双边贸易额占格鲁吉亚对外进出口贸易总额的 15.2%。②

1996 年 3 月，时任格鲁吉亚总统谢瓦尔德纳泽正式访问俄罗斯，与叶利钦签署了 1996 年至 1997 年经贸协议，两国经济贸易合作进一步加强。1996 年至 1999 年，俄罗斯连续 4 年成为格鲁吉亚的第一大出口和进口市场及第一大贸易伙伴，双边贸易额总体平稳，贸易往来紧密，1998 年开始稍有回落。

2000 年至 2003 年两国经济关系出现短暂波动。2001 年俄罗斯下降为格鲁吉亚第二大贸易伙伴，2003 年俄罗斯反超土耳其再次成为格鲁吉亚第一大贸易伙伴，双边贸易往来仍然保持活跃。

2003 年至 2007 年，两国贸易从平稳发展到出现小幅度摩擦。"玫瑰革命"后两国良好的政治关系为经济关系发展提供了保障，双边贸易额保持增长；但 2005 年年末，俄罗斯市场对格鲁吉亚的传统出口产品关上大门，2006 年至 2007 年双边经济关系迅速转冷，2008 年俄格武装冲突后两国经贸关系降至冰点。

---

① 梁英超：《苏联解体后的俄罗斯与格鲁吉亚关系研究》，北京外国语大学 2016 年博士学位论文。

② 数据来源：格鲁吉亚国家统计办公室，http://data.worldbank.org/indicator/NY.GDP.MKTP.KD.ZG?page=4。

2008年至2012年俄格经济关系进入"冰冻期",2012年至2015年俄格经济关系逐步回暖。2009年格鲁吉亚对俄进口贸易额出现了负增长;2010年后俄格两国经济渐有起色,两国贸易相较2009年有所好转,2011年11月9日俄格两国签署双边协议,并完成有关俄罗斯加入世界贸易组织问题的谈判;2013年俄罗斯取消了对格鲁吉亚农产品和矿泉水等商品制裁,俄格经贸额得到进一步提升。

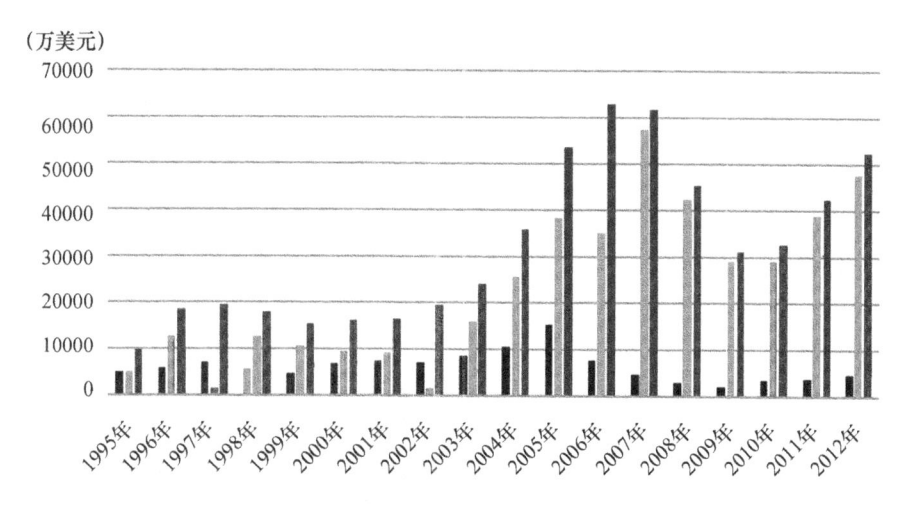

图1 1995年至2012年格鲁吉亚对俄进出口情况

资料来源:格鲁吉亚国家统计局。

2012年后,俄格两国进入"政冷经热"阶段,经济关系有了显著发展,民间经济贸易往来呈上升趋势。在政治关系恶化时期,双边经济依赖此前建立的合作基础呈现较为稳定的发展,格鲁吉亚在乌克兰危机爆发后也未对俄实施经济制裁;2014年格鲁吉亚外长玛娅·潘吉基泽在新闻发布会表示20世纪90年代签署的格俄自由贸易协定仍然有效。[①] 以俄格在航空领域为例,双方合作十分紧密且格鲁吉亚对俄罗斯有极强经济依赖性与

---

① 《格鲁吉亚外长表示格与俄罗斯自由贸易协定仍然有效》,中华人民共和国驻格鲁吉亚大使馆经济商务处,2014年9月11日,http://ge.mofcom.gov.cn/article/jmxw/201409/20140900727764.shtml。

需求性。据俄罗斯交通运输部统计，截至 2019 年 8 月，格鲁吉亚航空公司已拖欠俄方空中导航服务费达 100 万美元。[①] 由于 2019 年 6 月 20 日格鲁吉亚首都爆发抗议活动，俄罗斯航空公司被禁止执飞格鲁吉亚路线，旅行社和代理商也被建议不出售赴该国的旅游产品，格鲁吉亚的直接损失达 2500 万美元[②]，俄罗斯方面统计的双边停飞后格鲁吉亚蒙受损失达 30 亿卢布。[③] 面对此局面，格鲁吉亚经济部多次呼吁俄罗斯尽快恢复空中通航，并同意俄罗斯交通部提出的相关条件。

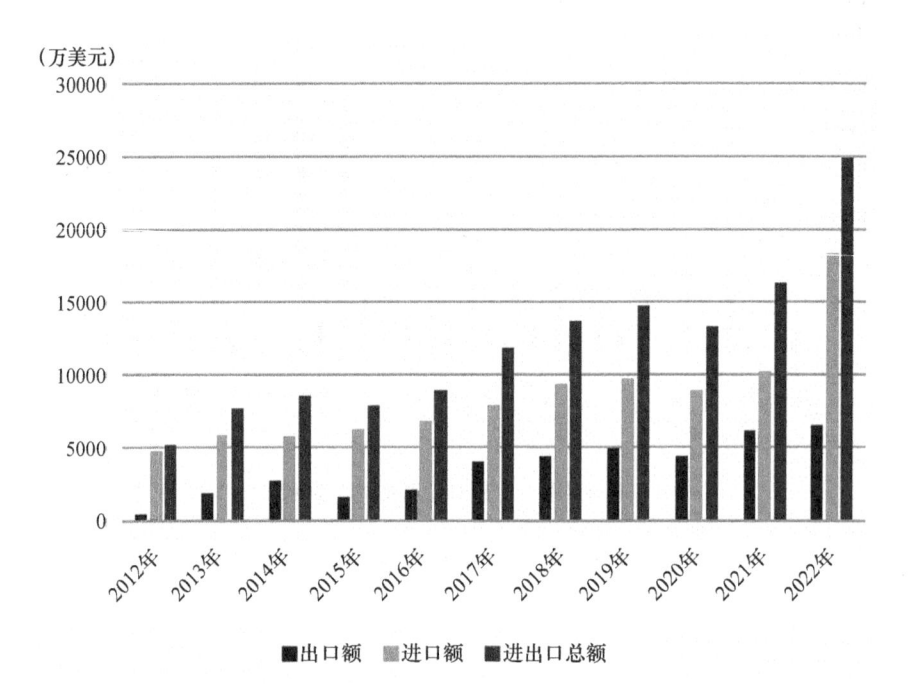

图 2　2012 年至 2022 年格鲁吉亚对俄进出口情况

资料来源：格鲁吉亚国家统计局。

---

① 《俄交通部：格鲁吉亚航空公司拖欠俄方空中导航服务费达 100 万美元》，俄罗斯卫星通讯社，2019 年 8 月 27 日，https://sputniknews.cn/20190827/1029395430.html。

② 《格鲁吉亚宣布对俄通航禁令后损失 2500 万美元》，俄罗斯卫星通讯社，2019 年 7 月 30 日，https://sputniknews.cn/20190730/1029138450.html。

③ 《俄交通部初步评估航空公司停飞格鲁吉亚损失 30 亿卢布》，俄罗斯卫星通讯社，2019 年 7 月 8 日，https://sputniknews.cn/20190708/1028946740.html。

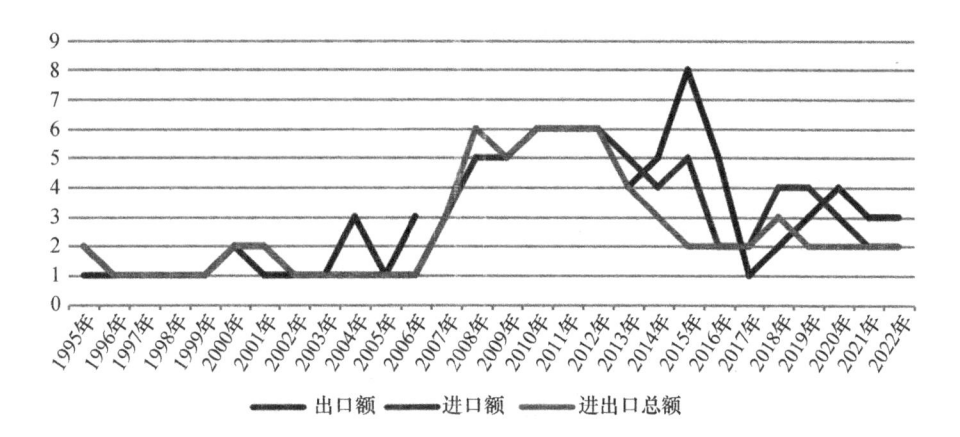

图3　1995年至2022年俄罗斯在格鲁吉亚进出口贸易额排名情况

资料来源：格鲁吉亚国家统计局。

冷战结束后俄格双边贸易往来十分紧密，贸易总额较高，俄罗斯也是格鲁吉亚长期的最主要的贸易伙伴。即使在俄格武装冲突爆发后，双方贸易往来也只在短期内有所下降，后续就呈现出快速回暖的态势。根据格鲁吉亚国家统计局数据显示，2022年前7个月俄格贸易额仍呈上升趋势，超过12亿美元，同比增长40%。

（四）人文领域

1. 营造人文合作发展良好环境

苏联解体后初期，俄格人文关系发展较为缓慢，格鲁吉亚加入独联体后两国才开始在人文领域展开一些交流合作，1992年5月5日，独联体国家签署文化领域合作协议，为俄格人文合作指明了方向。[①] 1994年叶利钦访格，签署了包括文化、科学等人文领域的协定，为人文领域的合作提供

---

① 梁英超：《苏联解体后的俄罗斯与格鲁吉亚关系研究》，北京外国语大学2016年博士学位论文。

了良好的法律基础，其中签署的《俄罗斯联邦和格鲁吉亚共和国政府在文化、科技和教育领域的合作协议》详细构想了未来两国在人文领域的发展与合作。2004年2月11日，俄格双方签署了为期五年的《俄罗斯联邦和格鲁吉亚共和国在教育领域的合作协议》，其中包括两国根据各自国家法律以及在一些国际项目框架下的教育合作，为双方加强人文合作营造了优良的发展环境，推进俄格人文合作的持续深化。

2. 加强人文领域合作共识升级

格鲁吉亚在独联体中虽并不完全支持俄罗斯主导的军政领域的合作，但在人文领域表现出积极态度。俄格都参与了2004年5月独联体国家讨论制定的独联体公民跨国入学的协议草案。2005年5月又与各成员国签订了《人文合作宣言》，合作囊括文化、民族传统、语言、科学、教育、档案、信息传媒等诸多领域。2005年8月26日签署《独联体成员国人文合作协议》，包括俄格在内的独联体国家一致赞同人文合作方向主要为社会经济领域的国际合作，该文件的签署对两国发展科教事业、高校师生交换、增进文化交流起到一定的规范和推动作用，两国人文领域合作共识逐渐升级，推进了独联体内部的共同合作。

3. 民间往来与宗教等方面合作增加

俄格武装冲突爆发后，两国宣布断交，但在此严峻形势下民间与宗教的往来互动不减反增。2011年在国际冲突与谈判中心的推动下，俄格两国学者联合出版了《俄罗斯与格鲁吉亚：寻找出路》一书，"高加索之屋"文化关系中心也启动了与俄格学者交流相关的项目。2013年初在俄罗斯成立了非政府组织"发展人文、文化和经济合作中心——格罗斯"，该组织的主要任务是在格鲁吉亚和俄罗斯进行人文、文化和教育项目。学界赞成两国恢复完全外交关系，恢复多领域的联系以及免签制度。

此外，俄格武装冲突后两国民间往来并未中断，旅游人数依旧呈现增长趋势。近年来，俄格简化双方公民的签证手续，推动两国民间往来与人文活动发展。面对俄乌冲突的外溢影响，格鲁吉亚于2022年4月宣布参与针对俄罗斯的所有国际金融制裁。① 而6月格鲁吉亚民调显示，约70%的格鲁吉亚公民支持国家领导层不制裁俄罗斯的决定②，这体现了俄格民间联系较深，实行经济制裁会对人民造成严重伤害的现实问题。

宗教方面，俄格两国的东正教会渊源颇深，尽管教会间关系并不完全处于积极上升的状态，但仍旧是增进两国人民互信的重要基础。③ 2011年5月，格鲁吉亚安德烈·别尔瓦兹瓦内牧首大学校长谢尔戈·瓦尔多萨尼泽和俄罗斯东正教圣基洪人文大学校长费拉基米尔·沃罗比约夫签署了合作协议，沃罗比约夫校长发表讲话称："我们双方的合作自圣基洪人文大学开设格鲁吉亚语和格鲁吉亚历史研究小组时就已经开始了，本协议的签署将巩固和加深现有的联系，因此签署本协议的目的包括：制定共同的教学大纲以探索解决科学问题的共同方法，确保师生交流项目的进行。"④

4. 俄格旅游势头受政治影响小

在政治军事领域，俄格呈现剑拔弩张、难以缓和的态势。然而两国虽至今仍未恢复外交关系，其在经济与人文领域仍然互动频繁。2018年，俄罗斯游客占格鲁吉亚入境游客总数的1/5，居格鲁吉亚入境游客数量第三位，增长22.4%。格鲁吉亚为加强双边旅游发展，2019年开设了从莫斯科到第比利斯、巴统和库塔伊西，从新西伯利亚到巴统的直航航班。旅游领域因受疫情影响，旅游人数骤减，疫情缓和后，旅游人数显著增加。俄罗斯到格鲁吉亚的旅客人数大部分年份居于旅游国家人数首位，并呈上升趋势，即双边在文化方面关系较为缓和，未出现冷冻态势。

---

① 《格鲁吉亚总统宣称参与所有对俄国际金融制裁》，俄罗斯卫星通讯社，2022年4月1日，https：//sputniknews.cn/20220401/1040423504.html。
② 《民调：70%的格鲁吉亚公民支持不加入对俄制裁》，俄罗斯卫星通讯社，2022年6月14日，https：//sputniknews.cn/20220614/1041922602.html。
③ 梁英超：《苏联解体后的俄罗斯与格鲁吉亚关系研究》，北京外国语大学2016年博士学位论文。
④ 梁英超：《苏联解体后的俄罗斯与格鲁吉亚关系研究》，北京外国语大学2016年博士学位论文。

表5　2015年至2022年俄罗斯15岁及15岁以上游客
月平均到格鲁吉亚旅游人数

年份	2015年	2016年	2017年	2018年	2019年	2020年	2021年	2022年
旅客人次（千万）	63.6	70.8	94.6	117.1	122.6	17.4	17.7	90.6

资料来源：格鲁吉亚国家统计局。

5. 领导人重视通过民间缓和关系

在俄格两国官方互动渠道下，民间互动较为频繁，也出现过民间层面的舆论冲突事件，但通过两国领导人的缓和，共识理念未进一步恶化。2019年7月，格鲁吉亚反对派电视台"鲁斯塔维-2"主播格奥尔吉·加布尼亚在节目中辱骂俄罗斯总统普京。针对这一事件，格鲁吉亚大量社交用户、格鲁吉亚总统和总理都对加布尼亚进行谴责[1]，对该电视台以停播进行处罚，并责令当事人公开致歉，对俄格关系可能恶化表示忧虑。面对如此恶劣事件，俄罗斯国家杜马建议俄罗斯政府对格鲁吉亚采取特别经济措施。然而俄罗斯总统普京表示，出于对格鲁吉亚人民尊重，不会对该国实施制裁，其认为为了恢复俄罗斯和格鲁吉亚间的全面关系，不会采取任何使双方关系复杂化的举措。[2] 针对民间敏感事件，俄格领导人皆将双方缓和关系的利益放在首位，利用民间事件表明态度立场，进一步促进双方关系发展。

二、俄格关系特点概述

冷战后俄格两国从相互冷淡到阶段性缓和，既经历了发展的"蜜月

---

[1] 《克官称格鲁吉亚电视台侮辱普京言论不可接受》，俄罗斯卫星通讯社，2019年7月8日，https://sputniknews.cn/20190708/1028952958.html。

[2] 《普京出于对格鲁吉亚人民的尊重拒绝实施制裁》，俄罗斯卫星通讯社，2019年7月9日，https://sputniknews.cn/20190709/1028964600.html。

期",又度过了俄格武装冲突后的"黑障时期"①。总体而言,冷战后两国关系复杂多变,呈现出矛盾与依赖共存的特点。

(一) 政治冲突反复出现

1. 军政利益未达一致难促合作深化

冷战后俄格双方在军事与政治领域的合作总是呈现出短暂、急速恶化的特点。两国军政领域的利益诉求与目标在多次互动中都只是浮于表面的"共识",无法深化,最终导致合作难以达到最终目的,甚至走向冲突。

在俄罗斯帮助格鲁吉亚稳定内政的合作中,格鲁吉亚是位于下位的强烈利益诉求方。俄罗斯最终以会谈方式签署两方停火协议后便点到为止,完全只考虑自身利益,借格鲁吉亚内政风波同其签署了建立军事基地和派驻维和部队的协定。俄格两国在此事件中未能从同一利益角度出发的态度阻碍着两国军政合作的进程。

然而,无论诉求更强烈的一方是实力较强的俄罗斯或是处于下风的格鲁吉亚,两国在回应对方诉求上始终延续着难达一致的军政利益立场。在两次车臣战争中俄罗斯都为打击车臣非法武装分子而向格鲁吉亚请求援助,但格鲁吉亚始终未给予相应支持,甚至施以谴责或直接拒绝俄罗斯的援助请求。俄格签署的一系列边境合作条约在涉及各自利益时沦为空谈,比起合作,两国都更谋求以各方弱点"要挟"对方,双方在军政领域中最为重要的边界合作形同虚设,既缺乏共同推进深化的内生动力,又使得双方对彼此的不满逐渐升级,进而演化为武装冲突。

2. 围绕独联体建构产生分歧

独联体是应对苏联解体所建立的为加强原苏联势力范围成员国发展与合作的组织。1993年格鲁吉亚作为独联体第12个成员国加入,但在2008

---

① "黑障时期"通常是指通信或信息交流中断的一段时间,在此指俄罗斯和格鲁吉亚之间出现的信息封锁或沟通障碍阶段。

年俄格武装冲突爆发后第一个宣布正式退出独联体。独联体实质上是俄罗斯为了巩固地缘政治地位，控制原苏联势力范围，期望缓冲与西方冲突的战略地带而构建的组织。然而格鲁吉亚加入和退出独联体都与领土完整和主权问题有直接关系。[①] 1992年阿布哈兹宣布独立时，格鲁吉亚政府便出兵引发大规模的武装冲突，当俄罗斯力量介入后则被迫撤出。因此，当时格鲁吉亚领导人谢瓦尔德纳泽决定加入独联体是希望借助独联体的力量解决格鲁吉亚分裂问题。随着俄格武装冲突的爆发，格鲁吉亚希望借助独联体解决地区冲突问题的构想彻底破灭，便失去了留在独联体的内部需要。[②] 自始至终，俄罗斯与格鲁吉亚对独联体的构想都未能契合。对比俄罗斯加强对独联体国家的控制，以格鲁吉亚"玫瑰革命"为典型的"颜色革命"接踵而至，格鲁吉亚尤为突出的"亲西方"导向进一步冲击着独联体的松散状况。格鲁吉亚作为独联体中的"刺头"之一，离心倾向高昂，不仅以主要创始成员国的身份建立"古阿姆"集团，更经常与俄罗斯唱对台戏，阻碍俄罗斯推行在独联体的政策。

因此，两国对独联体的构想都未能契合双方的利益诉求，甚至是相互冲突的，俄格武装冲突只是格鲁吉亚退出独联体的导火索，相异的构想也加剧了政治冲突。

3. 对话解决矛盾机制收效甚微

冷战结束后俄格政治冲突频发，其根本矛盾既未凭借冲突手段解决，冲突后的对话解决矛盾机制实际上也只起到表面的缓和作用，将问题搁置，这导致冲突反复上演。

首先，在苏联解体初期，俄罗斯帮助格鲁吉亚解决南奥塞梯与阿布哈兹分离势力的问题。三方虽然分别开展了谈判与对话，但并没有涉及分离势力的归属问题及合法地位的承认问题，对话解决主题仅仅停留在停火的层面，也没有解决格方重视的痛点。

---

① 任瑞恩、刘恺:《格鲁吉亚退出独联体，引众说纷纭》,《新华每日电讯》2009年8月20日。

② 《格鲁吉亚全身退出独联体对其影响说法不一》，中国经济网，2009年9月4日, http://intl.ce.cn/zhuanti/data/sv/svnews/200909/04/t20090904_1471844.shtml。

其次，格鲁吉亚加入独联体后与俄罗斯展开军事合作的尝试。两国签订《格奥尔吉耶斯夫斯基条约》，格鲁吉亚同意俄罗斯在其领土上部署军事基地，俄罗斯可在其境内建设军队以帮助恢复格鲁吉亚的领土完整。[1]然而驻格鲁吉亚的军事基地与驻南奥塞梯、阿布哈兹的维和部队成为两国争执不休的矛盾点。针对撤军问题，两国展开多轮谈判对话，格鲁吉亚强烈的撤军要求却得到俄罗斯的一再拖延，直到2000年年末俄罗斯才在俄格第五轮撤军谈判上同意于2001年7月1日完全撤出古达乌塔和瓦季阿尼两个军事基地。可是，俄罗斯仍然是按照对话谈判所签署的协议撤离古达乌塔军事基地，双方并没有按期签署移交基地的法律文件。在解决撤军问题过程中，谈判没有结果，但双方依旧在用该方式解决两国间的问题，在谈判中相互推诿指责，相互否定，使对话解决机制难以取得实质性进展。2006年3月下旬，俄格两国再次就军事基地问题展开谈判，时间长达3周，直到4月中旬才结束，但又一次未达成任何协议，最后俄罗斯是因为有美欧力量的介入才最终在2007年11月15日提前撤离。从双方第一次尝试以对话机制解决撤军问题为始，至俄罗斯完成撤军，共耗费了七年之久，可见双方对话解决矛盾机制不仅效率低下，更在每轮谈判中激化矛盾，引起后续政治冲突。

此外，间谍风波导致两国关系降至独立以来的最低点。2006年9月27日，格鲁吉亚宣布格鲁吉亚警方扣留了5名涉嫌"从事侦查活动和策划渗透"的俄罗斯军人并包围了俄军驻外高加索集群司令部大楼；29日格鲁吉亚法院对被扣的4名俄军人作出裁决（另一人被释放），决定将他们拘押2个月以进行调查。格鲁吉亚的行为引起了俄罗斯的强烈不满，俄罗斯外长拉夫罗夫认为格鲁吉亚的行为是"挑衅行为"，称其为"强盗国家"[2]。俄罗斯在经济与文化方面采取了多项制裁举措，国防部停止与格鲁吉亚之间除撤军以外的所有军事和军事技术合作，俄罗斯也向联合国提交了谴责格鲁吉亚行为的决议草案等。

---

[1] 马尔哈兹·马茨阿别利泽：《俄罗斯地缘政治构想与异化的格俄关系》，《俄罗斯研究》2011年第2期。

[2] 陈宪良：《格鲁吉亚与俄罗斯间谍风波深层原因探析》，《俄罗斯中亚东欧研究》2007年第3期。

由此可见，俄格两国间对话解决矛盾机制收效甚微，不仅没有解决矛盾，反而使两国关系进一步恶化，最终表现为反复的政治冲突。

(二) 彼此依赖侧重不同

1. 不平等的贸易收益与动力

冷战结束后俄格在经贸领域的合作成果最为突出，双边的贸易额总体呈增长趋势，但实际上两国存在极不对等的贸易收益。

对格鲁吉亚而言，俄罗斯是其长期以来最大的贸易伙伴，不仅在能源上高度依赖俄罗斯，在安全与国内局势的稳定方面也对俄罗斯存在不可否认的依赖性，其对俄罗斯高度的依赖诉求与通过合作取得的贸易收益对推动国内 GDP 的增长有强力作用。

然而俄罗斯作为世界大国，有更为广泛的贸易渠道与经济利益取向。俄罗斯与欧洲有收益颇丰的能源合作，与中国是紧密的贸易伙伴关系，与美国也有航天等方面的合作，对俄罗斯而言，与格鲁吉亚的经济贸易更多出于政治拉拢目的，其贸易收益对俄罗斯经济贡献率较低。

不平等的贸易收益使两国的合作动力难以一致。格鲁吉亚希望通过经贸合作提振国内经济，稳定能源供给，获取充足侨资，保障国家生产总值能够持续增长，解决国内失业率严重、国民生活困难的内生矛盾；俄罗斯则希望能够通过控制经济、能源的手段加强对格鲁吉亚的控制，使其改变亲西方的外交态势。格鲁吉亚当然不会按照俄罗斯的设想放弃加入北约与欧盟的战略计划，其甚至渴望通过接受西方的援助摆脱对俄罗斯的经济依赖。两国间展现出极具目的性的彼此依赖，随着格鲁吉亚亲近西方的进程愈加凸显，这种依赖几近成为俄格双边合作的惯有模式。

2. 合作目的利益交汇不充足

冷战结束后俄格在各个领域展开的合作大部分都不欢而散，主要因为这些合作都没有达到双方合作之初的期望。

政治上，在俄罗斯干涉格鲁吉亚领导人换届的合作中，俄罗斯只考虑格鲁吉亚当前的领导人是否有利于改善俄格关系，或当前领导人是否愿意发展对俄有利的战略方针。俄罗斯是出于自身利益诉求考虑才干涉格鲁吉亚领导人换届，目的是渴望通过领导人的换届谋求两国关系在僵局中的新发展。因此俄罗斯虽暗中支持萨卡什维利上台，但萨卡什维利执政后主张与俄罗斯相左的政策与利益诉求，导致其末期不仅被俄罗斯视为"不受欢迎的人"[1]，还多次被俄罗斯公开"谴责"。尽管萨卡什维利在格鲁吉亚2012年的议会选举中努力向俄示好，但并没有得到俄罗斯的支持。军事上，格鲁吉亚在俄请求共同开展打击车臣武装分子的边界合作中态度消极，还暗示性地支持车臣武装分子，这是因为打击车臣武装分子只是俄罗斯的重要利益诉求，格鲁吉亚本身并没有迫切动机。两国为开展边界合作而达成的驻军协议也存在目的利益交汇相悖的问题，格鲁吉亚想借此谋求国家统一，但在合作中未得到俄罗斯的支持；俄罗斯对地缘政治地位的竭力诉求也没有得到格鲁吉亚的充分认可与赞同。

双方的合作目的因缺乏一致的基础共识和充分的利益交汇而没有稳定的力量支持。两国合作因彼此依赖侧重不同、目的与利益交汇不足而不断被削弱，往往只能维持短暂局面，一旦环境变化或时间推移，两国就会迅速认识到利益目标的离心，进而失去继续推进合作的理由。

（三）双边政治外交关系敏感且易受影响

1. 分离势力问题超出双边能力范围

格鲁吉亚的分离势力问题在某种程度上其实是俄格关系变化的风向标，其一直悬而未决是因为该问题既超出格鲁吉亚自身的能力范围，又超出俄罗斯能够控制事态的能力范围。

分离势力的问题已成为俄格两国在双边层面与全球层面中的弱点。双边层面上，两国对此都十分敏感，这使格鲁吉亚既无法使用军事的强硬手段解决，又无法通过对话磋商等谈判方式与该地区达成统一的战略目标；

---

[1] 吕萍：《浅析俄格关系的新发展》，《俄罗斯学刊》2014年第6期。

而俄罗斯在该地区的维和部队也处于尴尬境地，稍有作为就会受到格鲁吉亚的密切关注。全球层面上，分离势力的问题是西方国家是否接纳格鲁吉亚加入北约的重要因素。西方军事力量的介入尽管微小，不愿因此上升为与俄罗斯的对抗，但事实上已经引起俄罗斯的不满，间接成为国际事件。美国的介入更是将分离势力的问题直接上升为国际问题，成为美国触碰和试探俄罗斯利益的桥头堡，将本是双边矛盾的问题直接复杂化。国际上的影响使俄格双方对待分离势力地区的神经更加敏感，稍有不慎则会触及各方利益，影响自身在国际格局中的地位，双方的应对举措呈现出易受影响的特点。

俄格双方处理问题无法避免域外势力的影响已成常态，双边关系的敏感度也不断升级。

2. 民意舆论与政党纷争限制干扰多

格鲁吉亚属于原苏联势力范围，其与俄罗斯具有多重历史文化的联系，民族间也存在着广泛认同，因此格鲁吉亚亲西方和对俄态度的战略决策都持续受到民意舆论与政党纷争的关注与影响。

例如，在制裁问题上，俄格两国因车臣问题和撤出军事基地关系恶化后，2000年12月俄罗斯就对格鲁吉亚实行了签证制度（阿布哈兹和南奥塞梯地区除外）。签证制度是俄罗斯对格鲁吉亚制裁的主要手段之一，会影响到在俄生活的格鲁吉亚人及其对格侨汇的输出，并进一步影响格鲁吉亚的外汇收入。签证制裁总会引起格鲁吉亚议会和民众的抗议等激烈反应，民意舆论将加剧格鲁吉亚内部本就充满危机的国民生活境况，造成民众与政府间难以弥合的矛盾；在经济问题上，一旦俄罗斯对格鲁吉亚实行制裁，格鲁吉亚国内失业率会直线飙升，其农业国的本质也会随制裁导致诸多贸易往来中断，冲击国内基层人民的生活。民意舆论始终是格鲁吉亚政府需要承受的决策压力，其对俄的态度与举措也因此更加敏感、更易受到民众诉求的影响。此外，格鲁吉亚的政党纷争也十分激烈，从历次格鲁吉亚国内的政权更迭便可见一斑。在2003年11月初的议会选举中，由于萨卡什维利不满谢瓦尔德纳泽领导的"为了新格鲁吉亚"竞选联盟的获胜，便领导反对派发起大规模的抗议活动。反对派的领导人经过协商后一致决定不承认官方宣布的议会选举结果，其组织的抗议活动快速在全国扩散，引发大规模的"倒谢"风暴。① 两党党派势力的相互斗争与加剧政局动荡的境况为外来势力介入提供了可乘之机。随后萨卡什维利的成功上台更加说明在格鲁吉亚的政局中，政党纷争的影响力十分庞大，只要有足够的力量支持，各政党对颠覆政治决策、决定决策走向都具有较大的影响力，在对俄罗斯的态度上也有较强的限制与干扰作用。

三、影响俄格关系的原因

冷战结束后，俄格关系处于反复摇摆的状态，并以较为困难的姿态前行。背后除两国相悖的利益诉求外，更重要的是许多无法解决的深刻矛盾起着阻碍作用。虽然格鲁吉亚的"平衡务实"外交政策使双边关系看似有所缓和，但实际上仍然延续着冷战后持续波动起伏的态势，这是两国关系受到国际格局复杂变化和俄美博弈的影响，在自身矛盾和外部因素作用下产生的结果。

（一）两国利益诉求相悖

1. 俄罗斯为自身崛起欲控制原苏联势力范围

苏联解体后，属于原苏联传统势力范围的外高加索地区纷纷宣告独立，原有的统一的地缘战略空间成为"权力真空"状态的地区②，这使俄罗斯在世界的影响力大大下降。为抗衡日益强大的美国，谋求世界强国的话语权与地位，俄罗斯持续加强对原苏联势力地区的控制，独联体地区恰恰印证了俄罗斯欲主导后苏联空间的地缘政治构想。

---

① 梁英超：《苏联解体后的俄罗斯与格鲁吉亚关系研究》，北京外国语大学2016年博士学位论文。

② 顾志红：《普京安邦之道：俄罗斯近邻外交》，中国社会科学出版社2006年版。

冷战结束后，俄罗斯持续推进独联体一体化。后苏联空间具有重新整合的优势，独联体内各国保存着共同的交通基础设施、相互依存的技术、统一的教育体系、军事设施和无障碍的语言沟通，俄罗斯设想并主导在安全、人文、经济、军事上开展长期合作。

然而在叶利钦时代，后苏联空间就已出现逆一体化现象。1997年由格鲁吉亚等四国成立的区域性国际组织"古阿姆"集团是后苏联空间中同独联体抗衡的另一核心组织，被俄罗斯视为反地缘政治架构的组织。"古阿姆"集团的形成表明俄罗斯的影响力开始下降，独联体内部分裂有所加剧[1]，一体化的合作也在某种程度上被暗中分裂。此外，集体安全条约签约国也产生了分化。1999年4月，格鲁吉亚、阿塞拜疆均未签订《关于延长集体安全条约的议定书》，代表着部分独联体国家恐惧与俄罗斯过于密切的军事联系会损害自身的主权利益的态度。[2] 2008年俄格武装冲突更是加剧了独联体国家对俄罗斯的恐惧和疑虑，这也迫使俄罗斯控制原苏联势力地区的战略动力进一步增强。

首先，俄罗斯谋求通过控制独联体国家的能源依赖，限制西方对里海能源的开发，同时增强独联体国家对俄罗斯的向心力。[3] 格鲁吉亚作为能源利益链中极为关键的一个节点，其是否与俄罗斯站在同一利益阵营对俄罗斯构建一个"亲俄"独联体起到重要作用，因此俄罗斯为进一步增强自身在独联体的话语权与领导力，不惜在解决分裂势力地区问题上"威胁"格鲁吉亚加入独联体，这本身具有脆弱性。后续格鲁吉亚与西方合作建设了多条能源管道，冲击着俄罗斯控制独联体地区能源的战略。

其次，俄罗斯希望借助独联体建立一个对抗欧美的战略缓冲地带。高加索地区对俄罗斯战略地位至关重要，缺失任何一方都可能使俄罗斯的边界暴露在美欧阵营的视野下，俄罗斯多年来一直面临着北约东扩的安全威胁，许多独联体国家不断靠近西方，谋求加入北约与欧盟引发俄罗斯地缘

---

[1] 刘丹：《后苏联空间：俄罗斯的战略依托及大国博弈》，《俄罗斯东欧中亚研究》2021年6月。

[2] 刘丹：《后苏联空间：俄罗斯的战略依托及大国博弈》，《俄罗斯东欧中亚研究》2021年6月。

[3] 谭德峰、张玉国：《俄格冲突与俄罗斯独联体政策的未来》，《东北亚论坛》2009年3月第18卷第2期。

政治安全的危机。俄格武装冲突实际上是源于北约东扩触碰到了俄罗斯安全底线所给予的政治警告，同时也震慑住了试图"西靠"的独联体国家。

俄罗斯只有维持好独联体国家所处的地缘政治区域的稳定，才能不被"后院"困扰，有更加良好的环境发展。苏联解体后外高加索地区持续的混乱冲突威胁着俄罗斯国内的和平和稳定，加剧了国内形势的动荡，使俄罗斯不得不抛弃初期对独联体国家"甩包袱"的冷淡政策，开始密切关注与推进同这些国家的合作。

面对目前复杂多变的国际局势，美国霸权地位进一步提升，西方与美国统一阵营的强大力量使俄罗斯在自身发展的战略道路上更加谨慎，俄罗斯绝不能容忍自己一贯认为的势力范围地区成为阻碍其发展的弱点，从而进一步失去与欧美抗衡的资本。

格鲁吉亚作为曾在独联体中重要程度较高的一员，一直被俄罗斯视为重点控制的目标，然而格鲁吉亚屡屡作出干扰俄罗斯构建后苏联空间的行为，提高了俄罗斯对其的政治警惕，要控制好原苏联地区的势力范围，把握格鲁吉亚是关键。

2. 格鲁吉亚为经济发展与国家统一欲摆脱俄罗斯掌控

面对俄罗斯持续加强对自身控制的强硬手段，格鲁吉亚早已产生诸多不满情绪，加速着格鲁吉亚渴望摆脱俄罗斯的目标诉求。对格鲁吉亚来说，其自始至终最关键的利益诉求就是实现经济发展与国家统一。

经济发展是困扰格鲁吉亚政局的一大因素。格鲁吉亚不甘一直受制于对俄罗斯的高度经济依赖，这极大地影响到其亲近西方的战略。只要俄罗斯对格鲁吉亚实施经济制裁，格鲁吉亚将直接处于被动状态，极不利于其长远发展。因此，即使格鲁吉亚加入独联体，也不愿受制于由俄罗斯主导的内部经济合作，格鲁吉亚更倾向于借助独联体平台紧密与各国联系，脱离俄罗斯控制，直接与独联体成员国签署多个经济合作协议。这一战略的成功实施使格鲁吉亚退出独联体后仍同独联体成员国保留着包括自贸区、司法合作及免签制度等 75 个协议。① 除加强与独联体成员国的经济联系

---

① 丁晓星：《格鲁吉亚退出独联体》，《国家资料信息》2009 年第 9 期。

外，格鲁吉亚还增加同欧美的经济合作。格鲁吉亚认为只有尽快融入欧洲，搭乘欧洲的经济快车，国家才能快速发展，摆脱贫困局面。油气管道合作的推进与欧美大量的经济援助，都在以小幅度的增长趋势帮助格鲁吉亚逐渐摆脱对俄罗斯的高度经济依赖。

在国家统一的利益诉求上，格鲁吉亚更是看到了俄罗斯难有作为，其认为只有加入北约国家安全才能真正得到保障。"古阿姆"集团就是靠近西方的第一步，其试图通过政治、经济及军事合作减轻对俄罗斯的经济依赖与谋求军事抗衡。独联体成立后，内部虽然陆续出现集体安全组织、关税联盟等合作，但通过的决议很少付诸行动，缺乏成员国互利协作的有效机制与统一的利益诉求，因此以格鲁吉亚为代表的部分独联体成员国都开始寻求西方国家在调解民族冲突，解决分离势力方面发挥作用。格鲁吉亚退出独联体也是其长期以来希望脱离俄罗斯掌控的关键一步，其在独联体内的离心倾向由来已久，退出独联体使格鲁吉亚加快了加入北约和欧盟的进程，美国也有理由开始在格鲁吉亚训练其军队。

因此，对格鲁吉亚而言，其谋求经济发展与国家统一的利益诉求与俄罗斯加强控制原苏联势力范围的利益诉求充满矛盾，驱使着格鲁吉亚认同美国加快渗透高加索地区的战略会对自身有所帮助。相比之下，脱离俄罗斯的掌控，亲近西方与美国成为格鲁吉亚重要的地缘战略选择与实现利益诉求的捷径。

（二）阿布哈兹与南奥塞梯的死结

1. 格鲁吉亚不满俄驻武装势力支持两地

俄格两国在南奥塞梯和阿布哈兹地区的俄罗斯维和部队撤出问题上产生过多次摩擦，在该问题上双方的各不相让使两国关系迅速转冷。

在格鲁吉亚议会全票通过敦促俄罗斯部队撤出分离势力地区的决议后，俄罗斯坚持认为这是格方不负责任的决议结果。俄格双方在外交上也不断强调对方的错误，相互指责对方对分离势力地区的种种行径与说辞，互不相让。格鲁吉亚多次提出俄罗斯直接支持及参与到阿布哈兹和南奥塞梯分离主义政权军事化，认为俄方的维和部队是俄罗斯试图永久吞并格鲁吉亚的地区的行为。[①]

类同于南奥塞梯独立问题，格鲁吉亚始终坚持认为俄罗斯的维和部队是阻碍重新统一分离势力地区的重大影响因素。俄罗斯维和部队的存在是支持分离势力地区与之对抗的资本，如在格鲁吉亚政府谋求以强硬手段解决阿布哈兹问题时，是俄罗斯的军事介入使问题复杂化，并继续搁置，同时助长了分离势力地区的分离倾向。

事实上，正是因为俄罗斯维和部队的存在，格鲁吉亚实现国家统一的道路更加充满困难和坎坷，在阻碍其加入北约与欧盟的同时反向推动格鲁吉亚倒向西方的发展策略。格鲁吉亚通过在独联体的实践明白，俄罗斯不会轻易对分离势力放手，对俄罗斯的依赖度越强，越得不到发展的话语权，进而无法实现国家统一的目标。因此在艰难解决俄罗斯撤出驻格鲁吉亚军事基地的问题后，格鲁吉亚紧接着提出撤出维和部队的战略需求，而其在撤军问题上的强硬立场不断刺激俄罗斯，关系也随之逐步恶化。

2. 俄罗斯渴求以分离势力威胁格鲁吉亚转向俄罗斯

在俄格对分离势力问题的纠缠当中，俄罗斯坚决不退让的态度也有其自身利益诉求的驱使。

对于格鲁吉亚的不断疏离与转向亲近西方的态势，俄罗斯逐渐陷入被动，对格鲁吉亚决策的正面干涉有心无力，只能将战略中心倒向格鲁吉亚加入北约与欧盟的重要阻碍——分离势力上。俄罗斯希望通过以南奥塞梯与阿布哈兹作为"要挟"格鲁吉亚的手段，利用其渴望国家统一的利益诉求达成合作或依赖，及时转变其亲西方的战略，放弃加入北约与欧盟念头。这一战略判断实际上加速恶化了俄格关系，俄罗斯越是加强对分离势力的控制与支持，越会把格鲁吉亚推向西方，形成关系死结中的恶性循环。长远看，俄罗斯渴求以分离势力威胁格鲁吉亚转向己方立场的战略作用式微，该挑衅性质的政策将加深两国的隔阂，使两国关系一步步陷入困境。

[①] 梁英超：《苏联解体后的俄罗斯与格鲁吉亚关系研究》，北京外国语大学2016年博士学位论文。

3. 分离势力地区的脱格民意基础

除去俄格对分离势力地区固有的矛盾纷争，分离势力地区本身的特殊性与矛盾也使该问题成为死结。

阿布哈兹在1925年4月第三次阿布哈兹全体人民代表大会中确定了阿布哈兹和格鲁吉亚是一种特殊的联盟关系，这为阿布哈兹的独立埋下伏笔。[①] 1990年8月，阿布哈兹发布共和国主权宣言，宣布自行升格为主权共和国，并退出格鲁吉亚。苏联解体后阿布哈兹趁格鲁吉亚内政不稳的局势宣布独立，并一直都是一个独立运行的个体。南奥塞梯是格鲁吉亚原有的一个自治州，在1992年通过全民公决要求成立独立共和国，并谋求与北奥塞梯合并。

阿布哈兹与南奥塞梯两个分离势力地区坚决的离心倾向并非空穴来风。从两地自身出发，其本土都有着强大的民族势力与归属感。阿布哈兹人文化传统深厚，有浓厚的部族色彩，与格鲁吉亚民族有天然的区别；南奥塞梯人则在南部占据主导地位，无法与格鲁吉亚民族形成民族认同。近代以来，由于语言、文化与宗教信仰等方面的差异，阿布哈兹人和南奥塞梯人都与格鲁吉亚人格格不入，没有在格鲁吉亚这一国家中获得国家认同感与归属感。两地区理论上虽然属于格鲁吉亚的领土，但自独立以来格鲁吉亚政府对它们的影响一直十分有限，两地区反而由于与俄罗斯密切的经济合作而从中得到发展红利，民众更倾向于同俄罗斯继续发展友好关系。

4. 俄罗斯内部分裂格鲁吉亚的倾向

20世纪90年代，俄罗斯一批地缘政治家提出"分裂"格鲁吉亚的地缘政治构想[②]，抛出"民族地区的纵向融合和横向隔离"[③] "建立统一的奥

[①] 王宏谋：《论格鲁吉亚的"颜色革命"》，《天水师范学院学报》2019年第6期。

[②] 即通过高加索人控制高加索的想法，在俄罗斯支持之下制造族际冲突以及创造"共同高加索家园"（Common Caucasian House）的行动得以实施；；"统一两个奥赛梯"，"利用多种情况反对并扰乱巴库—杰伊汉输油管道（Baku - Ceyhan pipeline），策划肢解格鲁吉亚"等。马尔哈兹·马茨阿别利泽：《俄罗斯地缘政治构想与异化的格俄关系》，《俄罗斯研究》2011年第2期。

[③] 此处指的是阿布哈兹和南奥塞梯等地区应与格鲁吉亚境内其他地区相隔离，而更多地与俄罗斯进行深度融合。因为从地理位置上看，横向的格分离地区均处于俄罗斯的南部，与俄罗斯相互间构成纵向关系。

赛梯"① 等观点。冷战后，随着俄罗斯构建后苏联空间战略的实施，分裂格鲁吉亚的地缘政治构想持续发酵。

与此同时，俄罗斯民众也十分支持两地归于俄罗斯的管辖②，俄罗斯政府事实上十分重视两地地区的战略地位，这也是俄罗斯不会支持格鲁吉亚国家统一的深层原因。对俄罗斯而言，两地地区在地缘政治上是与格鲁吉亚同等重要的战略安全缓冲地带，是俄罗斯保持周边地缘政治的稳定与和平的重点关注地区。此外，阿布哈兹拥有的优良海岸线也契合俄罗斯不断寻求出海口的战略诉求。③

（三）俄罗斯与西方国家的博弈干扰

1. 西方国家干涉脆弱的俄格合作

随着国际局势的持续变化，格鲁吉亚的战略重要性日益凸显，里海的油气能源也成为各国争相抢夺的焦点。格鲁吉亚所在的外高加索地区位于欧亚大陆交界处，是里海和中亚地区油气资源重要的战略过境通道，以及东西走向的交通要道和连接亚洲、欧洲的纽带。

俄格关系中复杂的矛盾与波动的趋势使西方国家有可乘之机，并增强了西方国家介入的动力，格鲁吉亚日渐奉行的亲近西方策略更加速消解着俄格间原有的脆弱关系。

西方国家对格鲁吉亚加大经济援助的举措，不仅增进了格鲁吉亚同欧盟成员国的经贸往来，还提振了格鲁吉亚对摆脱俄罗斯经济依赖的信心。2006年9月，北约与格鲁吉亚进入"深度对话阶段"。④ 在俄格武装冲突爆发时，西方国家也与格鲁吉亚保持一致立场，谴责俄罗斯的所作所为，多次呼吁与敦促俄罗斯撤出格鲁吉亚境内的军事基地和维和部队；2016年，欧洲议会完成有关欧盟成员国向格鲁吉亚公民提供免签政策的立法程

---

① 马尔哈兹·马茨阿别利泽：《俄罗斯地缘政治构想与异化的格俄关系》，《俄罗斯研究》2011年第2期。
② 耶斯尔：《俄格冲突以来的高加索格局》，《俄罗斯东欧中亚研究》2014年第2期。
③ 王宏谋：《论格鲁吉亚的"颜色革命"》，《天水师范学院学报》2019年第6期。
④ 郑羽：《俄格外交风波俄旨在敲山震美》，《新京报》2006年10月8日。

序，这些举措使格鲁吉亚对北约的信服力与归属感增强，增强其对加入北约与欧盟的渴望。

在能源合作上，西方为进一步打压俄罗斯在地缘上的能源优势并谋求自身在能源贸易中的优势利益，主导建造多条绕过俄罗斯的输油管线的工程，以巴库-第比利斯-杰伊汉石油管道为代表的一系列管道成为干扰俄格一直以来在能源合作上的重要因素，并使格鲁吉亚认识到在该领域摆脱对俄依赖的可能性。

西方国家的不断拉拢及其在南高加索逐渐扩大的影响力，格鲁吉亚渐渐靠向西方，并积极努力地将西方引入解决俄格武装冲突及与俄罗斯的关系中，这是俄罗斯不能容忍的利益亏损。在北约东扩的背景之下，西方国家不断试探俄罗斯的底线加剧了俄罗斯对格鲁吉亚亲西方反应的烈度，本就缺乏长期利益交汇的脆弱合作更加不堪一击，演变为多场冲突与日趋恶化的关系。

2. 俄美地区博弈带来的影响

冷战结束后两极格局瓦解，俄罗斯作为苏联理论上的继承国，其实力已难以同美国抗衡，两者在世界格局中实行的战略也十分不同。美国携冷战胜利之威向全球推进扩张主义政策，而俄罗斯处于守势，以巩固周边地区形势为主。因此，地处战略要地高加索地区的格鲁吉亚成为美俄地区博弈的焦点。

在地缘政治上格鲁吉亚对俄美都有极大的战略吸引力[1]，格鲁吉亚是俄罗斯西南边疆抵御北约东扩的最后一道防线，同时也是俄罗斯进入外高加索地区的主要通道；而美国则希望通过培养格鲁吉亚对俄罗斯的背离倾向，利用其在高加索地区较为重要的地位，削弱俄罗斯在该地区的意识形态影响。

经济上，俄罗斯运输里海能源出口西方国家必须经过格鲁吉亚，所以其不能放任格鲁吉亚倒向美国。而美国也是利用这一关键点试图打破俄罗斯对里海能源向国际市场输出的垄断地位，削弱俄罗斯的国家实力。

---

[1] 陈思旭：《后冷战时期俄美对格鲁吉亚局势的影响》，黑龙江大学2009年硕士学位论文。

军事上，美国不仅通过干涉俄格间纠缠的分离势力问题、撤出军事基地与维和部队问题联合西方向俄罗斯施压，加强格鲁吉亚对自身的依赖；还在格鲁吉亚培养具有美国意识形态与特色的军事力量，进一步挤压俄罗斯传统的军事战略空间，这些行为直接威胁到了俄罗斯在该地区的安全防线。

受美国持续不断的干涉影响，格鲁吉亚在20世纪90年代中后期开始采取"亲西疏俄"的政策①，对摆脱俄罗斯的意愿也越来越强，不仅主动配合美国修建新的油气管道，更不惜以恶化与俄罗斯的关系为代价持续谋求加入北约与欧盟。美国对格鲁吉亚的积极态度也作出了不令其失望的回应，美国不仅通过政府与民间的通道加强经济往来，控制能源运输；更持续提升两国的政治关系，积极推动"颜色革命"，扶持亲美政权，加强军事援助，帮助格鲁吉亚实现利益诉求，脱离俄罗斯的掌控。美国与俄罗斯的大国博弈直接导致美国对格鲁吉亚采取十分积极的干涉态度，且举措效果极佳，不仅不断地影响两国的关系，更是直接导致俄格武装冲突的真凶。在美俄战略相悖下，俄罗斯目前暂时处于较为劣势的状态，格鲁吉亚所受到的长期干预在一定程度上难以通过俄罗斯施加策略回转。

3. 格鲁吉亚不断加强构建军事领域北约化

以美国为代表的西方国家集团一直致力于遏制俄罗斯的战略构建，在各领域展开与俄博弈，其中军事领域是北约与俄罗斯共同关注的重点领域。俄乌冲突所带来的一系列外溢影响深刻改变了与俄罗斯有领土争端、临界问题国家的警惕之心。格鲁吉亚军事部门领导层在报告中表明，"考虑到乌克兰事件，共和国军队将适应新的现实"。格鲁吉亚军队北约化意在避免重蹈乌克兰覆辙，在国防军事上寻求强大的庇护以应对由于领土争端等问题引发俄罗斯采取各种举措，同时为其加入北约做铺垫。格鲁吉亚一直与北约进行密切的军事演习等活动，如2011年以"敏捷精神"为主题的军事演习在格鲁吉亚首次举行，该演习旨在提高参演国家武装力量的

---

① 陈思旭：《后冷战时期俄美对格鲁吉亚局势的影响》，黑龙江大学2009年硕士学位论文。

作战兼容性及加强地区安全合作能力；① 2018年以"高贵伙伴"为主题的多国联合军演在格鲁吉亚启动；2021年以"伙伴关系力量"为口号的军事演习在格鲁吉亚五个地点举行，等等。② 格鲁吉亚也一直接受着美国与北约的军事援助，美国曾于2017年向格鲁吉亚供应反坦克导弹系统，也曾公开表示鉴于"俄罗斯挑衅"威胁将帮助格鲁吉亚发展国防实力③，格美达成对两国战略伙伴关系的重要性和进一步在双边安全领域发展合作必要性的认同，格鲁吉亚也一直采购美国军用设备，北约秘书长也认可格鲁吉亚符合加入北约的所有条件。④ 然而针对一系列军事演习，俄罗斯始终认为这是北约的挑衅措施和严重破坏地区安全稳定的因素，损害自身地缘政治影响力，并强调在任何情况下都不会允许格鲁吉亚部署北约基础设施。对待建构北约化问题，俄罗斯始终保持谨慎态度，每当格鲁吉亚越过界限，挑动俄罗斯敏感神经，双方关系势必随之受到影响。

4. 各方不愿舍弃核心利益使格鲁吉亚难以站队

面对格鲁吉亚持续已久的谋求加入北约和欧盟的外交战略中，拖缓进程的不只有格鲁吉亚自身尚未解决的分离势力问题，俄乌冲突前俄罗斯与西方无法完全决裂且尚存较多联系的态势与俄乌冲突发生后分别对经济与军事的利益诉求使格鲁吉亚不能轻易完全倒向一方。

影响俄格关系并主导干涉的力量主要是美国，西方国家作为同美国保持一贯立场的盟友，在牵扯到核心利益的问题上，仍旧倾向于将自身的诉求放在首位。

俄乌冲突前，在能源领域中，即使西方国家已经建设绕开俄罗斯的油气管道，但仍然存在对俄罗斯能源的依赖现状是不可否认的。西方国家难

---

① 《北约将在格鲁吉亚举行"敏捷精神"多国军事演习》，俄罗斯卫星通讯社，2021年7月26日，https://sputniknews.cn/20210726/1034141254.html。
② 《北约多国联合演习"高贵伙伴"在格鲁吉亚启动》，俄罗斯卫星通讯社，2018年8月1日，https://sputniknews.cn/20180801/1026015773.html。
③ 《美国防长：五角大楼将继续帮助格鲁吉亚发展国防实力抵御"俄罗斯威胁"》，俄罗斯卫星通讯社，2021年3月5日，https://sputniknews.cn/20210305/1033223013.html。
④ 《北约秘书长：格鲁吉亚符合加入北约的所有条件》，俄罗斯卫星通讯社，2018年5月28日，https://sputniknews.cn/20180528/1025505292.html。

以舍弃在油气方面的核心利益。在政治领域，北约内部也有部分欧洲成员国担心因吸收"有问题的格鲁吉亚"而得罪俄罗斯，在格鲁吉亚加入北约上态度较为消极。[①] 以德法为首的传统欧洲国家则更将欧洲利益放在首位，认为过早让格鲁吉亚加入北约将使北约与俄罗斯关系陷入僵局，这会对欧洲的经济与安全产生不利的影响。[②] 从某种程度上看，格鲁吉亚亲近西方的战略虽然始终推进，但西方不坚定的态度也影响其无法完全放弃与俄罗斯关系的利益诉求而呈现出不断摇摆的态势。

俄格武装冲突后，俄罗斯与西方陷入基本决裂的局面。但出于国家利益，尤其是经济层面的考量，格鲁吉亚选择性地只在军事领域同西方国家保持一致立场。这体现在重大问题中，格鲁吉亚仍然会首先考虑对己方利益最大化的选择，彻底倒向一方也意味着其必将放弃某一方面的重大利益。因此，无论俄乌冲突发生与否，各方都将继续坚守自身利益诉求，而不愿为国家间关系的变化付出相应代价，格鲁吉亚本身也无法坚定地选择站队，只能在西方国家与俄罗斯间持续周旋，持摇摆态度，各取所需。

四、俄格关系发展展望

冷战后，俄格关系发展经历了"相互冷淡""逐步拉近""蜜月时期""渐趋恶化""黑障时期"波动起伏的阶段，呈现出极不平稳的发展态势。在未来发展过程中，尽管经济与人文领域有加强合作的良好态势，但一旦涉及分离势力地区抑或格鲁吉亚入约入盟问题时，两国关系在军政领域仍呈现出难以正常化的态势。国际局势变化与大国博弈及干涉的影响也将持续影响俄格两国关系的发展。

---

① 吴鹏：《格鲁吉亚——背弃俄罗斯转投北约》，《当代世界》2006年第11期。
② 陈思旭：《后冷战时期俄美对格鲁吉亚局势的影响》，黑龙江大学2009年硕士学位论文。

(一) 军政矛盾阻碍关系缓和

1. 俄格双方难以转变各自战略发展目标

出于利益诉求确定的战略目标是两国关系发展道路上最重要的起点与影响因素，因此双方战略目标都是难以转变的。

俄罗斯在政治上谋求大国地位的目标不会发生改变，其将维持巩固后苏联空间的战略，未来仍会以加强控制地缘政治地区作为目标。俄罗斯难以放弃对格鲁吉亚的拉拢与控制，但其强硬的政治手段及以分离势力地区为胁迫的方法策略，将使格鲁吉亚的态度难以回转。反观格鲁吉亚，自独立以来国家统一和经济发展一直是其不变的战略发展目标，未来也不会出现重大的转变。目前的趋势更使格鲁吉亚相信欧美才能真正积极回应自己的利益诉求。

因此俄格两国的战略目标会持续呈现出相悖而行的趋势，既不会出现新的内生动力推动矛盾的解决，也不会有良好的机制为双边关系作出调整，更不会出现广泛的利益交汇，两国关系的缓和道路将被持续阻碍。

2. 格鲁吉亚内政问题受大国博弈影响

由于俄格关系的复杂性与高加索地区被关注度的持续升高，大国都在寻找以拉拢格鲁吉亚为切入点，影响整个高加索及里海地区的最有效的方法。

冷战后格鲁吉亚的内政问题逐渐暴露，成为各个有利益诉求的大国争相干涉的焦点。在以美俄为代表的大国较量中，格鲁吉亚成为博弈的牺牲品。2008年爆发的俄格武装冲突就是俄美博弈下的政治产物，战争中受损最大的无疑是格鲁吉亚这一弱小的国家。俄格武装冲突后，格鲁吉亚意识到自身成为美国打压俄罗斯的"政治炮灰"，明白与俄罗斯实力悬殊，奉行政治上全面倒向西方的政策。格鲁吉亚包括分离势力地区在内的内政问题已脱离俄格双方的掌控，受到大国博弈的干扰与限制。俄罗斯转变策略以解决格鲁吉亚内政问题恢复同格鲁吉亚关系的实现概率十分微小，俄格双方未来谋求通过共同努力解决格鲁吉亚的内政问题以促进关系升温的策略已失去实践的可能。大国博弈对格鲁吉亚内政的利用极大地影响到俄格关系的路径选择，并对两国的缓和趋向蒙上难以驱散的阴影。

（二）维持经贸合作促进缓和

1. 格鲁吉亚难以放弃重要的贸易伙伴

目前，格鲁吉亚虽然享受着欧盟提供的贸易优惠条件，但双方贸易额实际上仍处于较低水平。而俄罗斯是格鲁吉亚重要的贸易伙伴，俄格武装冲突后两国进口与出口贸易额持续增长，仅在2022年2月至4月就已分别约为武装冲突前的34倍与2倍，为格持续提供较高的经济收入。

近年来两国政府支持的民间经济贸易往来增多，民间经济利益的利润也促进格鲁吉亚对俄罗斯采取缓和态度。格鲁吉亚有30多万人口在俄罗斯工作与生活，若俄罗斯对格鲁吉亚关闭劳动力市场，格鲁吉亚国内的就业压力将会呈指数型增长。

由于格鲁吉亚本身自然资源匮乏，主要需依靠南奥塞梯等输油通道（巴库－第比利斯－埃尔祖鲁姆管道）获取经济利益与能源，该管道受俄方支持。虽然近年来格鲁吉亚一直在尝试与西欧合作建立绕开俄的输油管道，但此行为影响了俄罗斯在全球能源政策的实施，打破俄罗斯在里海—中亚能源运输方面的垄断地位，对其能源安全造成威胁，俄多次阻挠或破坏格与西欧合作的输油管道。这在一定程度上影响了格鲁吉亚不会轻易同俄罗斯完全恶化关系，能源与贸易上的经济合作仍然是其促进国内发展优先考虑的因素，同俄罗斯的经贸往来收益不能放弃。

2. 经济手段将是俄罗斯拉拢格鲁吉亚重要手段

纵观影响俄格关系的几大因素，涉及根本利益的战略目标难以转变，俄罗斯若想推动同格鲁吉亚缓和关系的进程，唯一且便捷的方式便是经济手段。

出于格鲁吉亚目前仍然难以摆脱对俄罗斯经济依赖的客观事实，维持经贸合作将是两国缓和关系的共同趋向。俄格武装冲突后，虽然两国关系仍未正常化，但经贸领域两国的往来已经呈稳步回升的积极趋势。俄罗斯充分的就业市场与优良的经贸发展环境对格鲁吉亚仍有益处，经济的繁荣是谋求政治发展的物质基础，在俄罗斯难以放弃干预格鲁吉亚政治问题的困境下，俄罗斯若转变思路，利用自身在经济领域中对格鲁吉亚的吸引力，配合天然的地缘优势，将是短期内谋求两国关系缓和与转变格鲁吉亚亲西政策的突破口。

(三) 人文领域对两国关系影响力扩大

1. 难以斩断的民族历史联系

俄罗斯与格鲁吉亚都是苏联解体后产生的国家，实际上是同一体系内的国家，有相似的文化、历史与宗教信仰，两国人民的情感与思想联系极为紧密。文化是沟通两国关系的纽带，近年来，两国民间往来增多、旅游业发展良好与学术领域的深刻交流都试图为政治与军事领域的缓和提供环境。目前取得的互动成果显示，以俄格深厚的民族历史联系为基础展开的人文合作对推进双边关系缓和是积极有效的，两国民众对关系缓和的诉求也是助推未来向前发展的一大动力导向。

2. 格鲁吉亚在俄侨民作用积极

因俄罗斯有充足的劳动力市场与优良的发展环境，格鲁吉亚众多侨民在俄罗斯工作与生活，该群体的力量一定程度上起到缓和两国关系的作用。人文领域上格鲁吉亚在俄侨民群体的不断发展与繁衍将密切两国民众的沟通了解与相互往来，不仅提高民族间的认同感，更进一步有力地增强了双方互信，打开两国认知渠道。从国家层面考量，格鲁吉亚在俄侨民向国内的年均汇款约占GDP的4%以上，格鲁吉亚不能放弃在俄侨资对GDP的贡献。格鲁吉亚在俄侨民的贡献将持续发挥在经济与人文领域的积极作用，随着互信的建立与情感联系的加强，也许未来俄格将通过这一渠道打开缓和关系的新思路，进一步改善军事与政治关系，谋求双方关系态势的转变。

结　语

　　冷战后的俄格关系的发展态势是艰难曲折的，呈现出的特点是政治冲突反复出现、彼此依赖侧重不同、双边政治外交关系敏感且易受影响等特点。每当两国出现阶段性短暂缓和时，反复出现的政治冲突立即打断了缓和的势头，外部环境的干涉与美国的强势介入也持续为俄格关系发展蒙上阴霾。但是，在目前复杂多变的国际局势中，美国的霸权战略能否继续发挥作用还需等待进一步观察。即使在艰难的发展背景中也需要看到俄格关系中可能起到推动作用的积极因素。未来，在谋求和平的全球共识中，经济领域与人文领域或将发挥更为重要的作用，俄格关系正常化的坚冰也正在被民间的往来逐渐消融。而俄罗斯与西方国家博弈中的弱点和缺陷也可能减缓格鲁吉亚背离俄罗斯的步伐，目前格鲁吉亚奉行的平衡务实外交的政策已经取得良好的收益，"亲西"并不意味着"反俄"的观点或将会被格鲁吉亚应用在对俄战略当中，对双方而言，和平关系才有利于两国的发展。

俄罗斯与西方国家关系

冷战后俄欧关系的发展态势和特点

叶杰雯　林尚沅[*]

【摘　要】 冷战的结束为俄罗斯与欧盟关系的改善与发展提供了历史性的契机。冷战后，欧盟于1993年诞生，俄欧关系破冰重启，在双边、多边和全球层面都展开了深入的互动与交流，在《俄罗斯-欧盟伙伴关系与合作协定》纲领性框架下展开政治、经贸、能源、安全等多领域的密切合作，取得了丰硕成果。然而，俄欧关系发展过程中存在的阻碍因素不容忽视，地缘空间的争夺、能源博弈以及美国的干涉等都制约着双方关系的进一步发展。因此，俄欧在各领域的裂痕日益加深，双方呈现出合作与分歧长期并存、经济相互依赖与互补、地缘政治影响作用显著等互动特点。自2014年乌克兰危机以来，俄欧关系日益恶化，制裁与反制裁持续并逐步升级；在2022年俄乌冲突爆发后俄欧关系更是降至冰点。总体而言，俄欧关系的发展态势是曲折地向前发展，然而从目前形势来看，俄欧关系回暖尚需时日。

【关键词】 俄罗斯　欧盟　俄欧关系　乌克兰危机　地缘政治

冷战结束后，俄欧关系的发展进入全新的阶段。1993年欧盟诞生，次年即与俄罗斯签订了《俄罗斯-欧盟伙伴关系与合作协定》，这个时期的俄罗斯致力于改善俄欧关系。三十多年来，双方关系不断升温，逐步提升

---

[*] 叶杰雯，广东外语外贸大学国际关系学院外交学专业2021级本科生；林尚沅，广东外语外贸大学国际关系学院外交学专业2021级硕士研究生。

为战略合作伙伴关系。双方关系虽时常波动降温，但总体上在政治、经贸、能源、军事安全等领域合作不断深化，为促进双边经济发展、维护地区和平及解决全球传统与非传统领域等问题持续贡献力量。随着全球化趋势纵深发展，霸权主义和单边主义的势力抬头，俄欧关系决定着欧洲未来的格局与地区安全，也影响着世界秩序与大国关系，因而俄欧的合作更加显得弥足珍贵。

然而俄欧关系发展的道路困难重重。俄乌冲突的爆发使俄欧关系成为国际政治的焦点。自2022年2月24日俄乌冲突爆发至今，俄欧关系全面恶化，双方面临着来自内部和外部前所未有的挑战。双方多轮的制裁与反制裁措施逐步升级，但在经济和能源领域上仍存在着藕断丝连的合作。目前来看，俄欧关系处于冷战结束以来的最低水平，俄欧关系在短期内会受到俄乌冲突的后续发展与解决方案的直接影响，尚不具备实现正常化的条件。

本文试图在冷战结束，两极格局瓦解，国际格局重构的大背景下，梳理三十多年来俄欧关系发展的互动成果，总结其互动的特点，分析俄欧关系发展的内外部动因，并通过总结以上事实与判断，对俄欧关系发展的前景作出初步展望。

一、俄欧关系发展的互动成果

三十多年来，俄欧在双边、多边以及全球层面的互动与联系日益密切，既有合作也有分歧，这是不断克服摩擦，谋求合作的过程，双方在此期间也取得了丰硕的互动成果。在双边层面上，俄欧不断推动政治、经济、安全领域的深化合作，但在触及根本矛盾的问题上，双方的摩擦与隔阂难以消除；在多边层面上，两国互动突出表现在经济与安全领域，体现为合作与角逐并存；在全球的层面上，俄欧在安全、气候、科技问题上凝聚共识、通力合作，积极应对全球问题。

（一）双边层面

1. 政治领域：双边关系逐步改善，总体呈波浪式发展

（1）俄欧关系定位日益提升，构建战略合作伙伴关系

冷战结束后，俄欧抛弃了意识形态的束缚和敌对立场，日益加强政治对话。1994年6月24日，俄欧签署了为期10年的《俄罗斯-欧盟伙伴关系与合作协定》。该协定明确了俄欧首脑会晤机制和成立合作委员会，并在其框架内开展部长级政治对话。1998年5月，在俄欧第一次首脑会议发表的联合声明中，双方均强调，俄欧发展战略合作伙伴关系将会大大推动欧洲大陆的和平、稳定和繁荣，双边关系从此进入一个全新的发展阶段。2002年，俄欧共同反对美国出兵伊拉克，把俄欧政治合作推向一个高峰。[①] 2005年5月在莫斯科峰会上，双方又基于建立四个统一空间的提案进一步通过了有关建立俄欧四个统一空间路线图的一揽子文件。[②] 这些举措对于俄欧来说都是历史性的突破，表明双边关系定位不断提升至新高度。

（2）俄欧政治互信不足，裂痕逐渐加深

虽然俄欧合作不断深化，但双方始终存在防范心理。《俄罗斯-欧盟伙伴关系与合作协定》因欧盟东扩的严重影响而无法更新，俄欧四个统一空间路线图无果而终。2018年，西方国家与俄罗斯之间由于俄罗斯前特工中毒案而掀起了激烈的外交官驱逐风波，19个欧盟成员国宣布驱逐俄罗斯外交官，俄罗斯也驱逐了欧美24个国家的多名外交官。[③] 这是冷战结束以来西方最大的一次集体驱逐俄罗斯外交官事件，加深了俄欧之间的裂痕。自2014年乌克兰危机爆发以来，欧盟多次取消俄欧峰会；2021年法德曾联合提议重启俄欧峰会，但最终被欧盟内部成员否决。

---

① 王郦久：《俄欧关系新特点及发展趋势》，《和平与发展》2008年第1期。
② 张金海、陈玉芬：《俄欧将建立四个统一空间》，《人民日报》2005年5月12日。
③ 《俄外交部：英国对于俄前间谍中毒案有举证责任》，环球网，2018年3月28日，https://world.huanqiu.com/article/9CaKrnK77JK。

2. 经济领域：合作成果显著，整体曲折发展

（1）俄欧经贸合作制度优化，战略伙伴关系稳步提升

俄罗斯独立后的十多年，俄欧经济合作制度框架逐步形成。1997 年 12 月生效的《俄罗斯－欧盟伙伴关系与合作协议》建立了一系列俄欧之间经济合作的磋商机制，规定了双边贸易权利及制度、贸易规模等内容。2000 年 6 月，俄罗斯总统普京批准了为期十年的《俄罗斯联邦与欧洲联盟关系中期发展战略》，该战略明确了俄欧关系在未来十年发展的目标和方式。2002 年 3 月，负责制定统一欧洲经济空间发展战略的俄罗斯与欧盟高级联合工作小组成立。该小组的建立标志着俄欧经济合作制度化建设又迈入新的阶段。2010 年，俄欧提出进一步建立"现代化伙伴关系"的设想，旨在落实俄欧统一经济空间计划并推动双边经贸合作。

（2）俄欧能源合作进一步深化，能源博弈长期存在

俄欧双向努力推动能源对话机制日益完善。2000 年 10 月，俄欧签订了《俄欧战略性能源伙伴关系协议》。2022 年 11 月 5 日，俄欧成立了"俄罗斯－欧盟能源技术中心"。[①] 通过历次能源对话，俄欧能源合作在石油、天然气、煤炭、能源基础设施等方面都取得了一系列成果，尤其是在能源管道建设和油气合作方面，如共同开发施托克曼海底天然气田、修建北欧天然气管道和亚马尔－欧洲天然气管道等。2011 年 11 月 8 日，"北溪"第一条天然气管道正式投入运营，同时双方不断拓展更多管道投放运营，不仅保证欧洲的天然气充足稳定的供应，还为俄欧长期的能源合作提供了可靠保障。[②]

然而，俄欧能源博弈长期存在，制约着进一步的发展。2008 年，欧盟提出建设"南方天然气走廊"以实现能源进口多元化和摆脱对俄罗斯能源依赖。乌克兰危机爆发以来，欧盟将能源问题"政治化"。2019 年末，"北溪－2"承建单位被迫退出且该项目被叫停。2022 年 3 月底，俄罗斯宣

---

① 马艳会、陈浩：《冷战后欧俄关系的发展现状、动力及前景》，《社科纵横》（新理论版）2010 年第 3 期。

② 王保群：《盘点俄罗斯出口欧洲的天然气通道》，《石油知识》2014 年第 6 期。

布不友好国家或地区必须以卢布而非美元或欧元支付天然气费用。

(3) 俄欧制裁与反制裁措施逐步升级

欧盟对俄罗斯的制裁自乌克兰危机以来步步展开。从2014年到2023年，欧盟持续对俄制裁，包括能源、商业、工业、金融、农业、人文等多领域。2022年3月2日，欧盟将7家俄罗斯银行排除在SWIFT外，禁止俄罗斯卫星通讯社和"今日俄罗斯"的内容在欧盟范围内播出。① 2022年3月底，俄罗斯宣布，不友好国家和地区必须以卢布支付天然气费用，并借此采取首次"断气"措施。2022年12月5日，欧盟针对俄罗斯海运石油的"限价令"制裁措施正式生效。截至2023年2月25日，欧盟已经实施了自2022年俄乌冲突爆发以来对俄罗斯的第十轮制裁，并称之为历来"最有力、影响最深远的"制裁方案。② 欧盟的制裁与俄罗斯的反制裁措施挂钩，欧盟的制裁手段层出不穷，俄罗斯也相应地推行新的反制裁措施。

3. 安全领域：俄欧安全合作机制日益完善，合作领域多元化发展

在乌克兰危机爆发前，俄欧为了实现各自的安全目标走向合作，安全领域的互信相对增强。俄欧建立俄欧战略安全对话机制，就双方有共同利益的传统和非传统安全问题进行对话，如打击跨国犯罪、恐怖主义、非法移民等议题，以及关于环境治理、防止核扩散等方面进行及时的信息交流，开展联合行动。③ "9·11"事件的发生，为俄欧双方在核不扩散领域的合作提供了强大动力。1999年12月，欧洲理事会为支持俄罗斯拆除其核与化学武器基础设施，积极参与并协调俄罗斯的核不扩散与裁军联合行动。2006年6月，欧盟延长了援助俄罗斯销毁剩余武器的计划。

---

① 《欧盟宣布对俄银行和媒体的新制裁措施 欧盟高官：制裁俄罗斯也将影响欧盟经济》，环球网，2022年3月3日，https://world.huanqiu.com/article/472SPKYFzSe。
② 肖新新、柳玉鹏、牧之：《欧盟对俄实施"史上最有力"制裁，俄学者：欧盟的手段已几乎用尽了》，环球网，2023年2月27日，https://3w.huanqiu.com/a/de583b/4BrkIavl4xK。
③ 王郦久：《俄欧关系新特点及发展趋势》，《和平与发展》2008年第1期。

（二）多边层面

1. 经济领域：俄欧竞相整合周边地区，形成"竞争－对抗"互动模式

21世纪以来，俄欧在经济领域争夺周边地区的情况愈演愈烈。2009年，欧盟推出了专门面向东欧和高加索六国的"东部伙伴关系"计划。该计划明确表示，伙伴国可以通过满足欧盟标准的条件，进而与欧盟签署联系国协定，其内容覆盖了这些国家较为关注的自由贸易问题，如"深入与全面自由贸易协定"。[①] 2011年，俄罗斯正式提出组建欧亚经济联盟的构想，并在2015年开始运作。由于俄欧不断争夺欧洲霸权地位的利益矛盾长期存在，并在整合东欧和高加索六国的过程中形成"竞争－对抗"的互动模式，俄欧关系日益走向对抗性和竞争性。

2. 安全领域：合作与角逐并存

（1）俄欧统一立场，共同维护地区安全秩序

对于巴尔干问题，俄欧发表了一系列联合声明，最终俄罗斯接受了欧盟在此问题上的主导地位。2003年，俄罗斯军事专家组参与了欧盟为解决巴尔干问题而召开的萨洛尼卡峰会，并在波斯尼亚和黑塞哥维那发挥维护地区安全与稳定的作用。[②] 再者，对于中东和平问题，俄欧的立场和态度比较接近，双边进行更加积极有效的对话与合作。2015年，俄欧联合质证土耳其卷入"伊斯兰国"的走私石油贸易，防止中东战争继续扩大，携手维护中东地区安全。可见，俄欧在多边层面的安全合作上取得了显著的成果。

（2）俄欧安全利益分歧日渐突出，地缘政治竞争加剧

在北约东扩的问题上，欧盟成员国与北约的大部分欧洲成员国重合，

---

① 曾向红：《相互尊重与大国互动——基于俄欧与中俄在共同周边地区互动模式的比较研究》，《世界经济与政治》2021年第1期。

② 王政达：《冷战后俄罗斯欧盟关系研究》，中共中央党校（国家行政学院）2018年博士学位论文。

因此俄欧存在着日益严峻的利益分歧。1994年1月，在北约布鲁塞尔首脑会议上，与中东欧国家和俄罗斯共同建立的"和平伙伴关系"计划被正式通过。1997年7月，马德里首脑会议决定首批扩员，直到2020年北约前后共进行了五次东扩，把中东欧国家、波罗的海三国以及巴尔干国家拉入北约阵营，将北约的防务边界推进到俄罗斯边境。鉴于北约不断东扩，俄罗斯的安全环境也随之不断恶化，导致2022年2月24日俄乌冲突爆发，俄欧关系降至冰点。2023年4月4日，芬兰宣布加入北约，正式成为北约第31位成员国，这也意味着北约的第六轮东扩正式拉开帷幕。

在欧盟东扩的问题上，2009年的"东部伙伴关系"计划加剧俄欧之间的安全困境。该计划旨在通过在邻近的6个独联体国家中推行政治、经济、社会、能源等多领域的变革，使其与欧盟标准和价值观对接，进一步保障欧盟东部边界的稳定，扩大欧盟在独联体国家中的影响力，挤压俄罗斯的生存空间。[①] 而独联体国家向来是俄罗斯的首要外交战略对象，并被视为俄罗斯与西方之间的缓冲带，对俄罗斯具有重要的安全战略意义。因此，欧盟此举必然会引起俄罗斯的高度警惕，俄罗斯也将该计划视为北约东扩的替代品。[②] 俄罗斯不断向亚美尼亚和乌克兰施压，俄欧双方竞相拉拢乌克兰，2014年爆发的乌克兰危机则是俄欧地缘政治对抗进一步扩大的体现。

（三）全球层面

1. 安全领域：俄欧凝聚共识，共促国际秩序稳定

俄欧双方在重大对外国际安全问题上开展了许多合作，其中最典型的是伊拉克战争。"9·11"事件后，美国将反恐和防止核扩散问题与伊拉克问题相结合，俄罗斯与欧盟的主要成员国法国、德国立场相近，共同抵制

[①] 宋黎磊：《欧盟"东部伙伴关系"计划：意图、推进与问题》，《国际问题研究》2015年第2期。

[②] 王政达：《冷战后俄罗斯欧盟关系研究》，中共中央党校（国家行政学院）2018年博士学位论文。

美国对伊拉克发动战争，并主张和平解决伊拉克问题。2003年4月11日至12日，普京在圣彼得堡会晤法国和德国首脑，就伊拉克局势及其战后重建等问题进行讨论。强调联合国在伊拉克战后重建事务上的主导作用，抵制美国的单边主义和强权政治，巩固现有国际安全体系，推动促进国际秩序的稳定。①

2. 气候领域：俄欧通力合作，推动解决气候变化问题

在全球气候治理中，俄欧都承担着举足轻重的角色。在多边框架下，俄欧在气候问题上的合作呈现出历史悠久、多层次的特点。俄欧作为《联合国气候变化框架公约》《京都议定书》《巴黎协定》的缔约方，积极参与多边气候合作，共同推动联合国应对气候变化的进程。从2009到2013年，主要经济体能源与气候变化论坛共召开了17次领导人代表会议，促进了包括欧盟、俄罗斯在内的17个主要发达和发展中经济体之间的对话，为能源与气候政策合作和关键技术的发展提供支持。② 可见，俄欧的气候合作机制逐渐成熟，为应对全球气候变化问题作出重要贡献。

3. 科技领域：俄欧加强空间合作，进程受形势影响

俄欧在航天领域的合作成果显著。1998年，国际空间站正式建站由俄罗斯联邦航天局、美国国家航空航天局、欧洲航天局、加拿大国家空间局、日本宇宙航空研究开发机构共同运营，其中包括10个欧盟成员国。各航天局分工协作，成功完成了大量科研和空间任务。然而，在西方持续多方面制裁的局势下，俄罗斯放弃与美国及欧盟的空间合作。据塔斯社和俄新社报道，俄罗斯国家航天集团总裁德米特里·罗戈津表示，俄罗斯已确定终止参与国际空间站项目的日期，但不会对外公开。③

---

① 黄慧珠、谢荣：《俄法德首脑会晤，意在协调立场》，《新华每日电讯》2003年4月11日。
② 房乐宪、王玉静：《欧盟与俄罗斯气候合作的进展与局限》，《和平与发展》2021年第3期。
③ 《俄国家航天集团总裁：已确定退出国际空间站日期》，观察者网，2022年5月1日，https://www.guancha.cn/internation/2022_05_01_637737.shtml。

二、俄欧关系发展特点

冷战结束以来，俄欧关系总体上呈上升趋势，各领域的互动取得了相当可观的成果，但发展过程中不和谐的音符也不容忽视。总而言之，20世纪90年代至今，俄欧关系进入了新的发展阶段，呈现出了新的发展特点。

（一）相互依赖性与互补性关系显著

1. 俄欧的经济结构互补，经贸往来密切

俄欧的经贸合作是双方制定的合作战略中成果转化率最突出的领域，体现出二者的互补性。俄罗斯与欧盟的经济结构存在巨大的差异，俄罗斯在重工业领域占优势，如原材料加工工业和能源、电力工业。多年来欧盟在能源进口方面高度依赖俄罗斯。而俄罗斯在经济领域的弱项产业则恰好是欧盟的传统优势产业。[1] 因此，俄欧的产业之间相互补充，俄欧的经贸合作是双方互利共赢的基础。

从贸易额来看，自1993年起，俄欧之间的贸易额稳步增长。据《俄罗斯联邦海关统计年鉴》显示，1993年俄欧之间的贸易额仅有308亿欧元，而2002年上升到了778亿欧元，贸易增长率高达约152.6%。[2] 截至2021年，俄罗斯是欧盟第五大货物出口伙伴国（占欧盟出口的4.1%，达890亿欧元），同时也是欧盟第三大货物进口伙伴国（占欧盟进口的7.5%，达1580亿欧元），[3] 尤其在能源领域高度依赖俄罗斯，接近40%的

---

[1] 尹永波：《欧盟东扩及其经济影响》，中共中央党校（国家行政学院）2008年博士学位论文。
[2] 罗英杰：《俄罗斯与欧盟的经济关系》，《外交评论》2005年第4期。
[3] 《2021年欧盟自俄罗斯进口中62%为能源》，中华人民共和国商务部官网，2022年3月15日，http://eu.mofcom.gov.cn/article/jmxw/202203/20220303285368.shtml。

天然气以及30%的进口原油来自俄罗斯；① 2021 年俄欧之间的贸易额高达 2575 亿欧元，超过俄罗斯进出口总额的 1/3。② 可见，双方在彼此的对外经贸合作中的地位日益提升，相互依赖关系较强，反映出双方的经贸合作在不断深化。长期以来，俄欧之间日益紧密的经贸合作在一定程度上已经成为双边关系的"压舱石"，成为维护或进一步发展双边关系的基本动力。

2. 俄欧的政治目标具有交汇点

冷战结束后，俄欧放弃相互敌视的立场，双方都意识到维护欧洲地区的政治稳定需要双方的共同合作，因而增强了政治合作与对话，在构建战略合作伙伴关系的过程中取得了一系列重要成果。当前，美国作为世界上的超级大国，其对外政策的霸权主义色彩日益浓厚，单边主义抬头，奉行"美国优先"政策，对俄欧在政治等各领域都造成了严重影响和制约。由于美国主导下的北约通过东扩来威胁和打压俄罗斯，美国又以传统盟友的身份控制欧盟，因此俄欧双方都有制约美国霸权的意愿，通过共同反对美国出兵伊拉克，加强政治合作以应对美国霸权主义的干涉。在特朗普执政时期，美欧同盟关系出现裂痕，欧盟对俄政策出现自主性趋势，俄欧基于政治经济利益诉求，均出现改善双方关系的意愿。

表6 冷战后俄罗斯与欧盟基于政治对话取得的一系列文件成果

时间	政治文件
1994 年	《俄罗斯－欧盟伙伴关系与合作协定》
1999 年	《欧盟对俄罗斯的战略》《俄罗斯发展与欧盟关系战略中期展望（2000 至 2010 年）》
2005 年	俄欧四个统一空间路线图

资料来源：马艳会、陈浩：《冷战后欧俄关系的发展现状、动力及前景》，《社科纵横（新理论版）》2010 年第 3 期。

---

① David W., "Russia – Ukraine and the Macro Outlook: Questions in Need of Answers," Capital Economics, Feb. 24, 2022, https://www.ce-macro.com/blog/russia-ukraine-and-the-macro-outlook-questions-in-need-of-answers.

② "EU Trade Relations with Russia. Facts, Figures and Latest Developments," European Commission, https://ec.europa.eu/trade/policy/countries-and-regions/countries/russia/.

3. 俄欧能源存在广泛共同利益

俄欧在能源领域存在广泛的共同利益在很大程度上取决于双方的相互依赖性。长期以来，欧盟高度依赖俄罗斯的能源，能源自主性十分有限，欧盟经济活动与社会生活的正常运转需要俄罗斯长期稳定的能源供应。在俄乌冲突之前，以 2021 年为例，俄罗斯为欧盟提供了 41% 的天然气、46% 的煤炭和 27% 的石油。① 而从 2019 到 2020 年，俄罗斯开采的 53% 以上的天然气都输往欧洲，欧盟是其重要的天然气海外市场。② 俄罗斯作为世界第二大能源出口国，2021 年的能源收入在其财政收入中的占比约为 35%。因此，在发展经济和增加财政收入方面，俄罗斯与欧盟维持能源贸易合作的重要性不言而喻。因此，俄欧在能源利益上存在着共同利益，在能源领域体现出相互依赖关系。

（二）合作与分歧长期并存

在俄欧互动的过程中合作与分歧是双方长期维持的互动模式，双方关系曲折发展。俄欧通过《俄罗斯-欧盟伙伴关系与合作协定》和四个统一空间的建立进一步增强政治互信，提高彼此的政治关系定位，然而由于北约东扩和双方关系的骤然降温使上述协定与计划无法落实，无果而终。再者，2022 年俄乌冲突，虽然俄欧双方制裁与反制裁措施仍持续不断地升级加码，但是其经贸往来并未断绝，尤其是在能源方面欧盟的制裁措施始终留有余地。综合以上事实，俄欧合作与分歧长存的特征直接决定着双方关系发展的不稳定性。

---

① "In Focus: Reducing the EU's Dependence on Imported Fossil Fuels," European Commission, Apr. 20, 2022, https://ec.europa.eu/info/news/focus-reducing-eus-dependence-imported-fossil-fuels-2022-apr-20_en.
② 王树春、陈梓源、林尚沅：《俄乌冲突视角下的俄欧天然气博弈》，《俄罗斯东欧中亚研究》2022 年第 5 期。

(三) 地缘政治的基础性作用显著

从国际政治学中的国家行为体角度上看,领土是国家从过去到现在能够维持其主要国际行为体地位的重要优势之一,因此领土所涵盖的地缘、地貌、资源等基础的客观物质因素,都会是主权国家所争夺的焦点。进而,这些客观条件很大程度上影响着俄欧关系。从俄欧各自的文化传统出发,俄罗斯传统的不安全感和争夺出海口的核心海洋观念包含着对地缘空间的利益考量;① 欧洲国家对外扩张的传统惯性和历史中与俄罗斯连绵不断的战争而对其形成的防范心理都体现在其地缘空间的政策上。② 冷战结束后俄欧之间的竞争主要体现为对地缘空间的争夺,而且这种竞争随着时间的推移愈演愈烈,如北约东扩和欧盟东扩都在挤压俄罗斯的地缘空间;2014 年爆发的乌克兰危机,进一步促使双方的地缘争夺趋于白热化。俄欧的地缘空间角逐严重影响了俄欧关系,也对欧亚地区的和平与安全构成威胁。俄欧的地缘争夺是由双方的地缘政治特征决定的,成为双方关系发展的基石,决定着俄欧的互动发展方向。

(四) 俄欧关系严重不对称

俄欧关系定位的不对称性在双方发展互动过程中日渐突出,不利于双方长期、稳定的深入合作,为俄欧关系恶化埋下隐患。叶利钦曾在联合国发言中公开表示,俄罗斯不仅把美国及其西方盟友视为伙伴,更视作盟友。而欧盟以居高临下的姿态与俄罗斯交往互动,更看重的是自身的利益,因此在很多重大事件中直接无视俄罗斯的利益与态度。有学者将《欧盟对俄罗斯的战略》与《俄罗斯发展与欧盟关系战略中期展望(2000 年至 2010 年)》两份文件进行详细对比,由此看出俄欧对相互关系的态度极

---

① 王政达:《冷战后俄罗斯欧盟关系研究》,中共中央党校(国家行政学院)2018 年博士学位论文。
② 王政达:《冷战后俄罗斯欧盟关系研究》,中共中央党校(国家行政学院)2018 年博士学位论文。

不对称，因此两份文件的实质也有所出入。欧盟的表述倾向于指导和指挥的口吻，如"欧盟将继续向俄罗斯提供自己的知识促进该领域发展"，等等。[①] 而俄罗斯则是从两个平等且相互尊重的国际行为体的定位出发来制定双方开展合作与交流的战略方针。此外，在多边和全球的重大问题上，欧盟都是以旁观者的视角来指责批评俄罗斯的做法，例如，指责俄罗斯破坏民主、侵犯人权时的双重标准问题，又如在车臣战争、俄罗斯对国内恐怖活动的打击、俄格武装冲突等问题上的立场和态度。

（五）受美国影响明显

美国在国际社会中充当着"世界警察"的角色，作为欧盟的传统盟友，极力插手欧洲事务并企图控制欧洲，遏制其"战略自主"目标的实现。另外，虽然冷战后以美苏为首的两大敌对阵营已经不复存在，但是美国对俄罗斯的一贯政策就是最大限度地削弱、遏制俄罗斯。美国极力推进北约东扩的进程，在一定程度上恶化了俄欧关系。自乌克兰危机以来，美国经常以盟友的身份以及自身实力的压迫来向欧盟施压，使其无法在对俄制裁问题上实现独立自主，要求欧盟跟随自己制裁俄罗斯并且进一步拓宽制裁的范围，无视欧盟的利益。俄欧双方长期持续的制裁与反制裁博弈一定程度上是美国挑拨俄欧关系的结果。

三、俄欧关系发展的动因

在俄欧关系发展特点的基础上分析，俄欧关系波动变化的动因错综复杂。其发展动因主要可以概括为俄欧双方的利益诉求和外部影响因素，其中还涵盖了层次分析法中国际体系层次的内容。多方面的因素共同作用、相互交织，影响着俄欧关系的发展。

---

① 吕萍:《俄罗斯的"欧洲选择"分析》,《俄罗斯东欧中亚研究》2021年第6期。

（一）俄罗斯的利益诉求

1. 利用欧洲的技术、经验与资金，推动国内市场经济的建设

在冷战结束后，俄罗斯作为苏联的继承国，其经济实力受到重创，且债务负担沉重。当时俄罗斯国内经济低迷，急于求成的休克疗法更是加重了国内的经济危机。1992 年至 1998 年，俄罗斯 GDP 下降约 40%，工业生产则下降约 50%；1997 年，俄罗斯 GDP 总额为 4400 亿美元，仅占美国 GDP 的 5.5%。[1] 即使在 2000 年后经济持续增长，其经济仍然处于恢复性增长的阶段，重振俄罗斯经济仍有很长的路要走。据此，俄罗斯在冷战后提出了"回归欧洲"的战略目标，在经济领域通过推进欧洲一体化的进程，利用俄欧紧密的经贸联系来融入欧洲以及世界经济体系之中。其具体表现为充分利用欧盟的技术、管理经验和资金，对内推动国内市场经济的建设，对外则大力提升俄罗斯商品在欧洲市场的竞争力，进而实现俄罗斯的经济复苏与经济利益最大化。

俄罗斯是世界上的能源大国，能源种类与储量丰富，不仅能够满足国内经济发展的需要，还能够大量出口石油、煤矿、天然气等产品以保证财政收入的增长，同时俄罗斯作为苏联的继承国保持了雄厚的军工业生产能力。然而，俄罗斯的经济结构并不协调，在诸多方面存在着缺陷，如缺乏资金、核心技术和先进的生产管理经验等，这些因素严重制约着俄罗斯经济的进一步发展。而欧盟的经济发展水平高，拥有先进的管理经验和技术，资金充裕，恰好能够弥补俄罗斯的不足，[2] 这体现出双方经济关系的互补性。截至 2021 年，俄罗斯是欧盟第五大贸易伙伴国，俄欧贸易占欧盟全球贸易总额的 5.8%，双边贸易额达 2575 亿欧元。[3] 俄欧的经贸合作为俄罗斯开拓了欧洲市场，为其经济持续增长作出了举足轻重的贡献，也为

---

[1] 许新：《俄罗斯经济转轨评析》，《东欧中亚研究》2000 年第 4 期。
[2] 王双双：《乌克兰危机以来俄罗斯与欧盟关系研究》，辽宁大学 2017 年硕士学位论文。
[3] "Russia – EU – International Trade in Goods Statistics," European Commission, https://ec.europa.eu/eurostat/statistics – explained/SEPDF/cache/55150.pdf.

其市场经济的进一步发展积累了相当有效的经验。

2. 建立稳定的欧洲政治结构，加速"回归欧洲"进程

冷战后俄罗斯要谋求欧洲大国地位，增强在欧洲的影响力，关键在于处理好俄欧之间的关系，俄欧关系深刻影响着欧洲政治格局，也关系着俄罗斯是否能实现其追求的欧洲梦。

叶利钦时期分别推行的"一边倒政策"和"强硬政策"在国际交往上屡屡受挫，不仅没有被西方国家接纳，而且损害了俄罗斯自身的利益，造成了俄欧不平衡的地位。到了普京执政时期，他把俄罗斯的自身政治利益诉求与国际形势相结合，继承和反思了叶利钦的欧洲政策，进而提出"回归欧洲"政策。俄罗斯在对外政策上通过强化双方的战略伙伴关系来进一步加速构建"欧洲一体化"。该政策基于坚决维护俄罗斯国家利益的前提，旨在进一步推行灵活务实的对外政策，避免俄欧关系再次陷入对峙的状态。"回归欧洲"政策有三个方面的利益抉择，分别是安全领域的"欧洲安全体系"、经济发展领域的"欧洲一体化"、政治领域的"政治回归"。

其中政治领域的"政治回归"是最为直接的回归路径。通过构建稳定的欧洲政治结构来达到推动"大欧洲"设想的实现。俄罗斯积极推进自身与欧盟的战略关系定位的逐步提升，通过签订双边关系文件以及双边和多边的各级对话机制来进一步强化彼此间的外交地位，如半年一次的俄欧峰会和外交部长、国防部长定期会晤机制，欧盟军事委员会主席和俄罗斯国防部高级代表定期磋商机制，俄罗斯驻布鲁塞尔大使和欧盟政治与安全委员会代表定期磋商机制等。[①] 进入21世纪，这些机制的有效运作有力地拉近了俄欧之间的距离，开启更加全面和紧密的多方位合作关系，既是构建欧洲稳定政治结构体系的基础，也是推动"融入欧洲"政策的加速器。

3. 改善地缘政治环境，稳步推进国家安全

对于俄罗斯而言，历史上长期被外族侵扰而积累了传统的不安全感的

---

① 曹阳：《普京时期俄罗斯与欧洲关系研究》，吉林大学2007年博士学位论文。

民族特性，这促使了俄罗斯以建立以地缘为核心的地缘观念的形成和扩展，在近代演化出俄罗斯以维护地缘政治和追求安全空间为特性的外交文化和外交战略。在别尔嘉耶夫的《俄罗斯的命运》一书中也提到"俄罗斯国家的规模赋予了俄罗斯人民几乎难以承受的重任，使他们处于过度的紧张状态中"。① 这种民族特性也决定着对安全空间的追求，改善地缘政治环境的目标，深刻影响着俄欧关系。

冷战后，欧洲危机和战争仍持续不断，俄欧地缘政治摩擦四起，冷战后欧盟多次东扩，北约扩张的野心日益膨胀，严重影响俄欧关系，威胁着俄罗斯的地缘政治安全。为了改善这一局面，俄罗斯一直力求与欧盟等国共同构建一个统一的欧洲安全体系，并愿意在地区安全事务中发挥俄罗斯作为欧洲大国的力量。然而，在实际的外交实践中，俄罗斯与美国和其他欧洲国家就地区安全问题难以达成一致，统一的欧洲安全体系尚未被提上日程。欧洲的安全架构由北约、欧盟、北约-俄罗斯理事会、集体安全条约组织等组织构成。面对欧洲安全形势和安全格局的诸多挑战，俄罗斯和欧盟加强合作，弥合分歧，为构建新的欧洲安全体系提供契机。2014年的乌克兰危机也是俄欧地缘政治角逐的产物。在美国的主导下，自1999年至2023年，北约先后进行五次东扩，后来芬兰、瑞典相继加入北约，又企图接纳乌克兰入约，直抵俄罗斯边境，严重挤压俄罗斯的地缘安全空间，再次唤醒其传统的不安全感。同时，欧盟东扩仍在继续。欧盟通过"东部伙伴关系"计划继续东进到独联体国家，又拉拢乌克兰加入欧盟，这是对俄罗斯安全空间的威胁和挑战，必然会加深双方全面恶化的关系，俄罗斯对此采取强硬的反制措施，其影响会辐射到政治、经济、文化等领域。

（二）欧盟的利益诉求

1. 保障能源供应，扩大海外市场

欧盟严重依赖俄罗斯的能源。俄乌冲突爆发前，2021年欧盟进口能源

---

① [俄] 别尔嘉耶夫著，汪剑钊译：《俄罗斯的命运》，译林出版社2011年版，第56页。

中，约40%的天然气、20%的煤炭以及30%的石油来自俄罗斯。[①] 所以，俄欧保持能源对话和能源合作是欧盟维持能源正常供应的重要手段。为推动能源伙伴关系的建立，俄欧双方建立了合作伙伴关系并签署了一系列协议，也共同建设了多条天然气管道，旨在使俄欧能源合作机制化，整合欧盟能源市场，确保欧盟的能源安全与稳定，维持欧盟能源市场价格的稳定。在2022年俄乌冲突的大背景下，欧盟所宣布的对俄罗斯的制裁并未使双方在能源领域脱钩，相关措施也仍未直接制裁俄罗斯液化天然气。此外，欧盟国家内部对俄能源制裁的反噬效应逐步显现，能源价格飞涨且供应短缺，欧盟面临着日益严峻的民生问题与能源危机。因此，为保障欧盟能源供应，即使双方的能源博弈长期存在，欧盟需维持与俄罗斯的能源合作，欧盟内部对于触及能源领域的制裁方案始终存在较大分歧。

俄欧双方在经贸领域开展了一系列的务实合作。2021年欧盟占俄罗斯总贸易额的35.9%，虽然受局势影响有较明显的波动，但是其合作总趋势始终逐渐上升。再者，俄欧双方在贸易结构上具有不平衡性和互补性，欧盟自俄罗斯进口额约为1585亿欧元，主要是化石燃料、钢铁、木材等大宗商品；欧盟对俄罗斯出口额约为990亿欧元，以机械设备、汽车、电子产品等为主。[②] 即使俄欧双方处于制裁与反制裁的斗争中，2022年的贸易额仍达2587亿欧元，同比增长2.3%。[③] 这表明俄欧经贸合作潜力巨大，欧盟在俄罗斯市场具有巨大的经济利益。此外，从欧盟自身的市场状况来看，商品和服务已经饱和，需要扩大海外市场来打破贸易发展的瓶颈，进一步实现经济增长。

2. 推进欧盟东扩的进程，维护欧洲地区安全

欧盟东扩与俄罗斯在多边层面上的互动，影响着俄欧关系的发展。欧

[①] 张欣然：《欲减少对俄能源依赖，欧盟出台3000亿欧元投资计划》，新华网，2022年5月19日，http://www.news.cn/world/2022-05/19/c_1128663273_4.htm。

[②] "Russia-EU-Internationaltrade in Goods Statistics," European Commission, https://ec.europa.eu/eurostat/statistics-explained/SEPDF/cache/55150.pdf.

[③] 《俄常驻欧盟代理代表：2022年俄罗斯与欧盟的贸易额增长2.3%》，俄罗斯卫星通讯社，2023年3月7日，https://sputniknews.cn/20230307/1048487940.html。

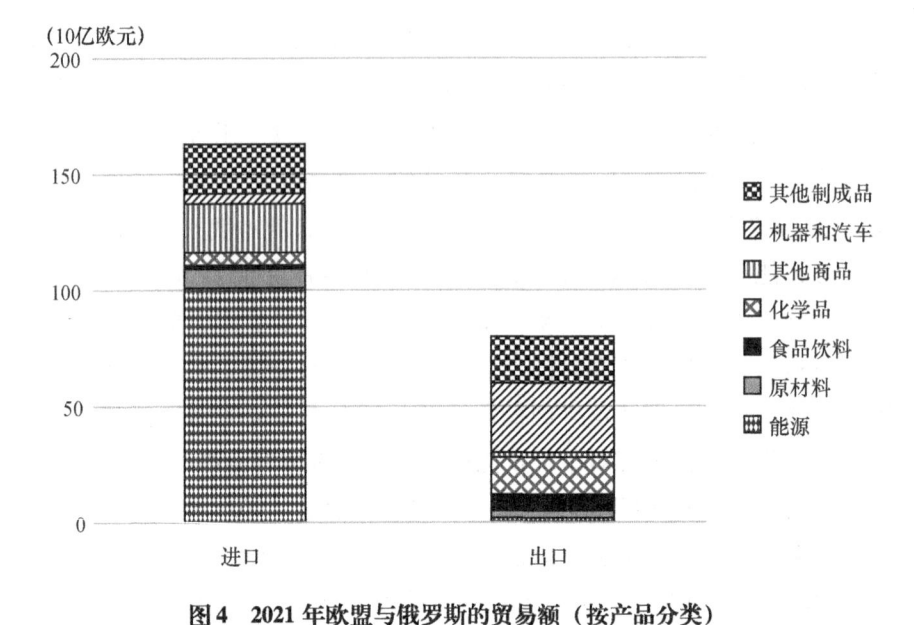

图 4　2021 年欧盟与俄罗斯的贸易额（按产品分类）

资料来源："Russia - EU - international trade in goods statistics," European Commission, https://ec.europa.eu/eurostat/statistics-explained/SEPDF/cache/55150.pdf。

盟东扩最主要是基于安全考量。从地缘政治上看，冷战后邻近欧盟的中东欧国家局势动荡，冷战后释放的非传统安全的威胁对欧盟构成了严重的安全挑战。欧盟东扩主要面向中东欧国家以及高加索六国，通过推行具有目的性和针对性的"东部伙伴关系"计划，运用欧盟成功的一体化经验，以其超国家的多边治理框架化解民族与国家间的矛盾与冲突。只要中东欧国家加入欧盟，欧盟的安全机制和模式就可以制止非传统安全问题的扩散，维护欧洲自身的安全与稳定。[①] 与此同时，欧盟控制了中东欧国家即控制了欧盟与俄罗斯之间的缓冲地带，增强了自身的安全保障与竞争优势，有利于防范来自俄罗斯的威胁，保障欧盟成员国的安全。

---

① 李兴等：《亚欧中心地带：俄美欧博弈与中国战略研究》，北京师范大学出版社 2013 年版，第 298 页。

（三）外部影响因素

1. 美国实行霸权主义，干涉俄欧关系

（1）美国多方位打压俄罗斯

冷战结束后，美国为了防止拥有强大军事实力的俄罗斯崛起，一贯推行最大限度地削弱、遏制俄罗斯，力促俄罗斯转轨的政策。[①] 在政治、军事安全领域，美国通过不断推动北约东扩的进程以逐步挤压、蚕食俄罗斯的战略空间，企图把俄罗斯削弱为一个弱小国家。俄罗斯始终在保持警惕的情况下与美交涉，在与其他国家和地区的对外政策上也有出于抵御美国打压的考虑。同时俄罗斯也意识到欧盟希望摆脱美国控制的愿望和目标。对此，为了防范来自美国的压迫和威胁，俄罗斯日益重视与西方大国开展外交，尤其是政治经济实力较强的欧盟，俄罗斯希望通过加强合作来联合遏制美国的霸权，巩固其欧洲大国地位。在经贸领域，美国通过在俄乌冲突中拉拢欧盟，要求其紧跟对俄制裁，肆意挑拨俄欧关系。俄罗斯为了维护其国家利益和抵御以美国为首的一系列制裁，2022年3月7日，俄罗斯政府批准了不友好国家和地区名单，包括了27个欧盟成员国及其他国家和地区。由此可见，俄欧关系的全面恶化深受美国影响，这也是俄罗斯应对美国打压手段被迫采取的反制措施。

（2）美国拉拢欧洲盟友，控制欧盟的对俄政策

冷战结束后，面对深刻变化的外部环境和内部危机，欧盟开始谋求自身的战略利益，力求发展独立的防务体系，致力于一体化的深化发展，实现"战略自主"的目标。由此可见，欧盟在政治经济以及安全保护方面对美国的依赖程度有所下降。对于美国而言，近几年来其战略重心逐渐转移到亚太地区且更加专注于国内事务。然而，控制欧盟以稳定中东欧国家和遏制俄罗斯仍是实现美国称霸世界的全球战略的重要一环，乌克兰危机和俄乌冲突的爆发，为美欧同盟关系的强化提供了新的机遇。欧盟无力独自

[①] 王双双：《乌克兰危机以来俄罗斯与欧盟关系研究》，辽宁大学2017年硕士学位论文。

应对来自俄罗斯的地缘政治威胁，不得不依赖北约的安全保护，由此进一步加强了对美国的战略依赖。因此，欧盟追随美国的立场而制裁俄罗斯。2022年俄乌冲突爆发后，欧美联合制裁俄罗斯，即使欧盟内部分歧较大，在美国不断施压的情况下，欧盟对俄制裁的领域不断拓宽，程度逐步加深，已经触及关键的能源领域。

2. 乌克兰危机破坏俄欧互信，加剧地缘政治的争夺

乌克兰作为俄欧之间的重要的缓冲地带，对俄欧的地缘安全战略具有至关重要的意义。2014年爆发的乌克兰危机直接改变了欧洲的地缘政治版图，因而欧盟感受到了来自俄罗斯的地缘政治威胁。欧盟希望把乌克兰纳入于2009年成立的"东部伙伴关系"计划，扩充自己的地缘空间；同时俄罗斯也企图将乌克兰纳入其于2015年倡导建立的欧亚经济联盟，加剧了俄欧之间的地缘政治竞争。此外，由于受冷战思维的影响以及明斯克协议的未能全面执行，欧盟担心俄罗斯日益复苏的综合国力会复燃其对外侵略扩张的野心，以至于破坏欧洲安全格局的稳定。俄欧基于乌克兰的不同利益诉求蕴含着冲突与制裁博弈，双方的不信任程度急剧上升，为保护自身的安全利益，双方的地缘政治争夺愈演愈烈，导致俄欧关系持续恶化。

3. 国际体系深刻变化，俄欧力求维持国际影响力

冷战结束后，国际体系发生了深刻的变革，从雅尔塔体系的两极格局转化为一超多强的世界格局。随着新兴经济体的日益崛起，以及不可逆转的全球化趋势，国际体系日益呈现出多极化的趋势。在权力分配格局的演变中，俄欧力求维护自身在世界格局中的国际影响力。作为美国的盟友，欧盟面临着选边站队的抉择。由于欧盟依赖北约和美国的支持，其"战略自主"的实现仍任重道远，欧盟在政治、经济、安全等领域被美国"捆绑"，在共同目标上既与俄罗斯合作，又基于各自的利益分歧而对峙。再者，由于在新的国际秩序重构的过程中，俄欧安全和经济目标不同，双方的误解和分歧加深。因此，俄欧处于合作与分歧并存的状态将会长期延续在双方的互动过程中。

四、俄欧关系未来的发展前景与展望

冷战后三十多年来，俄欧关系不断升温，以合作与角逐为常态，呈现出向前曲折发展的态势。但以2014年爆发的乌克兰危机为分界线，双方裂痕不断加深，直至2022年俄乌冲突爆发，加之美国的蓄意干涉，双方关系进而走向全面恶化。根据目前的形势来看，俄欧关系"重启"还需时日。

（一）短期：持续恶化，制裁与反制裁趋向常态化

从欧盟诞生到2023年俄欧的互动成果来看，俄乌冲突是俄欧关系"降至冰点"的标志。俄欧持续发动制裁与反制裁，逐步加深双方关系的裂痕。经济上，2022年3月俄罗斯执行"卢布结算令"并对欧洲国家"断气"，又将31家欧美能源企业的法人都加入制裁的实体名单；在2023年2月25日的欧盟峰会上，欧盟各国正式通过第十轮对俄制裁。政治上，在2022年4月双方开启外交官"驱逐大战"。双方以往所达成的合作协议以及峰会制度已被搁置。受美国的影响，欧盟对俄罗斯的全方位制裁被迫层层加码，俄罗斯也以强硬的态度进行反击。然而，制裁与反制裁的博弈并不意味着俄欧关系的完全僵化，也不代表俄欧之间经济活动的完全停止，制裁博弈不会从根本上摧毁俄欧之间的经济联系与合作。[①] 根据近年来俄欧关系发展的规律，又由于双方的利益诉求和价值观念存在差异，从短期来看，未来一段时间俄乌关系的发展都会受到乌克兰危机的持续影响，俄乌冲突的后续发展与解决方案直接影响着短期内俄罗斯与欧盟关系的定位。俄欧关系将在短期内持续恶化，制裁与反制裁呈现出常态化趋势。

---

① 刘军、童珊：《明斯克协议与俄欧关系新发展》，《当代世界与社会主义》2020版第6期。

(二) 长期：具有不稳定性，制裁与合作长期并存

回顾冷战后三十多年的发展，俄欧关系合作与角逐并存决定了双方关系在波动中前进的发展态势。长期以来俄欧在国家利益诉求和价值观念以及文化传统上的冲突深刻体现在双方的空间安全政策和政治、经济战略之中，导致俄欧在各领域的立场不同，双方的根本性矛盾难以消除，双方的分歧也会长期存在，制约着双方关系的长足发展。

然而，基于邻近的地理位置和现实的政治经济需求，双方在经贸和能源领域的战略地位举足轻重。尽管博弈不断升级，但始终留有余地，例如，在当前的制裁与反制裁中，双方依然延续能源合作，并未完全形成对抗模式。

再者，在特朗普执政时期，美欧同盟受到冲击，欧盟基于现实维持良好的俄欧关系；而拜登上台后，重视美欧关系的修复，欧盟对俄罗斯的需求因此下降，以及2022年爆发的俄乌冲突强化了北约内部的凝聚力，再次出现美欧联合遏制俄罗斯的状况。

由此可见，长期来看，俄欧的裂痕难以迅速修复但也无法完全破裂，这是由双方的地缘政治和安全战略考量所决定的。三十多年来，双方的关系具有不稳定性，在未来这一状态仍会持续，制裁与反制裁以及合作将会长期并存，成为双方互动的基本内容。

结　语

三十多年来，俄罗斯与欧盟打破了意识形态的束缚，根据国际形势的变化重新审视了双方的关系，不断调整双方的关系定位。俄欧在政治和经济、能源、科技等领域的合作取得了相当可观的成就，然而矛盾与分歧同时也深嵌其中，并在不稳定的合作进程中发展了双方关系，建立了战略合作伙伴关系的定位。回顾俄欧历史，由于世界处于无政府状态，俄欧始终

面临着安全困境,地缘政治的争夺决定着俄欧关系发展的走向,这一点是不容置疑的。当前的俄乌冲突是激化俄欧矛盾的重要事件,同时地缘政治上的冲突映射到了政治、经济、文化等多个领域,深刻影响着俄欧关系的发展,凸显出俄欧关系在国际体系上结构性矛盾的难以调和。因此,俄欧长期处于合作与分歧并存的互动关系之中。俄欧作为推进世界多极化的重要两极,是当今国际关系中两个举足轻重的国际行为体,双方关系对欧洲地区的安全与稳定以及未来国际格局的演变都具有不可忽视的作用。

因此,俄欧双方应该相互尊重,加强政治对话,通过增强双方的经贸和能源战略性合作来稳定双方的关系,从自身的利益诉求与共同利益出发,凝聚共识形成合力,共同应对外部挑战和全球问题,发挥双方在维护国际秩序方面的重要作用。

冷战后俄罗斯对美国政策的演变及前景展望

邓芷怡　赖骏晖　林尚沅[*]

【摘　要】 苏联解体后，对美国政策是俄罗斯对外政策中至关重要的方面。在骤然的变化后，俄罗斯开始了逐步的调整与完善。1991年至2022年的三十多年间，俄罗斯对美政策的演变历程可大致分为四个阶段：1991年年底至1993年的"一边倒"时期、1993年至2000年的"适当抗争"时期、2000年至2003年的"相互调整"时期和2003年至2022年的"博弈"时期。虽然几经变化，但俄罗斯的对美政策本质上是围绕着"如何在俄美关系中实现或维护自身利益"这一核心问题的解决而进行制定与调整的。其背后的国家利益诉求是其对美政策阶段性演变的首要促成因素。同时，基于综合国力等现实条件以及俄罗斯对美国认知与态度的战略判断的基本现实与新变化，俄罗斯的对美政策在演变历程中呈现出反复性、对抗性和被动性的特点。这些特点仍会在俄罗斯对美政策的未来发展中占据主要位置，具体表现为短期内的强硬化和长期后的回归合作与反复变化。而无论是对俄美关系还是世界格局，俄罗斯对美政策的发展变化都有着重要影响力，这就对俄美双方都有着极高的战略要求。

---

[*] 邓芷怡，广东外语外贸大学国际关系学院外交学专业2021级本科生；赖骏晖，广东外语外贸大学国际关系学院国际政治专业2021级本科生；林尚沅，广东外语外贸大学国际关系学院外交学专业2021级硕士研究生。

【关键词】 俄罗斯 美国 对外政策 双边关系 俄美关系

冷战时期，作为国际体系中的两大极，美苏之间的政策互动关系着整个国际社会；冷战结束以来，俄美关系的发展几经波折，俄美之间的政策互动亦几经变化。虽然两极格局已然瓦解，但由于两国庞大的体量和冷战的特殊历史渊源，俄美之间的政策互动仍对国际体系有着巨大的辐射力，能对世界的和平与发展产生极大的影响。因此，从俄罗斯的角度出发，探讨冷战后俄罗斯对美国政策的演变，并对俄罗斯对美政策的前景及影响作出分析，能够从局部更深入地反映俄美政策互动的整体发展情况，对当代国际关系发展和国际体系格局演变都具有重要意义。

一、冷战后俄罗斯对美政策的演变历程

（一）"一边倒"政策（1991年年底至1993年）

1991年底，冷战以苏联解体落下帷幕，苏联最主要的继承者俄罗斯迎来全方位的剧变。面对国家经济、政治等各个领域都亟待改革的现状，为了获得更多的国际支持和良好的国际环境以加快国家转型，俄罗斯采用了"一边倒"的对美政策以拉拢美国的支持并借此融入西方。1993年4月，俄罗斯政府批准了"一边倒"政策的理论基础《俄罗斯联邦外交政策构想》。①

"一边倒"的对美政策具体表现为：试图在政治领域与美国建立伙伴或同盟关系，在经济领域寻求与美国合作和试图加入西方军事领域的安全体系。

在政治领域，俄罗斯试图与美国建立伙伴或同盟关系。以美西方国家

---

① 赵鑫：《苏联解体后俄美关系的演变与思考》，《湖北函授大学学报》2008年第3期。

为外交重点，俄罗斯在进行了内部改制以适应外交转变的同时进行了一系列的外交转型活动：通过民主化转型减少自身与资本主义国家之间的政治隔阂以融入西方资本主义社会；俄罗斯总统叶利钦于1992年前往白宫与美国总统克林顿进行见面以拉近与资本主义国家领头羊美国的外交关系。俄罗斯这一时期对美国的政治外交政策可概括为围绕着"成为美国伙伴或同盟"这一目标展开的，有学者还就此将这一时期形容为俄美关系的"蜜月期"。[①]

在经济领域，俄罗斯也寻求与美国合作。为了解决苏联遗留下来的经济结构问题，摆脱苏联的经济体制束缚，也为了与西方资本主义市场接轨，从而更多地获得美国的经济援助，俄罗斯采取了激进的经济改革——照搬西方的"休克"疗法，实行大规模生产资料私有化、全面放开价格管制、对外贸易自由化、利率自由化，推行经济市场化，企图一步到位地将高度集中的计划经济转变为高度自由的市场经济。[②] 同时，俄罗斯对美国抱有单方面的幻想，积极寻求美国的经济援助，企图通过美国的帮助实现自身内部的经济改革。这一时期俄罗斯对美国的经济外交政策可概括为向以美国为首的西方的经济体制靠拢并寻求与美国的经济合作，以推动自身内部的经济体制改革。由此也可看出这一时期俄罗斯对美国抱有借助美国这一外部力量的帮助解决内部的发展问题的幻想。

在军事安全方面，俄罗斯试图加入西方军事领域的安全体系。从国内军事国防到国际集体安全，俄罗斯都表现出了积极的合作态度。为了能够融入西方资本主义政治经济体系、与以美国为首的西方结成同盟，俄罗斯这一时期的外交目标之一就是全面加入西方国际安全体系。对于北约，不仅曾与其展开积极合作，还对其东扩问题表示理解。[③] 同时，俄罗斯大量裁减军人和军备力量。尤其在核力量方面，俄罗斯总统叶利钦于1992年6月与美国总统老布什签订了《削减战略武器条约》，在核裁军方

---

① 傅亚东：《冷战后俄美关系的演变及趋势》，西南政法大学2009年硕士学位论文。
② 陈生洛：《冷战后的俄罗斯经济》，《中国青年政治学院学报》1999年第4期。
③ 夏春晖：《试析俄罗斯应对北约东扩的战略选择》，吉林大学2006年硕士学位论文。

面与美国进行协调。①

(二)"适当抗争"政策（1993年至2000年）

除去国家体制亟待改革的现状问题，"一边倒"政策的实施很大程度上也受到俄罗斯"融入西方"的梦想和与美国友好成伴或结盟的幻想的影响。② 但随着时间的推移，美国的经济援助多为空头支票，"休克"疗法使国家经济休克，俄罗斯国内人民追求大国复兴的民族情绪不断高涨等一系列问题和矛盾的爆发，使得俄罗斯恢复大国地位的"梦想"和融入西方世界的"幻想"最终破灭。③ 现状的恶化与"梦想"和"幻想"的破灭促使俄罗斯放弃了"一边倒"的对美政策。美国对俄罗斯敷衍、遏制打压态度的暴露让俄罗斯意识到一味亲近美国并不能给俄罗斯的发展带来多大的有利条件，反而会纵容美国对俄罗斯的控制打压。所以，为了在均衡东西方外交的同时又能对美国带来的威胁有所预防与应对，俄罗斯从1993年开始对其对外战略和对外政策进行全面调整，在全方位的"双头鹰"外交政策下对美国采取"适当抗争"政策。④

"适当抗争"的对美政策具体表现为：转向全方位独立自主的外交战略，弱化亲美倾向的同时重建军事威慑应对美国的威胁。

受现实情况的影响，俄罗斯转向了全方位独立自主的外交战略，以弱化亲美倾向。1992年7月，叶利钦就已在关于外交问题的讲话中提出"东西方都是'俄罗斯的外交重点'"。此后经过不断的实践完善，这一声明最终形成了俄罗斯的"双头鹰"外交战略。而这一外交战略表面上是与各大国保持距离，兼顾东西方外交发展，实际上是俄罗斯弱化亲美倾向，决定

---

① 杨春娟：《论析冷战后俄美关系的特点及影响因素》，河北师范大学2002年硕士学位论文。
② 黄登学：《从退让到抗争——试析俄罗斯对美国外交政策的新变化》，《国际政治研究》2008年第2期。
③ 黄登学：《从退让到抗争——试析俄罗斯对美国外交政策的新变化》，《国际政治研究》2008年第2期。
④ 张静：《普京时代对美外交政策的演变分析》，上海国际问题研究所2009年硕士学位论文。

与美国拉开距离，通过多方位外交关系和多边外交机制来制衡美国和西方带来的压力，推动外交战略独立自主化。俄美之间的矛盾初现端倪。1994年2月，叶利钦在"国情咨文"中明确提出了国家利益至上原则，反对对美国的盲目追随，要逐步与美国拉开距离。1995年2月，叶利钦又表示俄罗斯最优先的外交目标是加强独联体政治和军事的一体化，与美国等西方大国建立"平等的伙伴关系"。随着北约的不断东扩和美国核安全及地区安全领域单边主义政策的实施，俄罗斯开始将重新确立大国地位作为外交政策的核心，企图通过推进世界多极化以抑制美国霸权的推进。俄罗斯不仅提出了"俄罗斯希望冷战后的世界是一个力量均衡的世界"，还公开向美国表明反对北约东扩的立场，将国家安全和大国地位置于美俄合作之上的地位，提出加强欧洲安全与合作会议在安全与合作方面的职能以牵制北约东扩进程并寻求对等安全的核政策。1998年12月，叶利钦还针对美国不顾俄罗斯意见对伊拉克发动空袭一事进行了公开谴责。① 这一时期俄罗斯对美的政治政策放弃了盲目亲近而走向独立自主，对于美国带来的威胁的抗争愈发显现。

重建军事威慑应对美国的威胁，尤其是来自北约的威胁。北约的不断东扩进一步挤压了俄罗斯的传统战略安全空间，对于这一威胁，出于处在过渡的困难时期只能进行适当抗争的考量，俄罗斯只是采取了相应的应对措施。其中之一便是调整军事战略，将以美国为首的北约作为自身的主要战略敌人，重建军事威慑应对美国的威胁。1996年6月，俄罗斯正式提出"现实遏制"战略。该战略将以美国为首的北约视为主要战略敌人，但其战略目标不是打赢与北约之间的战争，而是以核遏制作为主要遏制手段对其进行威慑，以避免、防止与北约发生战争。② 只采取相应的军事战略进行威慑而非对美国的威胁作出直接军事反击，是俄罗斯对美国"适当抗争"的突出表现。

---

① 赵鑫：《苏联解体后俄美关系的演变与思考》，《湖北函授大学学报》2008年第3期。
② 王晓军：《冷战后俄罗斯军事战略研究》，吉林大学2011年博士学位论文。

(三)"相互调整"政策（2000年至2003年）

2000年，普京上台并批准《俄罗斯联邦外交政策构想》，强调建立多极世界、反对某些国家坚持单极世界的战略意图。实际上该文件体现了俄罗斯外交政策服务于国家利益的务实理念，反映了俄罗斯对于融入西方、改善与美国和西方的外交关系，从而为国内经济发展打造良好的外部环境的现实需要。该文件表达了俄罗斯想要修补俄美关系的立场和意图。这一时期俄罗斯的对外政策贯彻"国内目标高于国外目标"和"经济效益、国家利益至上"的务实理念，表现出其想要融入欧洲、融入西方的倾向。[1] 基于此，俄罗斯的对美政策是希望通过政策调整以适当配合美国的诉求，同时表达自身诉求以期获得美国一方相对应的调整配合，是一种类似杠杆般一方改变以撬动另一方改变、以配合换配合的互动性政策，即"相互调整"政策。

"相互调整"的对美政策具体表现为：主动改善俄美政治外交关系，推动俄美关系正常化；军事战略的灵活化。

主动改善俄美政治外交关系，推动俄美关系正常化。普京上台初期，采取了更为积极、灵活、务实的外交政策。立足于俄罗斯相对落后的发展现状与国际地位和对以往俄罗斯对美政策的重新思考，普京的战略判断倾向于想要恢复俄罗斯的大国地位就需要以美国为首的西方的支持并加入西方世界。为此，这一时期的俄罗斯几乎在所有问题上都力图避免与美国产生冲突，甚至是不断作出让步以在改善俄美关系的基础上寻求机会推动俄美关系的正常化。[2] 而"9·11"事件的发生促使美国转变了整体外交战略，强调将加强与其他国家的合作、组建国际反恐联盟以共同应对国际恐怖主义。虽然美国并没有在实际上改变其单边主义政策，但确实为俄罗斯改善与美国的关系提供了契机。"9·11"事件发生后，普京是第一位对美国总统小布什进行电话慰问的国家元首，在随后发表的讲话和与小布什的

---

[1] 赵淑芳：《普京执政以来的俄美关系》，中共中央党校（国家行政学院）2005年博士学位论文。

[2] 傅亚东：《冷战后俄美关系的演变及趋势》，西南政法大学2009年硕士学位论文。

对话中，普京对恐怖分子进行了谴责，还表达了愿意为美国的反恐怖活动提供任何帮助的意愿，并且呼吁国际社会采取联合行动以共同对付恐怖袭击事件。2001年9月24日，普京发表电视讲话，详细阐述了俄罗斯计划对阿富汗进行反恐怖行动的"五点声明"。同年11月，普京访美期间，两国元首共同签署了约定建立能够"保障俄美及国际形势安全"的新战略框架的共同声明。随后两国领导人又发布了俄美将建立反恐合作伙伴关系的联合声明。此外，俄罗斯还对美在阿富汗的军事行动表示支持并在国内及独联体内与美军进行了密切配合。

俄美的国际反恐合作也让俄罗斯从中取得了不少来自美国的回报。俄罗斯在车臣的军事行动被美国视作"反恐战争的一部分"；小布什在2002年的八国峰会上称普京为"在反恐战争中的强有力盟友"并向俄罗斯许诺十年内将资助俄罗斯200亿美元；2002年5月28日，北约19国和俄罗斯领导人在罗马签署了关于建立北约-俄罗斯理事会的《罗马宣言》，宣布建立北约-俄罗斯理事会，将原先俄罗斯与北约建立的"19+1机制"正式改为"20机制"。对美反恐行动的积极配合，使得俄罗斯对于改善俄美关系的想法得以实现，俄罗斯也从美国的回报中获得了不少的外交效益。①

除了确立"20机制"，2002年11月，北约布拉格首脑会议确定了第二轮东扩名单，其中包括波罗的海三国，将俄罗斯与北约的军事分界线推进到俄罗斯和独联体西部边境。而与叶利钦对北约第一次东扩的反应全然不同的是，普京政府对于此次北约东扩的态度和批评称得上是温和的。②这一方面是俄罗斯与美国主导的北约取得突破性合作成果的体现，另一方面又是俄罗斯在地缘方面作出让步的体现。除此之外，俄罗斯在地缘方面作出让步的体现还有不少具体事件，这也反映出俄罗斯主动改善俄美关系的"相互调整"的对美政策：对于中亚国家向美国提供军事基地一事，俄罗斯不仅没有表示反对，还于2001年10月宣布，关闭设在古巴洛尔斯德的无线电监测站和越南金兰湾的海军基地。而俄罗斯报纸称，选择在这时

---

① 张静：《普京时代对美外交政策的演变分析》，上海国际问题研究所2009年硕士学位论文。

② 李玫芳：《论普京执政时期俄美关系的新调整》，河北师范大学2009年硕士学位论文。

宣布这个信息，是要"说明俄罗斯准备同美国建立完全新型的关系"。①

出于拉近与美关系的现实需要和应对美国军事威胁的现实考量，俄罗斯对美"相互调整"政策在军事领域具有灵活化的特点，主要体现在核安全领域与美国的深化合作。具体表现为在削减进攻性战略武器和导弹防御等一系列争议问题中对美退出《限制反弹道导弹系统条约》一事上作出了原则性妥协。对于美国坚持研发导弹防御系统一事，俄罗斯在削减进攻性战略武器和导弹防御等一系列争议问题中的态度有所松动以暗示妥协。2001年12月美国宣布退出《限制反弹道导弹系统条约》时，俄罗斯对此事采取了较为冷静的温和态度，俄罗斯政府不仅只字未提此前关于《第二阶段削减进攻性战略武器条约》的批准与《限制反弹道导弹系统条约》的存废挂钩的立场，普京当晚还发表讲话说称，美国退出《限制反弹道导弹系统条约》是个错误，但美国政府的决定不会对俄罗斯的安全造成威胁。2002年5月签署《削减进攻性战略力量条约》时，俄罗斯同意对销毁、核查原则进行根本性的修改，为美国重新整合战略核力量扫清了障碍。而正如俄罗斯对"相对调整"政策的预期，美国政府也对此作出了积极的回应：在2003年度财政预算案中，小布什提出近10亿美元资金用于支持俄罗斯核武器安全存储和销毁的"纳恩－卢加尔计划"，远远超出此前年均约3亿美元的拨款额；在2002年6月的八国集团峰会上，美国和欧盟许诺在10年内向俄罗斯提供200亿美元的援助。②

（四）"博弈"政策（2003年至2022年）

虽然"9·11"事件的发生和美国对于国际反恐怖主义行动的大力推行使得俄罗斯得以抓住机会修补俄美关系，俄美关系也确实由此迎来了又一次的"蜜月期"。但除相对落后和受制于美国的现状外，这种通过改善俄美关系以维护和实现自身利益的理想追求也多出于普京执政初期尚未认清美国真实面目的乐观判断。美国始终没有放弃其对俄罗斯的遏制和打压

---

① 赵淑芳：《普京执政以来的俄美关系》，中共中央党校（国家行政学院）2005年博士学位论文。
② 李玫芳：《论普京执政时期俄美关系的新调整》，河北师范大学2009年硕士学位论文。

政策，俄美之间的矛盾一直存在且愈加明显和激烈化。随着美国在对俄罗斯的地缘挤压以及在地区争夺方面的步步紧逼，加之由于双方的妥协合作并没有真正解决的新旧矛盾，俄美之间的斗争趋势愈发明显。两国之间争端不断，俄罗斯对美国的"应激性"抗争也越来越频繁与激烈，最终俄美矛盾公开化，俄美关系再度恶化。2003年伊拉克战争的爆发使得俄罗斯彻底认清美国"假反恐之名、行谋霸之实"的战略图谋，普京政府由此彻底放弃对美国的乐观认识，俄罗斯对美政策愈发强硬[1]，逐步演变为反对美国称霸世界，与之展开大国博弈并重建自身大国地位的"博弈"政策。

"博弈"时期的对美政策具体表现为：将美国视作战略竞争对手，反对美国的世界霸权；在美国的长期性制裁下建立反制裁的经济体系。

将美国视作战略竞争对手，反对美国的世界霸权——俄罗斯对美国的"博弈"政策在伊拉克战争、2007年普京在慕尼黑安全会议的演讲和北约东扩与独联体"颜色革命"中得到突出体现。伊拉克战争直接影响了俄罗斯对美政策的转变，此后俄罗斯对美采取了一系列的反制举措：对于美国不顾俄罗斯联合各国努力促使联合国未对其授权而发动伊拉克战争一事，俄罗斯进行了强烈谴责，表达出坚决反对的态度；在军事上，俄罗斯采取了前所未有的强硬措施，进行了高强度的针对美国的核演习和核力量建设；针对以2003年格鲁吉亚"玫瑰革命"为始的独联体国家一系列的"颜色革命"，俄罗斯与美国在独联体地区展开了激烈的政治角力。2006年美国支持格鲁吉亚与俄罗斯叫板，俄罗斯在与格鲁吉亚的冲突中给予格鲁吉亚强大压力，态度强硬，西方国家最后并没有特别支持格鲁吉亚；对于北约东扩，俄罗斯明确了自身的反对立场。2008年8月，俄罗斯与格鲁吉亚因南奥塞梯问题而发生武装冲突，俄罗斯给格鲁吉亚军队以重创。美欧虽然强烈指责，但只限于外交姿态，并没有多少实际行动，而且延缓了吸收格鲁吉亚加入北约的进程；[2] 俄罗斯加强了与受美国制裁国家的合作关系。[3] 2007年2月10日普京在慕尼黑安全会议上发表的演讲在现如今被公

---

[1] 李玫芳：《论普京执政时期俄美关系的新调整》，河北师范大学2009年硕士学位论文。
[2] 李兴：《试析"颜色革命"与俄美关系》，《中共贵州省委党校学报》2013年第2期。
[3] 王林林：《美国对俄罗斯的经济制裁研究（2014—2019年）》，湖南师范大学2020年硕士学位论文。

认为是普京对西方"放弃幻想，准备战斗"的一篇檄文，发言中涉及北约和单极世界的扩张、裁军、伊核、欧洲能源安全等一系列在美国主导下的西方问题。普京在演讲中严厉批评了美国的外交政策及其单极世界秩序的想法，强烈反对北约东扩以及在东欧部署美国反导系统的计划，他直言并发问："我认为，北约扩大进程显然与该组织自身的现代化以及保障欧洲安全没有任何关系。相反，这是降低互信水平的严重挑衅行为。我们也有权公开质问，这种扩大针对谁？华沙条约组织解散后，西方伙伴们作出的保证呢？这些声明如今何在？甚至已经没人会记得它们了。"而到了2022年2月10日普京在慕尼黑安全会议上发表演讲15周年的日子，俄罗斯总统新闻秘书佩斯科夫再次重申了该演讲的正确性，他说："那个时候，某些国家是有机会去理解确保单极世界是徒劳的。之所以是徒劳，不是因为会有人以某种方式对抗，而是单极化本身已经无法保证安全秩序，而且具有同样广泛且强大潜力的国家和国家集团不断涌现。但是他们没有听进去，而过去几年局势的发展已把我们带到目前身处的极度危险当中。"① 佩斯科夫指责了美国强行维持单极世界的错误，并言明了单极世界必然行不通的道理，是俄罗斯极力推进多极化以坚决反对美国建立单极世界的对美政策的体现。北约东扩和独联体"颜色革命"实际上是美国从俄罗斯"战略疆域"的外部和内部两个结构层面对俄罗斯战略安全空间的挤压，这直接引起了俄罗斯对美国的激烈反对与抗争。此后双方碰撞不断，俄罗斯对美国的反对态度愈发强硬，俄美双方在伊核问题、朝核危机等问题上的争吵愈发激烈，在中亚、外高加索地区和东欧导弹防御领域的斗争更为加剧。② 俄罗斯越来越将美国视作战略竞争对手，两国关系中的合作大幅减少、对抗性的因素却逐渐增多。

在美国的长期性制裁下建立反制裁的经济体系。2014年乌克兰危机的爆发直接促使美国开始对俄罗斯进行时至今日也未停止的长期性经济制裁，此后俄美在M17客机坠毁、英国双面间谍、"通俄门"等事件上的冲

---

① 《克官：普京总统的慕尼黑演讲西方没有听进去 这导致走向危险》，俄罗斯卫星通讯社，2022年2月12日，https://sputniknews.cn/amp/20220212/1038924551.html。

② 张静：《普京时代对美外交政策的演变分析》，上海国际问题研究所2009年硕士学位论文。

(万亿美元)

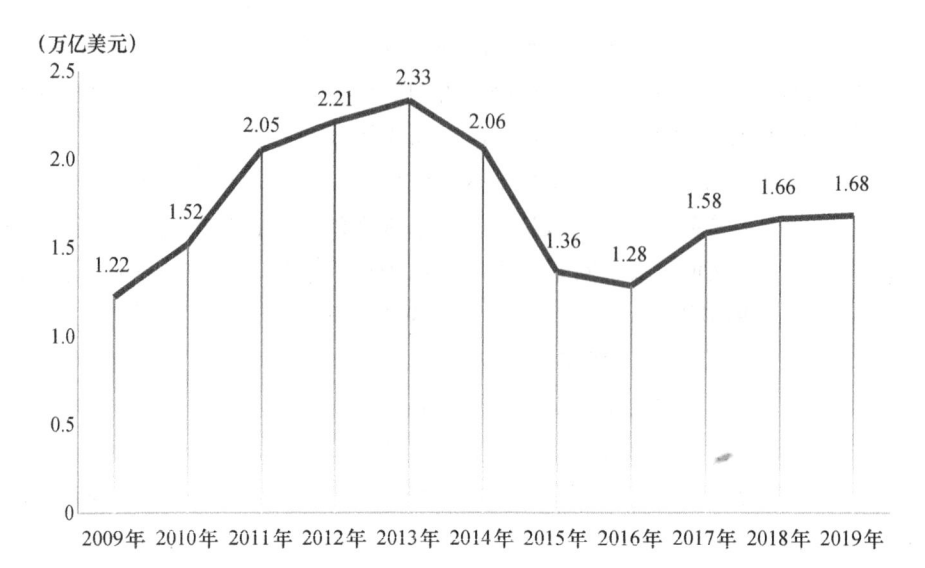

图5 2009年至2019年俄罗斯国内生产总值

资料来源：世界银行。

突促使美国不断加大对俄罗斯的经济制裁力度。① 对于美国的经济制裁，俄罗斯并没有抱有妥协的幻想，而是采取了积极的应对措施，通过加强国内治理以维持政治与社会的稳定状态。俄罗斯政府积极干预外汇市场，引入全新支付系统；向东发展外交突破美国的经济外交封锁。俄罗斯加强了与中国的经贸合作，推动中俄关系进入新阶段；推行积极务实的外交政策，改善日俄双边关系；将俄罗斯与朝韩两国经济合作提上日程；推动国际能源合作动摇美国盟友；不断推进金融货币的去美元化以减少美国对其经济的影响。俄罗斯对美国制裁的抵制，导致美国对俄制裁并未达到预期目标。2014年至2019年，美国对俄罗斯的经济制裁开始后，俄罗斯经济出现短暂下滑后便逐渐回暖。② 如图5所示，美国制裁俄罗斯初期的2014年至2016年，受到影响的俄罗斯经济有所下滑，俄罗斯GDP也呈现大幅

---

① 莫拯：《美欧对俄罗斯经济制裁效果探析》，上海外国语大学2019年硕士学位论文。
② 王林林：《美国对俄罗斯的经济制裁研究（2014—2019年）》，湖南师范大学2020年硕士学位论文。

下滑态势。但2016年俄罗斯适应了美国的制裁后，其GDP又恢复了上升的态势。2021年4月，对于美国的遏制政策，俄罗斯公布了对美制裁的反制措施并声称美国遏制政策将导致灾难性后果。[①] 2022年俄乌冲突爆发后，对于美国新一批制裁措施，俄罗斯更是采取了卢布结算、能源合作等反制措施，对美欧能源供应造成极大冲击的同时使得美欧在对俄制裁政策上出现分歧。俄罗斯对美国长期性制裁不动摇、不妥协的反抗态度，恰是俄罗斯对美国进行抗争、在谋求大国地位这一利益目标上，不让步于美国的遏制与打压并与美国展开大国博弈的"博弈"政策的体现。

二、冷战后俄罗斯对美政策的演变特点

（一）反复性

俄罗斯对美政策的反复性指的是俄罗斯对美的具体应对措施以及在整个外交政策态度上的摇摆反复，在"妥协"与"抗争"间来回转变。有不少学者提出了一个观点，即挤压俄罗斯利益和外交空间与反挤压的斗争是苏联解体以来美俄关系不变的主线。[②] 由于俄美之间实力差距的现实条件和美国对俄不动摇的遏制和打压态度，以及俄罗斯对于自身战略安全和国家利益的坚守，无论俄罗斯对美国持有支持还是反对、亲近还是疏远等的不同的外交政策态度，俄罗斯在同一时期内对美的具体外交反应总是在某一事件上能够进行妥协，却又会在另一事件上坚决抗争。例如，叶利钦时期俄罗斯能在削减军事力量一事上对美进行妥协，却对北约的第一次东扩表示出反对的"抗争"态度。此外，对于同一事件，俄罗斯对美国的态度也会出现前后变化，例如，普京执政初期俄罗斯在削减进攻性战略武器和导弹防御等一系列争议问题中对美态度由强硬到松动的转变等。

---

① 《俄罗斯公布对美制裁反制措施，俄罗斯称美国遏制政策将导致灾难性后果》，央视网，2021年04月17日，http://tv.cctv.com/2021/04/17/VIDEMAMxoyueyyqsFbyyY0nG210417.shtml。
② 傅亚东：《冷战后俄美关系的演变及趋势》，西南政法大学2009年硕士学位论文。

俄罗斯对美的整体政策在不同时期的变化呈现了"妥协—抗争—再妥协—再抗争"的反复性。由"一边倒"政策到"适当抗争"政策，再到"相互调整"政策，最后到现今的"博弈"政策，一一对应了俄罗斯由一开始出于对美国抱有幻想和对融入西方的梦想而对美国的多方面妥协，到对美幻想破灭及现状恶化与梦想产生矛盾后对美进行一定的抗争，再到普京上台初期仍对美国持乐观认知并出于务实的外交理念作出一系列妥协，最后到普京彻底抛开对美幻想并公开与之展开彻底抗争的演变过程。这反映出俄罗斯对于国家利益同美国之间的国家力量差距的不断权衡在对美政策上于"妥协"与"抗争"之间摇摆反复的现实体现。

（二）对抗性

尽管俄罗斯的对美政策在演变过程中几经反复和变化，但从总体上看，俄罗斯对美政策中的对抗性因素逐渐显露并增多。其中，合作因素越发受阻，整体呈现出对抗性加强的趋势。具体来说，美国对俄罗斯的政策始终都是以遏制与打压为主，区别只在于美国初期还会用一定的合作或回报来安抚俄罗斯以及掩饰其挤压俄罗斯发展和安全空间的真实目的，到后来俄美关系彻底恶化后这类合作也随之减少了。而对于美国始终不动摇的遏制与打压政策，俄罗斯逐步经历了抱有幻想、认识动摇、幻想破灭、不得不抗争以及极端挤压下进行激烈抗争的几个变化阶段，俄罗斯的对美对抗意识和意愿愈发强烈。随着俄罗斯自身反制措施的推进和多极化趋势的发展，俄罗斯对美的对抗力量和底气也不断增强。

（三）被动性

受制于两国国家实力与国际影响力和行动力有着明显差距的现实条件，俄罗斯在与美国的双边关系中长期处于被动的一方，其对美政策的抉择与转变很大程度上都是被动地受到美国对其的政策影响。叶利钦时期的"一边倒"政策就直接呈现出以美国为中心、跟着美国走的特点；普京执政时期的"适当抗争"政策和"博弈"政策中俄罗斯对美国进行抗争的表现更多是在美国的举措触及其自身的关键利益之后作出的"应激性"反抗，俄罗斯本身很少甚至是并没有主动挑起两国间冲突的意愿；俄罗斯在主动改善俄美关系的"相互调整"的对美政策时期，虽然采取了主动积极的姿态，但实际上该政策能否找到时机从而得到最终落实也是在美国一方先做出了对外政策调整、发出国际合作信号并对俄罗斯的政策支持有所需要后才得以实现的。此外，在俄罗斯对于美国的一系列反制措施中，无论是其被动地提出动机，还是实际政策对美反制效果的局限，都反映出俄罗斯对美政策的被动性。

三、冷战后俄罗斯对美政策演变的促成因素

（一）俄罗斯的利益诉求

俄罗斯对美政策的形成，从根本上来说是由其自身国家利益诉求决定的。实际上自冷战结束以来，俄罗斯的根本利益诉求有着变化不大的延续性，其对美政策之所以反复变化，很大程度上受到了其对美政策对自身利益追求的战略判断不断变化的影响，但根源上还是围绕国家利益诉求进行抉择。深受俄罗斯民族传统安全观念和大国心态的影响，俄罗斯的利益诉求可大致分为三个方面：谋求国家地缘安全，实现国家利益、重塑大国地位及反对美国的世界霸权，推动国际秩序转型。[①]

俄罗斯对美政策的演变主要受到俄罗斯对于利益实现观念变化的影响。叶利钦担任总统初期，俄罗斯抱有借助美国的力量和效仿美国的方法便能实现利益的幻想而采取了"一边倒"的对美政策；而后逐渐意识到美国对其自身利益诉求的威胁后，便采取了"适当抗争"的政策；到普京执政初期，受务实的外交理念和"需要通过美国实现自身利益诉求"的认知

---

① 赵淑芳：《普京执政以来的俄美关系》，中共中央党校（国家行政学院）2005年博士学位论文。

的影响，普京政府采取了"相互调整"的对美政策；随着北约步步紧逼的东扩进程及美国对独联体"颜色革命"的策动和在中东地区的利益扩张的不断演进，俄罗斯最终清晰地认识到美国对于俄罗斯的利益诉求会保持遏制和打压的态度，让美国主动停止对俄罗斯利益有所损害的政策及措施的可能性微乎其微。缺乏主动权的俄罗斯只能进行抗争以维护自身利益诉求，于是，俄罗斯采取了"博弈"的对美政策。

（二）美国的利益诉求

由于俄罗斯对美政策的被动性，美国的利益诉求特别是在对俄罗斯的利益诉求能够直接影响俄罗斯的对美政策。美国对外政策的根本目的是维护自身的世界霸权地位。尽管冷战已经结束，俄罗斯也多次释放了友好信号，深受"过分强调国家间意识形态或价值观念的对立""过分强调国家的政治与军事安全"的"冷战思维"的影响，美国仍始终将俄罗斯视作"假想敌"并以此作为其维持军事霸权的工具——北约合理存在的重要依据，将俄罗斯看作自身维持世界霸权的威胁，对俄罗斯采取一贯不动摇的遏制和打压政策，遏制俄罗斯的发展，企图控制俄罗斯以防止俄罗斯壮大成为其对手。[1] 美国长期以来的遏制和打压政策很大程度上促使俄罗斯不得不对美国采取愈发强硬的对抗性政策。谋求霸权主义的美国利益诉求与谋求地缘安全、重塑大国地位的俄罗斯利益诉求有着难以调和的矛盾，最终导致了俄美两国在地缘政治与军事安全上的冲突，同时在利益实现的途径上，俄罗斯与美国又存在着分别主张"主权民主"和"自由民主"的意识形态矛盾。地缘政治、军事安全和意识形态三方面的矛盾共同构成了俄美关系的结构性矛盾，使得俄罗斯对美政策更加着眼于与美国的矛盾抗争中。[2]

---

[1] 杨春娟：《论析冷战后俄美关系的特点及影响因素》，河北师范大学 2002 年硕士学位论文。
[2] 何佳树：《普京第三任期俄罗斯对美国外交政策研究（2012—2018 年）》，黑龙江大学 2018 年硕士学位论文。

（三）外部因素

1. 北约东扩

北约东扩是美国对俄罗斯进行战略安全空间挤压的重要手段。北约一次又一次的东扩极大地压缩了俄罗斯的战略缓冲地带，可以说是不断挑动俄罗斯神经的政治、军事压力。为保障北约的合理存在，维护自身在欧洲的影响力和引导力，美国便需要不断推动北约的扩员。而北约的东扩又势必会损害俄罗斯的利益，所以，北约东扩问题长期以来都是俄美两国矛盾诞生的症结所在，也是不断刺激俄罗斯对抗美国的源头因素。

2. 中俄美三角关系与大国间平衡关系

当代国际政治中，中俄美新三角关系已成客观现实。中俄美是最具地缘政治影响力的三个大国，中俄美关系的变化发展在相当大程度上影响着国际格局和世界形势的变化发展。而在此三角关系中，任意两国的关系都会与第三国互相影响。换言之，中俄美三角关系中，在俄美关系之外的中国会对俄美的双边政策产生影响；在俄美之间无论中国与哪一方的双边关系的变动都会影响到另一方。所以在现实的对美政策考量中，与中国的双边关系，尤其是合作关系，以及中美之间的双边关系，也是俄罗斯对美政策考虑的重要因素。[①]

3. 多极化趋势下的国际格局

国际格局的多极化趋势不仅挫败了美国维持单极世界的幻想，还冲击了美国的世界霸权。美国之外大国势力和新兴经济体的崛起使得俄罗斯拥有了更大的外交空间，能够通过加强和拓展与其他国家的合作以对冲美国对威胁，从而使得俄罗斯的对美政策拥有更多的选择空间和反抗余地，一定程度上减少了俄罗斯对美政策的后顾之忧和被动性。

---

① 赵华胜：《论中俄美新三角关系》，《俄罗斯东欧中亚研究》2018年第6期。

四、俄罗斯对美政策的前景展望及其影响

（一）前景展望

短期内，俄罗斯的对美政策将更加强硬化，其中的"对抗性质"也会更为突出。正如2022年俄乌冲突爆发以来俄罗斯对于美国制裁措施的愈发强硬的反制措施。这除了是由俄美短期内不可调和的利益矛盾所决定的，还受到了疫情冲击下国际局势日益复杂化的影响，全球性问题的出现一定程度上使得美国的内部稳定性与国际影响力受到冲击，同时加上俄罗斯相较于美国的内部稳定，使得两国间的相对差距有所缩小，俄罗斯对美的"底气"有所增加。

长期来看，俄罗斯对美政策仍会回归到以合作的诉求为主，但仍会出现时冷时热、反复变化的政策转变局面。尽管俄美两国在利益上的对立导致两国冲突不断，但两国之间也存在着不少的合作需要，且这种利益矛盾不是不可调和的。随着国际形势的日益复杂化和全球治理问题的日益严峻化，长久的对抗消耗并不利于关乎两国共同利益的国际问题的解决和两国自身国家实力的发展。但是，利益的根本性矛盾的存在和两国间对彼此的固有印象影响等非理性因素依然会促使俄罗斯与美国展开局部的、短期的和间接的冲突与斗争。

（二）影响

1. 对俄美关系：俄罗斯的对美政策一定程度上反制美国，从而调整俄美关系的演变。但由于俄罗斯对美政策的被动性和反复性，俄罗斯单方面的政策并无法彻底扭转俄美关系恶化局势，对于俄美关系目前陷入的"妥协—斗争—再妥协—再斗争"的大国博弈怪圈，俄罗斯不仅无法自主跳出，反而会被这一怪圈裹挟，从而使得自身对美政策的对抗性愈发明显。

2. 对世界格局：俄罗斯对美政策上对抗性的凸显一定程度上能够冲击美国的世界霸权地位，推进多极化。但与此同时，两国之间互相敌视的态度和频发的矛盾冲突可能会对需要国际合作的全球治理问题的解决造成程序性的阻碍，两国之间的政治角力与军事对抗甚至可能引起地区动荡与国际不安，从而成为世界和平发展的一大隐患。

结　语

俄美关系在冷战后的三十多年以来一直都对国际关系格局和世界局势的演变有着极大的影响力，俄美双边关系中俄罗斯一方的对美政策也必然有着重要的国际意义和特殊的研究价值。俄罗斯的对美政策虽然在本质上是俄罗斯出于国家利益所制定的对外政策，但其在与美国这一世界首位强国的现实互动中不可避免地辐射到其他地域并牵涉到不同地区的利益。俄罗斯民族的传统安全观念和大国心态促使俄罗斯将国家利益触角伸向世界，对于美国的政策制定也不局限于双边关系而是在全球布局与美国展开国际竞争。这就导致俄美之间利益冲突引起的双边矛盾很容易扩散为国际矛盾，从而演变为引发国际动荡与不安、威胁国际秩序稳定的负面因素，而俄美间的利益矛盾又是根本性、难以调和的，所以这些负面影响在某些情况下一经产生，很难被减弱或消除。

所以，面对俄美两国目前陷入的大国博弈怪圈和关系困境，作为双边关系中的较为被动的一方，俄罗斯应该保持冷静和理智的态度，减少非理性因素在维护和实现国家利益行动中的影响，并积极展开两国间的政治对话，通过全方位的外交互动寻求更多的外交帮助以期与美国进行平等、公开的对话交流，在避免与美矛盾进一步激化的同时寻找更多合作的可能性。

冷战后俄法关系分析：回顾与展望

叶文珏　林尚沅[*]

【摘　要】 冷战结束后，世界局势风云变幻。俄罗斯和法国作为两个具有战略影响力的世界性大国，都奉行独立自主的外交政策，在未来世界秩序构建中发挥着举足轻重的作用，双方的关系始终是欧洲及世界政治的焦点。但是，美国的制约、欧盟的牵绊、国际突发事件也影响着两国关系。未来，法国对俄政策难以与欧洲统一，俄法关系也将持续充满不确定性。

【关键词】 俄法关系　俄罗斯外交　法国外交

在国际关系历史上，冷战的结束是一个具有里程碑意义的重大事件。两极格局瓦解之后，美国作为唯一的超级大国实施霸权主义和强权政治，欧盟看似向美统一，内部却矛盾四起。在西方主导的自由主义国际秩序面临崩溃的当下，俄法两国因政治、经济、军事等方面的优势，对欧洲大陆的政治格局产生了巨大的影响，并不断地改变着世界的政治格局。

俄罗斯和法国作为两个具有战略影响力的世界性大国，都奉行独立自主的外交政策，在未来世界秩序构建中发挥着举足轻重的作用。俄法关系不是普通的双边关系，两个国家都历史悠久、文化灿烂，拥有一定的经济实力，同时作为联合国安理会五大常任理事国，双方的关系始终是欧洲及

---

[*] 叶文珏，广东外语外贸大学国际关系学院外交学专业2021级本科生；林尚沅，广东外语外贸大学国际关系学院外交学专业2021级硕士研究生。

世界政治的焦点。第二次世界大战后，苏（俄）法两国虽分属于不同阵营，但法国谋求"独立大国"的地位，一直积极主动接触俄罗斯，同时也受到基本价值观的制约。俄罗斯与西方长期处于对立状态，法国作为俄罗斯与西方沟通的桥梁，双边关系充满特殊性。俄法两国关系在新一轮国际秩序重构中所呈现出的新形势，值得我们给予更多的重视。

一、冷战后俄法关系发展成果

（一）政治领域

1. 延续俄法"特殊伙伴关系"

冷战结束后，俄法两国之间的政治对话其实是围绕戴高乐时期法苏两国确立的"特殊伙伴关系"所展开的。21世纪以来，俄罗斯与美国的关系日趋紧张，法国的特殊立场在这一时期尤为显著。在2000年的巴黎会晤中，法国强调要重视俄罗斯在处理重大国际问题方面的作用，俄罗斯则表示要使俄法合作恢复到原有的特殊关系。双方明确提出，支持建立多极世界，以维护国际战略稳定和平衡。[①] 2008年，俄罗斯强烈反对在中东欧部署欧洲导弹防御系统，以及乌克兰和格鲁吉亚加入北约，法国均对俄罗斯表示支持。这一"特殊伙伴关系"在一定程度上也缓解了俄罗斯与西方的紧张关系，维持了欧洲大陆的稳定。

2. 两国高层互动日趋频繁

2000年，在法国多次邀约后，俄罗斯总统普京访问法国，会见总统希拉克。从那年开始，俄法关系的制度框架得到了进一步强化，两国之间的联系建立在最高一级定期政治对话的基础上。2010年，时任俄罗斯总统梅

[①] 毕洪业、贾少学：《"特殊伙伴关系"的历史复归——析当前法俄关系》，《世界经济与政治论坛》2003年第4期。

德韦杰夫和法国总统萨科齐互访,"特殊伙伴关系"重新建立起来,两国关系达到了一个小高峰。① 2019 年七国集团峰会前夕,七国集团轮值主席国法国总统马克龙与俄罗斯总统普京会晤,这已是马克龙上任以来第三次邀普京访法,也是其任内与普京的第六次会面。② 同时,两国元首的频繁互动也推动两国政府首脑间、部长级的交往日益密切。2018 年以来,俄罗斯总理梅德韦杰夫先后两次访法,并会见了法国总理菲利普,总理间对话于 2014 年乌克兰危机后再次重启,双方就两国间的合作进行充分交流。

3. 双边外交多形式开展

冷战结束后,俄法双方之间的外交形式多样,成果丰硕。1992 年,俄罗斯总统叶利钦访问法国,俄法两国以合作条约的形式赋予双边关系以合法性,取代 1990 年苏联与法国签署的《法苏谅解与合作条约》。会晤机制的建设逐步完善,议会、外交部、国防部等部门之间保持持续对话,讨论重大国际问题,切实维护双边共同利益。两国还积极通过签订双边条约的形式推进合作共赢,力图超越冷战遗产,全面提升双边关系。

表 7　俄法双边外交成果(部分)

时间	双边条约/会晤机制	达成合作的部门
1992 年	《法兰西与俄罗斯条约》	外交部
1996 年	决定建立俄法经济合作委员会,商定双方政府首脑将每年举行会晤	经济和财政部、政府首脑
2001 年	建立安全合作委员会及两国外交部长和国防部长每半年举行一次的定期磋商机制	外交部、国防部

---

① 李巧飞:《乌克兰危机以来的俄法关系研究》,外交学院 2021 年硕士学位论文。
② 《G7 峰会前夕马克龙力邀普京"私会",法俄之间的"特殊伙伴关系"正强势复归》,环球网,https://www.whb.cn/zhuzhan/huanqiu/20190820/284571.html。

续表

时间	双边条约/会晤机制	达成合作的部门
2003年至2010年	《法国战略问题声明》《俄法能源声明》等	国防部
	签订法俄安全合作框架协定和有关司法合作等六项协议	国防部、司法部
2015年至2019年	俄法第七次安全合作委员会会议	国防部
	进行俄罗斯-法国"2+2"部长级会谈	外交部、国防部

资料来源：作者自制。

（二）经济领域

1. 充分发挥俄法经济委员会的引领作用

2010年，在俄罗斯圣彼得堡国际经济论坛举行期间，俄法两国成立了经济委员会，由两国商界精英组成，旨在促进两国商界精英的相互了解，强化俄法经济联系，在两国政治关系出现动荡时维护俄法两国企业的利益。通过这一委员会，两国的大型投资商可以互相交流，寻求合作，支持两国的跨国投资项目，为其提供相应的保障，从而吸引、帮助更多的法国企业在俄罗斯投资运营。

同时，俄法经济委员会也是政府在经济方面沟通的重要伙伴。自2016年以来，每年该委员会的成员都能与俄罗斯总统普京、部长级高官以及莫斯科市市长索比亚宁会面，政府可从中获取贸易相关的数据以便更好地制定对法经济政策。在每年举办的圣彼得堡国际经济论坛上还专门设置俄法圆桌会议，交流对俄法伙伴关系以及俄罗斯经济形势的观点。①

2. 双边贸易进入新发展阶段

进入21世纪，法国和俄罗斯的双边贸易进入新发展阶段。法国作为俄罗斯的主要贸易国之一，在俄罗斯市场中地位日益重要。2007年，双边贸

---

① 张红：《霸权之侧——后冷战时期法俄相处之道》，上海人民出版社2021版，第58页。

易额增至 166 亿欧元，法国成为俄罗斯第九大供应商，第七大外资来源国。2009 年以来，法国占俄罗斯市场份额突破 4%，2012 年和 2013 年分别为 4.4% 和 4.1%。① 根据俄罗斯海关署的数据，截至 2021 年年底，在欧盟与俄贸易额前十位的国家中，只有法国在 2021 年的对外贸易额达到并超过了 2013 年的水平，而这是对俄罗斯实施制裁和以食品禁运形式采取报复措施之前的一年。②

在过去的 26 年里，法国对俄罗斯的出口以每年 5.97% 的速度增长，从 1995 年的 15.2 亿欧元增长到 2021 年的 68.8 亿欧元。就俄法贸易结构而言，俄法双边贸易有利于俄罗斯，法国对俄罗斯一直处于贸易逆差。根据法国海关的数据，2012 年法国对俄贸易逆差为 30 亿欧元，低于 2011 年的 65 亿欧元。2020 年受疫情影响，法国仍继续保持其对俄罗斯的出口份额，当年赤字为 5.66 亿欧元，而 2019 年则为 31 亿欧元。2021 年，法国对俄贸易逆差又上升至 18.5 亿欧元。③

3. 数字经济合作蓬勃发展

2018 年，俄罗斯与法国发表"致力于未来经济的法俄新型伙伴关系"的联合声明。④ 俄法经济财政与工商业委员会强调了三个优先发展领域，即能应对气候变化的经济发展领域、新型通信创新领域以及新型劳动生产力领域。并且，两国将继续在数字技术以及创新领域进行合作，尤其是与旅游业相关的数字项目。2018 年 12 月 17 日，在两国经济部部长的共同主持之下，第 24 届俄法经济财政与工商业委员会会议在巴黎举行。这次活动为俄法两国在战略经济领域的长期合作提供了机会。⑤

---

① 张红：《法国对俄"摇摆"政策的国内外因素探析》，《俄罗斯研究》2018 年第 1 期。
② 《法国是欧盟唯一与俄贸易额超过制裁前水平的国家》，俄罗斯卫星通讯社，2022 年 2 月 11 日，https://sputniknews.cn/20220211/2014-1038900357.html。
③ "France (FRA) and Russia (RUS) Trade," The Observatory of Economic Complexity, https://occ.world/en/profile/bilateral-country/fra/partner/rus.
④ Kimberly Marten, "Russ-Afrique? Russia, France, and the Central African Republic," PONARS Eurasia, Aug. 21, 2019, https://www.ponarseurasia.org/russ-afrique-russia-france-and-the-central-african-republic/.
⑤ 张红：《霸权之侧——后冷战时期法俄相处之道》，上海人民出版社 2021 版，第 66 页。

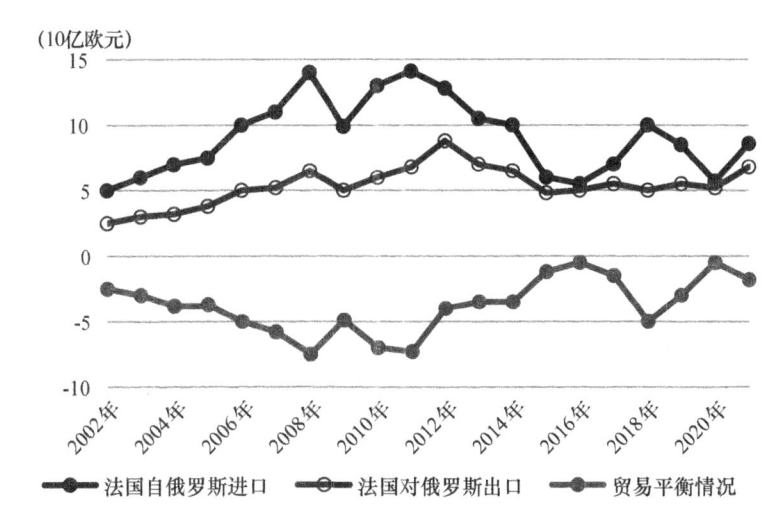

图6 2002年至2021年法国对俄罗斯进出口变化情况

资料来源：法国经济、财政与重振部。

（三）人文领域

1. 积极推进俄法文化活动举办

近年来，俄法之间的文化对话一直顺利进行，活动丰富多彩。2012年的法国俄罗斯语言文学季、2013—2015年的戏剧季、电影和美术季，重大文化项目相继涌现，2016—2017年举办文化旅游年，2018年举办语言年。2020年，法国组织了"俄罗斯季"系列活动，该活动采取线上线下相结合的方式，几乎在所有法国城市举行，包括420场文化活动。此外，双方还特别重视促进两国精神遗产的发展，将其作为在相互信任和理解基础上深化对话以及展示俄罗斯人民文化多样性的基础之一。①

2. 互设重要机构促进人文交流

在法国的协助下，俄罗斯境内设有法国学院，同时俄罗斯外交部国际

---

① 张红：《霸权之侧——后冷战时期法俄相处之道》，上海人民出版社2021年版，第67页。

合作署也在法国系统地组织活动。位于巴黎的俄罗斯科学与文化中心在法国全境开展业务，其在法国的优先事项是在不同层次上建立对俄语学习及双边科学、文化交流的支持。负责两国文化和人道主义合作的主要机构是俄法文化、教育和青年交流合作委员会，该委员会自 2016 年恢复活动后，2020 年已重新组织会议。两国民心相通，文化影响力大大加强。

3. 科教层面合作成果丰硕

俄罗斯与法国签订了一份名为"高等教育和科学研究"的路线图，规定了今后十年科研合作的优先事项，其中包括确立了俄罗斯科研基金与法国国立科研中心的合作。"俄法大学"项目作为科教层面的重要成果之一，吸引了两国共计 20 所高等教育机构参与其中。2015 年两国签署相互承认文凭和学位的协议。同时，在俄罗斯和法国继续开展以"大欧洲"为主题的"暑期学校"项目，由硕士生、博士生和青年科学家参与，通过组织语言和文化夏令营，进行探险，组织电影和音乐节等活动来激发年轻人之间的协作精神。俄法两国致力于扩大双方之间的学术交流，俄罗斯大学对法国学生的吸引力大大提高，签证的申请也更加便利。

二、冷战后俄法关系的发展特点

（一）双边关系充满矛盾性

俄法双边关系充满矛盾性，一方面双方都希望"特殊伙伴关系"能实现两国战略关系的突破；另一方面，受重大国际事件以及国家层面的干扰，双边政策一直摇摆不定。

1. 寻求"特殊伙伴关系"延续

由于欧洲的地缘政治因素及历史文化渊源，俄法双方在政治、经济、社会等各方面都有着深厚的联系。自俄罗斯与法国建交以来，两国的关系对欧洲乃至整个世界的局势产生了重大影响。俄法双方出于现实的战略要素和经济利益的考量，两国一直通过相互制衡的方式来应对欧洲的变局或美国的威胁。在戴高乐时期，正是基于对这样一种历史延续性的认识，法国与苏联之间建立起了"特殊伙伴关系"，力图构建一个独立于美国之外的欧洲安全体系。随着国际形势的变化，双方的外交政策进一步调整，期望在未来世界中扮演主导角色的两个联合国安理会常任理事国，"特殊伙伴关系"强势回归。

2. 双方政策摇摆不定

实际上，俄法双边关系并不稳定。21世纪以来，除戴高乐主义外，大西洋主义也是法国外交的一个重要指导思想。大西洋主义主张在军事、政治和经济上与美国合作，认同西方属性，认同与美国结盟。[①] 法国虽希望通过俄罗斯实现"法国梦"，但由于意识形态差异以及美国霸权的盛行，法国只得对俄采取"灵活的"外交政策。在面对如乌克兰危机等重大事件时，法国也会选择加入西方制裁的行列。而俄罗斯虽有意保持与法国的"特殊伙伴关系"，但面对西方的制裁，俄罗斯也会采取强有力的手段，如暂停天然气的供应等来回击法国。双方政策并非一成不变，依托着风云变幻的国际格局而随时调整。

（二）价值观因素显著上升

1. 根本观念形态不同

目前，法俄关系波动主要围绕2014年爆发的乌克兰危机以及2022年俄乌冲突展开。法国作为欧盟的领导者之一，与俄罗斯在观念上的差异，以及两国在价值标准等方面的根本性差异，是俄法两国关系变动的影响因

---

① Frédéric Bozo, "France and NATO under Sarkozy, End of the French Exception?" Working Paper of the Foundation pour l'innovation Politique, March 2008.

素在短期内难以根除的根本性原因。早在乌克兰爆发"橙色革命"前，法国便对俄罗斯的价值观提出了质疑，而俄格武装冲突和2014年乌克兰危机爆发，再到2022年的俄乌冲突，法国俨然将俄罗斯利用自身实力侵占他国土地的行为视为对近代国际法的蔑视，认为其完全违背了法国和整个欧洲的价值观念。① 根本观念形态的不同导致俄法两国在看待国际问题时存在分歧，对地区的安全与和平产生了不利影响。

2. 以共同认知促进合作

俄罗斯和法国都十分强调战略独立，在当今复杂和多样的世界里，两国都极力维护以联合国为中心的多边主义，但这一认知也存在着一定的差异。对法国而言，国际舞台需要多种力量的平衡；对俄罗斯而言，多极世界可以助力其继续保持国际影响力。尽管存在差异，但共同认知的存在也让两国得以从同一角度看待国际及区域事件，推动了俄法两国的携手合作。2003年的伊拉克战争中，双方一致强调反对美国以武力解决问题，还同德国一起发表了俄、法、德三国联合声明，共同提升大国影响力。2019年，法国总统奥朗德与俄罗斯总统普京就加强打击极端组织"伊斯兰国"达成共识，两国军队和情报部门将建立更加密切的接触和协调以打击恐怖主义。② 气候变化方面也体现出这一点，2019年俄罗斯加入《巴黎协定》，在履行条约义务的同时展开与法国的积极合作。

（三）国际突发事件影响显著

1. 乌克兰问题

在乌克兰问题上，俄法两国均认为乌克兰等原苏联国家不应成为俄罗斯与西方争锋的焦点。法国并未听从美国的制裁安排，坚持履行2011年与

---

① 李兴基：《后冷战时期法俄关系研究》，兰州大学2021年硕士学位论文。
② 《法俄同意合作反恐加强军情部门协调》，环球网，2015年11月18日，https://world.huanqiu.com/article/9CaKrnJRAvc.

俄罗斯签订的"西北风"级两栖攻击舰军事合同。① 2015 年，法国总统奥朗德在阿斯塔纳会谈上公开要求解除对俄制裁。② 法俄两国依托"诺曼底模式"和三方联络小组的模式，寻求乌克兰局势的降温。2019 年，在诺曼底四国领导人会晤机制上，俄、乌、德、法四国领导人达成多项共识，其中包括俄乌承诺在 2019 年底实现全面停火并释放所有战俘。③

2021 年，马克龙回顾了"诺曼底模式"的相关性，其中法国和德国充当调解人，使乌克兰和俄罗斯能够结束冲突并找到持久的解决方案。但是到了 2022 年，随着乌克兰寻求加入北约，俄乌矛盾激化，冲突爆发。法国力求在俄罗斯与西方之间发挥独特的作用，核心是希望与俄罗斯共建多极格局，摆脱"美国优先"的霸凌。法国总统马克龙公开表示，俄罗斯和俄罗斯人民需要受到尊重，法国以及世界上的其他国家都应该共同努力避免乌克兰局势升级。④ 但由于欧盟各国纷纷跟随美国制裁俄罗斯，法国无法采取实质性行动支持俄罗斯，甚至极大影响了两国之间的友好关系。

2. 叙利亚问题

在叙利亚问题上，俄法两国经历了一个态度的转变。奥朗德执政时期，法国对叙利亚的政策立场极为激进，对阿萨德政权施加压力，承认并支持反对派。出于恐怖主义的影响以及法国因干预叙利亚事件而逐渐下滑的国际声誉，法国开始与俄罗斯一同打击叙利亚境内的"伊斯兰国"，双方关系开始回暖。2015 年，奥朗德访问俄罗斯并与普京会面，两国在叙利亚反恐问题上达成共识。

到了马克龙时期，俄法之间对叙利亚问题的态度更加缓和，双方保持密切的沟通，通过阿斯塔纳进程以及由当事各方组成的联络小组的形式予以推进。两国均强调设立宪法委员会的重要性，并共同为叙利亚提供人道主义援助。在叙利亚的战后重建中，法国为其提供了资金和技术支持，而

---

① 顾玉清、张光政：《法俄关系度过"冰冻期"》，《人民日报》2010 年 3 月 3 日。
② 李巧飞：《乌克兰危机以来的俄法关系研究》，外交学院 2021 年硕士学位论文。
③ 张弘：《乌克兰危机走向是俄罗斯与北约关系"试金石"》，《世界知识》2020 年第 1 期。
④ "Macron says Russia, its people always need to be treated with respect," TASS, Mar. 8, 2022, https://tass.com/world/1418495.

俄罗斯则为其建厂，两国之间形成了互补关系。

三、冷战后俄法关系发展的影响因素

（一）俄罗斯的利益诉求

1. 促进本国经济社会发展

对于俄罗斯来说，与法国改善关系有助于其减少因西方制裁而带来的经济损失，实现经济转型，加强国内数字化现代化经济的发展。2013年，俄罗斯的GDP为2.292万亿美元，2014年开始经济衰退，当年GDP总量为2.159万亿美元，2016年GDP总量更是下降至1.277万亿美元，俄罗斯"经济崩溃论"之势渐起。而对外贸易是俄罗斯经济领域不多的亮点之一[1]，依托欧盟对俄罗斯资源的依赖性，双边的贸易仍有较大的提升空间。2020年俄罗斯政府在疫情冲击下颁布"七月政令"，调整经济结构已成为俄罗斯经济发展的核心。法国更成为俄罗斯在重重制裁下的突破口，双方的经贸往来以及科学技术合作极大程度帮助了俄罗斯经济的数字转型，推动经济高质量增长。

2. 构建新型国际秩序

21世纪伊始，俄罗斯对美国主导的世界格局颇有不满，希望构建新型国际秩序。法国既是一个独特的西方国家成员，又是一个外交强国，力图谋求"独立大国"地位。俄罗斯与法国重启"特殊伙伴关系"，有助于提升俄罗斯的欧洲地位，是俄罗斯与欧洲关系发展的一个切入点，并对欧洲甚至西方产生一定的分裂作用。在2018年，俄罗斯便表达了对法国在欧洲的领导地位的尊敬与欢迎。在安全议题上，俄罗斯恢复与法国的双边

---

[1] 李永全等：《俄罗斯发展报告（2019）》，北京社会科学文献出版社2019年版，第198页。

"2+2"战略对话①，双边机制削弱了北约和欧洲安全与合作组织的影响力。在新型国际秩序下，恢复同法国的战略联系，是俄罗斯增强"新不结盟"实力的需要。

3. 弥补自身战略空间的不足

受乌克兰危机的影响，俄罗斯不得不寻求拓宽自身的战略空间，以补充自身的短板。俄罗斯与中国深化新时代全面战略协作伙伴关系，在印度、南非、巴西等国家之间建立了更多的合作关系，在北极地区的管理方面也有了更多的表现。同时，俄罗斯对自身实力的欠缺也有清醒的认识，与欧盟、美国等相比，其综合国力仍有较大的差距。俄罗斯实际上并不想与欧盟决裂，甚至想融入其中提升国民经济，但由于默克尔政府一直以来的强硬态度（德国显然不是明智的选择），因此，俄罗斯希望能与实力相当、需求接近的法国改善关系，弥补不足，成为"第三极"。②

（二）法国的利益诉求

1. 谋求独立自主的外交

自戴高乐时期以来，法国政府就一直试图谋求独立自主的大国地位，以实现"法国梦"的宏伟蓝图。马克龙的外交风格显然兼有戴高乐主义，其认为疏远俄罗斯"并无益处"。早在2016年，时任法国经济部部长的马克龙就表示希望在次年停止对俄制裁，不再追随美国。③ 随着美国单边主义的盛行，美欧关系之间也出现了裂缝，在2018年的七国集团峰会上，特朗普直接拒签联合公报。法国虽为美国的盟友，也在尽力维持西方意识形态的稳定，但同时在对美政策方面也能体现出独立性，希望通过与俄罗斯

---

① 《俄罗斯外交部长谢尔盖·拉夫罗夫在俄罗斯－法国"2+2"部长级会谈结束后举行的新闻发布会上发表讲话并答媒体问》，俄罗斯外交部，2019年9月9日，https：//mid.ru/cn/foreign_policy/news/1468923/.

② 张红：《法俄重启战略对话与合作：动因及局限》，《国际问题研究》2020年第6期。

③ "Russie, la France vise la levée des sanctions," Les Echos, le 25 Jan. 2016, https：//www.lesechos.fr/2016/01/russie-la-france-vise-la-levee-des-sanctions-194301.

的战略重启来获得主动性。① 2023 年，马克龙高调访华，签署多项合作协议，这也是法国谋求独立外交的重要体现。

2. 发挥区域大国作用

从区域层面上看，法国和德国都希望能成为欧盟的领导者，实现欧洲的战略自主，但双方之间的矛盾一直长期存在。马克龙长期以来都希望法国能扮演欧盟领袖的角色，重振欧盟，使欧盟成为一个"又一极"。英国的脱欧后，法国成为欧盟内部唯一的有核国家，这一想法更加强烈。然而，目前来看，法德之间的关系仍在纠葛中前行，成为法国对俄外交的又一重要影响因素。自乌克兰危机爆发后，法德两国在安全防务方面各行其是，欧盟防务建设难以继续推进。②

3. 对俄罗斯认知的改变

俄法两国虽存在价值观上的差异，但两国同为联合国安理会常任理事国，双方都维护以联合国为核心的国际体系，积极构建多极世界的愿景助推双边关系达成了一定的共识。法国的外交政策也更加着重于加强两国之间的共识，以进一步契合自身的发展需求。对于法国而言，俄罗斯在中东和非洲地区的影响力有助于其更有效地反恐，缓解地区的紧张局势。从 2015 年到 2018 年，俄罗斯在叙利亚共消灭了 12 万个反恐目标，③ 这一重大成果也促成了双方关于反恐共识的进一步深化。在美国退出伊核协议后，由于与其协商无果，法国便转而与俄罗斯合作，共同打击恐怖主义，防止大规模杀伤武器扩散。

（三）制约俄法关系的因素

1. 美国的钳制

冷战后俄法关系的发展，美国的作用是不可忽视的。作为北约的创始

---

① 张红：《马克龙政府对俄政策调整与法俄关系》，《国际展望》2020 年第 6 期。
② 孙美娟：《法德关系在纠葛中前行》，《中国社会科学报》2022 年 11 月 16 日。
③ 数据来自俄罗斯联邦国防部。

国，美国是欧洲安全的"保卫者"，伴随着其超级霸权的日益扩大，美欧俄三者的关系仍然面临着复杂的局面。受制于地缘政治因素以及西方同盟关系，大多数欧洲国家的对外政策都受到美国的影响。但法国作为一个渴望拥有外交自主权的国家，并没有完全跟随美国的脚步，甚至对特朗普时期美国推行的单边主义极为不满。美国和俄罗斯之间的关系更是持续紧张，两国之间冲突与矛盾频发。冷战虽已结束，但作为继承了苏联绝大部分遗产的俄罗斯，与美国的敌对状态从未真正结束。俄美双方之间的经济、军事、意识形态之争仍在继续。

拜登上台后，一直致力于修补与欧洲国家的合作关系，进一步强化对俄遏制、打压政策。2022年俄乌冲突爆发，俄罗斯与西方之间的关系硝烟再起。美国要求欧洲联合起来制裁俄罗斯，在此情况下，美欧对俄态度将更加一致。而作为欧盟成员国之一，法国凭一己之力也难以保持对俄友好关系，只得跟随美国的步伐，与西方一道强硬对俄。俄罗斯在乌克兰战况并不顺利的情况下，还得面对强大的西方同盟，与法国的关系已岌岌可危。

2. 欧盟的牵绊

欧盟国家内有许多反对、怀疑俄罗斯的声音，他们时刻关注着俄法关系的发展变化。乌克兰、波兰、罗马尼亚等国作为华沙条约国家，本身就对俄罗斯带有历史遗留的偏见，而俄格武装冲突以及乌克兰问题让上述国家在对俄问题上充斥着更加不满的情绪。乌克兰危机后，法德两国也在努力推进《明斯克协议》以寻求问题的解决，但若处理不当，无法与俄罗斯达成一致，法国与这些国家的关系就会陷入紧张状态。2020年，波兰、乌克兰和立陶宛三国外长达成协议，建立"卢布林三角"的新机制以对抗"俄罗斯的侵略"。[①]

再者，中欧和北欧国家也不理解法国对俄罗斯的政策，纷纷怀疑法国的"外交新倡议"，这使得欧盟内部对俄态度更加分裂。2020年新冠疫情

---

① 《中东欧疫情报告与评估》，中国-中东欧国家智库交流与合作网，2021年3月29日，https://www.17plus1-thinktank.com/article/1221.html?source=article_link。

席卷全球，欧洲保护主义抬头，民族情绪激化，对俄法的关系造成了不利影响。2021年，波兰总理马特乌什·莫拉维茨基直接批评俄罗斯总统普京是2021年白俄罗斯－欧盟边界危机的真正主谋。受2022年俄乌冲突的影响，2023年，在北约成立74周年纪念日当天，一向为中立国的芬兰正式加入北约，彻底改变了欧洲的安全格局。2024年3月瑞典也正式加入北约，北约和俄罗斯的关系出现了结构性瓦解，严重制约着俄法关系发展。

3. 合作基础存在问题

究其本质，制约俄法关系的因素应属于合作基础问题。俄法两国希望通过与对方关系的改善来处理多边的关系，仅仅出于维护双边友好关系的考量较少。两国在国际上互相利用，法国借俄罗斯制衡美国和德国，而俄罗斯则借助法国削弱北约及动摇西方联盟。[①] 两国关系很大程度受到突发国际事件以及多国关系的影响，乌克兰局势是否持续恶化，美欧俄三角关系走向如何，均是俄法关系中需要深入思考的问题。

同时，两国在观念上还是存在着明显的差异。在国际安全问题上，双方就存在极大的争议，法国认为俄罗斯的价值观与欧洲格格不入，在乌克兰问题上更是"赤裸裸的侵略"；而俄罗斯却认为，这是维护自身安全的正当行为。在归属问题上，法国一直是欧盟的核心力量，与美国保持着密切的联系，积极振兴欧洲；而俄罗斯却并不承认自己归属于欧洲，只希望提升自身作为一个独立大国的国际影响力。在民主问题上，两国对于人权、自由、尊重、合法等均拥有不同的定义，这也导致了俄法在基本国际原则方面的迥异观点，无法达成共识，2020年的纳瓦利内"中毒"事件便是一个鲜明的例子。

---

① 张红：《法俄重启战略对话与合作：动因及局限》，《国际问题研究》2020年第6期。

四、俄法关系发展演变的趋势及影响

（一）俄法关系发展演变的趋势

1. 俄法关系充满不确定性

马克龙上台以来一直贯彻执行的是缓和对俄政策，致力于改善与俄罗斯的关系。2018 年，马克龙在圣彼得堡国际经济论坛上表示法国将努力超过德国成为俄罗斯的第一大外资来源国；2019 年，法国帮助俄罗斯重返欧洲委员会；2020 年，马克龙在慕尼黑安全会议上重申改善与俄罗斯关系的重要性；2021 年，俄法双方工作小组在两国元首的设计下就战略稳定、欧洲安全等进行对话。美国的单边主义、七国集团的协调失能、欧洲内部的分化等，都迫使法国发展双边友好关系。

可随着俄法之间价值观差异的逐渐显现，双方的关系开始出现了动摇。在法国国内，"从俄法'特殊伙伴关系'中解放出来"的声音愈演愈烈，俄法的双边关系使得法国在西方国家中处于尴尬的地位，西方世界普遍对俄罗斯充满敌意，选择与俄交好显然不是一个明智的选择。地区冲突问题使得法国对俄罗斯的认知出现较大改变，尤其是 2022 年的俄乌冲突，西方国家都认为俄罗斯这一行为违反了国际法，并纷纷对其实施制裁，这也导致了法国对俄政策的摇摆。

2. 法国对俄政策难以与欧洲统一

俄法关系实际上还深嵌于俄欧关系之中，法国一国的意愿绝大多数时候无法起决定作用。俄欧安全格局很大一部分还是取决于冷战，欧盟内部大多国家对俄罗斯仍抱有传统的敌意，亲俄势力与反俄势力的较量也使得欧洲难以形成统一、温和的对俄立场。① 在乌克兰问题恶化的2022年，欧盟各国纷纷跟随美国制裁俄罗斯，法国虽公开表示尊重俄罗斯却无法采取实质性举措。法国此时也更偏向于与自己的同盟共同行动，捍卫欧盟原则。

与此同时，欧盟内部分化加剧，对外政策更加难以统一。英国脱欧给欧洲一体化造成了沉重打击，也使欧盟的实力格局发生了变化，法德为争夺领导人地位而持续争锋。以波兰为首的东欧国家影响力上升，芬兰加入北约，欧洲大陆的秩序也不断在更迭。前一时期的新冠疫情更是给欧洲带来了极大的挑战。在疫情初期，欧盟国家各自为政，纷纷关闭边境，凸显出欧盟的治理赤字和凝聚力的不足，而且受到疫情冲击的欧盟疲于应付内部事务而无暇东顾。② 多重因素打击下，法国的对俄政策难以转化为统一的欧洲对俄政策。

（二）冷战后俄法关系的全球影响

1. 塑造俄法对外政策

冷战之后，俄法两国因其悠久的历史渊源而进一步发展双边友好关系，在相同愿景之下，塑造着国际多边体系。俄法两国有自身利益和价值观的考量，在互相博弈之中，也时刻影响着国际政治格局的演变与发展。在两次世界大战、苏联解体等重大历史事件中，俄法两国起到了举足轻重的作用，无论从地理位置、政治、经济还是人文领域，俄法之于彼此都有着独特的意义，在某种程度上，两国之间的合作将会更加广泛，更加深入。但受乌克兰问题、叙利亚问题等突发国际事件的影响，两国之间的友好关系必定会受到一定程度的冲击，矛盾和问题仍急需解决。法国的对外政策在关注俄罗斯利益的同时，仍将以北约及欧洲为核心。法国对俄罗斯的"温和"政策，也会因受到西方各国的牵制而受阻。俄罗斯由于深陷冲

---

① 张红：《霸权之侧——后冷战时期法俄相处之道》，上海人民出版社2021年版，第241页。
② 《疫情考验欧洲协同治理能力》，海外网，2020年3月18日，http://opinion.haiwainet.cn/n/2020/0318/c353596-31745068.html。

突泥潭，对法政策则更多取决于对欧统一政策。

2. 牵动欧洲发展变化

欧洲的安全体系在两极格局和苏联解体等因素的影响下，经历了一场深刻的变革。在冷战之后，法、德两国为了构建新的欧洲安全体系，率先将原苏联国家纳入欧洲-大西洋体制，从而形成一种基于共同价值观念的强大体系，成为欧洲自我保护的一道"坚实城墙"。[①] 同时，俄罗斯也想在欧洲大陆上扮演一个关键地理位置的角色，加入一个泛欧洲的安全体制中来，这也是俄罗斯对外政策的一个主要目标。而俄罗斯在参与泛欧洲安全体系失败之后，与北约的关系直接进入结构性瓦解时代，欧洲安全格局发生巨变。其中，法国和俄罗斯作为两个具有战略影响力的世界性大国，两国关系的变化牵动着整个欧洲局势的转变。在后疫情时代，欧洲一体化又重回正轨，在俄欧关系框架下，俄法关系是不可忽视的重要一部分。

3. 促进世界和平稳定

俄法关系历经波折，几经动荡，在新型国际秩序中，法国借助欧元体系扩大欧盟范围，俄罗斯也借助欧亚经济联盟等试图构建欧亚一体化体系，可以说，两国之间的关系是矛盾而密切的。俄法再一次对现有国际格局发起挑战，两国关系也对全球格局的演变起到重要作用。俄法"特殊伙伴关系"遏制了美国的强权政治，双方在维护国际和平与安全方面"负有特殊责任"，积极维护了国际秩序。俄法共同抵制美国对伊拉克的战争以及单边退出伊核协议的行为，致力于打击恐怖主义，维持中东地区的稳定，坚持以联合国为核心的多边主义，以及共同处理区域热点事件中的危机，双方关系的发展推动着世界和平稳定事业的前进。

---

① 李兴基：《后冷战时期法俄关系研究》，兰州大学2021年硕士学位论文。

结　语

当前，国际格局风云变幻，世界仍充满许多不确定性。一方面，法国自身致力于谋求独立大国地位，欧洲一体化进程遭遇沉重打击，美欧关系也面临新的挑战。另一方面，俄罗斯面临俄乌长期军事冲突，需要积极做好战略的布局，以确保自身的安全与美国抗衡。在此背景下，俄法关系在多重因素的驱动下实现缓和并不断发展。在不针对第三国的前提下，俄法发展双边合作关系，极有可能构建稳定的欧洲安全保障机制以及增进全球和平前景。尽管有重要战略利益的驱动，俄法两国也不断努力推进在政治、经济和人文领域的对话，但两国"特殊伙伴关系"的延续终究还是需要不断地进行战略考量。随着俄乌冲突的爆发，欧盟各国纷纷跟随美国制裁俄罗斯，法国虽公开表示尊重俄罗斯却无法采取实质性举措。未来，法国对俄政策难以与欧盟统一，俄法关系也将持续充满不确定性。

冷战后俄罗斯对德政策分析

杨漫雪　陈梓航　李天赐[*]

【摘　要】 冷战结束后，俄罗斯对德国的政策可概括为两个阶段：和平友好，寻求合作；斗而不破，和而不同。影响俄罗斯对德政策发展的各种因素包括利益诉求、自身实力、地缘环境、利益集团、主流思想和欧美外部介入，其中俄罗斯对德政策以发展与德国的经济关系为动力，这条主线始终贯穿于任何时期。短期来看，俄罗斯的对德政策会持续恶化，反制裁常态倾向突出；长期来看，政策具有不确定性与不稳定性，存在反制裁与合作并存趋向。

【关键词】 俄罗斯　德国　对外政策

历史上，俄罗斯和德国是欧洲大陆上两个具有足够影响力的强国，两国在地理上靠近，因此在政治、经济和文化等各方面都具有密切联系。冷战结束后，相比其他经历了社会主义政权崩溃的东欧国家，作为苏联继承者的俄罗斯面临着更为复杂和严峻的对外政策形势。德国在统一后，国家实力与国际地位迅速提高。基于对德国的现实利益诉求，俄罗斯谨慎制定对德政策并不断进行调整。在此过程中，俄罗斯对德国有过幼稚的幻想，但也不乏务实的考量。

---

[*] 杨漫雪，广东外语外贸大学国际关系学院国际政治专业 2021 级本科生；陈梓航，广东外语外贸大学国际关系学院国际政治专业 2021 级本科生；李天赐，广东外语外贸大学国际关系学院国际政治专业 2021 级本科生。

尽管冷战结束后俄罗斯的实力有所削弱，但它对世界的影响力仍然存在，俄罗斯的对德政策直接关系到两国的交往与欧洲的和平稳定。本文的主要研究内容是俄罗斯的对德政策，首先对冷战后俄罗斯对德国的政策演变进行了梳理，其次在此基础上提炼出政策演变的特点，再次从利益诉求、实力地位、内外部因素多方面来分析俄罗斯对德政策发展的原因，最后提出俄罗斯对德政策未来趋势的可能性预测，重点探讨的是政策发展动因。目前，国内外学者关于俄罗斯对德政策的研究相对较为分散，缺乏系统全面的研究，因此本文期望通过研究，能够较为全面地了解俄罗斯对德政策的发展以及背后的动因。

一、冷战后俄罗斯对德国的政策演变

（一）和平友好，寻求合作（1991年至2007年）

苏联解体后，俄罗斯首任总统叶利钦和外交部部长科济列夫选择向西方"一边倒"，对德国也相应地奉行"和平友好，寻求合作"的政策，1993年有稍微调整，但总体方向一致。普京在继任后的初期，即2000年至2007年，也大致延续了这一政策。

1991年至1992年，俄罗斯继承与发展苏联时期戈尔巴乔夫的"新思维"外交政策遗产，叶利钦政府推行面向西方的"一边倒"外交，对德国等欧盟主要成员国的经济援助需求极其强烈，并没有足够重视自身的独立性和利益。在亲西方外交原则的指导下，俄罗斯最大限度地积极发展与德国的关系。在政治上，俄罗斯与德国先后达成默契的利益置换。苏联解体后，德国是世界上第一个承认俄罗斯为苏联继承国的世界主要大国，也是叶利钦的政治支持者。1991年，俄罗斯总统首次出访德国，同意妥善处理德裔问题，双方在俄罗斯建立德意志民族自治共和国问题上达成了基本共识，苏藉德裔人口大约有200万，由于德国重新统一，苏联刚解体，德国担心大批德裔人口回到德国，因此德国敦促俄罗斯允许在伏尔加河岸建立德裔国家，但是俄德最终没有达成任何具体的协定。

在经济上，俄罗斯需要德国的资金、技术和设备，从德国获得财政支持以改善其落后面貌并发展经济。俄罗斯总统叶利钦在1991年11月21至22日对德国进行的访问中强调，俄罗斯政府致力于进行经济改革，并以私有化为中心，向外国投资者提供"尽可能多的优惠"和"所有可能的业务自由"。① 德国看重俄罗斯丰富的资源和广阔的市场，因此主动筹集了援助俄罗斯的资金，并且在数量上超过了西方援俄的一半，还同意将苏联对民主德国的债务延期八年，不附带任何利息。② 在军事上，俄德两国同意尽快执行欧洲裁军协定，并推动欧洲核裁军和常规裁军。与此同时，德国为了让俄罗斯尽快撤回德国境内的38万名苏联士兵，向俄罗斯提供了大量的援助。

作为俄罗斯独立后第一个正式且全面论述对外政策的文件，1993年出台的《俄罗斯对外政策构想》在总结了初期外交工作的经验教训后，将维护国家利益确定为对外政策的重中之重，而经济发达的西方大国仍是外交重点。1993年至1999年，俄罗斯适度拉开与德国的距离，改变被动地位，重视维护自身利益，但仍寻求合作。在安全领域，俄罗斯表明要对欧洲的安全架构进行改革。自1994年初起，俄罗斯与德国等西方国家的矛盾和摩擦日益增多，如北约东扩、车臣战争和科索沃危机等。德国极力主张北约东扩，试图将原苏联的势力范围纳入北约。1994年年末，叶利钦坦率地对德国总理科尔表示："北约的东扩将会对俄罗斯的安全构成威胁。我们是不会容忍的，也是不会容许的。"俄罗斯国防部部长格拉乔夫于1995年4月3日称，如果北约向东扩张，俄罗斯将不再受制于欧洲军控条约，并加强俄罗斯在原苏联共和国的军事力量。③ 在经济领域，俄罗斯对德国等西方国家的质疑与不信任加深。此前西方国家对俄罗斯的财政援助承诺未能如期兑现，绝大部分援助形式还是允许俄罗斯延期偿还苏联的债务，"休克疗法"则使俄罗斯经济状况急剧恶化。但值得注意的是，经过谈判，俄罗斯与欧盟在1994年6月签署《伙伴关系与合作协定》。虽然直到1997年

---

① 童江：《叶利钦的德国之行》，《世界知识》1991年第24期。
② 秋明：《俄德关系评述》，《国际观察》1995年第6期。
③ 孙秀民：《当前的俄德关系》，《和平与发展》1995年第4期。

12月1日这一协定才正式生效，但这依旧使俄罗斯与德国维持了有限合作。

2000年，普京上台后制定了《俄罗斯对外政策新构想》，该文件不再强调意识形态，而是突出外交政策为国内经济建设服务的务实理念，同时提出"大欧洲"设想。2002年，普京在俄罗斯外交部驻外使节扩大会议上表示，俄罗斯对欧洲的基本使命是直接参与到一体化经济空间的构建中。①2000年至2007年，俄罗斯重视与德国开展务实合作，密切俄德关系。在政治方面，2003年伊拉克战争的爆发让德、俄、法三国联合起来，共同谴责美国的军事行为，普京、施罗德和希拉克分别发表宣言，明确了反对伊拉克战争的基本立场。与此同时，根据统计，2000年至2005年，俄罗斯与德国进行了最多次的政府间协商会议。② 在经济方面，普京在推行务实主义对外政策的过程中，追求国家经济利益的最大化，其中与务实、经济效益和国家利益等要素密切相关③，这与施罗德政府经济外交政策总体一致。施罗德上台后，极力支持俄德之间的能源合作，德国成为俄罗斯在欧盟最大的贸易伙伴，并大量进口俄罗斯的石油和天然气。在默克尔第一个任期，俄德两国在很大程度上保持了施罗德时期的伙伴关系，欧盟中与俄罗斯关系最密切的国家就是德国，德国也是俄罗斯最大的贸易伙伴，直到2011年被中国取代。

（二）斗而不破，和而不同（2008年至2022年）

2000年之后，俄罗斯陆续出台三版《俄罗斯对外政策构想》，分别是在2008年、2013年和2016年。2008年版的《俄罗斯对外政策构想》是对2000年版的延续和提升，说明俄罗斯要转变为"国际议程的制定者"并实行能源外交，在此基础上提出与欧盟的"现代化伙伴关系"计划，以推进"大欧洲"构想的实现。2013年版《俄罗斯对外政策构想》则是在俄罗斯

---

① ［俄］普京著，张树华、李俊升、许华译：《普京文集（2002—2008）》，中国社会科学出版社2008年版，第3页。
② 段其贺：《冷战后的德俄关系研究》，青岛大学2018年硕士学位论文。
③ 陈玉荣：《俄罗斯"现代化外交"评析》，《国际问题研究》2011年第4期。

与欧美国家的激烈对抗中出台的，展现了其应对西方挑战的新立场，如价值观、意识形态、人权与制裁等问题。2016年版《俄罗斯对外政策构想》则深刻展现了2014年乌克兰危机以来俄罗斯与西方国家关系急剧恶化的背景，俄罗斯外交政策因西方制裁而"转向东方"。但俄罗斯仍坚持推进经济合作，"大欧洲"构想失败后，普京在2016年6月提出"大欧亚伙伴关系"构想。①

2008年至2021年，俄罗斯与德国渐行渐远，但双方斗而不破。在政治领域，默克尔政府力推价值观外交，俄罗斯对此不予认可。德国常以文明力量为借口谴责俄罗斯人权问题，这使得在此期间两国的关系一度处于停滞状态。

在安全领域，俄罗斯与德国间最大的分歧主要是关于北约及欧盟东扩问题，从默克尔第二个任期开始，俄罗斯和德国之间的分歧越来越严重。2007年以后，普京在外交上与德国等西方国家保持距离，他指责西方无视俄罗斯的地缘政治利益，比如格鲁吉亚矛盾、科索沃危机与欧洲导弹防御系统的部署等问题。其中，俄罗斯和格鲁吉亚的矛盾使俄德关系雪上加霜。德国总理和外长公开指责俄罗斯的所作所为，并且支持格鲁吉亚成为北约成员国，以此向俄罗斯施加压力。其后，2014年爆发乌克兰危机，克里米亚脱乌入俄，德国则参与了欧盟对俄制裁。德国总理默克尔被视为在乌克兰危机发生后代表欧盟利益反对俄罗斯的领袖，并支持乌克兰的亲西方势力，这使普京无法接受。

在经济领域，2016年1月1日，欧盟-乌克兰自由贸易区协定正式生效，独联体框架内俄罗斯与乌克兰自由贸易区协定于同日中止执行，乌欧的进一步靠拢引起俄罗斯对欧盟主导国德国的不满。②这些都使得俄德之间的关系处于僵持状态，虽然普京一直很重视俄德关系，但他决不允许俄罗斯利益受损。

尽管如此，俄德两国仍然不事声张地保持着一定的合作关系，双方和而不同，政冷经热。自2014年乌克兰危机爆发以来，虽然俄罗斯开始与德

---

① 吕萍：《俄罗斯外交政策30年演变》，《俄罗斯学刊》2021年第6期。
② 《自贸协定让乌克兰喜忧参半》，人民网，2016年1月3日，http://world.people.com.cn/n1/2016/0103/c1002-28004995.html。

国保持距离，但双方仍维持着一定程度的合作。在能源领域，俄罗斯是德国的第一大天然气供应国。自21世纪以来，俄德天然气合作项目主要包括"亚马尔-欧洲"天然气管道和"北溪"天然气管道。乌克兰危机后，在美国的长期阻挠下，俄德两国仍坚持修建"北溪-2"天然气管道，该管道建设于2021年9月10日全部完成。

2022年至今，俄德关系降至冰点，悬而未决。2月21日，俄罗斯总统普京签署命令，承认乌克兰东部的"顿涅茨克人民共和国"和"卢甘斯克人民共和国"；次日，德国总理朔尔茨在柏林宣布，暂停"北溪-2"天然气管道项目认证程序。2月24日，普京宣布俄罗斯决定在顿巴斯地区开展特别军事行动。德国、法国和美国等欧美国家对俄罗斯发起金融、贸易和能源等制裁，同时为乌克兰提供武器支援。4月4日，德国宣布驱逐40名俄罗斯外交官。①

针对德国等西方国家的行为，俄罗斯作出反击，首先签署了卢布结算令，要求被俄罗斯列为黑名单的国家和地区使用卢布购买俄罗斯的天然气，否则就不予以供气，其中就包括德国。从2022年4月1日起，俄罗斯天然气工业股份公司已经停止向德国最大的地下储气库——雷登储气库输气。5月31日，该公司称，自6月1日起，暂停经由壳牌集团向其德国客户供应天然气。6月16日，俄罗斯常驻欧洲联盟代表表示，"北溪"天然气管道或停止运营。② 此外，4月25日，俄罗斯外交部也宣布驱逐40名德国外交官。③ 目前，俄乌冲突还未结束，德国与俄罗斯之间的制裁与反制裁仍在持续，俄罗斯的对德政策还需观望。

总的来说，冷战结束后，俄罗斯的对德政策可被概括为两个阶段：1991年至2007年的"和平友好，寻求合作"；2008年至2022年的"斗而不破，和而不同"。第一阶段中，出于对政治支持和经济援助的考量，俄罗斯主动积极向德国等西方国家靠拢，不断做出妥协；第二阶段中，在自

---

① 《德国宣布驱逐40名俄罗斯外交官》，中国新闻网，2022年4月5日，https://www.chinanews.cn/gj/2022/04-05/9719938.shtm/。
② 《俄罗斯常驻欧盟代表称"北溪"天然气管道或将停止运营》，国际在线，2022年6月16日，https://news.cri.cn/20220616/6f4cc443-71bf-9ad3-1d55-bc0f8969c0a7.html。
③ 《俄罗斯外交部宣布驱逐40名德国外交官》，央视网，2022年4月26日，https://news.cctv.com/2022/04/26/ARTIYeyvQa6FKJrlh45nKlkm220426.shtml。

身实力有所回升的基础上，俄罗斯极力寻求在俄德关系中的平等地位，双方存在一定冲突与矛盾，但在经济上仍保持有限的合作。

二、俄罗斯对德政策演变的特点

（一）和平稳缓，主张对话与合作

苏联解体后，俄罗斯对德国的政策主要分为两个阶段："和平友好，寻求合作"和"斗而不破，和而不同"，政策的主基调是和平，且起伏程度较小，偏向稳缓，双方都一致主张开展对话并进行长期合作。在面对共同矛盾时，两国都本着搁置争议原则进行解决。

俄罗斯与德国坚持在长期稳定的合作对话机制下进行交流。1993年12月，两国在布鲁塞尔签署了《俄罗斯同欧洲联盟之间关于建立伙伴和合作关系的联合政治声明》，并宣布建立半年一次的首脑定期会晤机制。此外，俄罗斯也与德国建立了俄德政府间磋商这一双边对话机制。同时，俄罗斯和德国领导人分别于1991年、1992年和1998年进行互访。冷战后俄德在政治、经济、安全方面的共同利益日益增多，双方互有所求。初期，俄罗斯获得德国的政治支持和经济援助，双方进行经济合作，德国为俄罗斯提供资金、技术和设备，俄罗斯则向德国提供丰富的资源和广阔的市场，双方在欧洲安全结构问题上也达成了一致。后期，虽然俄罗斯与德国在北约东扩、科索沃危机、车臣战争、欧洲导弹防御系统的部署等问题上存在分歧与矛盾，但俄罗斯并没有选择对德国实施敌对政策，发生正面冲突，而是以和平方式来解决问题。

普京执政初期，俄罗斯与西方的关系进入一种"冷和平"状态。为了打破这种局面，普京试图与西方加深交流、缓和关系——每年都积极参加俄欧首脑峰会，同时在2001年与德国建立圣彼得堡对话论坛。2005年5月，俄罗斯与德国等欧盟国家在莫斯科签署了关于构建统一经济、内部安全、外部安全、科教文化空间的一揽子协议。在乌克兰危机后，尽管俄德双方存在制裁与反制裁，俄罗斯仍致力于实现与欧盟关系的正常化。俄罗斯积极与以德法为首的欧盟国家进行政治对话，促进了务实的双边合作。通过这种方式，在克服 2014 年至 2016 年制裁所造成的低迷之后，俄德两国的贸易合作在 2018 年迅速恢复，几乎达到了制裁前的水平。此外，能源合作是俄德追求共同利益的基本方式，它为两国关系设定底线，即当双方在国际冲突中的立场出现很大差异时，能源供求可作为缓冲双边关系的最后手段。[1]

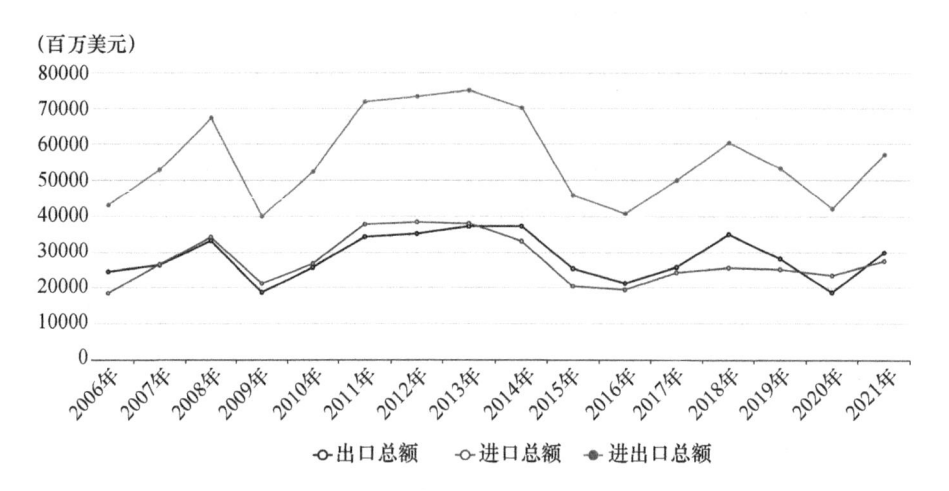

图 7　2006 年至 2021 年俄罗斯对德国进出口贸易额

资料来源：俄罗斯国家统计局。

（二）务实外交，权衡国家利益得失

苏联解体后，出于对国内政治斗争的需要与经济利益的考量，俄罗斯在"一边倒"的政策框架下，对德国等西方国家积极示好，但是尽管叶利钦在西方奔走进行大量宣传，西方国家还是没有兑现足额拨付援助款项的

---

[1]　陈小沁、王璐：《俄罗斯外交传统与冷战后俄外交政策的特点》，《俄罗斯学刊》2021 年第 2 期。

承诺，其所提供的"休克疗法"不仅没有使俄罗斯经济恢复，反而令俄罗斯国内出现恶性通胀，物价失去控制，最终造成经济长期衰退，彻底"休克"。在未能收到预期效果后，俄罗斯对这一政策进行了反思和修正。

俄罗斯在1993年《俄罗斯对外政策构想》中确立了以国家利益为中心的对外政策，其理念清楚地表明，俄罗斯的对外关系是为本国利益服务的。① 到1993年末，俄罗斯的外交活动开始呈现出一种实用主义的倾向。俄罗斯在与德国的关系发展中，越来越注重保护自身的利益，转变消极的立场，对德国的主动扩张表达了不满，并声称要改革欧洲的安全架构。俄罗斯坚持本国利益的实用主义外交，主要表现在其多极化理念上，即由两个超级大国和两个派系对立的两极世界，不应该发展成由美国领导的单极世界，而是向多极化发展，如此俄罗斯在捍卫自身的国家利益时，就会有更多的选择空间。②

21世纪伊始，俄罗斯政府迅速制定了以"国内优先于国外"为出发点的新《俄罗斯对外政策构想》，《千年之交的俄罗斯》和其他讲话文章都体现出普京的治国纲领和未来的国家政策，普京说："我们对外政策的自主性是毋庸置疑的，这个政策的基础是务实、经济效益、国家利益至上。"③ 在这一阶段，俄罗斯注重与德国开展务实合作，在伊拉克问题上同德法抵制美国的军事行动，俄德多次举行政府间磋商会议并建立双边战略合作伙伴关系。这些都体现了俄罗斯在制定对德国政策的总体方向上遵循着务实外交的原则，权衡国家利益得失。

（三）主要性质：由妥协性转向独立性

俄罗斯独立初期，国内的政治经济形势尚不稳定，叶利钦政府对西方抱有极高期望，因此频繁开展亲近西方的外交活动，追求民主化。1992

---

① 吕萍：《俄罗斯外交政策30年演变》，《俄罗斯学刊》2021年第6期。
② 陈小沁：《俄罗斯外交传统与冷战后俄外交政策的特点》，《西伯利亚研究》2007年第6期。
③ "Новая концепция внешней политики России," Неофициальный Kodeks, Июня 28, 2000, https://docs.cntd.ru/document/901764263.

年，俄罗斯总统访问了德、英、法等国，共同签署了"友好条约"和联合声明，赢得了这些国家对俄罗斯的认可和支持。俄罗斯甚至一度将北约视为在冷战后维护世界安全的重要力量，宣称"俄罗斯对外政策的首要任务是在安全领域同北约及美国建立巩固的联系"。[①] 在地区热点问题上，俄罗斯追随西方国家集团行事，疏远传统盟友，同时放弃了在乌克兰、中亚和外高加索的地区影响力。具体到对德政策上，俄罗斯加快从民主德国撤回驻军，并同意尽快执行欧洲裁军协定及妥善解决德裔问题，在这些方面都对德国作出妥协，对其盲目示好且一再退让。这种外交政策具有强烈的妥协性，错误界定了俄罗斯的国家利益，在实施过程中必然会置国家利益于不顾，甚至被国内反对派批判为"卖国外交"。

事实上，俄罗斯的处处妥协没有如期换来信任和平等对待，西方在有限的经济援助下还附加了诸多政治条件，甚至还积极推进北约东扩，挤压俄罗斯的战略空间。从1992年年中开始，叶利钦政府开始意识到这一问题，总结外交经验教训，逐步放弃对西方乌托邦式的不切实际的幻想，强调东方国家和独联体国家的重要性，并且在一些重大国际问题上谨慎表达自身立场，如1993年9月叶利钦致信德国等西方大国明确表示坚决反对北约吸收东欧国家。在车臣战争、俄格武装冲突与乌克兰危机等政治问题上，德国对俄罗斯进行强烈抨击，对此俄罗斯在外交政策上逐渐疏离德国。普京上台后推行务实主义外交政策，更加强调俄罗斯国家利益的至上性，在安全领域上坚决维护俄罗斯战略空间，指责德国等西方国家无视其地缘政治利益。以上都体现出俄罗斯对德政策的独立性，外交姿态变得更加主动与强硬，并寻求与德国的抗衡地位。总体看，俄罗斯对德政策主要性质的转变也彰显出其外交政策的逐渐成熟。

（四）以发展与德国的经济关系为动力

在俄罗斯奉行的对德政策中有一条主线，那就是以发展与德国的经济关系为动力，这条主线贯穿于俄德关系的任何时期。

---

① 林军：《俄罗斯外交史稿》，世界知识出版社2002年版，第478页。

俄罗斯独立初期也是俄罗斯政治、经济转型最为困难的时期。在经济危机的冲击下，俄罗斯与其他大国交往的目的，从最初追求影响力扩张，转向优先考虑经济发展。西方经济发达，拥有雄厚的资本和先进的科学技术，为获得经济援助，叶利钦先后出访德、英、法等国，通过签订一系列条约来积极引进外资。俄罗斯国内的"民主派"甚至渴望西方国家对俄实施新"马歇尔计划"，迫切希望完成俄罗斯的经济改革，并在不久的将来建立符合西方经济模式的市场经济。①

普京执政后，把俄罗斯发展速度问题提到政治的高度。入主克里姆林宫前夕，普京在《千年之交的俄罗斯》一文中坦言了对俄罗斯经济形势和问题的担忧，"俄罗斯近二三百年来首次真正面临沦为世界二流国家，甚至三流国家的危险"②，警示俄罗斯要努力扭转经济颓废、摆脱危机。与此同时，普京也提出新一届政府以发展经济为核心的执政理念，并将振兴经济作为关键目标。③ 随着国际能源价格不断攀升，俄罗斯抓住良机，实施能源战略，与德国等欧洲国家进行能源合作，诸如"联盟"管道、"亚马尔-欧洲"管道和"北溪"管道等天然气合作项目。俄罗斯依靠自身巨大的能源储量，出口能源以换取国家发展所需的资金，使其经济在短期里不仅摆脱了危机，而且实现了快速增长。

（五）政策理论基础：由片面性转向全方位性

在不同时期，俄罗斯政府都是在一定的理论思想指导下制定对外政策，这也会影响到俄罗斯的对德政策。相关指导理论先后以欧洲-大西洋主义和多极世界理论为代表，体现出政策理论基础从片面性到全方位性的深刻变化。

---

① 吕萍：《俄罗斯外交政策30年演变》，《俄罗斯学刊》2021年第6期。
② Владимир Путин В. С., "Россия на рубеже тысячелетий," Неофициальный Независимая газета, Декабря 30, 1999, https://www.ng.ru/politics/1999-12-30/4_millenium.html.
③ 孟向春：《论俄罗斯国家定位和对外战略的选择》，新疆大学2009年硕士学位论文。

1. 欧洲-大西洋主义

独立初期，俄罗斯政策的指导思想基本立足点是欧洲-大西洋主义。欧洲-大西洋主义源于19世纪中期的西欧学派，其主张西方文化与价值观念，将俄罗斯视为欧洲国家，对苏联等历史传统抱着一种虚无主义的态度，强调复兴俄罗斯只能走西化之路。① 这一理论以身份认同为出发点，完全偏向西方国家，肯定西方文明，强调俄罗斯与西方的共性，忽略了俄罗斯国家自身的特殊性，即使双方存在分歧，俄罗斯也需要以西方方式来进行自身纠正，这些都凸显出欧洲-大西洋主义理论的片面性。

因而，在此理论基础上，俄罗斯的对外政策重点必须是西方国家。俄罗斯外交政策的首要目标不是重新"统一"原苏联的各个共和国，而是要尽早地融入西方的"文明大家庭"中，对西方"一边倒"，寻求与西方建立"伙伴"或者"盟友"关系。在俄罗斯独立之初，叶利钦对德国等西方国家进行了访问，大力倡导与西方"伙伴""盟友"的关系，并在诸如削减核武器、从中东欧各国撤出军队以及南斯拉夫内战等一些问题上作出了重大让步。

2. 多极世界理论

1996年1月，普里马科夫被任命为俄罗斯新外长，他在俄罗斯《独立报》发表了《地平线上的多极世界》一文，系统地阐述了他对多极化的理论观点。他认为，冷战结束后两极格局逐步向多极格局转变，"多极化世界的客观趋势将有助于俄罗斯同世界主要国家确立平等的相互关系模式"，这意味着"俄罗斯的多边外交会有更大的发展空间"。② 这一理论不再是从单一片面的角度来看待俄罗斯与世界的关系，而是以更广阔的视野来观察国际社会，既看到了西方大国的关键意义，也看到了其他国家的重要性，

---

① 王树春、林润苗：《新欧亚主义，还是欧洲-大西洋主义？——冷战后俄国对外政策中的主导思想流派研究》，《俄罗斯学刊》2014年第4期。

② 陈小沁：《俄罗斯外交传统与冷战后俄外交政策的特点》，《西伯利亚研究》2007年第6期。

展现了全方位性的特点。

在此理论基础上，俄罗斯的对外政策不仅表现出强硬态度，而且明显更加务实且更加符合国家利益要求。1998年，俄罗斯以完全成员身份参与七国集团（伯明翰峰会），同年倡导建立中俄印三边机制。在发展与德国的关系中，俄罗斯试图改变被动地位，重视维护自身利益，一方面对德国积极推进北约东扩表示不满；另一方面利用欧美利益差异，加强俄罗斯在欧洲的地位。普京上台后推行的多边务实外交政策也表明，他在很大程度上继承了普里马科夫的多极化世界理念。基于这一点，俄罗斯通过正在形成中的多极化世界来获得其自身的对外战略优势，重视与德国开展务实合作，在伊拉克问题上同德法抵制美的军事行动，加强与德国的能源合作等。多极化外交思想为俄罗斯外交政策带来了新的调整。

三、俄罗斯对德政策发展的动因

随着国内外形势变化，俄罗斯对德政策始终在发展，这种发展既包括"变"，也包括"不变"，其中以"变"为主，是谓从"政热经热"到"政冷经热"。基于国际战略诉求、国家实力水平、地缘环境、利益集团、当权者思想主流与美欧因素的影响，在政治与军事方面，俄罗斯发展对德政策的变化尤为突出。然而，出于对德国强烈的经济诉求，俄罗斯对德政策在经济方面的发展在本质上是"不变"的，不管是经济援助还是经济合作都体现出双方经济交往的稳定与热络。

（一）俄罗斯对德国具有双重利益诉求

1. 经济诉求

俄罗斯对德国具有资金和技术需求，其经济战略是基于开放欧洲市场的需求，借助德国使俄罗斯和欧洲更紧密地联系在一起，迫切地想要通过

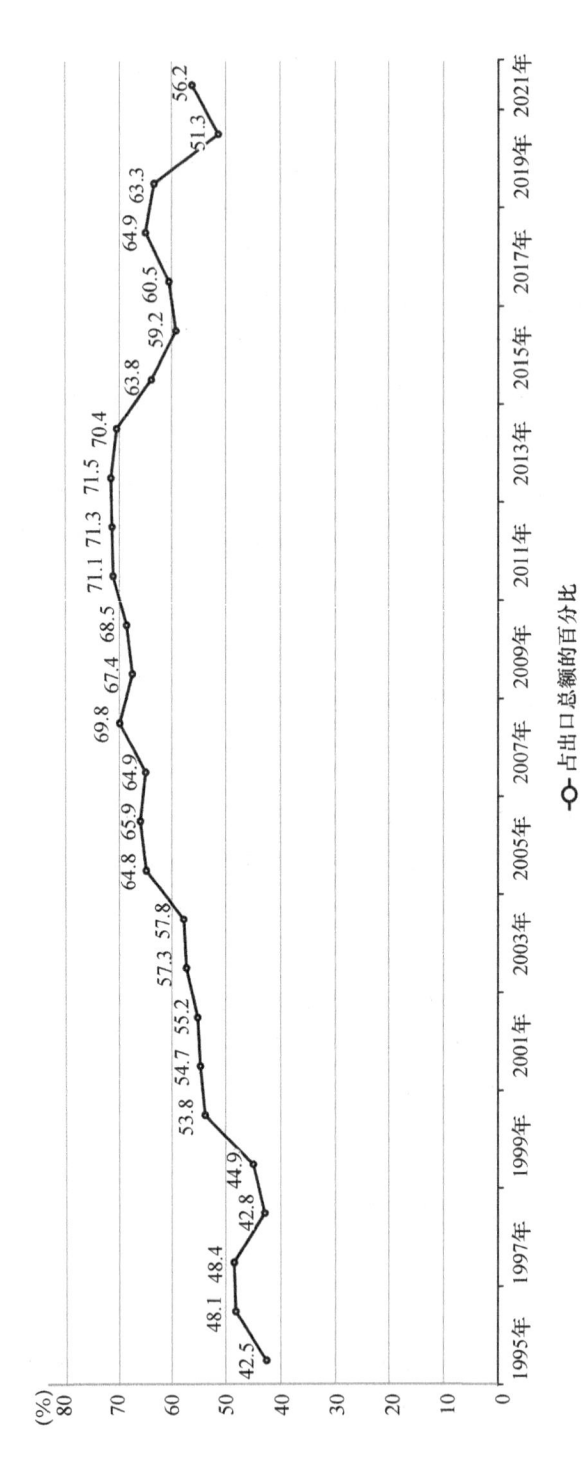

图8 1995年至2021年俄罗斯矿产品出口额占国家出口总额比重

资料来源：俄罗斯国家统计局。

注：矿产品包括石油、天然气和煤等，属于一次能源。

德国这样的欧洲强国来发展自己的经济。俄罗斯地广人稀，资源丰富，但缺乏资金和技术，这是其最大的短板。而德国是一个拥有强大资本和一流经济管理体系的发达国家，俄罗斯需要德国的资金和技术来维持其经济的持续发展。此外，德国是欧洲经济发展的引擎，俄罗斯想通过它的帮助在欧洲建立一个能让俄罗斯参与的广阔的经济领域。

同时，能源贸易是俄罗斯经济的重要组成部分，它在国家出口总额中占据了较大比重，从1995年到1999年，所占比重都接近50%；从2000年到2021年，比重都超过一半，在2013年达到最大比重71.5%。俄罗斯加强与其他国家的能源合作，首先是与欧洲国家组建能源联盟，这也是其重振大国地位战略的重要组成部分。① 俄罗斯的能源战略，一是依托于其丰富的能源储备，通过对外输出，为本国经济发展提供必要的资本；二是凭借其全球能源强国身份，以能源为筹码，谋求更大的政治与安全利益，从而增强其对欧洲事务的影响力。② 而德国处于欧洲中心，具有极其重要的战略地位，在该能源联盟里能够起到桥头堡的作用。

2. 国际战略诉求

随着冷战结束，世界各国面临的国际社会外部威胁逐步消失，欧洲形势也得到了缓和，而欧盟对美国的离心倾向增强，美欧矛盾有所抬头。因此，美国在维持其与欧盟的传统联系时，也会自然而然把北约作为限制欧盟和牵制俄罗斯的重要手段。美国不会允许任何对北约不利的防务设计存在，它担心欧盟发展独立防务力量，这将削弱美国对于欧盟国家的地位。近年来，美国单边主义倾向愈益明显，欧盟和俄罗斯对此强烈反对，双方都意识到借助彼此的力量来抗衡美国的重要性，当欧盟不满美国的压制政策时，俄罗斯将利用此机会进行联欧抗美，逐步削弱美国在欧盟的影响力。

因此，俄罗斯加强与欧盟的安全合作，支持欧盟建设独立防务力量，

---

① 汪宁：《俄罗斯的欧洲战略——俄罗斯与德、法、英三国关系的几点分析》，《国际观察》2006年第5期。
② 王政达：《冷战后欧盟俄罗斯关系研究》，中共中央党校（国家行政学院）2018年博士学位论文。

减少欧盟对北约的安全依赖及美国利用北约对俄罗斯施压的机会。俄罗斯、法国和德国在伊拉克战争中反对美国的共同努力即为俄罗斯与欧盟反对美国霸权主义进行安全合作的范例。而德国在俄罗斯的联欧抗美战略中具有重要意义，英国脱欧后，德、法、意成为领导欧盟新的"三驾马车"，俄罗斯希望获得德国在国际事务中的积极协商配合，让其发挥俄美欧多方对话中的桥梁作用。

（二）俄罗斯自身实力水平与定位是其发展对德关系的基础

俄罗斯独立之初，政治经济转型极为困难，在经济危机形势严峻的情况下，俄罗斯需要大力发展与西方国家的关系，其中以德国为代表。在这期间，俄罗斯的整体实力下降，远逊于苏联，为寻求德国的经济援助，主动向德国示好，在德裔、撤军与裁军等重大问题上都做出了让步，在发展对外关系中处于被动地位。俄罗斯政府把俄罗斯界定为欧洲-大西洋主义的地区性大国，认为自身需要加入欧洲这一"集体"，而非与西方国家相抗衡。[①] 20世纪90年代末，俄罗斯几乎与整个西方世界在南斯拉夫和北约东扩等问题上存在分歧，但是由于综合国力的限制，加之国内政治和外交的困境，俄罗斯在与欧美国家尤其是与美国的僵持中束手无策。

普京执政期间，俄罗斯经济环境平稳，结束了经济萧条，出现了经济增长。2001年，在西方经济普遍衰退的背景下，俄罗斯的国民生产总值仍然有5.5%的增长。[②] 随着国内经济的好转和国际油气价格的上涨，普京政府得以增加收入并偿还外债，俄罗斯自身实力和外交地位得到了大幅度提升。随着世界能源体系的变动，俄罗斯在能源出口中受益匪浅，国力大增，外交上也从被动转为积极主动出击。在对德关系中，俄罗斯与德国建立平等的伙伴关系。在与德国的能源合作中，俄罗斯占据主导地位，使德国对其高度依赖。

---

① 孟向春：《论俄罗斯国家定位和对外战略的选择》，新疆大学2009年硕士学位论文。
② Кирилл Алексеев, "Экономика, ВВП и При Чем Здесь Биг Мак," Федеральная службагосударственной статистики, https://rosstat.gov.ru/ps/accounts/.

（三）内外部多重因素影响俄罗斯对德政策

1. 内部因素

（1）地缘环境

俄罗斯的地缘政治特征是在其独特的自然地理环境基础上形成的，其大部分领土都在东欧平原上，该平原地势开阔且没有天然地理屏障，使俄罗斯在历史上不断受到邻国的侵扰，由此自然缺少安全感。平原地形的脆弱性迫使俄罗斯不断扩大其安全边界，这样才能控制更多的领土，防止敌人接近其核心安全区域。俄罗斯国家的领土和人口越多，扩张实力就越强。但是，日益扩大的领土也会加剧不安全感，这反过来又促使俄罗斯四处拓展疆域，因此形成"不安全—对外扩张—感到更加不安全—进一步扩张"的恶性循环。对俄罗斯而言，势力范围的大小在其国家安全中的地位举足轻重，在这种领土扩张和安全感缺失的反复循环中，建立缓冲区和控制势力范围便成为俄罗斯传统的安全模式。[①]

冷战结束后，俄罗斯认为北约东扩触及了原苏联的势力范围，这将破坏欧洲的战略平衡，使西方国家获得更大的战略空间，从而削弱俄罗斯在中东欧地区的影响力。俄罗斯地处欧亚大陆中心，缺乏天然地理屏障，因此中东欧地区自然被赋予非常重要的地缘缓冲作用和战略意义。所以长期以来，俄罗斯都试图将该区域作为俄罗斯与其他欧洲强国的一个缓冲区。就俄罗斯而言，随着苏联军队撤离中东欧，俄罗斯丧失了2000多公里的战略纵深，统一的国家防卫系统骤然瓦解，西北、西南、南部的地缘环境急剧恶化。在此背景下，中东欧国家若多数加入北约，俄罗斯数百年来所构筑的安全防线将会被摧毁。[②] 因此，俄罗斯对外的战略任务之一就是避免中东欧与俄罗斯彼此隔绝，进而对德国积极推进欧盟与北约东扩表示强烈

[①] 王政达：《冷战后欧盟俄罗斯关系研究》，中共中央党校（国家行政学院）2018年博士学位论文。

[②] 王政达：《冷战后欧盟俄罗斯关系研究》，中共中央党校（国家行政学院）2018年博士学位论文。

不满与反对。与此同时，俄罗斯对德国也一直存有戒心，它对德国的过去记忆犹新。因此，尽管俄德两国在经济上存在共同利益，但双方在地缘政治上的分歧根深蒂固，这促使俄罗斯在对德政策方面选择偏向谨慎，既存在"和"也包含"斗"，但斗而不破。

(2) 利益集团

叶利钦时期，具有经济利益诉求的寡头势力参与政治，推动俄罗斯初期对西方民主思潮的引进。俄罗斯的利益集团建立之后，在文化方面向往西方式的民主，宣传西方民主自由的价值观和生活方式。西方民主思想大规模地涌入俄罗斯并进行渗透，推动了俄罗斯政府在经济上实施"休克疗法"，造成了严重后果。同时，俄罗斯金融寡头集团利用这种西方理念来掠夺和垄断社会资源，因为他们掌握了主流媒体的话语权，所以能够轻易地进行政治宣传，从而对社会产生影响。[1] 这些都对当时欧洲－大西洋主义思想在俄罗斯的盛行有一定的推动作用。同时，俄罗斯总统叶利钦也看中了寡头们拥有的财富与资源，选择与他们合作。以上都影响了俄罗斯独立初期的对外政策，促使其向德国等西方国家积极示好与妥协，寻求在政治、经济与文化等方面的合作。

普京时代，俄罗斯大力打击寡头干政，加强国家经济管理。普京政权治理寡头的措施主要包括：首先，在经济方面，国家通过对别列佐夫斯基、古辛斯基和霍多尔科夫斯基这三个主要寡头人物展开经济调查，从而强化对关键战略资源和企业的控制；其次是在政治方面的改革，颁布政党法，提高政党门槛标准，终结了叶利钦政府管理下的党派割据的局面。同时设立七个总统特使，加强中央对地方的掌控；最后，强化对媒体的控制，掌握舆论话语权，赢得控制局面的主导权，确保国家权力的独立性和权威性。[2] 这些都推动了俄罗斯在发展对德关系时避免受到国内寡头利益集团的干涉，不再积极示好且一味推崇与妥协于德国等西方国家，而是采取"斗而不破，和而不同"的谨慎战略，试图谋求主导地位。

---

[1] 陶林：《论俄罗斯利益集团政治参与对政治文化的双重影响》，《理论月刊》2016 年第 3 期。

[2] 陶林：《论俄罗斯利益集团政治参与对政治文化的双重影响》，《理论月刊》2016 年第 3 期。

(3) 当权者思想主流

首先是欧洲-大西洋主义，无论从国家综合实力还是意识形态上，西化论者坚定地致力于避免与西方发生冲突，并寻求与西方平等的接触。他们认为只有西方文明才能持续生存和发展，而俄罗斯作为欧洲国家，必须选择西方世界和制度。与此同时，俄罗斯政府的主流意识形态与国内主流观点保持一致，在俄罗斯的主要领导人等政治力量的主观判断中，俄罗斯和西方的关系处于优先地位。外长科济列夫作为"大西洋主义派"的代表，曾在公开场合宣称俄罗斯与德国等西方国家具有"共同的价值观念"，俄罗斯对外政策的一个目标就是争取在经济上与西方尽快实现"一体化"。[1] 这些都推动了当时的俄罗斯极力追求民主与经济改革，在对外政策上选择追随与示好德国等西方国家。

其次是"多极化"外交思想理论，相比"欧洲-大西洋主义"外交思想，它使俄罗斯外交政策有了清晰的理论依据，摒弃了原来的意识形态色彩。俄罗斯领导人在多极化世界"重要一极"战略思想的指导下，能够更加深刻地认识国际形势，从而制定更加合理与协调的全球和区域政策，并且能够按照俄罗斯的战略目的和设想，处理好同世界各国的经济和政治权力中心之间的关系，实现国家利益。[2] 外长普里马科夫在各种场合宣传俄罗斯的"多极化"外交思想，强调俄罗斯应以积极、全方位、独立平等、非对抗为外交基本原则。普京上台后的多边务实外交实践也表明，他基本上延续了多极化世界的理念，在发展对德关系中，遵循务实原则，始终保持经济合作。

最后是俄罗斯社会核心价值观。转型时期的社会动乱和寡头政治的残酷社会现实使得俄罗斯社会舆论大多认为，俄罗斯不应一味效仿西方的民主模式和文化，而应该走自己的道路，建立相适应的政治核心价值观。普京在这一问题上主要从四个方面着手：第一，在西方世界和平演变和周边国家"颜色革命"的背景下，他提出了"主权民主"概念，并力图使其成为俄罗斯的政治文化主流。第二，提出了以爱国强国、国家作用和社会团

---

[1] 孟向春：《论俄罗斯国家定位和对外战略的选择》，新疆大学2009年硕士学位论文。
[2] 孟向春：《论俄罗斯国家定位和对外战略的选择》，新疆大学2009年硕士学位论文。

结为特征的兼容并蓄的俄罗斯新思想。第三，对俄罗斯东正教在文化凝聚中发挥的重要作用予以高度重视，试图用宗教力量规范俄罗斯公众的思想和行为。第四，从苏联的失败中汲取经验与教训，对苏联历史遗产进行辩证研究。普京并没有完全否定或肯定苏联历史，他在承认其具有合理性的同时，客观上指出其不足。[①] 这些都推动着俄罗斯社会逐渐形成本国主流的核心价值观，不再只是盲目狂热地崇拜德国等欧美国家的西方式民主，而是强调俄罗斯自身的独立性与特殊性，进而在发展对德关系中寻求平等甚至是主导地位。

2. 外部因素

（1）欧盟的多重考量与作为促使俄罗斯对德政策变化

一方面，欧盟为维护欧洲大陆安全对俄罗斯具有戒备心理。出于对俄罗斯历史恐惧的心理倾向，欧洲各国视俄罗斯崛起为最大的安全威胁。欧洲对于俄罗斯的历史传统和政治制度仍然充满忧虑和怀疑，这种心理倾向即使在苏联解体后乃至今天也未消失。苏联解体后，俄罗斯国力下降，欧洲各国纷纷加入美国领导的北约，并极力推动北约向东扩张，以压缩俄罗斯的战略空间，摆脱俄罗斯对外扩张进而对欧洲安全架构造成威胁的历史忧虑。此外，俄罗斯与德国拥有不同的观念形态与价值标准，德国等西方国家经常在民主价值和人权问题上抨击俄罗斯，这些都让俄罗斯感到强烈不满，并在政治上逐渐与德国疏远。

另一方面，欧盟的战略自主目标又促使其审视对俄态度。欧盟企图以俄美矛盾为契机增强其对俄罗斯的影响力，或谋求充当俄美两国间的中间调解人角色，从而提升欧盟国际地位。随着美国单边主义日益猖獗，欧盟越来越倾向于与俄罗斯就区域和国际安全问题进行有选择的对话和合作，以维持欧洲总体局势的平衡和稳定。美欧间压制与反压制、主导与战略自主的政策博弈对欧盟的"战略觉醒"起到了推波助澜作用，促使欧盟努力实现战略上的自主权和政策上的独立性，其中就涉及俄欧在战略方面接近

---

① 陶林：《论俄罗斯利益集团政治参与对政治文化的双重影响》，《理论月刊》2016 年第 3 期。

的这一政策重塑问题。① 而德国作为欧盟的重要成员国，在政策选择上不可避免地会受到欧盟的影响，所以欧盟以上对于欧洲利益的多重考量与做法必然会间接影响到俄罗斯对德关系的发展，在政策选择上也具有两面性。

（2）美国的介入推动俄罗斯对德政策变化

美国为防止俄欧结盟影响其全球霸主地位，长期离间俄欧关系。苏联解体后，凭借强大雄厚的综合国力，美国自然成为了世界上唯一的超级大国。基于这一点，美国重新制定了国际战略，以巩固其唯一超级大国的地位，并建立一个以美国为首的单极世界，极力避免任何一个国家或团体对其领导力构成威胁。为此，它甚至不惜动用武力，到处推行霸权和强权政治。一方面，第二次世界大战后欧洲沦为美国的"后花园"，但随着经济发展，欧盟的战略自主意识不断提高，试图发展独立防务力量，并想通过俄欧关系来寻求独立自主，美国因此更加提防俄德接近并利用政治、经济与安全等手段"捆绑"这些欧洲国家；另一方面，面对昔日对手苏联的主要继承国俄罗斯，美国始终对其大国野心有所顾虑，同时忌惮俄罗斯与美国不相上下的核力量，这也使美国不敢轻举妄动，而是采取措施破坏俄罗斯与德国等西方国家的密切联系进而达到联欧制俄的目的。2022年俄乌冲突爆发前，美国一直渲染战争氛围，增加欧洲对俄罗斯的恐惧不安，并间接对德国暂停"北溪-2"项目施加一定的压力。这些都对当前俄德关系降至冰点产生了影响，造成俄罗斯对德政策的恶化。

四、俄罗斯对德政策的未来趋势

（一）短期：持续恶化，反制裁常态倾向突出

一方面，2022年俄乌冲突爆发后西方国家对俄罗斯的集体制裁不断增

---

① 李宛桐：《俄罗斯传统欧洲均势外交探析》，山东大学2021年硕士学位论文。

多加重，在美国与欧盟的压力下，以及出于对人权与民主价值的维护，德国对俄罗斯进行持续制裁，并对乌克兰进行武器支援。对此，俄罗斯作出回应，紧急实施对德国的反制裁措施。

另一方面，北约东扩的进程仍在持续，北欧两国芬兰和瑞典正式签署加入北约的议定书，俄罗斯对此回应已计划采取安保举措。[①] 值得注意的是，俄乌冲突爆发后，一些东北欧国家由于历史原因会增加对俄罗斯的防范，为此寻求北约庇护。但是北约东扩问题触及俄罗斯核心利益，所以这将不断挑战俄德关系。在此背景下，从短期看，俄罗斯的对德政策将极有可能持续恶化，且反制裁常态化倾向突出。

（二）长期：具有不确定性与不稳定性，存在反制裁与合作并存趋向

首先，从以往在危机事件后西方对俄罗斯集体制裁的情况来看，美国将会极力避免德国等欧洲国家减弱对俄罗斯的制裁；相应地，在冲突结束后，上述相似状况预计也会发生，从而俄罗斯也不会轻易放弃反制裁措施。

其次，从俄罗斯近三十多年对德国的态度看，政策具有反复性，尽管俄罗斯多次在外交政策上与德国疏远，但双方仍保持在经济领域的有限合作，尤其是在能源方面。因此，2022年俄乌冲突爆发后，虽然德国与俄罗斯存在制裁与反制裁行为，但是由于地缘关系、历史联系和供需的刚性制约，以及德国国内民众生活需求与强烈舆论，双方的能源相互依赖关系几乎不会发生改变，两国仍会存在经济上一定的联系与合作。

最后，客观上来说，作为影响俄罗斯发展对德关系的根本性因素，北约东扩这一问题在长期内也难以得到根本解决，甚至可能会彻底恶化。所以，从长期看，俄罗斯的对德政策具有不确定性与不稳定性，存在反制裁与合作并存趋向。

---

① 《芬兰、瑞典签署入约议定书 俄方：俄军计划采取安保举措》，海外网，2020年9月30日，https://m.haiwainet.cn/middle/3541083/2020/0930/content_31887377_1.html。

结　语

综上所述，冷战后俄罗斯的对德政策可以分为两个阶段：1991年至2007年的"和平友好，寻求合作"；2008年至2022年的"斗而不破，和而不同"。在此基础上可以提炼出俄罗斯对德政策演变的五个特点，分别是和平稳缓，主张对话与合作；务实外交，权衡国家利益得失；主要性质由妥协性转向独立性；以发展与德国的经济关系为动力；政策理论基础由片面性转向全方位性。

从本文的分析可以看出，俄罗斯发展对德政策是基于其对德国的经济与国际战略的双重诉求。同时，俄罗斯自身实力水平与定位是其发展对德关系的基础。此外，内外部多重因素也会影响俄罗斯对德政策，内部因素包括俄罗斯的地缘环境、利益集团和当权者思想主流，外部因素则分别有欧盟的多重考量与行为和美国的介入影响。

至于俄罗斯对德政策的未来趋势，从短期看，由于俄乌冲突和北约东扩进程的持续，俄罗斯的对德政策将极有可能持续恶化，且反制裁常态化倾向突出。从长期看，即使俄乌冲突结束，德国等西方国家对俄罗斯的集体制裁不会减弱，同时北约东扩这一问题难以得到彻底解决，但是基于双方的能源相互依赖关系，俄德仍会保持经济上的有限合作。所以，俄罗斯的对德政策具有不确定性与不稳定性，存在反制裁与合作并存趋向。

美俄间网络战分析与展望

李　玥　林尚沅[*]

【摘　要】20世纪90年代，在科学技术的支持下，国家间博弈的战场逐渐从有形拓展到无形，从传统现实空间延伸到网络虚拟空间。科学技术的先进性赋予大国在网络空间领域更多的主导权和先发制人的优势。作为网络空间探索的发起国和互联网技术发展速度最快的高科技国家，美国与俄罗斯在网络空间占据着不容置疑的发展优势，而这也形成了两国在网络空间权力的争夺。近年来，日益频繁的网络攻击事件凸显出网络空间逐渐成为继陆海空天之后的"第五战场"，是大国战略力量博弈的重要场所。由此，美俄两国以各种方式展开了激烈的制网权的争夺。本文将透过美俄间网络战的事件，分析美俄间网络战的特征、动因，实施网络战的政策态度及实际战争影响，并对未来网络战的发展情况进行预测和展望。

【关键词】美国　俄罗斯　美俄关系　网络战　军事战略　网络攻击

---

[*] 李玥，广东外语外贸大学国际关系学院外交学专业2021级本科生；林尚沅，广东外语外贸大学国际关系学院外交学专业2021级硕士研究生。

一、美俄网络战

科学技术的快速发展推动战争形态产生深刻演变，作战场域的进一步开拓及作战技术的不断发展拓展了大国战略力量博弈的范围。美国由于高度发展的互联网技术和全球领先的网络空间探索程度，率先提出"网络战"这一新兴概念，同时将其第一次实际应用于1999年的科索沃战争。在美国政府及军方给出的战略报告中，"网络战"被形容为在网络空间实施的军事、情报及业务活动。[①] 与此同时，俄罗斯作为传统军事大国，工业基础雄厚，高科技实力较强，基于对美网络空间军事化发展的威胁认知，提出"信息安全是俄罗斯国家利益的一个独立组成部分"，增加该领域的军事能力建设及相关行动，从而更好地应对西方尤其是来自美国的"信息战"。自20世纪90年代末，美俄双方加紧网络空间军事作战能力建设。两国不约而同地以训练为目的展开了一系列对他国的网络攻击，同时以辅助实战打击为目的将网络攻击的"种子"秘密埋入对方国家的网络环境中，开始了长期的情报窃取，以备必要时予以网络攻击。

由于美俄战略竞争导致话语权博弈，在网络空间中具体表现为，美国对该领域战争用词一般为"网络战"，俄罗斯则选择采用"信息战"。由于在后续战略博弈的发展中，"信息战"已经从网络空间作战拓展到包括舆论战、认知战等多个领域。因此，为了论述的准确性，本文中将统称为"网络战"。考虑到网络战存在较长的潜伏期及瞬时的攻击性，因此很难明确其具体的发起时间，以下将兼顾网络战被感知时间及其重要性，阐述美俄网络战的典型事件（标注时间为可证实网络攻击的时间）。

---

① 李明海：《美国网络空间作战的演变趋势与应对策略》，《中国信息安全》2022年第9期。

(一) 美国对俄罗斯发起的网络攻击

1. 美国"棱镜计划"（2007年至2013年）

自2007年起，由美国国家安全局和联邦调查局联合发起了一项代号为"棱镜"的绝密电子监听计划，即"棱镜计划"（PRISM）又称US-984XN。[①]

该计划于2013年6月由美国中情局前特工爱德华·斯诺登曝光。他表示，该计划是美国国家安全局的一个绝密监控项目，是覆盖面最广的网络情报窃取计划，可以对包括电子邮件、网络访问、搜索记录在内的网络用户在网上的一切行为进行深度感知并窃取有效信息。为了推动该计划的有效实施，达到监控全球的目的，美国国家安全局在全球150个国家和地区共设立了超过700多个服务器。该计划涉及对俄罗斯、中国等国的监控，包括搜集电子邮件地址、电话号码、网络浏览历史记录等所有网络活动，对涉及国家的网民在互联网上的每个行为进行几乎全方位的监控。

据斯诺登自述，进行全球监控的美国国家安全局的工作人员（分析师），只需要用一种计算机格式将所需搜索条件进行编码，即可搜索到被监控人的所有网络记录甚至是最私密的活动，而这种编码在执法审查人员的深入调查中也只会成为片段式的乱码。斯诺登曾说："我就坐在办公桌前，可以窃听任何人，包括你和你的会计师、联邦法官甚至是总统，只要给我一个电子邮件地址。"[②]

而后于美国参议院听证会上，美国国家安全局发表声明称，监视计划或跟踪他们所做的信息只针对外国目标，以保护美国的国家利益和需求，同时承认"互联网最广泛的情报监视系统"的存在，但解释该项目是外国信号收集的合法计划，旨在对外国威胁进行情报和监视，称该项目"是国

[①] 方兴东、张笑容、胡怀亮：《棱镜门事件与全球网络空间安全战略研究》，《现代传播》（中国传媒大学学报）2014年第1期。

[②] Maureen Webb, "Coding Democracy: How Hackers Are Disrupting Dower, Surveillance, and Authoritarianism," Cambridge: The MIT Press, 2020, p.66.

家安全局对外情报合法收集系统的一部分"。①

2013年6月18日，斯诺登提供一份美国国家安全局的文件，显示美国于2009年二十国集团峰会上对时任俄罗斯总统梅德韦杰夫与国内的通话进行监听。根据该文件，美国已从2009年4月1日抵达伦敦当天就开始对梅德韦杰夫进行监听。② 但美国对俄罗斯的监视窃听并未对俄罗斯造成明显的影响。对此，俄罗斯总统普京于2013年7月7日就美国的该计划进行回应，表示不希望斯诺登事件会影响到俄美关系，强调俄美关系比情报部门之间的争执更重要。

2. 美国"电幕行动"（2005年至2015年）

据北京奇安盘古实验室实验分析证明，美国自2005年开始对包括俄罗斯在内的45个国家和地区近287个重要机构目标发起"电幕行动"，该行动主要是以信息窃取为核心任务，同时将在必要时协同发起网络攻击。③ 由美国国家安全局下设的国家级超一流黑客组织"方程式"具体执行网络攻击行动。"电幕行动"实质上是将一个超级后门程序注入目标主机，悄无声息地覆盖其操作系统，在成功入侵后暗中窥视并控制目标主机，具有隐蔽性高、可自毁、难追踪的特点。

"电幕行动"是美国"棱镜计划"的改进版，主要表现在攻击水平的提高和攻击范围的扩大。在攻击技术的持续研发与迭代中，"电幕行动"的核心技术为"超级后门"程序搭配"超级零日"漏洞，具有极高的自适应和灵活性，可以自行完成被探测到后的毁灭任务，提高了攻击的有效性，对受害主机获取入侵信息起到一定的拒止作用，增强了对攻击取证分析的难度。"电幕行动"扩大信息窃取和网络攻击的范围。从国家核心部门的数据到高校数据系统、军事工业单位等均遭到了不同程度的网络攻击。多点攻击为国家网络安全防御系统的更新和完善提出了更高的要求。

---

① 赵恩霆：《美"Xkeyscore"项目想盯谁就盯谁》，《齐鲁晚报》2013年8月2日。
② 《斯诺登再爆料：美曾监听俄时任总统梅德韦杰夫电话》，人民网，2018年6月18日，http://ru.people.com.cn/n/2013/0618/c360502-21874121.html。
③ 《Bvp47-美国NSA方程式组织的顶级后门》，北京奇安盘古实验室，https://www.pangulab.cn/post/the_bvp47_a_top-tier_backdoor_of_us_nsa_equation_group/。

在"电幕行动"潜伏的十多年中，美国收获了大量高价值情报，其危害性无法估量。

3. 美国"神行客"黑客小组发起网络攻击（2011年至2016年）

自2011年10月起，美国网络安全技术供应商赛门特克安全反应团队在社交软件上声明存在一个具有美国国家背景的"神行客"（Strider）黑客小组拥有较先进的网络攻防技术，暗中持续有选择地对俄罗斯等国目标展开长期的网络间谍式攻击，具有极强的隐蔽性和目标性。根据赛门特克的取证分析，他们发现该黑客小组利用"雷姆斯卡"（Remsec）后门恶意程序，对俄罗斯发起的攻击占对外攻击行动的绝大多数，通过获取目标主机浏览情况、键盘活动记录以及窃取主机存放的文件数据信息等，形成对目标的隐蔽监视。

4. 美国对俄罗斯国家电网进行网络攻击（2012年至2019年）

2019年6月15日，美国国家安全局的官员在《纽约时报》上公开表示，自2012年起，美国正在加强对俄罗斯电网的数字入侵——植入恶意代码，至少从2012年起，美国就已经对俄罗斯电网的控制系统进行了侦察调查。[1] 同时，美国在俄罗斯电网以及其他关键信息基础设施内部署的恶意代码的行为是针对俄罗斯的虚假信息传播以及黑客部门行动进行提前布置与安排，整体呈现出美国网络战的进攻性和俄罗斯的防御性。

5. 俄罗斯对美国中期选举发起网络攻击（2018年）

鉴于俄罗斯对美国总统大选带来的消极影响，2018年美国中期选举的前几个月，美国网络司令部成员将消息发送给可能的俄罗斯"巨魔工厂"

---

[1] David E. Sanger and Nicole Perlroth, "U. S. Escalates Online Attacks on Russia's Power Grid," The New York Times, July 15, 2019, https：//www.nytimes.com/2019/06/15/us/politics/trump-cyber-russia-grid.html.

(俄罗斯互联网研究院)①的成员,警告他们不要干预未来的选举。选举当天,美国网络司令部发动对俄罗斯的网络攻击,切断俄罗斯互联网研究机构与互联网的连接,持续时间在一天左右。美方表示本次攻击只是为了防止"巨魔工厂"在美国人投票时传递虚假消息,希望阻止俄罗斯对美国选举的进一步干预,而不是对俄罗斯产生实际的破坏性行为。根据美国国防部官员收集的情报,"巨魔工厂"的"巨魔们"对断网感到非常沮丧,曾向管理员投诉。在本次对俄网络攻击中,美国网络司令部展现了其拥有的强大的网络攻击能力。

6. 美国政府承认对俄网络攻击行动(2018年)

2019年5月,美国总统特朗普在接受福克斯新闻网记者史蒂夫·希尔顿采访时承认了在他任期内对俄罗斯发起的网络攻击,②并证实,他在获悉"俄罗斯干预美国选举的情报"后,于2018年批准了对俄罗斯互联网研究所的网络攻击,表示这一攻击是在美俄两国政治对抗日益激烈的背景下进行的,还强调"网络攻击是对抗俄罗斯更广泛政策的一部分"。随后,美国高级官员证实了这次攻击的有效性,即这次攻击使俄罗斯互联网研究所的服务器被烧毁,俄罗斯国家通讯社断网长达数日。俄罗斯总统新闻秘书佩斯科夫也表示,美国官方的确参与了对俄罗斯的网络攻击,这一点确信无疑。

7. 美国对俄罗斯国家杜马选举发动网络攻击(2021年)

2021年9月21日,俄罗斯驻美国大使馆发表声明称,美方在俄罗斯国家杜马选举期间多次发动网络攻击,证据来源即网络攻击发起的IP地址大多来自美国境内,俄罗斯将等待美方对此进行解释。③但根据后续双方的互动情况来看,美国并没有对此进行直接的回应。

---

① 李奇志、唐文章、吕玮:《俄罗斯网络战发展研究》,《信息安全与通信保密》2021年第4期。
② 石宁、祝洁:《美首次承认对俄网络攻击》,《中国国防报》2020年7月17日。
③ 《俄指责美对俄杜马选举发动网络攻击》,新华网,2021年9月21日,https://www.news.cn/world/2021-09/21/c-1127885971.htm。

8. 美国利用"酸狐狸"漏洞攻击武器平台对俄展开网络攻击（2022年）

根据中国国家计算机病毒应急处理中心及360网络安全实验室的技术分析声明，由美国国家安全局牵头，其下属情报部门特定入侵行动办公室负责具体执行对以中国、俄罗斯为主要攻击目标的网络攻击行动采取了网络战主战装备"酸狐狸"漏洞攻击武器平台，具有极强的渗透攻击性。该平台将俄罗斯的卡巴斯基杀毒软件以及中国的江民杀毒软件等明确作为网络攻防技术对抗目标。该武器平台在网络系统漏洞中植入以"验证器"为代表的后门程序。在网络攻击过程中，发起攻击的一方可通过后门程序长期潜伏在待攻击的受侵目标主机，增强网络攻击的渗透作用。从攻击的有效程度来看，"酸狐狸"漏洞攻击武器平台具有极强的适配性，可以渗透匹配不同操作系统的计算机；具有长续航性和高工作效率，可7×24小时在线运行，以提供文件浏览、下载以及传输的连续性；具有防追踪的自毁功能，为了防止被从受害主机端溯源攻击初始互联网协议地址，在特定情况下可以紧急清除及销毁。在这一武器支持下，美国可以借助"酸狐狸"漏洞攻击武器更加便捷地将更复杂的木马程序植入，同时加大对攻击目标开展系统环境信息的收集力度。

此外，根据中国国家计算机病毒处理中心发布的报告，美国借助该类平台与其他"五眼联盟"国家情报机构建立情报共享合作机制，意在打造全球性网络情报搜集体系。

（二）俄罗斯对美发起的网络攻击

由于俄罗斯网络空间作战技术发展较美国晚，且前期主要以防御为主，对美发起网络攻击的次数较美国少，且大部分具有象征性意义。

1. 俄罗斯潜入美军战区指挥网（2008年）

俄罗斯于2008年11月对美国重要司令部计算机系统及负责监控伊拉克和阿富汗战区指挥部计算机系统发起了网络攻击，指向性明确，攻击性较强，属于有计划的网络攻击。俄罗斯黑客通过美军网络上传播的最新恶意软件入侵所接触到的各类计算机系统，同时还进入美军高度防护的绝密军事网站。通过这次网络攻击，俄罗斯向美国亮出了自身网络军事实力，绝密军事信息的泄露给美国造成了较为严重的损失。①

2. 俄罗斯对美国总统大选网络攻击（2016年）

俄罗斯发起网络攻击对2016年美国总统选举进行干预，美国指控俄罗斯的不正当干预行为，同时美国情报系统将此称为"通俄门"事件。

在2016年美国总统选举期间，俄罗斯互联网研究中心，又称"巨魔工厂"②，雇用数百名员工，以窃取美国公民身份、租用位于美国本地服务器使用VPN等方式，在美国主流社交媒体上发布针对性宣传，如推特、脸书等。此举意在干扰美国总统选举，破坏竞选政治局面。

在2016年7月的一次新闻发布会上，当时的总统候选人特朗普呼吁俄罗斯干预2016年美国大选，他表示，"俄罗斯，如果你在听的话，我希望你能帮忙找到希拉里·克林顿不见了的那3万封邮件"。而后，特朗普称赞了"维基解密"的做法。

2016年10月8日，美国国土安全部同国家情报总监办公室共同发表相关联合声明表示，基于调查结果指向，俄罗斯的情报机构在本年度的美国大选中对包括美国主要政党在内的目标发动了网络攻击。③俄罗斯情报机构对美国大选初选阶段的智库及可能影响美国未来政策走向的游说组织进行了网络监控。自2015年6月起，持续近一年时间，俄罗斯的网络安全部门对美国民主党的电子邮件所在服务器发起渗透入侵，不断对美进行监控、窃取信息。从2016年3月起，俄罗斯总参谋部情报总局开始启动对美大选网络攻击。俄罗斯方面同时入侵希拉里·克林顿竞选团队成员的私人

---

① 《俄罗斯网络战能力研究》，安全内参，2018年11月16日，https：//www.secrss.com/articles/6458。

② 夏庄、任重、柳玉鹏：《美媒称俄"巨魔工厂"干预大选》，《环球时报》2017年10月19日。

③ "Background to 'Assessing Russian Activities in Recnet US Elections': The Analytic Process and Cyber Incident Attribution," Office of the Director of National Intelligence and National Intelligence Council, Jan. 6, 2016.

邮件账户，并通过其账户将希拉里和民主党的负面新闻发送给著名网站维基解密和一位匿名博客（WordPress），公开了相关电子邮件。俄罗斯一系列网络攻击行为通过影响媒体，操控舆论，导致了持续几个星期对希拉里·克林顿竞选活动不利的报道，同时间接输入克里姆林宫对于本次美国大选的意向即支持特朗普，试图对2016年的美国总统大选进行干扰。在此之前，特朗普对普京表示赞赏，表明会重新考虑与俄罗斯的关系，包括进行结盟。俄罗斯方面认为希拉里·克林顿对俄态度是敌视的。美国表示，确信俄罗斯通过古奇菲尔2.0、俄罗斯情报网站（DCLeaks.com）和维基解密泄露了黑客盗取的有关美国本次总统大选的数据信息，并向媒体提供了文件。俄方选择与维基解密合作正是看重其内容从不弄虚作假的"声誉"。对于俄罗斯对美国总统大选的干扰，白宫新闻发言人称，美国会向俄罗斯黑客回敬以"同等的报复"。

2016年末，由美国国土安全部和情报机构联合公布了一份报告，美国首次在官方报告中点名俄罗斯，表示当前存在的网络攻击的源头和策划人为俄罗斯。同时，在报告中，美国还正式将民主党全国委员大会遭受恶意网络入侵的行为与俄罗斯的联邦安全局和参谋部情报总局等军事机构关联在一起，指向性明显。其中，美国官员坚定地认为，由俄罗斯的情报机构负责的在美国境内实施的网络攻击及借助网络进行的间谍活动已超过10年，俄罗斯持续从美国社会各方面部门和机构窃取重要信息，扰乱社会秩序正常运行。[1]

2016年12月29日，此时美国本次总统大选结果基本落定，时任美国总统奥巴马依据"俄罗斯干预美国大选进程"的报告[2]，以俄罗斯涉嫌通过网络干预美国选举为由，决定对俄罗斯进行制裁，即将35名俄罗斯驻美外交人员驱逐出境，并对俄罗斯在美房产进行处理。[3]

---

[1] 何维保：《"通俄门"事件的起因、发展及影响》，《美国研究》2017年第5期。

[2] Nakashima, Ellen, " U. S. government officially accuses Russia of hacking campaign to interfere with elections," Washington Post, Oct. 7, 2016, https://www.washingtonpost.com/world/national - security/us - government - officially - accuses - russia - of - hacking - campaign - to - influence - elections/2016/10/07/4e0b9654 - 8cbf - 11e6 - 875e - 2c1bfe943b66_story.html.

[3] 《美俄网络战回响深远》，新华网，2017年1月4日，https://www.xinhuanet.com/world/2017 - 01/04/c - 129431157.htm。

(三) 美俄网络战升级 (2022 年)

2022 年 2 月 25 日，全球最大的政治性黑客组织"匿名者"（Anonymous）在推特上宣布发起对俄罗斯的网络战并对攻击"今日俄罗斯"电视台网站事件负责。[①] 当日，"今日俄罗斯"电视台表示，自 24 日下午 5 时以来，以分布式拒绝服务攻击为主要攻击方式的网络攻击对俄罗斯发起了猛烈袭击。据调查，其中近三成攻击地址的来源是美国。[②]

2022 年 2 月 25 日，在美国著名媒体 MSNBC 对美国前国务卿希拉里·克林顿进行采访，希拉里·克林顿以公开的方式，煽动鼓励美国的黑客加入对俄罗斯发起的网络攻击中，以此强烈抗议俄罗斯对乌克兰的"侵略"行为。[③] "（美国黑客）可以参与对俄罗斯网络支持系统的攻击，我们在'阿拉伯之春'的时候就是这么干的。当时我是美国国务卿，我想我们还可以攻击（俄罗斯）政府机构的网络。"希拉里·克林顿表示，"我们可以通过网络攻击很多（俄罗斯）政府机构和寡头，以及他们的生活方式"。当谈及黑客组织"匿名者"最近对俄罗斯新闻网站发动的网络攻击时，希拉里·克林顿表示强烈的支持，并不断拱火美国对俄罗斯的网络攻击。

2022 年 2 月 26 日，俄罗斯总统新闻秘书佩斯科夫说："俄罗斯总统网站受到持续攻击，网页频繁崩溃。"[④]

2022 年 2 月 27 日，俄罗斯持续遭受来自美国的强网络攻击。

2022 年 2 月 28 日，俄罗斯卫星通讯社波兰语网站发言人称："我们正在遭到网络攻击，网站间断运转，手机版和电脑桌面版都无法打开。"[⑤] 当

[①] 《黑客组织"匿名者"声称对攻击俄罗斯 RT 电视台网站事件负责》，凤凰网，2022 年 2 月 25 日，https://tech.ifeng.com/c/8DunmzIOZNI。
[②] 《匿名黑客组织宣布对俄罗斯发起"网络战争"》，海外网，2022 年 2 月 25 日，http://news.haiwainet.cn/n/2022/0225/c3541093-32349939.html。
[③] 《美前国务卿希拉里拱火：对俄罗斯发动网络攻击，"阿拉伯之春"时我们就干过》，观察者网，2022 年 2 月 26 日，https://www.guancha.cn/international/2022-02--26-627849.shtml。
[④] 《俄总统新闻秘书：俄总统网站受到持续攻击》，新华网，2022 年 2 月 27 日，http://www.news.cn/world/2022-02/27/c_1128419714.htm。
[⑤] 《俄罗斯卫星通讯社波兰语网站遭 DDoS 网络攻击》，俄罗斯卫星通讯社，2022 年 2 月 28 日，https://sputniknews.cn/20220228/1039603721.html。

日,"匿名者"宣布在过去48小时内关闭300多家俄罗斯政府网站、国家媒体和银行网站。

2022年3月1日,俄罗斯"扼杀网络"(KillNet)黑客组织发起反击。在美国攻击俄罗斯网站后,俄罗斯黑客们的反击很快便到来了,自称"扼杀网络"的俄罗斯黑客组织在社交媒体上称,已搞垮了全球最大黑客组织"匿名者"的网站,关闭了其网站的访问权限。

2022年3月1日,俄罗斯正在进行评估并准备开启"俄罗斯网络"断网行动,启用门户网站,计划用于降低遭受美国网络攻击的损失。

2022年3月4日,俄罗斯外交部发言人扎哈罗娃发表官方声明,表示俄罗斯外交部网站遭到史无前例的网络攻击。

2022年3月6日,俄罗斯卫星通讯社报道称,"今日俄罗斯"的网站正经历来自国外的分布式拒绝服务攻击,攻击主要来源是美国。

2022年3月21日,美国总统拜登呼吁美国私营公司加强网络防御,保护关键信息基础设施,对俄罗斯可能发起的网络攻击进行防御。

2022年4月18日,"匿名者"黑客组织发起对俄罗斯公共部门以及金融、能源和旅游管理公司的破坏性袭击。其中,俄罗斯一家银行遭受网络攻击,导致大量敏感数据泄露,攻击者将其备份同步删除了,使得数据最终难以得到恢复。[1]

2022年5月16日,俄罗斯"扼杀网络"黑客组织在社交媒体"电报"(Telegram)上发布视频,正式宣布向美国政府"宣战",发起网络战。[2]"扼杀网络"黑客组织称,普通民众在这次网络战中不会有危险,而那些"支持纳粹和恐俄症"国家的政府会被清算。

2022年5月16日,美国"匿名者"黑客组织在推特账号上转发了"断网"黑客组织的"宣战"声明[3],声称:"普京的粉丝团'断网'宣布对美国、英国、德国、意大利、拉脱维亚、罗马尼亚、立陶宛、爱沙尼

---

[1] 《俄乌战争期间网络攻击的五大特征及未来风险影响》,安全内参网,2022年6月17日,https://www.secrss.com/articles/43666。

[2] 《俄黑客组织对美英德十国政府宣战,意大利国家警察官网已沦陷》,观察者网,2022年5月17日,https://www.guancha.cn/internation/2022_05_17_640098.shtml?s=zwyxgtjbt。

[3] 《俄黑客组织发视频向美乌等10国政府"宣战",国际黑客组织"匿名者"关联号转发回应》,环球网,2022年5月17日,https://world.huanqiu.com/article/482pNNraNnD。

亚、波兰和乌克兰发起全球网络攻击……是的，很棒的视频，但你们的网络延时都超过1200毫秒了，祝你们好运。"推文还附带一个"捂嘴笑"的表情。对于黑客组织发起网络攻击而言，这里的网络延迟无疑是表达对"扼杀网络"黑客组织网络质量弱的讥讽。

2022年6月1日，美国网络司令部司令兼国家安全局局长保罗·中曾根表示，美国曾对俄罗斯发起过"进攻性"的网络活动。[①] 中曾根表示，美方针对俄方的网络活动是全方位的，"进攻性"和"防御性"同时存在，同时表示该行为是合法的。这是首次美国官员公开表示对俄罗斯进行"进攻性"的网络活动。美国此前曾声称，在俄乌冲突中，美方将避免扩大战事，避免与俄方的正面冲突。

二、美俄网络战特点

（一）政治博弈下的网络战特点

当前美俄关系延续了冷战结束以来的基本态势，即兼具对抗与合作。但总体上呈现出强烈的对抗与竞争态势，即对抗远多于合作，且对抗更具长远性和战略性。该特点在长期的美俄关系中不会发生改变。基于美俄政治层面的博弈，映射到双方的网络战中，主要形成了以下特点。

1. 意识形态领域的率先争夺：强调核心概念差异性

由于意识形态的分歧和政治关系的对立，美俄双方都有意提高自身在网络空间的主导能力，从而率先从核心概念名词的命名上进行了差异化处理。

[①] 《美网络司令部司令：曾对俄罗斯发起"进攻性"网络活动》，央视新闻客户端，2022年6月2日，https：//content-static.cctvnews.cctv.com/snow-book/index.html?item_id=3903597322114866807&toc_style_id=feeds_default&share_to=qq&track_id=082fd26d-33d4-4939-b994-4bf985149e47。

就美俄在网络空间领域发展的相关战略性文件看，最显著的差异性表现为美俄两国对"网络空间"这一核心概念名词的表述不同——美国强调为"网络"、俄罗斯强调为"信息"。

以"网络空间"为代表的网络术语经美国使用后，逐渐被推广至世界其他国家，但一直没有被俄罗斯所采用，甚至官方文件中从未出现过该词。相较于使用更为广泛的经美国使用推广的以"网络空间"为代表的网络术语，俄罗斯对于概念的使用严格注重自身特色。为了显示与美国截然对立的立场，俄罗斯拒绝使用美国使用且广泛推广的网络术语。因此，俄罗斯为塑造更有优势的战略博弈地位，积极构建具有俄罗斯特色的网络话语体系，以政策完善和调整为国家安全提供更有力的保障。长期以来，俄罗斯在政策文件及外交场合都极力避免使用"网络空间"一词，以"信息空间"代指"网络空间"，"信息安全"代指"网络安全"。[①] 虽然俄罗斯《网络安全战略构想（草案）》界定了"网络安全""网络空间"等概念，但由于受到其联邦安全局的强烈反对，该文件一直未获通过。美俄两国在2011年曾就网络空间的专业术语概念的定义进行商讨和确认，尽管双方发布了联合报告，但也难以弥合在意识形态和软权力博弈上的分歧，最终没有形成实质性的结果。在网络空间的概念界定中，美国主要以其物理属性的技术使用为核心关注点，会更加关注其全局全过程的概念。因此，俄罗斯在关注网络空间技术使用的同时，对网络信息的监督管理提出了进一步的要求。而这与以美国为首的西方国家所提倡的"网络空间自由化、反对网络限制"是相悖的。

美国在该领域的命名上具有先发优势，而紧随其后的俄罗斯坚持使用符合自身利益和价值观的网络术语并通过自定义新名称来表示对美国的不认同和难以弥合的反对态度。双方政治上的对立导致网络空间及其军事化战略竞争的态势得以加强。美俄双方对于核心概念的界定及命名差异显示出双方网络战存在激烈的意识形态领域的对立与博弈。

---

① 刘志超、赵林：《揭秘各国网络空间安全战略：美国保持世界绝对优势，俄罗斯突出自身特色》，《军事文摘》2020年5月25日。

2. 网络军控分歧的逐渐凸显：积极推进战略完善

战略是一个国家的行动指南、行为方针。在全球技术飞速发展的当前，越来越多的国家意识到了制网权在军事战略中的重要性，将网络战纳入国家宏观战略的顶层设计，相继提出网络空间发展力量的规划方案，在军事上增强网络空间作战力量的投入，扩充军备。在美俄关系的影响下，美俄作为两个军事大国，于国际社会中处于竞争与对抗状态，在两国对网络战的认识不断加深时，在网络空间上的军备竞争也是持续不断，军控分歧日渐凸显，对用于网络空间的战略也不断完善，从而巩固或提升国家在该领域的地位。

基于网络发展较早的历史和先进的科学技术，美国成为世界网络技术发展的起源地，逐步成为网络空间的军事强国，在这一新空间占据优势，因此美国是"自由派"。由于俄罗斯在信息技术方面也拥有较强的实力，但在处于对美国实际军事实力充满认识后的紧追状态，为了能够增强与美国抗衡的能力，俄罗斯属于"控制派"。基于美俄两国的对抗关系，从而形成了美俄两国在网络军控上的对立和矛盾。

美国方面一直充分重视网络空间相关的建设，并希望通过不断地完善其网络空间战略，维持其在信息科技领域的主导优势，强化在网络空间的行动能力。对此，美国拒绝对网络军备进行控制，其网络空间战略也在不断调整和完善。

表8　美国网络空间战略指导文件的推进

时间	文件	作用
2000年	《全球时代的国家安全战略》	首次提出了"国家网络安全战略"的概念
2003年	《保障网络空间安全国家战略》	明确了网络空间的定义和基本目标
2008年	《国家网络安全综合计划》	提出构建全方位网络空间防御体系
2011年	《网络空间可信身份国家战略》	针对网络身份管理进行了顶层设计，确认网络身份的可行度，加强网络身份管理
2011年	《可信网络空间：联邦网络安全研究与开发项目战略计划》	确立网络空间的优先事项，以提高网络空间的可信度

续表

时间	文件	作用
2011 年	《网络空间国际战略》	明确将美国国家利益诉求从国内网络空间拓展到全球网络空间，是充满美国色彩和价值追求的未来网络空间蓝图，对国际网络空间政治格局产生了深远的影响
2015 年	《网络威慑战略》	强调了美国在网络威慑能力建设的工作
2018 年	《国家网络战略》	首份完整阐述美国国家网络战略的顶层战略，阐释了美国网络安全的四项支柱，十项重点任务和四十二项优先行动
2021 年	《国家安全战略临时指南》	作为初步的顶层设计，辅以多项网络安全纲领性文件如行政命令，提升国家对网络威胁的整体防御能力和网络部队现代化作战能力，形成较为完整的网络战略体系，为美国网络空间作战能力的建设起到了重要的指导和推进作用

资料来源：美国国防部。

美国逐步将网络空间纳入新军事作战空间，对国家军事力量在网络空间的信息化建设提出了更高的要求，通过不断加强网络空间的力量投入，在演习和实战中取得不错的效果。作为美国在国际体系中强有力的竞争者和对抗者，俄罗斯深刻地意识到自身亟须加强网络空间作战的能力。同时，俄罗斯已经明确必须将防止和对抗信息攻击入侵提高到保卫俄罗斯国家安全以及国家利益的高度，加强网电信息战的研究与准备，以谋求有实力与美国抗衡，巩固和维持俄罗斯在国际社会上的地位。

表 9　俄罗斯网络空间战略指导文件的推进

时间	文件	作用
20 世纪 90 年代	《信息、信息化和信息保护法》《俄罗斯联邦国家安全构想》	以法律形式强化对国家信息资源安全的保护，将信息安全纳入国家安全的管理范畴

续表

时间	文件	作用
2000年	《国家安全信息学说》	标志着俄罗斯信息安全战略的诞生，首次将网络战上升为未来的"第五战场"，为俄罗斯进一步制定未来的信息政策奠定了基础（受西方"网络战"理论和实践冲击的结果，也是俄罗斯国家建设和军事建设发展的必然）
2008年	《俄罗斯联邦信息社会发展战略》	俄罗斯首份确立信息社会发展目标、原则和主要方向的战略文件
2009年	《2020年前俄罗斯联邦国家安全战略》	强调当前世界的现状和发展趋势之一是"全球信息对抗加强"，"网络领域对抗活动样式的完善对保障俄国家安全利益产生消极影响"[①]，体现出俄罗斯对信息领域安全威胁的关注开始向网络空间聚焦
2013年	《2020年前俄罗斯联邦国际信息安全领域国家政策框架》	明确现有国际信息安全威胁，提出国际信息安全领域国家政策的总体目标、优先发展方向及实现路径，是俄罗斯参与国际信息安全事务的战略计划文件
2014年	《俄罗斯联邦网络安全战略构想（草案）》	重点阐述了制定国家网络空间安全战略的必要性和适时性，提出建立国家数字化主权，明确了网络空间安全战略的原则，提出了维护网络空间安全的七个主要行动方向，标志着俄罗斯网络空间安全战略的发展趋向成熟（而后，俄罗斯相应地开始筹备网络部队，建立专门应对网络战的新兵种）
2015年	《俄罗斯联邦国家安全战略》	强调战略实施期间需加强信息安全作为国家战略重点的保护

① 张孙旭：《俄罗斯网络空间安全战略发展研究》，《情报杂志》2017年第12期。

续表

时间	文件	作用
2016年	第二版《俄罗斯联邦信息安全学说》	定义了"信息安全"和"信息领域国家利益"等基本概念，强调俄罗斯未来保障国家信息安全的战略目标和行动方向，是保障俄罗斯国家信息安全的官方观点体系和保障国家安全的战略规划性文件
2021年	新版《俄罗斯国家安全战略》	强调信息安全成为保障国家安全的九大优先方向之一

资料来源：俄罗斯国防部。

美俄两国对网络战的认识不断加深，对其军事化建设及国家安全战略的完善也在持续深入推进。网络空间军控在联合国大会的呼声不断增强，但美俄两国处于紧张激烈的网络空间战略竞争的阶段，难以达成共识。自此，两国不断降低网络空间技术的相互依存度，减少被他国掣肘的可能，增强一定的网络空间保护主义以维护国家网络或信息安全，提高国家战略选择的自由度和灵活度。

3. 网络博弈程度的日益加深：网络攻击更加激烈、频繁

美俄两国对安全的不同观念导致不同的行为选择。两国先前对防御较为重视，但由于美国自身带有一定的侵略性，因此美俄网络博弈的前期是美国处于攻击方，俄罗斯处于防御方。但随着美国的步步紧逼，俄罗斯传统安全的观念被激发，俄罗斯如果一味地受到美国网络攻击没有进行反击，也会对俄罗斯在国际社会中的地位产生影响。同时，俄罗斯在短时间内积蓄力量，快速发展信息科学技术，人才储备大增，网络空间力量急速增强，因此俄罗斯对其网络空间的战略进行了调整。此外，从对两国的观察可以发现，俄罗斯在不断进行防御的改善，美国也在加强安全联盟的建设，积极推进联盟关系的建立和优化，企图通过在网络空间形成对俄罗斯的排挤，从而加强和维护自身安全。

俄罗斯方面，在2019年5月1日，俄罗斯总统普京签署"主权互联网

法"①。2019年11月，俄罗斯"主权互联网法"和"断网演习条例"正式生效，明确要求打造俄罗斯"主权互联网"，并设立年度"断网"演习机制，以保护俄罗斯互联网主权。② 2019年12月23日，俄罗斯政府公开对外宣布，已成功举行国家级"断网"演习，脱离全球网络，相关基础设施仍能无间断地运行。与此同时，美国推动建设北约合作网络防御中心，将俄罗斯排除在外，于2019年9月与英国、澳大利亚等25个国家联合签署《网络空间负责任国家行为联合声明》③。从中可以看出，美俄网络博弈日益激烈，网络攻击成为两国暗中交锋的武器，且行为更加频繁、激烈。

4. 网络博弈由"暗"到"明"：由隐藏到浮出水面

美俄网络博弈逐渐得到官方的承认。从特朗普承认批准了对俄罗斯的网络攻击，到俄乌冲突中希拉里·克林顿面对媒体不仅承认了"阿拉伯之春"来自美国的黑客攻击，更是不断呼吁黑客组织如"匿名者"对俄罗斯发起网络攻击，再到美国航天局局长里根公开表示美国对俄罗斯的网络攻击是全方位的，承认对俄罗斯的"进攻性"攻击，显然美国不愿意再隐藏自身作为网络攻击发起者的身份。美国此举的动因有以下两点：首先，随着科技水平的日渐提高，想要溯源网络攻击已经不再是一件难以完成的事情，说明美国作为网络攻击的发起者的身份无论如何也会暴露，因此美国选择自行承认。其次，美国与俄罗斯在俄乌冲突中的纷争已经越来越明显，美国以乌克兰为"代理人"的计划已难以很好地推进，美国选择承认网络攻击直面与俄罗斯的冲突，但同时里根在视频中强调美国此举是合法的，目的是防止与俄罗斯直接的军事冲突，规避了军事危机带来的巨大恶劣影响。美国试图通过对攻击行为进行解释，从而获得引导舆论的机会。由此，美俄网络博弈逐渐浮出水面。同时，由于美国主动将美俄网络博弈

---

① 王智勇、刘杨钺：《"主权互联网法案"与俄罗斯网络主权实践》，《信息安全与通信保密》，2020年第10期。
② 刘建明：《俄罗斯的断网风波与未来网络战》，《新闻爱好者》2020年第3期。
③ 《关于在网络空间促进负责任的国家行为的联合声明》，美国驻华大使馆和领事馆，2019年9月26日，https://china.usembassy-china.org.cn/zh/joint-statement-on-advancing-responsible-state-behavior-in-cyberspace-zh/。

搬上桌面，也意味着网络战作为美俄博弈的新战场，正在一步步展开。

5. 参与行为体边界模糊：国家力量与黑客组织的巧妙结合

无论是美国还是俄罗斯都有自己国内的安全部门，这些部门里少不了体系内的黑客组织，这使得网络攻击更具目的性和攻击性。国家级黑客组织暗中对他国发起网络攻击，或者是国家网络作战部队人员隐藏在黑客组织推动国家级网络攻击的发起、煽动非官方网络战，都可以最大程度地减少网络战对本国在国际社会中的不利影响。

通过对网络攻击过程的破解，可以解码出黑客使用的攻击工具，包括脚本文件和配置文件，比如"二次约会"（SECONDDATE）源代码与斯诺登公布的内容相吻合，由此可以明显地看到活跃在多个黑客组织的美国政府力量。美国成为这些黑客组织的资金和技术来源，这些黑客组织成为美国在国际体系中争霸的工具。不论是由网络安全厂商卡巴斯基发现的"方程式"组织，还是"神行客"黑客组织均与美国国家安全局有着密切的关系，甚至在俄乌冲突中"匿名者"对俄罗斯发起多次攻击。虽然是全球性黑客组织，但其成员主要位于美国，因此很难排除美国军方势力藏于该组织中推动网络攻击的进行。

在美国培养多年的一支网络攻击组织"神行客"，具有极高的网络攻防技术，同时隐蔽性较强，因此其发动的秘密行动"雷姆斯卡"难以被受攻击的国家或机构捕获。"雷姆斯卡"作为后门程序在计算机内存运行，常规杀毒软件难以检测，具有超强的间谍能力，常常进行集中目标型攻击。同时，该后门程序具有自行毁灭系统，它一旦完成数据收集，可开启自我毁灭程序，不留下可追踪的线索，显示出国家力量对于网络攻击的参与及提供攻击所需的相应资金技术支撑。美国网络影响中心主任斯格特·伯格曾认为，"这需要数量庞大的专业人员工作数百小时，花费高达数百万美元才能被制造出来，而世界上只有少数几个国家和地区具备这个能力，包括美国"。

此外，根据英国路透社的报道，美国是当前世界上最大的网络攻击软件购买方，长期斥巨资用于完善计算机系统，强调"在必要时，对外国计算机网络发动进攻"。

6. 政治意图日趋明显：美国借跳板挑拨离间

美国多偏向于借助中国等国家为跳板①，实施大规模破坏性网络攻击，从而达到其政治目的。美国自身拥有强大的网络军事实力，可以直接向俄罗斯发起网络攻击，但偏偏绕行中国，此举无疑暴露了美国意图嫁祸中国的险恶用心。据中国国家互联网应急中心监测得出，2022 年 2 月末以来，中国互联网持续遭受来自境外 IP 地址发起的网络攻击，以中国为跳板，进而对俄罗斯等多国进行有计划的网络攻击。而经过排查，相关部门发现发起攻击的 IP 地址，绝大多数是在美国，其中仅纽约州就有十多个 IP 地址，且攻击流量非常大，峰值达到每秒 36 千兆比特，而俄罗斯是遭受攻击最多的国家。统计数据显示，87% 的攻击目标是俄罗斯。美国此举意在"借中国之手"对俄罗斯发起网络攻击，破坏中俄关系的同时，引导俄罗斯发起更大规模的网络攻击，美国坐于幕后不仅可以避免"被宣战"的后果，还可以名正言顺地站在道德高点对俄罗斯进行批驳和制裁。

（二）基于美俄军事博弈

1. 相互攻击

基于国家安全和国际地位的维护，美俄均不愿意成为单纯受到攻击的一方。对受到的网络攻击也会发起回击，一方面可以作为一种对攻击的报复，另一方面也可以起到震慑的作用，即向网络攻击的发起国和其他国家展示能力，威慑他国，从而希望尽量减少他国对自己国家的网络攻击。由此，相互攻击的情况日渐成为网络战的发展态势之一。

2. 网络武器日益丰富

网络武器是由起始的计算机病毒阶段逐渐演变到针对军事设施、国家

---

① 《美国以中国为跳板对他国实施网络攻击 赵立坚：这是真正的"黑客帝国"》，中国新闻网，2022 年 3 月 14 日，https：//www.chinanews.com.cn/gn/2022/03－14/9701467.shtml。

信息基础设施、工业基础设施等的毁伤型网络武器阶段,其中病毒武器按照其特征和攻击效果可以划分为六个阶段:原始病毒阶段、混合型病毒阶段、多态性病毒阶段、网络病毒阶段、主动攻击型病毒阶段和高级持续性威胁攻击阶段。[1] 网络武器是发起网络攻击或者进行网络防御的重要基础。随着信息技术水平的提高和国家对网络空间的关注度提高,国家意识到网络空间的脆弱性和易受攻击性,认识到网络空间一旦遭受网络攻击会给国家安全带来巨大的威胁。因此,国家更加愿意在网络空间投入大量的资金,如网络攻击武器的研发、网络攻击武器软件的购买。同时,国家对提高网络攻击水平的要求越来越高,对网络攻击武器的要求也越来越高。如此,推动了网络攻击武器的发展。

美国于2011年发布的《网络空间国际战略》提出"要建设网络空间能力,加强网络安全性、可靠性和回复能力,努力确保军队使用精良的装备作战。即使在一个其他国家可能企图毁坏我们军队网络系统或毁坏其他对国防至关重要的基础设施的环境中,我们也将努力确保自身拥有精良的装备"。对网络武器的发展提出了更高的要求。网络武器的分类多种多样,按照作用效果是否对实体空间造成损害可以分为软毁伤型网络武器和硬毁伤型网络武器两种。软毁伤型网络武器方面,美军研制出了两千余种计算机病毒武器,包括"蠕虫"程序、"特洛伊木马"程序、"逻辑炸弹"、"陷阱门"等。硬毁伤型网络武器具有强烈的网络破坏性能,以实际空间中的基础设施硬件设备为主要攻击目标,以国家重点工业基础设施为核心,旨在利用信息化网络武器实施大面积毁灭性打击。正如美国正在开发和已经开发的电磁脉冲弹、次声波武器、激光反卫星武器、动能拦截弹和高功率微波武器,可以对其他国家网络的物理载体进行攻击。

为了在平时和战时网络空间对抗中掌握主动,俄罗斯针对美国在网络攻防武器装备技术研发方面投入巨额资金,加大网络武器发展力度。当前,俄罗斯以计算机病毒为主要研究对象,同时加快远距离病毒武器的研发,计划以先进的信息作战武器,通过无线方式直接对敌方形成有效攻击

---

[1] 蔡军、王宇、于小红、朱诗兵:《美国网络空间作战能力建设研究》,国防工业出版社2018年版,第147—153页。

和直接威胁。在网络防御技术与装备方面，俄军重点加强病毒探测技术、智能嗅探技术、网络加密技术、访问控制技术等网络安全技术的研究，并在多个方面有了一定突破。此外，俄军研发的网络防御技术与装备具有较高水平，包括信息泄露探测设备、射频监控设备、声音信息保护设备、有线线路保护设备、防止未授权访问个人计算机信息的保护技术，以及网络信息保护技术。俄罗斯还在积极开展光纤通信加密和量子加密研究，其新一代加密技术能够有效保护计算机及内部网络的未授权访问。其研发的隐身病毒的反病毒技术，植入计算机网络系统后可对网络侦查与破坏手段进行鉴别、拦阻并追踪查证攻击源。

3. 使用破坏性强的网络攻击方式成为国家级网络战的首选手段

由于国家有足够的资金、技术和人才发起攻击性强、危害性大的网络攻击，同时作为一种技术展示和威慑，国家级网络攻击更倾向于选择高级持续性威胁攻击和分布式拒绝服务攻击。

高级持续性威胁攻击是网络武器发展的第六个阶段，典型表现是出现各种基于硬件设备的毁灭型网络武器。该阶段的网络攻击追求直接性、强打击性，强调对国防基础设施、军队指挥控制系统和工业基础设施系统等进行有效打击，针对性强，隐蔽性强，可以进行长期潜伏，对情报进行收集，导致极大的破坏和损失，因此成为国家发动网络战首选的网络攻击手段之一。

分布式拒绝服务攻击是通过网络在特定时间发送大量请求给受害的目标主机，使其无法及时接收并处理外界请求，或者是无法及时回应外界发出的请求，导致网络瘫痪的网络攻击手段。国家发动该类攻击可以形成更大规模的网络攻击，有效地增强网络攻击的效果，同时通过层层代理使得攻击溯源难度增加，攻击者自身安全性提高，使得国家作为攻击者的身份更不容易暴露，因此也成为国家最常选择的网络攻击手段之一。

4. 全面建设网络空间作战力量

网络空间作战力量是参与执行或支援网络空间作战的人员和机构，是网络空间战形成的主体。全球技术交换和融合，推动各国对于网络空间的认识逐渐加深，网络空间作为新的战场必然会催生军事作战力量的巨大变革，推动其更具技术性、进攻性和综合性。

自 2009 年组建美国网络司令部以来，美军开始大举建设网络空间作战力量，并广泛开展与联邦政府非国防部门和私营部门的合作，形成了以"国防部、各军种和民间"三元交织的网络空间作战力量体系，领导体制分工明确，组织力量规模庞大。[①] 美国的网络空间作战力量体系的建立在美国网络司令部的集中领导和指挥下，形成三环军事作战力量，包括以海陆空等空间军种为核心的主要作战力量，以警卫队等为助力的预备役力量以及以国家基础部门为支撑的作战支持力量。近年来，随着网络空间作战力量分配的不断变化，美国对其军事机构组织等也在进行动态调整，强化联合作战思想，强调以需求为导向、以实战为方向的军事建设，推动其可以高效地实施作战指令、完成作战需求，进行对军事及国防的网络空间安全保障。

2022 年 6 月 22 日，美国国会众议院批准了 2023 年美国国防支出法案，下发给美国网络空间的预算支出约 112 亿美元，将原有网络作战部队增加至 142 支队伍。由美国国防部牵头积极推进美军联合全域指挥与控制战略中关于"陆海空天网全域指挥作战能力提升计划"，其目标就是在上述空间均形成绝对的军事优势。从美国近期出台的一系列法案可以看到，美国通过增加网络安全维护的预算来提高自身关键信息基础设施安全防御水平，举办各类国内和国际网络战演习，政府、军队和民间联合开展网络安全人才培养，鼓励开展网络安全研究，限制敏感网络安全技术输出等。

俄罗斯网络空间力量建设起步较早，在军队和地方均设有专门的网络空间组织机构，但比较分散，缺乏统一指挥和领导架构。现有组织机构主要承担侦查和防御任务，攻击力量明显不足。[②] 基于此，俄罗斯确立了网

[①] 蔡军、王宇、于小红、朱诗兵：《美国网络空间作战能力建设研究》，国防工业出版社 2018 年版，第 109—112 页。

[②] 《俄罗斯网络能力研究》，安全内参网，2018 年 11 月 16 日，https://www.secrss.com/articles/6458。

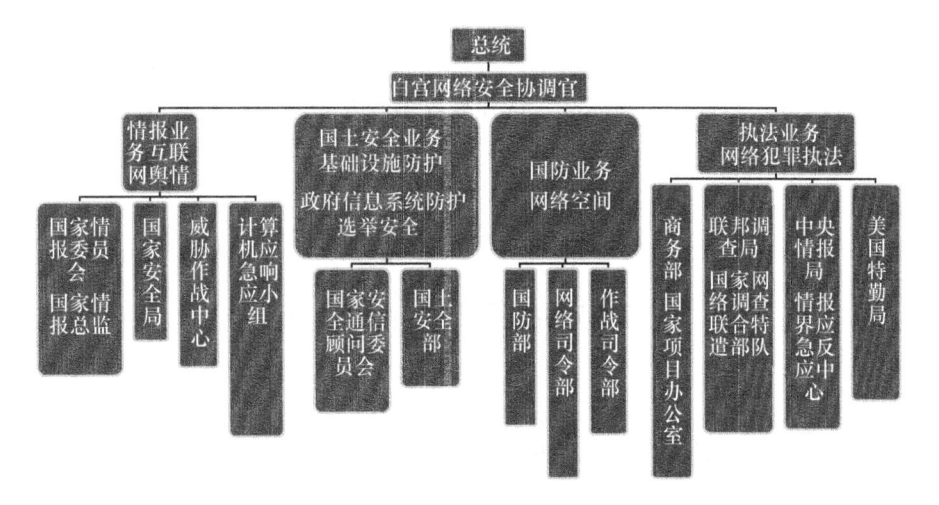

图9 美国网络空间组织协调框架

资料来源：李硕、李祯静、王世忠、周东民：《外军网络空间作战力量发展态势分析与启示》，《信息安全与通信保密》2022年第5期。

络空间作为新开辟的空间在其国防及军事力量中具有的重要地位，针对顶层设计及机构建设实施军事改革，以应对以网络空间为新战场的"混合战争"。俄罗斯在整体网络空间作战力量体系的建设以政府机构为核心，军事力量参与以及社会民间力量协调配合。通过军事改革，俄罗斯网络空间作战力量体系逐渐形成以国家战略为导向、以先进的战术战法配合常规军事部队行动的特点，展现出相关法律法规全面化具体化、国家网络空间力量实战化等发展态势。从2012年起，俄罗斯开始加紧整合原有力量，在原有力量的基础上准备组建新型网络安全保障机构、网络战指挥机构和网络部队，加速形成俄罗斯网络空间力量体系。由于俄罗斯具有极强的战略竞争意识和安全意识，其现有防御体系架构难以完全地被外界知悉。

5. 网络战带动全维度对抗

网络战依靠网络发起攻击，相应地通过网络可以进行信息的传播，制造舆论，影响接收信息群体的心理，因此引发"舆论战"和"心理战"等其他新形式战争。网络战可以单独存在、单独发挥力量，但是发动攻击的国家为了扩大自身在战争中的效益，会更倾向于与其他新形式战争进行配合使用，极大增强网络战的效果。由此，网络战与军事战、政治战、外交战、经济战、心理战、媒体战、认知战等多种斗争形态配合，在全方位对抗中发挥突出作用。

三、美俄网络战的动因分析

（一）历史惯性：难以调和的意识形态对立

意识形态领域的对立和分歧往往是由深层次价值观念及社会认知共同建构而成。两极格局时期，美苏以资本主义与社会主义的意识形态划线，形成北约与华约两大对抗性阵营，高度强调意识形态上的差异性与一致性。长期渲染的意识形态优劣加剧了两国竞争性矛盾。

苏联的解体、冷战的结束、两极格局的瓦解并不代表两大阵营在意识形态领域的矛盾会被削弱。苏联解体后的俄罗斯，继承了根植于苏联人民价值观的文化文明，也承接了美苏意识形态的矛盾与分歧。冷战后的美国着力维持其世界霸权的地位，而俄罗斯并没有因苏联消失而丧失其传统军事大国的地位。随着历史惯性，美俄两国延续了美苏在意识形态上的冲突与对立、在军事上保持持续对抗的态势。基于此，美国与俄罗斯两国之间的矛盾冲突是难以调和且不可避免的，并以全领域、多形式、单态势的特点表现出来。作为由新军事化领域的网络空间形成的网络战，在两国意识形态影响下成为大国博弈、阵营比拼的一种新兴对抗形式，促使双方在网络空间上的资源争夺及相关军事化能力建设的竞赛日趋激烈。

（二）科技发展：稳固先进的军事作战能力

网络战从一定程度上反映的是一个国家的硬权力，即支配性权力，包括科技实力等。美俄两国进行网络战也是以两国的科技实力为基础。的确，两国无论是在信息技术还是工业制造方面都具有全球领先的优势。

美国科技水平较高，在全球网络空间具有一定的主导地位，长期依赖技术性武器制胜。在互联网通信协议第四版体系内，全球共设有十三台根服务器，其中唯一的主根服务器部署在美国，其余的辅根服务器中，美国有九台，欧洲有两台，日本有一台。从中我们可以看出，在这个看似自由的互联网上，由于有着根服务器管理大权和网络产业链核心资源，美国掌控着绝对的技术资源霸权。由于美国在根服务器治理体系中具有霸主地位，因此美国在互联网世界中有足够的能力对任何一个国家断网。

同样，俄罗斯也是公认的网络强国。虽然俄罗斯信息科技发展的时间比美国晚，但俄罗斯最擅长集中力量干大事，因此在短期内大力发展信息科技，使俄罗斯的网络科技后来居上，与美国的差距不断缩小，逐渐接近。俄罗斯曾在与格鲁吉亚、爱沙尼亚等爆发的网络冲突中占据上风。俄罗斯看到美国在世界多地战争中使用网络攻击，在 2019 年由"主权互联网法案"推出其自身的立法。在这一法律的导向和支持下，俄罗斯逐渐降低对域外互联网的依赖，要求在遭受外部攻击时可以独立运营国家内部网络。在此之后，俄罗斯自主研发自己的"大局域网"——俄罗斯网络（Russia Network）。俄罗斯网络是俄罗斯基于国防安全考量而提出构建的一个脱离全球互联网、独立于其他国家的内部局域网。俄罗斯《消息报》报道称，"一些国家的黑客频繁对俄罗斯发动网络攻击，以阻止它们正常运行。未来几天，俄罗斯可能与全球互联网断开"。"断网"行动后，俄罗斯政府准备启动自己的"大局域网"。这也正是俄罗斯有较强的信息科技，并以此为保障，才能推动美俄进行网络战。

（三）政治博弈：安全困境中的大国战略互动

国际行为体行为的根本动因是利益，国家对外行为的出发点是国家利益。基于美俄特殊关系，美俄间网络战少不了基于国家利益需要的政治博弈。根据不同的网络攻击事件，美俄有着不同的利益诉求。而在每次的网络战中，发起者则具有更强的政治目的。

通过纵览美俄网络战的历程，很明显可以看出俄罗斯对美国网络攻击的目的主要包含经济勒索、情报窃取、数据信息窃取、向反俄的非政府组织施压等；而美国的主要目的在于情报窃取、关系破坏、以实战对网络部队进行检验和完善。

在网络战的初期，美俄更倾向于"常常防御，偶尔出击"。因此，网络战常以窃取情报为需求出现。无论是斯诺登曝光的"棱镜计划"还是"方程式"组织的"电幕行动"，都体现出美国长期以来通过后门程序以不同的计划形式和不同的发起组织来对全球大量的国家实行监听、监视、监控，达到情报窃取的政治需求。这些大量的情报，通过分析综合处理，可以用于美俄博弈中政治经济军事等目的。基于美国对外侵略和攻击性较强的战略，美国发起的网络战在这一部分有着更强更明显的需求。到网络战的中期，即现在这个阶段，美俄两国已经不满足于简单的情报窃取，因此美俄更倾向于"坚持防御，主动出击"。随着科技的发展，美俄已经掌握更强的网络攻防技术，增加了网络攻击溯源的难度。基于此，美俄可以使用层层代理及虚假的或他国的服务器，破坏对方国家现有的伙伴关系，从而达到自身的政治目的。例如，美国以中国等国为跳板向俄罗斯发动网络攻击，意在挑拨和破坏中俄关系。同时，美俄两国为了加强网络空间作战力量，也希望通过实战来检验网络部队的建设成果，不断地完善网络部队建设。正如美国在近十年来，快速培养和笼络了一大批黑客高手、网络专家，这成为美国网络战部队源源不断的兵源。美国网络司令部副部长查尔斯·摩尔指出，该司令部目前已将中国作为其首要作战对象。那么在正式对中国进行网络作战前，将其部队派出对俄罗斯进行网络攻击也不失为一个较好的实战训练机会。那么相比之下，俄罗斯对美国发起的网络攻击进行反击，是防御和反击，是一种保护和捍卫本国的网络空间的主权、减少美国对其本国的信息窃取、维护国家利益的行为。再者，通过对美国黑客发起的网络攻击进行反击，向其他意图对俄罗斯进行网络攻击的国家展示俄罗斯强大的网络攻防水平，进行威慑，也可以达到政治目的，从一定程度上维护国家安全。

(四) 网络战区别于传统军事作战的优势

1. 易攻难守

传统的军事作战大多处于现实空间的、近距离的打击。与传统武器相比，网络武器具有较强的隐蔽性、瞬时性、异地性等特点，这些特征赋予网络战以无形方式，进行全方位渗透的优势，同时使得网络攻击作为远程打击武器，具有较长的潜伏期，前期被侦察、被感知的难度提高，对敌人的攻击方向、攻击目的以及攻击手段难以确定。因此，相较于传统军事作战这种看得见摸得着的打击，网络空间作战的被攻击方很难提前做出有效的预防性措施，更凸显出网络战易攻难守的特性。

2. 非对称性

相较于传统军事作战的战争成本大、资源消耗大且耗时的特点，网络战更具有明显的非对称性，即成本低、威力大，具有极高的成本效益比。传统军事作战需要大量的人力、物力以及财力，通过大规模兵力使用和先进高科技武器的加持，在现实空间的战场上进行面对面的战斗。而网络战则是在网络上面通过一串串代码程序作为武器进行战斗，显然这种资金投入会比传统军事战场上使用的武器的资金投入更少。同时，基于易攻难守的特点又可以看出网络战的威力是很大的，此反差带来了强烈的非对称性。

3. 多元可控

与传统军事作战相比，网络战具有多元可控的特点，是获取战争"制网权"的力量延伸，对国家"制信息权"能力建设形成有力的帮助，主要强调网络战对军事进攻的可控性增强。其中，"多元"即信息、空间、力量、行动的可控性。网络战的发起者通过对多元综合把控，能够带动军事一体化作战，形成更高级形态和更成熟阶段的信息化作战，将军事作战推入新的阶段。

4. 间接作战

基于网络战异地性产生的远程攻防方式，与传统军事作战相比，减少了面对面的直接军事冲突，通过网络的长期嗅探和侦察，更能够进行精准打击、精确作战，进行远程决定性打击，强化军事作战的效果。

5. 网络战倾向于攻击关键信息基础设施

传统军事作战主要围绕军事设施以及军事武装人员进行攻击，但网络战更倾向于对国家关键信息基础设施进行攻击，造成国家级危机的事件，如断网或者是其他对人民生活和军事部署产生重大影响的事件。

6. 可优先于传统军事作战而采取攻击行动

网络战具有传统军事作战难以具备的优势，即通过对攻击目标的计算机主机注入后门程序，在正式的传统军事作战前悄无声息地进行前沿嗅探和情报侦察，从而提高军事打击的效率。基于此不难发现，网络空间成为俄乌冲突的先行战场。

从上述网络战与传统军事作战的区别中，明显可以发现网络战自身具有的优势。网络战可以最大程度上避免两国之间的热战，从而降低战争成本，扩大收益。美俄作为两个军事大国，一旦发生热战，其后果和危害都是两国难以承受的，也是两国不愿意看到和面对的。网络设备为远距离作战提供了便利，可以跨越时空距离，减少战争对自身的危害，降低以攻击成本为主的战争成本。同时，网络攻击的方向性和目的性明确而清晰，可以对目标物进行定位定点攻击，精准打击，可以减少武器不必要的消耗，扩大收益。此外，网络的匿名性使得网络战模糊了国际行为体的边界，使国家级力量更容易介入，从而减少外交领域的争端。在网络战中，表面上攻击方是一个黑客组织，但实际上可能夹杂着国家或组织的网络作战部队的专业技术人员。另外，网络攻击有较长的潜伏期，攻击速度快，有利于攻击目的和效果的达成，易攻难防，因此受到美俄两国的青睐。

四、政府层面对于推行网络战的态度

除了不同时期的科技发展水平不同，不同的政府对网络战的认识也不同，因此在推行网络战时也会有不同的态度和政策。由此，网络战的发展呈现出阶段性的特征。而美国和俄罗斯在发展中各有其不同的特点。

与现实世界的三个世界划分类似，互联网上也可划分为三个世界：网络殖民国家、网络主权国家和网络霸权国家，并且分别对应着三种战略：依附型战略、防御型战略和进攻型战略。① 目前的美国是防御型加进攻型战略，而俄罗斯基本还是防御型战略，但有向进攻型战略转型的趋势。在网络战的推进过程中，由于美国在互联网方面具有良好的技术基础和超前发展的优势，因此，在推进网络战时，美国可以较大程度地稳步实施其战略。而俄罗斯在推进网络战的过程中，看到差距，集中力量后起直追，缩小和美国之间的差距，从而形成战略转型。

（一）美国政府——被动防御到网络威慑的全面转折（扩张性的网权战略）

1. 克林顿政府（新自由主义 1992 年至 2001 年）——"全面防御"，重点关注网络基础设施的安全建设

1998 年，克林顿签发第 63 号总统行政命令《对关键信息基础设施保护的政策》提出，"最迟不晚于 2000 年，美国应当实现初步的信息保障能力"。1999 年，美国国家安全局发布信息保障技术框架，其中提出了"深度防御"战略，即采用一个多层次的、纵深的安全措施来保障用户信息及信息系统的安全。2000 年，美国《国家安全战略报告》将"信息安全"列入其中，成为国家安全战略的正式组成部分。这标志着信息安全正式成

---

① 方兴东、张笑容、胡怀亮：《棱镜门事件与全球网络空间安全战略研究》，《现代传播》（中国传媒大学学报）2014 年第 1 期。

为美国国家安全战略新的组成部分。同年12月,美国《全球时代的国家安全战略》正式提出了"国家网络安全战略"的概念,指出全球化时代下,网络安全成为美国国家安全的新挑战,必须采取行动应对。网络安全正式进入美国国家安全战略框架。在此阶段,美国联邦政府很大程度上侧重于国内关键信息基础设施的保护,通过"加强群众教育,坚实防御基础,准备和防御,检测和响应"一系列措施,使美国在克林顿政府下处于网络战的被动全面防御阶段。

2. 布什政府(现实主义 2001年至2009年)——由"9·11"事件引发的"攻防结合"战略转向

在布什执政期间,2001年"9·11"事件使得该阶段的网络安全战略具有强烈的反恐色彩。自"9·11"事件后,美国开始重视信息安全,对关键信息基础设施的重视达到前所未有的高度。[1]

2001年,美国总统布什发布第13231号行政令《信息时代的关键信息基础设施保护》,强调对关键信息基础设施的保护。2003年,布什政府通过《保障网络空间安全国家战略》的发布,正式明确了网络空间的概念并指出美国网络空间战略的三个基本目标,提出了五个发展重点。这是美国首部针对网络安全发布的专门性国家战略文本,标志着网络安全战略在国家安全战略整体中具有独立地位。2008年,布什签署第54号国家安全总统令/第23号国土安全总统令,标志着《国家网络安全综合计划》的全面启动。该计划具有高度机密性,曾被美国媒体称为网络安全的"曼哈顿计划",旨在构建一个全方位的网络空间防御体系,要求美国政府所有与网络安全有关的部门都参与其中,强调了网络的脆弱性、拓展抵御威胁的前沿防线的重要性以及扩展网络教育、培养网络人才对网络空间战略实施的可持续性三个重要目标及十二项举措。由此,美国在布什政府下进入加强防御兼有攻击性的攻击和防御同时进行的阶段。

---

[1] 夏骋、Omry Haizler:《美国网络战的历史及其对现代网络作战组织和决策的影响》,《中国信息安全》2017年第4期。

3. 奥巴马政府（新自由主义转向现实主义 2008年至2017年）——"主动攻击"

奥巴马执政期间，基于美国新版《国家军事战略》[1]，继续将关键信息基础设施保护列为国家安全优先事项；出台了多项网络空间战略计划，逐步构建了全方位的美国网络安全战略体系；以国际战略视角，引导最有利于美国的国际网络空间治理格局得到逐步构建；发布网络威慑战略，突出网络威慑和先发制人。[2]

奥巴马2009年在公布《网络空间政策评估——保障可信和强健的信息和通信基础设施》报告后发表演讲指出，美国21世纪的经济繁荣将依赖于网络空间安全，"从现在开始，我们的数字基础设施将被视为国家战略资产，保护这一基础设施将成为国家安全的优先事项"。可见美国对网络空间基础设施保护的重视程度。美国2011年5月发布的《网络空间国际战略》确立了政策制定者的战略意图。首先，美国把现实空间的西方意识形态掺入其"管理"全球互联网的三个核心原则：基本自由、个人隐私、信息自由流通。其次，美国政府通过加强盟友关系、建立公私合作防御与威慑的安全防务体系、强调繁荣和安全的发展理念把自己定位成网络空间精神与事实上的领军国家。根据该份战略，美国特别强调必要时可以动用军事力量。该战略指出："必要时，美国将像应对我们的国家受到的其他任何威胁那样应对网络空间的敌对行为。"由此可见，网络空间在这一时期开始与军事挂钩。

2015年奥巴马向国会提交了《网络威慑战略》，宣布实行威慑政策，分为拒止型威慑、成本加强型威慑和支撑型威慑的行动。文件指出，"威慑是力求通过对对手决策施加影响来劝服对手，使其不采取威胁重要国家利益的行动。这种影响是通过令人信服地展示己方施加代价和惩罚的能力和意愿来实现的，目的是使对手相信：克制比对抗的结果要好得多"，"美国政府正寻求多方面的政策努力、利用一切国家力量工具来应对那些对国

---

[1] 许嘉、张衡：《美国新版〈国家军事战略〉报告的新变化》，《和平与发展》2015年第5期。
[2] 程群：《奥巴马政府的网络安全战略分析》，《现代国际关系》2010年第1期。

家构成重大威胁的恶意网络活动，并通过拒止国家和非国家行为体试图通过网络手段来损害美国"，"美国的网络威慑政策依赖所有的国家力量工具——外交、信息、军事、经济、情报和执法，以及增强了美国公民、工业和政府的信息安全的公私伙伴关系。这种手段的使用旨在使对手对恶意网络活动的有效性产生不确定性，并增加对手为其行为付出的成本和代价"。由此可见，美国通过威慑计划将网络攻击上升为美国外交政策。

4. 特朗普政府（2017年至2021年）——"激进攻击"与"美国优先"

特朗普执政期间延续奥巴马政府出台的网络空间政策，包括提高政府网络系统、国家基础设施的安全防护，延长了对黑客入侵网络系统的制裁行政令。但同时，特朗普政府在"美国优先"与大国竞争思想的指导下对网络空间政策进行了全面调整。[①] 相较于奥巴马执政时期的政策，特朗普对奥巴马政策进行了完善，使其更加深入、全面和有效。

特朗普以积极的态度完善网络空间政策，相继推出总统行政令、国际战略规划、国防预算等政策文件，将安全问题引入网络空间，为自身网络空间军事力量的形成和发展创造合理的国际环境，打造具有进攻性的网络空间力量。美国加大对他国的网络攻击，通过"持续交手"来进行"前置防御"，丰富发展美军网络部队的攻击性，同时将网络攻击作为对抗俄罗斯战略的一部分。

特朗普时期主要以《国家网络战略》《2018国防部网络空间战略》《第13号国家安全总统备忘录》三份政策文件推动其网络空间行动方式进行转变。在《国家网络战略》中，主要表达美国政府会积极处理网络空间存在的问题，同时强调网络攻击的有效性和透明度，意在"前置防御"和形成威慑。在美国国防部提出的战略文件中，针对美国军事力量提出网络空间作战的新战术，意在形成"前置防御"和遏制。2018年8月特朗普对美国网络司令部下达了新的军事授权，签署《第13号国家安全总统备忘录》。该备忘录批准了美军在网络空间进行"秘密军事活动"，扩大了美国网络司令部发动网络攻击的权限，即在没有得到总统批准的情况下，就可

---

① 汪晓风：《"美国优先"与特朗普政府网络战略的重构》，《复旦学报》2019年第4期。

以"威慑、保护或防御针对美国的攻击或者恶意网络活动"。特朗普签署该行政令，推翻了前总统奥巴马 2012 年签署的"第 20 号总统政策指令"，废除了其中涉及的发动具有导致重大后果的网络行动前，需要层层申报并获得总统批准的内容。此举旨在减少对美国总统发起网络攻击的限制，表明了特朗普政府对网络空间发展的战略转向了"激进攻击"。

基于以上三份美国特朗普时期的政策文件，美国网络战略由防御转为进攻，其行动的时间层面也逐渐推前，在网络空间形成美国的威慑地位。当前，美国网络空间的进攻性战略，主要体现于在俄罗斯系统中放置潜在的严重恶意软件的深度和一种以前从未尝试过的攻击性。美国网络司令部司令陆军上将兼国家安全局局长保罗·纳卡松直言不讳地表示，需要在对手的网络中深入"前置防御"，以证明美国将对针对它的一连串网络攻击做出回应。由此可见，美国该阶段的网络战处于激烈攻击阶段。

5. 拜登政府（2022 年 1 月 20 日至今）——完善网络作战部队，将网络作战与传统军事作战相结合，推进一体化作战，带动其他新形式，加强网络威慑

拜登政府上任以来将网络安全议题列为优先事项，从评估威胁、界定利益和塑造对手出发采取一系列措施积极统筹国家网络安全工作，将布局关键信息基础设施保护、供应链安全以及新技术发展作为治网重点，并加强部门协调、公私合作以及国际协同打造网络空间"全政府""全国家""全系统"模式，逐渐形成拜登政府的网络空间战略。

与特朗普政府类似，拜登政府网络安全举措受高层政府影响较大，大国战略竞争意味明显，网络空间博弈态势严峻，制裁等措施使用频繁，加剧了网络空间政治化、军事化的特性。此外，拜登政府在网络空间打击的战略上较特朗普时期更为优化，更具有战略打击的针对性，意在对个别国家实施长时间的渗透潜伏和精准打击，从而维护美国网络空间安全利益的实现和政治目标的达成。

拜登政府时期的国内政治政党对立、国际社会盟友间信任程度低，网络空间精准打击的有效性仍难以完全实现，推进美国网络空间的国内发展与国际合作都还存在较大的空间，其政策和战略的演变仍需进一步观察。

（二）俄罗斯政府——以防御为主，逐渐转型

1. 叶利钦政府（1991年至1999年）——意识缺乏

叶利钦作为俄罗斯第一任总统，他将目光更多地放于国家政治独立、经济发展以及对外发展友好关系上。因此，彼时俄罗斯对于网络空间的安全意识不强。

2. 普京政府（1999年至2008年，2012年至今）——加强防御

尽管俄罗斯接入互联网时间较晚，但在俄罗斯国家安全观指引下，从顶层设计、重点举措和组织保障等方面展开了体系化建设，形成了比较完善的网络空间安全整体部署，奋起直追美国的互联网技术。①

俄罗斯为了进一步对抗美国，减少受美国的限制，在网络空间上加强防御的同时逐渐体现出越来越强的进攻性。

普京执政期间，在面对特朗普政府推出的"持续交手""前置防御"的战略措施，俄罗斯更倾向于使用自己的设备和自己的网络。基于俄罗斯所面临的高烈度威胁和挑战，俄罗斯大力发展自有信息技术，并积极实现国产替代。在2021年新版《俄罗斯联邦国家安全战略》中明确了俄罗斯科学技术发展的目的是确保国家的技术独立性和强竞争力，以实现国家发展目标并实施国家战略优先事项——保障信息安全。与此同时，俄罗斯正加快落实自有产品的进口替代计划。2015年，《关于建立俄罗斯计算机程序和数据库登记册的法律》限制政府机构购买外国软件，进入登记册的IT解决方案在公共采购中享有优先权。现在，俄罗斯已拥有自己的搜索引擎"俄罗斯综合搜索引擎"（Yandex）、社交网络（VKontakte/ Odnoklassniki）以及俄罗斯门户网站（Gosuslugi.ru）等平台。②

---

① 李奇志、唐文章、吕玮：《俄罗斯网络战发展研究》，《信息安全与通信保密》2021年第4期。

② 汪丽：《新版国家安全战略与俄罗斯网络空间安全部署》，《信息安全与通信保密》2021年第10期。

俄罗斯于2018年、2019年连续两年举行"断网"演习。同时，俄罗斯总统普京签署的"主权互联网法"于2019年11月1日正式生效。该法律要求在俄罗斯国内建立一套独立于国际互联网的网络基础设施，确保其在遭遇外部断网等冲击时仍能稳定运行；强调的核心是所有本国互联网服务提供商都通过由俄罗斯监管机构的特殊服务器，来进行路由流量管理。俄罗斯政府成立国家域名管理中心，并吸引俄罗斯电信、俄罗斯技术公司等大型企业参与互联网建设，构建俄罗斯国家域名体系，为"俄罗斯互联网"在受到外部影响时仍可正常运行提供保障基础。

2021年7月，俄罗斯总统普京签署国家安全领域最高战略规划文件《俄罗斯联邦国家安全战略》。该战略是俄罗斯国家安全领域最高战略规划文件，用于确定俄罗斯国家利益、国家战略优先方向和国家安全保障措施。

普京意识到网络空间安全的重要性后，积极展开网络外交，争夺网络空间的领导权。俄罗斯从双边合作、多边合作以及在联合国框架下积极开展网络外交，并争夺网络空间全球事务的领导权。在双边合作方面，俄罗斯分别与中国、巴西、古巴、白俄罗斯、印度、南非、越南、伊朗、土库曼斯坦、吉尔吉斯斯坦等国签署了网络安全领域相关协议。在多边合作方面，俄罗斯在上海合作组织、集体安全条约组织、独立国家联合体等组织中发挥着重要作用。在联合国框架下，俄罗斯组织和推动成立联合国政府专家组，推动《打击网络犯罪公约》《信息安全国际行为准则》的起草和签订，对反对美国网络霸权、彰显多边主义、推动全球网络空间健康发展起到积极作用。

五、美俄网络战影响

（一）国家层面

1. 强化美国霸权，激起"新"军备竞赛

随着美俄两国间网络空间博弈的规模、频率、强度和影响力都在国际范围内不断攀升，大国对网络空间的控制权和主导权的争取日益激烈，逐渐由暗转明，由战略政策转变为实战。美国作为最早将网络空间划分成军事行动领域的国家，为维持自身在网络空间的优势，逐步以实战为导向，完善自身军事组织架构，优化网络空间的战法战术，形成更具有效力和打击力的网络空间威慑能力和攻击能力。美国从政治、军事等多领域采取措施维持网络空间的战略地位，维护自身霸权影响力。

美国占据互联网技术的优势，积极开辟军备竞赛"新战场"，欲将全球拖入网络战中，从而依据其技术优势巩固自身在网络空间的霸权地位。美国近年来频繁向俄罗斯等国家发动网络战，通过网络战向世界展示了其霸权的野心和实力，有利于增强网络威慑，促进美国完善和巩固"四方安全对话机制""五眼联盟"等盟伴机制，建立以高科技为技术支撑的新型军事联盟，在全球范围内增加盟友数量并在盟友间强化主导地位，推动贯彻"美国优先"原则。

2. 明确俄罗斯定位，优化"断"国家战略

实战是国家实力的良好检验，俄罗斯通过实战的形式找到网络系统存在的漏洞，以促进战斗力的发展。

网络战对俄罗斯具有一定的破坏性，但同时能够促进俄罗斯对网络空间的关注和发展。由于美国较为先进的网络攻击技术，俄罗斯在网络战中遭受美国对其关键信息基础设施的攻击。俄罗斯意识到在技术上与美国仍存在一定的差距，逐步加强网络空间安全的技术和战略研究成为俄罗斯在该领域发展的重要事项之一，尤其是在建设和优化自身的网络体系，形成独立、安全的国家局域网体系"俄罗斯网络"。俄罗斯成立国家局域网，意在摆脱美国对互联网端的控制权，降低美国从网络源头之手对俄罗斯的控制。在优化自身战略定位中，俄罗斯实施"断"的国家战略，突出表现为"断网"。通过后续的实践演练，俄罗斯从军事上加大了对网电部队建设的投入，提高跨军种军事作战的协调性，以同外部网络切断联系来加强军事数据的保密性。此外，俄罗斯在外交上一直保持积极态势，主动展开多边外交，在联合国的框架下，致力于与中国合作共同推动网络军备控制和网络安全协议的签订，与美国的"自由网络"战略进行抗衡，从而达到实现自身国家安全的政治目的。

（二）地区层面

网络攻击的溢出效应会将国家之间的矛盾与冲突扩大到国际范围，影响更多的国家，也会导致与双方无关的国家受到牵连。

网络空间总体攻击过程中，攻击方和防守方一般为国家实体，网络攻击目标覆盖各个行业，攻击结果不仅是具体的，而且往往会产生外溢效应。由于病毒程序具有传染性，会导致自发的传播性，网络战中使用的网络攻击武器如蠕虫病毒会随着电子邮件的传播扩散而使网络攻击在地区扩散，影响同区域共同使用同一服务器的其他国家，甚至是扩散至全球，造成互联网使用国遭受网络攻击，由此而形成网络攻击的溢出效果，危害地区及全球网络安全。

（三）全球层面

若将全球的国家按照军事水平划分为大国和小国，美俄作为全球军事领先的国家显然处于大国地位。那么美俄间频繁、激烈的网络战会对全球产生影响，在为国际安全带来极不稳定因素的同时推动国际安全秩序的转型与发展，主要在于以下三点：

第一，美俄间网络攻击日趋倾向于造成国家致命性危害，如对国家关键信息基础设施进行攻击。因此无论是对该国的电力系统进行攻击还是对输油输气管道进行攻击都可能造成对全球人民的威胁。网络攻击看似是对一个国家的军事目标进行攻击，但实际上会通过对基础设施的攻击影响军事目标的行动，其间会对平民和民用设施造成破坏，导致全球性危机。

第二，地缘政治局部冲突加剧全球网络空间安全态势紧张。网络安全问题不断演化升级，国家级网络攻击不断增加。地缘政治冲突加剧投射至网络层面，各国将在网络空间的积极行动上升为维护国家利益的重要组成部分。国家行为体在网络安全的实力对比已成为决定未来国际格局和治理体系的重要因素。美俄间的网络战态势将给各国家行为体的行为选择带来影响。

第三，网络空间保护主义兴起。由于美国在网络空间中利用其互联网霸权窃取他国机密的一系列行为，以俄罗斯为首的大部分国家将国家主权向网络空间延伸即形成"网络主权"，致使数据保护主义抬头。美国在其出售给他国的关键信息基础设施装置上安装后门程序从而监听、监视和监控他国的信息和行动，加剧了各国对于互联网使用的不安全感。由此包括欧盟在内的国家也希望与美国保持距离，其中俄罗斯在这方面的行为更加明显。俄罗斯通过与互联网切断、关键信息基础设施国有化等一系列措施，尽可能减少美国对自身的干扰和威胁，形成了典型的网络保护主义。

六、美俄网络战态势展望与思考

（一）短期：持续进行，明暗交替

从美俄网络博弈的一系列事件中可以很清晰地看出，美俄基于战略竞争和对抗，网络战不会在短期内结束，对国家关键力量的试探性攻击和实战性攻击行动不会中断，尤其是双方目前还未公开的网络攻击行动。网络战具有一定程度上的隐蔽性，在未被遭受网络攻击的国家检测出之前，可以悄无声息地搜集情报，以待最佳攻击时间。这为国家网络空间作战部队的攻击起到了很好的掩护作用，也奠定了网络战短期内持续进行的紧张态势。

在美俄网络战明暗激烈交锋期间，世界各国将对自身国家网络空间建设及其安全的维护进行深入的思考。作为国际理性行为体，国家利益占据各国网络空间军事化考量的优先地位。各国将于短期内基于自身发展情况及利益诉求采取相应行动。在网络科技力量较强的国家，如美国、俄罗斯，网络战在该类国家之间的使用增加，主要用于窃取他国机密信息和对他国关键信息基础设施的攻击；同样，网络科技力量较小的国家将更容易受到网络攻击，使其在现实空间中的军事作战受到限制，处于不利地位，进而推动这些国家积极开展外交、寻求合作、谋求安全。

（二）长期：频繁使用，完善建设

网络战区别于其他传统军事战争形态，由于其可以长期潜伏、瞬间爆发，发动网络攻击的时间地点均具有未知性，难以提前进行较为准确的预测。因此很难将网络战的战时状态与平时状态进行区分，从而也形成了网络战的长期持久的发展态势。

从网络战的长期发展态势来看，美俄间网络战将会持续进行，网络战军事武器的使用频率将会大幅提高，双方网络攻击形式将逐步转向正面公开性攻击，极具报复性和主权象征性。通过网络攻击，国家窃密的指向性会更加明显，对网络攻击展开溯源调查则会显露出国家发起网络攻击的实际意图。基于对网络环境发展趋势的消极预测和其重要性不断上升的判断，美俄两国将采取积极行动加强网络空间作战的军事化建设，主要包括完善自身军事化建设和优化网络空间军事联盟关系。

网络空间军事化建设的系统性还有待发展，包括其军事组织机构优化、军事战略理论更新、指挥人才培养、后勤保障支撑及其作为新型军事作战空间与其他传统军事作战空间的信息化共享和实战协同配合等。美俄两国虽在网络空间领域的军事化发展在全球占据领先地位，但发展建设仍需长期在军事训练和实战中得到完善和提高。

网络防御领域的军事联盟集团将会增强网络化协同化，例如，由美国主导建立并完善的北约卓越网络安全中心，以《塔林手册》为网络战的指导手册，并根据实际需求对手册进行更新。此外，各国也将出台新的国家安全战略，持续提升网络空间安全地位，不断完善军事力量建设，重视科技发展，加强教育和培养网络空间安全领域的人才作为网络攻防的源动力和国家的后备军，健全或增设网络作战部队。

（三）国际安全新阶段

"数字孪生"于2011年在美国提出，强调现实世界与虚拟化世界的边界趋向模糊。随着近年来持续发展的科学技术，其应用范围从军事逐渐扩展至军民一体领域，这个世界也正由"传统单一现实"向"数字孪生"逐渐转型。工业化时代是以机械化军事装备和核武器为主的战争，而信息化时代则以网络战为发展基础，形成陆海空天电网全域协调一体化的高技术军事战争形态。

随着国际关系的冲突对立、地缘政治局势的紧张，网络战呈现进阶式发展状态，从"暗中渗透式"军事打击渐进地转向"公开对抗式"战略博弈。这无疑预示着当前的网络战正向新阶段迈进，即网络空间的正面博弈日渐凸显。美俄网络战在近年来军事冲突中的激烈展现，使得各国在发动网络战上的意图更加明显，发动网络战的意愿和能力逐渐增强，尤其是在该领域拥有先进技术和有长期窃密需求的国家。不断提高网络空间军事化建设加快了新一轮军备竞赛的进程，同时美俄间的网络战将不可避免地为世界带来难以估量的影响。而为了削弱战争带来局部或全球安全危机的风险，维持国际和平、稳定与安全，以联合国为核心的多个国际组织强调大国之间进行必要的战略克制，国际社会加强平等协调共同推进网络信息安全的国际治理应当成为世界性的共识。但如今，针对加强网络空间制度化和规范化建设，推进落实网络空间军事化建设的军控方案，国际社会仍有待控制分歧，达成军控实质性合作。

俄罗斯与亚洲国家关系

冷战后的俄日关系：回顾与展望

谭雅轩　林沁霓　曹　聪[*]

【摘　要】 冷战结束后，由于俄日两国尚未签订和平条约，所以法理上仍处于战争状态；但在现实中，俄日双方却通过沟通协商和对话合作逐步建立起了友好关系。北方领土问题始终是俄日之间不可逾越的障碍，极大地影响了两国关系的正常发展。两国在领土问题和和约签订上的不同立场是双方分歧的主要原因，出于对自身长远利益的考虑，俄日两国依然会尝试暂避争端，寻求合作，俄日关系还有着很强的可塑性。

【关键词】 俄日关系　俄罗斯　日本　亚太地区　合作关系

一、俄日合作互动回顾

（一）政治层面：两国关系稳固提升

1. 两国政治互动频繁

苏联解体后，国际格局发生重大变化，俄日政治关系经历了由苏日关

---

[*] 谭雅轩，广东外语外贸大学国际关系学院外交学专业2021级本科生；林沁霓，广东外语外贸大学国际关系学院外交学专业2021级本科生；曹聪，中国社会科学院大学国际政治经济学院2024级博士研究生。

系向俄日关系的历史性转变。双方从各自的国家利益出发,抓住历史机遇从对立走向对话,推动俄日双边关系的全面发展。从俄罗斯方面来看,俄罗斯在亚太有着许多潜在利益需要借助他国之力开发,既是亚太大国又是经济强国的日本成为俄罗斯的重要选择。从日本方面来看,日本在领土问题和大国目标等政治问题上同样需要俄罗斯的支持,这促使双方加强政治互动,提升双边关系。在冷战结束后的10年里,俄日关系较之过去实现重大突破。进入21世纪,两国持续进行政治互动以巩固两国关系。

1993年10月,俄罗斯总统叶利钦对日本进行正式访问,这是冷战后俄罗斯总统首次访问日本,两国就双边合作与建立良好关系达成了共识,共同发表了《东京宣言》和《经济宣言》,为建立新型俄日关系奠定了基础。此后俄日两国政治交往日益密切。1998年11月,日本首相小渊惠三正式访问俄罗斯,[①]并共同发表《莫斯科宣言》,宣布将建立长期的建设性伙伴关系。

2000年9月,俄罗斯总统普京首次对日本进行正式访问,两国发表重要声明,强调加强俄日建设性伙伴关系的重要性。2013年4月,日本首相安倍晋三应邀访问莫斯科。2014年2月,西方七国集团中仅日本出席了索契冬奥会,并同俄罗斯总统普京举行会晤。由于2014年乌克兰危机,欧美国家对俄罗斯施加了严厉制裁。即便在这样的环境下,时任日本首相安倍晋三也仅仅叫停了签证磋商,制裁程度并未对俄罗斯造成实质性影响。2014年2月7日,日本首相安倍晋三表示,将致力于最终解决两国领土争议问题,并争取签订日俄和平条约;2018年11月,安倍晋三与普京在新加坡会晤,双方商定在《日苏共同宣言》基础上加快和平条约谈判进程。此后数年俄日关系虽然偶有起伏,但两国都保持着较为频繁的政治互动。

2. 加强首脑私人外交

俄日两国关系因为历史遗留问题、领土争端分歧的长期存在而难以推进,但双方为了本国利益也在不断探索其他切入点,创造合作机会和友好氛围。除开展经济、文化等其他领域的合作外,俄日两国领导人也采取了首脑外交的方式,试图通过建立首脑之间良好的私人关系来缓和现有矛

---

① 乔蕊:《21世纪初俄日关系研究》,吉林大学2015年博士学位论文。

盾，寻找谈判与合作的更多契机。从俄罗斯独立初期到普京第二次总统任期，两国都采取过以私人关系促进国家关系的外交手段，也取得了一些成效。安倍晋三曾表示，要想打破70多年的异常状态只有在领导人之间的信任关系基础上找办法。

俄罗斯独立初期，俄日彼此都采用较为强硬的政策，因此双边关系发展效果不佳。但从1996年桥本龙太郎执政后，这种紧张局势发生变化，两国首脑通过互访、高级别对话、多场合会谈建立了良好关系。日俄首脑通过频繁会晤促使双方建立良好的私人关系，这种外交方式虽然存在着不稳定性，但不可否认在当时对缓和两国关系起到一定积极作用。

2012年12月，安倍晋三第二次上台便沿用了首脑外交的方式。安倍晋三上台后第一时间与普京通电并派出日本前首相森喜朗将其亲笔信转交给普京。安倍晋三频频向普京示好，与俄罗斯在政治、经贸、能源、安全等核心领域的合作取得了突破性进展。截至2016年，安倍晋三通过各种场合与普京举行了16次会谈，建立了良好的私人关系，这种首脑私人间的良好关系确实对两国关系及外交政策产生了一些积极的影响，根据日本外务省发布的《外交蓝皮书》数据，安倍晋三第二次上台之后，日俄之间的经济贸易合作、军事文化交流都有显著增长。2020年9月菅义伟出任日本首相后，试图继续改善俄日关系，普京也回应称"将就所有双边问题展开对话"。① 2021年日本首相岸田文雄在与普京通话的过程中达成了双方以互惠方式展开建设性合作的共识。

但是，首脑私人外交虽然是一种外交手段，但是其所产生的影响有限，难以转化为国家政策从而改变国家间的关系。

（二）经济层面：经济合作稳中求进

1. 经贸合作质量上升

冷战期间，苏联与日本的经济合作受历史遗留问题、政治形势、意识

---

① 《菅义伟致电普京谈领土争端，菅义伟：不把领土问题留给下一代》，海外网，2020年9月30日，https：//m. haiwainet. cn/middle/3541083/2020/0930/content_31887377_1. html。

形态等因素的影响而难以推进。冷战结束后，俄罗斯在独立初期面临着社会经济危机，为解决这一难题，俄罗斯实行经济优先的外交政策，希望通过建立与西方发达国家的良好经贸关系来获得经济援助和财政支持。俄日两国出于本国利益考虑积极推进经贸合作，无论是在数量还是质量上，两国的合作水平都有所提高并且发展态势向好。俄罗斯与日本在多个领域展开了合作，其中经济领域的合作成效最为显著，两国在该领域的合作潜力巨大。

1993年叶利钦访问日本时，日本政府表示会在能源、钢铁、运输等领域同俄罗斯开展合作，同时承诺会在国际舞台上为俄罗斯加入国际货币基金组织、世界银行等国际组织而发声。[①] 随着合作领域的扩大与合作程度的加深，到2008年俄罗斯已成为日本在欧洲的第二大经济合作伙伴，居于日本对外经贸合作的第十三位。2016年12月16日，两国政府正式宣布八项经济合作计划，该计划促成两国民间企业就68个项目达成协议，带动了规模为3000亿日元的投资与贷款。[②] 2017年4月，安倍晋三对俄罗斯进行国事访问，两国拟签订了包含经济、医疗、农业等在内的八十多个合作项目。从2015年第一届东方经济论坛开始，一直到2019年4月的第五届东方经济论坛，日本领导人历届都有受俄罗斯邀请参加。俄日两国就对俄银行贷款等方面进行合作，共同建立投资平台，为工业和高科技领域项目融资，拓宽了俄日经济合作领域。

2. 能源合作优势明显

著名经济学家西奥多·威廉·舒尔茨指出："能源是无可替代的，现代生活完全是架构于能源之上，虽然能源可以像任何其他货物一样买卖，但它并不只是一种货物而已，而是一切货物的先决条件，是和空气、水、土同等重要的要素。"[③] 俄罗斯地广人稀，能源资源十分丰富，但因为缺乏

[①] 胡仁霞、赵洪波：《俄罗斯亚太战略的利益、合作方向与前景》，《东北亚论坛》2012年第5期。
[②] 姜毅：《俄日关系：期待拨开阴霾》，《世界态势》2016年第23期。
[③] 陈柳钦：《新世纪中国能源安全面临的挑战及其战略应对》，《中国市场》2011年第24期。

技术资金和管理经验等，东部地区资源未得到有效开发，俄罗斯迫切需要外国的投资与支持从而获得更多的经济发展机会。日本经济发展迅速，科技水平高，但因为岛国面积小及自身资源的匮乏，对外依存度很高。因此，石油天然气等能源合作是改善俄日关系与建立经贸合作的重要切入点。

两国的能源合作项目主要是萨哈林-1和萨哈林-2项目，合作地区主要集中在能源丰富但有待开发的西伯利亚和远东地区。2002年萨哈林-1项目动工，并于2006年正式投产，带来了巨大的经济收益。2009年4月，萨哈林-2项目产出第一批天然气；次年，液化天然气已成为俄罗斯出口到日本的第二大商品。2011年，日本发生大规模地震和海啸并引发核泄漏，俄罗斯及时派遣救援队前往支援，同时加大了石油和天然气等能源的出口力度，表示愿意帮助日本摆脱核危机。2022年俄乌冲突后，日本拒绝来自俄罗斯的煤炭，但继续购买俄罗斯的天然气。日本政府6月7日在内阁会议上敲定了2021年度《能源白皮书》，写明将维持俄罗斯远东石油和天然气开发项目萨哈林-1、萨哈林-2的权益。

（三）军事层面：互信加深合作开启

1. 军事信任逐渐加强

在苏联时期，由于东西方阵营对立，日本作为美国的盟国也对俄罗斯持敌对立场，军事上两国处于敌对状态。冷战结束后，美苏军事对抗消除，但是俄日两国因为和平条约尚未签订和领土问题僵持不下而处于军事不信任状态。出于本国利益和发展需要，两国开始推进军事接触与交流。日本政府于1997年确定了"多层次接触"的对俄外交方针，主张通过全方位、多层次的接触全面发展日俄交流与合作。对于日本这一重大政策调整，俄罗斯予以了积极回应。两国外长多次会晤推动日俄关系迈向新阶段，政治经济合作成果丰硕也为两国军事交流与安全防务合作打下了坚实基础。

1994年，俄罗斯与日本恢复军事关系，双方签署了《扩大军事合作和建立信任措施的协定》。2013年11月1至2日，俄罗斯与日本在东京举行了外长防长"2+2"磋商会议，双方就两国军事合作与安全防务问题进行探讨，并对定期举行"2+2"磋商会议达成共识，这表现出两国对建立军事互信和加强军事合作的信心。

1996年，日本防卫白皮书不再将俄罗斯在远东的军事力量视为"不稳定因素"，而是表述为"未来趋势不明朗"。① 从2001年开始，日本防卫白皮书不再将俄罗斯视为周边威胁。2003年，俄日海空联络机制被列入"俄日行动计划"中，截至2014年，俄日海空联络机制年度会议已经举行了二十届。该机制是俄日建立军事互信的重要举措，不仅能够有效维护俄日舰船和军机在公海及其上空的安全，在促进俄日军事交流上也发挥着积极作用，能够有效推动双方军事互信关系的建立。此后数年，两国通过一系列措施建立起军事互信，放弃将对方视作军事威胁。②

2. 合作交流开始启动

俄日两国在建立军事互信的过程中逐步消除了对对方的军事敌意，着手开展在军事领域的相关合作。自两国军事关系恢复以来，俄日双方都致力于在加强军事领域相互信任，探讨国际安全与地区稳定问题，派遣高级别将领、军事力量互访等方面加强合作与交流。自1996年两国军方签订军事合作协定后，基本上每年会定期举行军方高级会晤、联合军演、军舰互访、海上搜救，等等。

2000年9月，俄日两国举行联合军演，俄国防部官员高度评价俄日军事关系，认为两国在军事领域的积极互动促进了两国关系的发展。2012年2月，普京再次当选总统；同年12月，安倍晋三就任日本首相。两国领导人于2013年4月28至30日进行会谈，并在会后发表的联合声明中表示两国领导人基于维护亚太地区安全、稳定局面的需要，将定期互访，俄罗斯联邦安全会议和日本防务省也定期举行磋商，并组织军舰互访、搜救演

---

① 马千里：《"晋级比赛型"战略思维模式与冷战后日本国家安全战略调整——兼论日本国家安全战略的新动向》，《世界经济与政治论坛》2019年第2期。
② 朱清秀：《海空联络机制建设：日俄的经验与启示》，《亚太安全与海洋研究》2016年第3期。

习、联合反恐和打击海盗等军事领域的合作活动。[1] 2014年乌克兰危机爆发后，俄日间的"2+2"会晤机制受其影响中断，直到2016年底普京访日时才重启该机制。2018年10月8日，俄罗斯考虑到日本政府的意愿，没有在千岛群岛举行"2018-东方"联合军事演习，日方对此表示感谢，并表示希望与俄罗斯开展更高成效性的军事合作。2019年6月，俄日在彼得大帝湾进行"思瑞克斯-2019"联合演习。2019年9月17日，安倍晋三在俄日会谈中要求与俄罗斯开始在安保领域展开事务性对话，营造和平条约缔结的良好环境。除传统军事安全领域外，俄日还致力于在毒品犯罪、网络盗窃和洗钱等非传统安全领域开展合作。两国在军事领域的合作与交流上取得了良好的效果。

3. 冲突苗头时隐时现

冷战后俄日彼此之间的信任基础十分薄弱，为了缓和两国关系，俄日双方通过各种措施增进合作，寻求共识，虽然后期俄日军事合作机制得到建立与完善，但因为领土争端和国际格局的变化，两国间的冲突仍然时有发生。1993年的《俄罗斯联邦军事学说》充分描述了俄罗斯所处地区的安全形势，其中隐含了日本对俄罗斯构成安全威胁。[2] 2000年和2010年的《俄罗斯联邦军事学说》都影射日本对俄罗斯造成了外部威胁。俄军在2008年底启动新一轮体制编制调整时缩编了全部的师，唯独保留位于南千岛群岛（日称北方四岛）的第十八机炮师，反映出俄罗斯并未放弃将日本视为远东地区的威胁。[3]

2010年11月，俄罗斯总统梅德韦杰夫登上库纳施尔岛（日称国后岛）视察，两国关系急速倒退。2011年2月15日，俄罗斯宣布在南千岛群岛部署防御武器并在其上空巡航，其目的是通过军事威慑对日本施压并宣示主权。2014年乌克兰危机爆发后日本追随西方对俄罗斯进行制裁，俄罗斯以在南千岛群岛举行大规模军事演习作为对日制裁行为的回应。2022年2

---

[1] 张宇：《21世纪初的俄日关系研究》，黑龙江大学2018年硕士学位论文。
[2] 孔桥雨：《俄罗斯空天政策调整：实践与创新》，《俄罗斯学刊》2022年第12期。
[3] 李大光：《俄罗斯军事改革的做法、经验与启示（下）》，《中国经贸导刊》2015年第36期。

月，俄乌冲突爆发后，日本外相林芳正在印度太平洋部长会议中重提 2021 年 10 月中俄联合舰队在日本列岛环绕一周的联合军演，表示这种行动令人担心，很难不说日本在俄乌冲突中强化制裁俄罗斯带有打击报复的意味。在日本自卫队进攻潜力增长的背景下，俄罗斯在东北亚加强部署反导系统或中短程导弹，同时加强在争议岛屿上的军事部署以预防美日同盟的威胁。在俄乌冲突爆发后，美日分别在 2022 年 5 月 26 日、6 月 7 日举行两次战斗机的联合战巡飞行活动对俄罗斯形成担忧与威胁，6 月 22 日中俄海军舰艇围绕日本列岛的活动引起日本的高度关注，地区局势逐渐紧张。① 2023 年 4 月 14 日，俄罗斯国防部部长绍伊古表示，俄罗斯太平洋舰队将开展设想击退登陆南千岛群岛和萨哈林岛的训练，其目的是"阻止假想敌来自海上的侵略"。虽未点名具体国家，但由于提及了日本要求归还的北方四岛的防卫，该次训练显然是针对谴责俄罗斯并参加欧美对俄制裁的日本。

（四）人文层面：文化交往加深理解

1. 文体艺教旅互动频繁

俄罗斯和日本都有着丰富多彩、特色鲜明的文化，备受两国人民欢迎和喜爱。但在冷战及冷战前期，俄（苏）日两国因意识形态对立而难以进行文化交流。冷战结束后，两国在积极推进政治、经济、军事等合作的同时也大力促进两国文化交往，在文化、体育、艺术、教育、旅游等诸多领域加强了互动，既满足了两国人民对文化的需要，也为两国政治、经济等合作创造了良好的条件。

1998 年 11 月 13 日，两国通过《俄罗斯与日本建立建设性战略伙伴关系声明》，这与 1986 年 5 月 31 日在莫斯科缔结的《苏联与日本政府文化交流协议》共同构成了俄日文化交流的法律基础。21 世纪初，日本开始在俄

---

① 《俄舰队将设想敌方登陆北方四岛实施训练》，共同网，2023 年 4 月 14 日，https：//china.kyodonews.net/news/2023/04/432be29f836d.html？phrase=%E4%BF%84E7%BD%97%E6%96%AF&words=%E4%BF%84E7%BD%97%E6%96%AF。

罗斯举行大型日本文化节活动,2006年,俄罗斯在日本举行了首届俄罗斯文化节作为回应,①两国充分肯定文化节等人文交流的积极作用。2014年1月,日本奥运会担当相兼文科相下村博文与俄罗斯体育部部长穆克特在冬季奥运会举办地索契举行会谈,双方就2020年东京奥运会、终身体育、反兴奋剂、体育医学等领域的合作签署了备忘录,这是俄日首脑间首次交换体育合作的正式文件。② 2019年10月30日,俄日两国共同经济活动试行项目"开发符合岛屿特点的观光游"的首个旅游团活动当天在南千岛群岛启动,该项目是日俄共同活动的五个项目之一,观光游旨在就住宿设施、道路建设情况等内容进行梳理,并带动项目的全面实施。2022年,俄日"地方交流年"开幕式在日本举行,两国的人文合作持续深化。③

2. 文化促外交成效良好

俄日两国积极推动彼此之间的文化交流与合作,促进国民之间的友好往来与相互了解,加强了两国间的信任,这对树立彼此良好的国家形象,提高国家影响力,加强外交关系有积极意义。就目前来看,两国文化关系正在向好发展,双方开展的文化项目都分别得到了较好的评价。表面上看,两国实施文化外交的目的是扩大文化影响力,树立国家形象;从深层来看,两国是想要通过发挥文化的"软力量"缓和矛盾,化解分歧,消除误解,增进信任,为未来解决北方领土等政治问题及促进经济军事合作营造良好的政治氛围。

根据2001年3月俄罗斯民意舆论调查机构收集的以"俄罗斯对日本的认识"为内容的调查数据可知,被调查的3300个俄罗斯人中有48%的人对日本感兴趣,约34%的人对日本有信任感,61%的人对俄日关系保持乐观,94%的人重视俄罗斯与日本发展友好关系④,可观的数据离不开两国

---

① 梁渊:《冷战后日本在俄罗斯开展文化外交的研究》,吉林大学2012年硕士学位论文。
② 《日俄首次签署体育合作备忘录》,环球网,2014年2月10日,https://sports.huanqiu.com/article/9CaKrnJEddc。
③ 《俄日地方交流年开幕式在日举行》,俄罗斯卫星通讯社,2022年1月29日,https://sputniknews.cn/20220129/1038592480.html。
④ 梁渊:《冷战后日本在俄罗斯开展文化外交的研究》,吉林大学2012年硕士学位论文。

在文化交流上付出的努力。从1999年开始，日本政府建立的日俄青年交流中心项目负责实施中学生、大学生和青年人的交流项目[①]，青年间的交流同时促进了两国更多领域、更高层次的交流，两国互派专家学者参加学术讲座、研讨会、地方培训，积极发展"建设性伙伴关系"。高层学者之间的相互交流推动了彼此在各个领域的深层合作，尤其是在俄日关系研究领域，两国学者能够对两国及两国关系有着更为全面和更深层次的认识与理解，从而做出更加理性和更切实际的分析，为未来两国关系发展提供更可行的建议。此外，两国还于2012年签署了旨在简化两国人民往来签证手续的有关协议，从而促进两国人员的友好交流与往来。这不仅拓展了俄日两国文化交往的规模和深度，还在一定程度上提高了俄日两国官方层面交往和沟通的频率，是对两国官方外交的重要补充。

二、俄日关系发展特点

（一）紧张与缓和交替：领土政策影响两国关系

冷战后，俄罗斯和日本都希望推动两国关系正常化，经过一段时间的努力两国关系有所改善，但因为南千岛群岛领土主权问题以及双方当时尚未签订和平条约，两国之前还时有矛盾分歧出现。南千岛群岛由四个岛屿组成，位于俄罗斯堪察加半岛和日本北海道之间，两国在该领土上的争议从17世纪持续至今。俄日双方在不同时期从当时国际形势和自身利益出发，对领土政策的调整呈现出时强时缓的特点，使得俄日关系也在紧张与缓和中交替。

苏联解体后，独立的俄罗斯面临经济危机等社会问题，此时日本同俄罗斯进行的一些经济往来大部分都是附带政治条件的，日本希望以经济援助或者投资为筹码迫使俄罗斯在北方领土问题上做出让步，而此时的俄罗

---

① 张宇：《21世纪初的俄日关系研究》，黑龙江大学2018年硕士学位论文。

斯虽然面临经济难题，但在领土问题上却毫不妥协，双方领土政策都比较强硬，俄日关系冷淡。1996年，日本首相桥本龙太郎执政，实行"多层次接触"的对俄政策，在南千岛群岛问题上，日方表示不急于要求俄罗斯归还南千岛群岛，俄方表示两国将在其他领域进行更为长远的合作，两国关系回温。

进入21世纪，俄罗斯经济局势逐渐好转，在意识到"亲西方外交政策"的失败之后，逐渐把重心转移到发展与东方国家的关系。普京释放出承认存在领土争端的信号后，日本认为俄罗斯有可能会在未来归还争议领土，为了在日后的领土谈判上占据优势，日本对俄实施强硬的领土政策，但日方显然低估了俄罗斯捍卫领土主权的决心，直到安倍晋三第二次上台，局势才有所好转。2018年9月，安倍晋三提出"战略外交总决算"的口号，其本质是想使日本收回争端领土，摆脱战败国身份，重新树立国家形象，但俄方明确表示本国在维护领土主权上有着坚定不移的态度。虽然俄罗斯的强硬态度使得领土问题进程缓慢，但日本还是非常积极寻求俄日合作。2020年安倍首相因身体原因辞去首相职务，菅义伟接任首相后对俄罗斯采取了更为强硬的政策。日本外务省将"日本拥有南千岛群岛主权"重新写进了新发布的2020年版《外交蓝皮书》中。岸田文雄上台后对领土问题的立场同样十分强硬，表示要全力维护国家领土完整。对此，俄罗斯以在争议领土上进行大规模军事演习、派遣官员上岛考察等强硬方式进行回应，致使俄日关系由安倍晋三时期的寻求合作转向对抗。2022年俄日领土争端再次激化，与争议岛屿有关的各项协定与条约执行也被终止。两国关系因为领土政策的影响呈现曲线变化。

（二）领域合作不平衡："政冷经热"

俄日两国在政治上的合作进展缓慢。俄日两国希望通过建立经贸合作、促进人文交流以及领导人互访等高级别互动的方式来促进双边关系的发展，但领土问题始终是双方不可逾越的障碍。2002年的"铃木事件"对俄日关系造成重大影响，两国领土谈判停滞。两国领导人先后多次前往争端岛屿视察使得两国关系陷入紧张局面。这些涉及领土争端事件的频发使得两国的政治合作效果不佳，关系缓和的进度迟缓。2014年乌克兰危机的爆发使得双方关系再次跌入低谷，政治互信再受冲击，政治合作陷入僵局。

两国在经贸上的合作形势向好。冷战后，俄日两国都把促进经贸合作视为建立两国友好关系的重要切入点。俄罗斯与日本逐步建立起密切的经济关系，两国已成为对方重要的经济贸易合作伙伴。俄日关系自2000年后开始走出20世纪90年代的低迷状态，经贸合作不断加深，为两国创造了巨大收益。2014年之后俄日两国贸易额虽然受到外部因素的影响，但总体上仍然保持在200亿美元上下。据俄罗斯海关总署统计，2018年俄日贸易总额约为213亿美元，2021年为199亿美元，比2020年增长22.9%。据参考消息网2023年1月3日报道，2022年俄罗斯和日本的双边贸易额达到2.365万亿日元（约合180亿美元）。①

在能源和技术层面，俄日积极参与由俄罗斯主持开发的萨哈林-1项目和萨哈林-2项目。其中，萨哈林-2项目是俄罗斯向日本出口的重要通道，每年有超过60%的天然气产量出口至日本。

俄日双方希望通过广泛的多领域合作建立政治互信基础，为解决领土问题营造良好氛围。但实际上政治上的合作成效并不显著，双方在领土争端上的分歧长期无法消除，这种分歧一直是且将持续是横亘在双方之间的鸿沟，阻挠俄日政治合作进程的推进。而其他领域尤其是经济领域，两国因为较强的经济互补性寻找到在经济上共同的利益诉求从而顺利推进了经贸方面的合作。两国虽然在政治、经济、军事、文化等多个领域开展了合作，但呈现出"政冷经热"的不平衡性，两国关系实现"正常化"任重而道远。

（三）领导人换届影响两国关系

从俄罗斯方面来看，不同历史时期的俄罗斯领导人会根据国际形势和

---

① 《俄媒：2022年俄日贸易额激增》，参考消息网，2023年1月3日，http://m.cankaoxiaoxi.com/finance/20230103/2500557.shtml。

俄罗斯当前实际的需要调整对外政策。在对日政策上，俄罗斯在独立和发展时需要日本的经济援助和支持，这一时期的领导人比较重视日本这一经济合作伙伴，所制定的对日政策友好而缓和，有利于发展对日关系。但当俄罗斯实现发展并同众多亚太国家建立友好关系后，这一时期的领导人则强调更加长远的本国利益和国际地位，对日政策会发生转变甚至趋于强硬以维护国家发展利益。

叶利钦时期，在经历"亲西方"外交政策的失败后提出了全方位外交方针，同时强调了同日本等东方国家发展友好关系，虽然双方在领土问题上还存在分歧，但总体上两国都致力于解决分歧，推进合作。普京首次执政前期继续积极推进同日本的友好合作；但在普京执政后期，随着俄罗斯实力的不断壮大，俄罗斯开始要求更高的国际地位，在对日政策上，尤其是领土政策逐渐转向强硬，加上同一时期内日本小泉政府要求同时归还四岛的立场，俄罗斯的对日政策发生重大调整。

从日本方面来看，日本各届首相所制定的对俄政策同样具有不连续性，使得两国关系跌宕起伏。苏联解体初期，日本对俄实行"政经不可分"的政策，代表的日本首相有宫泽喜一、细川护熙等，这一政策实际上是对冷战时代的延续。1996年，桥本龙太郎上任后先后将对俄政策调整为"扩大均衡"和"多层次接触"，扩大与俄罗斯接触的范围，两国关系升温。2002年，小泉内阁任期内发生"铃木事件"，政府为保持国内对内阁的支持率，重拾对俄"政经不可分"的政策，将领土问题重新搬回到谈判桌前，改变了此前"不偏重北方领土问题而全面发展关系"的缓和政策。[①]

2012年12月，安倍晋三再次出任日本首相后频频向俄罗斯示好，主打首脑外交，与普京建立了良好的私人关系，一定程度上促进了两国关系发展。2020年9月，菅义伟继任首相，日本内政外交进入"后安倍时代"。在日俄关系层面，日俄继续坚持以领土主权为底线，两国关系破局不易。据《环球时报》相关报道，2021年9月2日，俄罗斯第六届东方经济论坛在俄罗斯远东联邦大学正式拉开了帷幕，但俄罗斯总统普京并没有邀请日本，随

---

① 董元凯：《冷战后日本对俄政策以及日俄关系的走向研究》，辽宁大学2021年硕士学位论文。

后日本方面表示，日本首相菅义伟不出席本次的东方经济论坛。值得注意的是，此前普京已经连续4次邀请安倍晋三参加俄罗斯举办的东方经济论坛。2021年10月4日，岸田文雄正式就任日本第100任首相。对俄罗斯，岸田文雄表示，"在解决领土问题、缔结和平条约的方针之下，根据迄今达成的各项协议，继承2018年以后两国首脑间的沟通内容，坚持不懈地展开交涉。包括能源领域合作在内，全面发展有益于国家利益的日俄关系"。[1] 但是，俄方不会接受日方的关于领土问题的诉求。俄乌冲突爆发后，日本首相岸田文雄宣布制裁俄罗斯，俄日双方在经历数轮制裁与反制裁的拉锯战后关系逐步恶化。2022年3月26日，俄罗斯宣布将全面终止与日本就缔结和平条约而进行的谈判，至此，俄日关系跌入谷底，未来前景不明。

三、俄日关系发展的动因和影响因素

（一）俄罗斯的利益诉求

1. 获得日本经济支持促进本国发展

苏联解体之初，俄罗斯面临着经济危机、社会动荡等问题，为了改善当时的政治局面，俄罗斯迫切希望得到西方国家的资金支持，在"亲西方"外交政策失败之后，日本向俄罗斯抛出了橄榄枝，俄罗斯通过经济贸易合作等形式争取到了日本的经济支持。

俄罗斯地广人稀，资源丰富，但东西部区域发展差距较大。俄罗斯的大部分重要能源资源集中在西伯利亚和远东地区，但这两个地区发展起步较晚，基础设施落后，人口流失严重[2]，开发面临人力、财力、技术等多方面的困难。为了加强对该地区的开发与管理，俄罗斯希望用自身的资源优势在亚太寻找经济合作伙伴。与俄罗斯隔海相望的日本恰好能够满足俄罗斯发展所需的资金、技术等需求。日本是发达国家，经济水平高，科技

---

[1] 刘江永：《岸田文雄的"新时代现实主义外交"》，《世界知识》2022年第4期。
[2] 张宇：《21世纪初的俄日关系研究》，黑龙江大学2018年硕士学位论文。

发展快，但作为一个岛国日本同时面临着资源匮乏、能源依赖等问题，两国经济具有很强的互补性。

2. 维持亚太地区稳定巩固大国地位

亚太地区内部的安全局势呈现出日益严峻的态势，为维持自身在亚太地区的影响力，俄罗斯在发展同中国、印度等双边关系的同时也特别注重同日本的关系，希望实现外交上的平衡。这既能提升俄罗斯对中国、印度等国政策的灵活性，也能提高自身在亚太地区的话语权和影响力，这对稳定亚太局势大有裨益。俄罗斯和日本都是世界大国，在亚太地区和国际事务中具有一定的影响力，两国在解决核问题、国际反恐合作上持有相同或相近的立场，在联合国、世界银行、亚太经济合作组织等国际组织上积极展开对话。[1] 随着俄罗斯实力的不断壮大，俄罗斯提出了重振大国地位的奋斗目标，为实现国家复兴目标，俄罗斯积极参与到亚太和国际事务中去，希望扩大本国影响力，发挥俄罗斯的大国作用。

（二）日本的利益诉求

1. 获得南千岛群岛的领土主权

南千岛群岛对俄日两国而言都有极为重要的战略意义。对于日本而言，获得南千岛群岛的领土主权就意味着日本获得从北海道到得扶岛之间大约400公里的军事缓冲区，这一军事缓冲区能够减少俄罗斯军事接近北海道的可能性。日本作为一个岛国，自然资源十分匮乏，而南千岛群岛丰富的渔业资源、海底丰富的石油天然气资源能给日本带来巨大的经济收益，有利于降低日本对外能源的依赖程度。日本一直以来都把失去北方领土视为耻辱，认为若不收回领土，这种耻辱就会长期存在，因此历届日本首相都将收复领土作为重要战略目标。

---

[1] 乔蕊：《21世纪初俄日关系研究》，吉林大学2015年博士学位论文。

2. 实现国家战略和国家利益

收回南千岛群岛一直是日本首要的国家战略之一，除此之外，日本还有更为纵深的战略考量。第二次世界大战后，日本长期受制于战败国的身份，所谓的美日同盟实际上是建立在不平等关系基础上的，在国际事务中日本不得不追随美国，外交缺乏自主性。日本长期想要谋求政治大国地位，尤其是联合国安理会常任理事国的身份，日本大力推动俄日关系发展的另一个原因就是想要拉拢俄罗斯，为今后日本"入常"以及"独立自主"争取一个世界大国的支持，从而早日实现国家"正常化"。

（三）其他影响因素

1. 美国霸权干涉

美国作为当今世界唯一的超级大国，是影响俄日关系发展方向的重要因素。冷战时期，日本在外交政策上依附于美国，美苏对立使得日本与苏联一度对立，而就俄日之间的难解之症——领土问题，美国负有不可推卸的责任。冷战结束后，美国也一直排挤、压制俄罗斯，同时美国希望日本持续以美日同盟为基础进行对外交往，牵制日本防止俄日两国关系更进一步。2014年乌克兰危机爆发，日本必须保证在美日同盟的大框架下调整对俄政策，日本难以在追随美国和发展俄日关系中找到平衡，这种矛盾的立场成为俄日关系发展的最大障碍。

2. 中国迅速发展

中国的迅速发展也是促进俄日靠近的重要因素。随着中国经济的迅速崛起和综合国力的大幅上升，中国在亚太地区和国际社会中的影响力、话语权逐步提升。这引起了包括俄日在内的不少国家对中国崛起后战略走向的担忧，因此日本试图拉拢包括俄罗斯在内的其他国家共同遏制中国。虽然中俄关系正处在蓬勃发展的稳定时期，但两国并不是铁板一块的"盟友"，只能说是一种友好伙伴关系。需要强调的是，对于中国的揣测实际上是一种误判，中国始终坚持走独立自主的和平发展道路。

四、俄日关系发展展望

（一）领土问题短时间内难以解决

领土完整对于一个主权国家至关重要，领土主权神圣不可侵犯，俄日两国就领土问题的态度强硬。虽然俄罗斯在历史上曾放松过领土立场，提出先归还两岛，但随着该政策的失败以及俄罗斯实力的发展壮大，俄罗斯越来越重视领土主权，即使俄罗斯迫切需要日本等国家的经济援助，也不会用涉及国家安全和长远利益的领土主权作为交换条件。俄罗斯在领土问题上的立场愈发强硬，多名俄罗斯高官明确表示俄罗斯对南千岛群岛具有当仁不让的主权，日本想要通过其他切入点与俄罗斯商讨领土归还的意图也被俄罗斯拒绝。现在俄方已多次公开表示俄日两国间不存在领土争端，俄罗斯的强硬态度使得领土问题短时间内难以得到解决。

领土问题是两国关系之间最大的障碍，如上文所述，无论是出于战略地位、自然资源的考虑还是国家形象的原因，南千岛群岛对于日本来说都举足轻重，这是涉及日本本国安全和生存的根本问题。日本历届政府采用或强硬或缓和的方式与俄罗斯进行领土谈判，虽然效果不佳，但日本政府绝不会轻易放弃。收回北方领土既是日本历届内阁的政治承诺，也是日本民众恢复尊严的尺度，在此背景下，日本不太可能在领土问题上做出让步。

（二）其他领域仍有较大合作空间

1. 合作互利俄日双方

随着经济全球化、区域一体化等国际形势的变化，俄日双方都认识到只有营造一个和平稳定的环境，发展睦邻友好关系，才能实现合作共赢。

俄日两国都有维持亚太地区稳定与安全的战略目标，同时两国也都想成为亚太及国际社会中的重要国家，积极开展合作有利于该战略目标的实现。除此之外，俄日两国在经济上有着很强的互补性，合作潜力巨大，要想改善彼此关系，经济关系最具可塑性。积极开展经济、贸易、投资、能源合作，对俄日双方来说是互利共赢的好事。基于此，俄日关系向好发展的可能性还是存在的。

2. 暂避争端稳定关系

领土争端问题长期存在并将持续存在于两国之间，几十年来，两国关系围绕领土争端跌宕起伏。由于俄日没有签订和平条约，因此两国在理论上处于战争状态，俄日双方都想要改变这种不正常的关系，但和平条约谈判只要与领土争端挂钩，就不可能解决。根据以往经验和当前现状，俄日两国都意识到领土问题短期之内难以取得进展，因此两国也达成共识，选择逐渐淡化合作中的政治色彩，在日俄关系改善的过程中先暂时搁置领土争议，暂避争端与分歧，在其他领域寻求改善两国关系的突破口。

（三）俄乌冲突影响俄日关系发展

1. 俄日互相制裁

2022年2月24日，俄乌冲突爆发。以美国和欧盟为首的西方国家对俄罗斯实施强力制裁，在亚洲地区罕有国家加入的情况下，日本成为第一个参与制裁俄罗斯的亚洲国家。2月23日，日本首相岸田文雄宣布制裁俄罗斯，此后又不断追加制裁，其中不乏将俄罗斯踢出SWIFT，取消其最惠国待遇，制裁俄罗斯总统、外长及多名高官等强硬措施。对于日本的"跟风行为"，俄罗斯予以强烈的谴责，同时宣布将采取重大反制裁措施，并称日本的态度将严重损害两国关系，对南千岛群岛问题的解决产生消极影响。俄乌冲突下背景，俄日关系岌岌可危。

2. 和平谈判终止

2022年3月26日，俄罗斯公布对日本的又一重大制裁措施——鉴于日本对俄罗斯施加的"单边不友好措施"，俄方将全面终止与日本就缔结和平条约而进行的谈判。终止谈判，意味着两国通过和平方式解决领土争端，签订和平条约的可能性变得渺茫，日方对此表示强烈抗议。这项决议，无疑使得本就基础薄弱的俄日关系雪上加霜，两国关系不可避免地陷入低迷状态。当前，俄乌局势还在不断演变，未来的俄日关系依然存在不少变数。

结　语

俄日关系是冷战后亚太地区的重要双边关系之一，俄罗斯和日本都对自身的定位与需求有着明确的认识。俄罗斯希望重塑大国身份，借日本的经济实力和科学技术来帮助本国发展。而日本在致力于解决北方领土主权问题的同时，也借与俄罗斯开展经贸合作满足自身的能源需求，在此基础上，若能与俄罗斯发展友好关系还有助于为日本追逐大国地位争得支持。出于各自的利益考量，俄罗斯与日本积极开展互动与合作并且取得了较为丰硕的成果，无论是政治、经济层面还是军事、文化层面，相较于冷战及冷战前，都有了较大的发展。俄日关系已逐步迈上改善与发展的轨道。

在俄日双边关系几十年的发展演进中，虽然对抗性日趋淡化，但两国之间的分歧依然存在。历史遗留问题、领土争端问题、和平条约谈判问题等多重障碍横亘在俄日双方之间，虽然两国都表现出愿意积极协商解决的态度，但俄日两国现实的利益诉求冲突以及外部其他因素的干扰与影响使得这种意愿只停留在口头上与理论上，两国就分歧问题谈了几十年，领土争议依然存在，条约仍未签订，双边关系实质上没有任何进展。在此背景下，两国关系虽然没有恶化，但也只是在艰难中缓慢前进。就当前形势来看，俄乌冲突背景下的俄日关系呈现出倒退趋势，不安全因素可能增加，发展面临难题。

当前，世界多极化、经济全球化、区域一体化深刻影响着国际关系格局。亚太地区中各大国之间的相互关系也在频频调整，尤其是在东北亚地区。俄日关系的稳定既符合两国自身的现实利益，也有助于亚太地区的和平稳定，虽然俄日双边关系还存在诸多变数，但从长远利益出发，两国还是会在共同利益的基础上暂时搁置争议，广泛寻求进一步的合作与对话。总而言之，俄日仍然会采用求同存异的方式处理摩擦，在积极协商中适当让步以缓和矛盾，促进两国关系进一步发展。

冷战后俄印关系发展：回顾与展望

叶晓琳　曹　聪[*]

【摘　要】 俄罗斯和印度是中国周边的两个大国，都是国际政治舞台的重要力量。冷战后俄罗斯与印度的关系总体上稳中有进，两国在军事、经贸、政治等领域达成了许多合作成果，呈现出以防务军事合作为重点，合作领域不断扩大与深化以及以俄罗斯为主导三个主要特点。俄印关系中双方各自的利益诉求是其合作的内在动因，同时作为外在动因的第三方因素也不可忽视。基于利益的考量，双方关系在短期内不会动摇，但潜在的分歧是俄印关系可能生变的因素。对中国而言，俄罗斯和印度都是重要的邻国，是中国推动国际格局多极化和维护发展中国家利益的重要合作伙伴。未来，中国需要继续关注和重视俄印关系的发展与趋势。

【关键词】 俄罗斯　印度　俄印关系　不对称　相互依赖

俄罗斯和印度是中国的两个最大的陆上邻国，也是国际社会上的两个重要的大国，俄印关系的演变过程及发展趋势不仅对中国，而且对周边地区乃至国际格局都会产生直接或间接的影响。因此，俄印关系具有十分重要的研究价值。

苏联解体后，两极格局被彻底打破，形成了以美国为首的"一超多

---

[*] 叶晓琳，广东外语外贸大学国际关系学院国际政治专业2021级本科生；曹聪，中国社会科学院大学国际政治经济学院2024级博士研究生。

强"的国际新格局。世界各国为了适应深刻变化的国际格局，也开始逐步调整自身的外交政策。俄罗斯为了重新塑造大国地位，恢复大国实力，对外交政策进行了一定的调整。1993年，俄印两国签订《俄印贸易合作议定书》《俄印防务合作协定》和《俄印友好合作条约》等九项协定。2000年，两国宣布建立战略伙伴关系，建立年度峰会机制并加强了两国在军事、经贸和政治等领域的合作。至今，俄印关系发展仍对国际格局的变化产生重要影响。

本文采用历史分析法和逻辑归纳法对冷战后的俄印关系进行论述和分析。历史分析法将历史事件置于全局之中上下联系起来分析，同时以历史主义的态度将事件放到特定的历史范围和背景中加以考察，[1] 其优点是具有历史语境，上下贯通，使论述更有说服力。逻辑归纳法是用科学的方法对历史发展中的现实情况进行归纳和总结，其优点是避免材料的简单堆砌，注重材料的可靠性、实效性和论述的充分性。本文以历史的、求实的态度对待所收集到的资料，对冷战后俄印双方合作的事实成果进行筛选、梳理和归纳，探究俄罗斯和印度的合作领域和依赖关系，进而分析这些合作成果的特点与形成原因，总结推理这些因素对未来两国关系走向的影响。

本文的行文逻辑围绕"冷战后俄印关系发展：回顾与展望"，首先分别从双边关系和地区层面两个角度回顾了冷战后俄印的合作成果并提炼出冷战后俄印关系发展的特点；其次，在此基础上分别从俄罗斯的利益诉求、印度的利益诉求以及俄印关系中的第三方因素这三个角度对冷战后俄印关系发展的动因进行分析；最后，基于上述分析对俄印关系未来的发展趋势作出展望。

---

[1] 陈其泰：《历史分析法在史学史研究中的运用》，《史学理论研究》2018年第1期。

一、冷战后俄印合作成果回顾

（一）军事领域

第一，两国军火贸易合作持续深化。20世纪60年代苏联与印度签订了第一份大宗军贸协议，标志着俄印双方军事合作关系的正式建立，两国在军事领域的合作正式开启。至今，印度军队中70%以上武器装备都来自俄罗斯，是俄罗斯武器装备最大的进口国。

20世纪90年代初，苏联解体后，俄罗斯将外交重点放在与西方国家的关系上，实施向西方的"一边倒"政策，俄印关系处于冷淡时期。俄罗斯与印度之间的军火贸易合作范围和贸易额大大缩减。1993年叶利钦访印后，俄印军事关系得到务实和发展。双方删除了1971年《苏印友好条约》中关于军事同盟的条款，签署了《俄印国防合作协定》，并在此基础上开展紧密的军事互动，合作程度明显加深。到1997年，俄印两国之间所涉及的武器购置总额达到80亿美元，军品贸易额超40亿美元。1998年，俄印军事技术合作继续稳步推进，达成了总计100亿美元的军事合作计划。

进入21世纪，在建立战略伙伴关系基础上，俄印两国的军火贸易合作继续深化。2000年俄印两国签署了《战略伙伴关系宣言》，建立了战略伙伴关系。自2010年以来，印度有将近2/3（62%）的武器都从俄罗斯进口，占俄罗斯武器出口总额的近1/3（32%）。据瑞典斯德哥尔摩国际和平研究所统计的数据，2000年至2016年印度从俄罗斯进口武器装备的总额超过300亿美元。[①] 2016年至2020年，印度占俄罗斯武器出口总额的近1/4（23%），俄罗斯约占印度武器进口总额的一半（49%）。2018年，印度和俄罗斯签署一项S-400防空导弹系统采购协议，从俄罗斯购买价值

---

① 罗豪：《新世纪俄印军事合作初探》，《国际研究参考》2017年第9期。

54.3 亿美元的防空导弹系统。① 2021 年俄印峰会召开，俄印领导人在会后发表的联合声明中强调，两国将努力实现到 2025 年双边贸易额达到 300 亿美元的目标。②

第二，两国军事技术合作深入推进。俄印双方的军事技术合作最早可以追溯到冷战时期。1964 年 11 月，苏联签署向印度出售米格－21 型战斗机的协议。冷战结束以来，俄印高度重视并不断加速推进双方军事技术的合作，并取得了较多的成果。

1994 年俄印双方签订了《2000 年前实施长期军事技术合作协定》。随后双方签署了一系列军舰建造的协定。1998 年，印度国防部与俄罗斯导弹生产和设计商联合体签署了联合研制的备忘录，旨在合作开发"布拉莫斯"反舰导弹。1999 年，由俄罗斯提供研制生产所需的技术资料与备件，双方开始联合进行样弹生产。2000 年，俄印政府间成立了军事技术合作委员会，每年举行会议协商阶段性合作问题以促进双方长期和深入的军事合作关系。2009 年，俄印双方签署了《2011 年至 2020 年俄印军事技术合作纲要》《关于俄提供给印度武器和军事装备售后服务》《关于联合研发和生产多用途运输机》三项政府间协议。俄印双方的军事合作涉及陆海空多种装备，种类多，范围广，如陆军的 T－90S 坦克、9M311/9K22 防空导弹系统，③ 海军的"戈尔什科夫"号航空母舰、971I 型阿库拉级核潜艇，空军的卡－31 预警直升机、米－8MT/米－17 运输直升机等，④ 均体现出俄印军事技术合作在不断地加速推进。在 2021 年俄印峰会上，俄印双方决定将即将到期的 10 年军事技术合作协议延长至 2031 年，并计划在未来 10 年间通过俄印合资的方式，将俄制 AK－203 突击步枪转移到印度国内生产。以上表明，印度正在从单纯的军火购买商转变为与俄罗斯共同研究开发新军事技术的合作伙伴，俄罗斯在印度本土生产武器，与印度进行联合生产，

---

① 《印俄签署 S－400 防空导弹系统采购协议》，新华网，2018 年 10 月 6 日，http://m.xinhuanet.com/mil/2018－10/06/c_129966340.html。
② 《俄印达成未来 10 年军事合作协议 签订武器合同时已放弃使用美元》，新华网，2021 年 12 月 8 日，http://www.news.cn/mil/2021－12/08/c_1211478094.html。
③ 《俄印达成 28 项协议，含 10 年军事合作协议，签订武器合同时已放弃使用美元》，环球网，2021 年 12 月 8 日，https://world.huanqiu.com/article/45tetJP0XRl。
④ 罗豪：《新世纪俄印军事合作初探》，《国际研究参考》2017 年第 9 期。

双方在军事技术领域的合作不断深入推进。

表10　俄罗斯对印度军售主要装备订单及交付情况

数量	装备	订购年	交付年	交易金额（美元）	备注
826	"布拉莫斯"反舰导弹	1998年	2006年至2020年（交付545枚）	—	主要为俄罗斯技术，在印度授权生产
140	苏-30MK战机	2001年	2005年至2020年	30亿—54亿	MKI版本，在印度授权生产
1	航空母舰	2004年	2013年	23亿	俄罗斯原"戈尔什科夫"号航母，现印度"维克拉马蒂亚"号航母
1	核潜艇	2004年	2012年引进租期10年	—	—
16	米格-29S战机	2005年	2010年至2011年	2.52亿—7.40亿	—
300	T-90S坦克	2006年	2009年至2018年	—	—
3	"塔瓦"级护卫舰	2006年	2012年至2013年	12亿—19亿	—
40	苏-30MK战机	2007年	2009年至2012年	15亿—16亿	MKI版本，在印度授权生产
347	T-90S坦克	2007年	2008年至2012年	12亿	大多数在印度组装
63	米格-29SMT战机	2008年	2012年至2020年（交付30架）	8.50亿—9.65亿	大多数在印度授权生产
216	"布拉莫斯"反舰导弹	—	—	—	—
25000	9M119坦克炮射导弹	2013年	2014年至2020年（交付9000枚）	4.74亿	大多数在印度生产
29	米格-29S战机	2010年	2012年至2016年	—	—
500	R-77主动雷达制导空空导弹	2011年	2012年至2013年	约4.63亿	—

续表

数量	装备	订购年	交付年	交易金额（美元）	备注
10000	9M113 Konkurs/AT-5型反坦克导弹	2012年	2013年至2017年	2.25亿	—
740	AL-31 涡扇发动机	2012年	2013年至2020年（交付560台）		用于苏-30MKI战机现代化改进
42	苏-30MK战机	2012年	2013年至2017年	16亿	在印度组装
236	T-90S坦克	2013年	—	9.50亿	在印度生产
4331	9M113 Konkurs/AT-5型反坦克导弹	2019年	2019年至2020年（交付1500枚）	—	在印度授权生产-电子技术动态用于米-35直升机
500	9M114反坦克导弹	2019年	2019年	0.29亿	用于米-35直升机

资料来源："Russian Arms Sales and Defense Industry," Oct. 14, 2021, https://crsreports.congress.gov。

第三，两国联合军事演习不断升级。冷战结束后，俄印双方的联合军演不断升级，尤其是进入21世纪以来，随着俄印军事技术合作的深入发展，俄印两国在举行联合军事演习方面的交流与合作愈加密切。2003年，俄印两国"因德拉"联合军演正式开启，此次军事演习的开展范围仅限于各自国内，军事演习内容也仅限于反恐和人道主义救援领域，但作为苏联解体后俄军在海外首次举行的最大规模的军事演习，显然具有标志性的意义。随着军事合作的深入，俄印双方的军事演习内容和规模不断升级和发展。[①] 2005年10月，俄印两国军队举行了代号为"因德拉-2005"陆海空联合反恐军事演习，该联合军事演习不仅参演兵力较以往有了大幅增加，而且在陆海空三军一体化协同作战中还动用了先进武器装备以及双方多个军兵种部队，两军合作进一步加强。2016年，俄印两国以"因德拉"命名的军事演习次数明显增多，包括"空中因德拉-2016""因德拉-2016"

---

① 罗豪：《新世纪俄印军事合作初探》，《国际研究参考》2017年第9期。

"因德拉涅维-2016"三场。① 近年来，俄印双方也先后举行了"因陀罗-2018""因陀罗-2019""因德拉海军-2020""因德拉-2021"一系列联合军演。可见，俄印两国在联合军演的合作方面呈现不断升级的态势。

第四，两国外空领域合作向前推进。俄印航天合作已有40年左右的历史。1984年，在苏联的帮助下，苏联联盟T-11飞船首次将一名印度空军飞行员送上太空，创造了印度在外空领域的新的历史。冷战结束后，俄印进一步加强了在外空领域的合作，取得了一系列的成果，主要包括印度使用其国产地球同步卫星运载火箭为俄罗斯发射两颗"格洛纳斯-M"型卫星，俄罗斯把印度纳入格洛纳斯全球卫星定位系统的部署和研发工作当中，双方联合建造新一代"格洛纳斯-K"导航卫星等，俄罗斯还为印度在载人航天项目方面提供技术支持。② 在2003年的俄印峰会期间，印度的航天研究机构与俄罗斯的航空航天局签署了《和平研究利用航天领域的合作协议》。该协议包括研究定位系统、航天器系统等。2005年，印俄双方签订了和平开发太空的合作协议。2007年，印度启动"载人航天计划"。同年，印度与俄罗斯共同合作，成功将载人飞船发射太空。随后在2008年和2018年，俄印都签署了太空合作的协定，双方计划先后在2013年和2022年把印度宇航员送入太空。③④ 俄印签署的一系列的太空合作的协定，表明了两国军事领域的联系愈加紧密，双边关系在多次外空领域合作中得到进一步巩固。

（二）经贸领域

第一，核能领域合作深化。苏联解体后，核能领域的合作在俄印双方合作中占据重要位置。2002年，印度最大的核电站——库丹库拉姆核电站

---

① 罗豪：《新世纪俄印军事合作初探》，《国际研究参考》2017年第9期。
② 《印度将参与俄全球导航系统卫星的部署》，国家航天局官网，2004年12月2日，http://www.cnsa.gov.cn/n6758823/n6759010/c6776609/content.html。
③ 《印俄签署新的核能和太空合作协议》，央视网，2008年12月6日，http://news.cctv.com/world/20081206/100087.shtml。
④ 《印度政府批准与俄航天合作备忘录》，俄罗斯卫星通讯社，2018年12月7日，https://sputniknews.cn/20181207/1027050537.html。

开始建设，该核电站也是俄在印建造的第一个核电站，目前已投入使用。除此之外，2014年，双方达成了在未来二十年内至少建设12座核电站的计划。随着俄印双方在核能领域的合作不断深入，两国在核能领域的关系已不再限于双边合作。2018年，俄罗斯、印度和孟加拉国签署了一项三方协议，俄罗斯负责提供设备，印度负责筹集资金和开展相关技术培训（面向孟加拉国科学家），三方合力在孟加拉国建设第一座核电站。可见，俄印双方在核能领域不仅取得了成果，而且还不局限于技术的简单输入和输出，双方进一步扩大和深化合作，并将合作成果拓展至其他国家。

第二，石油和天然气领域合作加强。俄印的能源合作范围不仅限于核能，还涉及油气等传统能源。印度是世界第三大石油消费国，而俄罗斯是世界上第一大石油出口国，因此两国有着强烈的相互需求。1996年启动的俄罗斯萨哈林-1项目是俄罗斯与印度油气领域合作的重点。萨哈林-1项目是俄罗斯最大的外商投资项目之一，印度对此项目的投资额达27亿美元，占该项目总投资的20%。[①] 2004年，印度对该项目又追加11亿美元的投资。印度通过对萨哈林项目进行投资和购股，深化和扩大了同俄罗斯在油气领域的合作。除此之外，2005年和2010年，两个近海油田柴沃和奥多普图分别投产，有力地推进了萨哈林-1项目。同年，俄印签署了关于油气开采提炼的备忘录，有力地推动了双方在传统能源领域的纵向合作。

第三，经济贸易合作曲折发展，有所拓展和深化。冷战结束后，由于俄罗斯将外交重点集中在西方国家，忽视与东方国家之间的关系，同时俄罗斯国内经济混乱，卢布贬值，通货膨胀，俄印双方的经贸关系出现严重倒退，双边贸易额大幅度下降。1991年俄印贸易额为35亿美元，1992年却只有7亿美元左右。1992年中期以后，迫于经济社会形势的压力，俄罗斯开始重新重视与印度的关系，在双方的努力下，1993年1月俄印签署了《俄印友好合作条约》，奠定了后来20年双方关系的发展基调。1994年俄印双方签订贸易协定，强调在新的领域，特别是在铝、铜、锌工业领域加

---

① 陈本昌：《21世纪以来俄印能源合作的进展、动因及影响分析》，《东北亚论坛》2020年第6期。

强合作。① 进入 21 世纪以来，双方高层积极推动经贸合作，形成了较为完善的经贸合作机制。2010 年至 2017 年，双方的高层互访日益频繁，在投资、海关、基础设施等领域达成了共识。2021 年，俄印双方的贸易额突破 120 亿美元，突破了两国历史上的经贸额纪录。②

第四，信息产业合作加强。20 世纪 90 年代以来，印度政府一直致力于推动信息技术和电子产业的发展，促进经济增长并创造就业机会。印度软件业年增长率一直保持在 50% 左右，成为世界上软件业增长最快的国家和世界第二大计算机软件出口国（仅次于美国）。③ 2001 年至 2002 年度，印度的软件业产值为 107 亿美元。2006 年，印度的信息产业产值达到了 320.3 亿美元，其中软件产业的产值为 245 亿美元。当前印度的信息产业仍拥有广阔的前景，发展潜力强劲，甚至美国微软公司总裁比尔·盖茨也认为，21 世纪世界软件的超级大国，不是美国，不是欧洲国家，也不是日本，而是印度。④ 信息技术是俄印两国很有发展前途的一个合作领域，俄罗斯希望能够搭上印度信息产业飞速发展的快车，因此近年来在信息产业领域也加大了与印度开展合作的力度。

（三）政治领域

第一，在双边层面双方从战略伙伴关系上升到特殊和特权战略伙伴关系。两极格局瓦解后，俄印关系曾一度冷淡。进入 21 世纪后，随着俄罗斯实力的不断恢复和印度实力的不断提高，双方开始重视双边关系的发展。2000 年 10 月，《俄印战略伙伴关系宣言》的签署成为两国关系提升至更高层次的重要里程碑。根据宣言的约定，双方同意每年进行首脑间的高层互访，以促进更密切的交流和互动。这些高层互访对双方领导人就重要议题进行讨论，加强政治、军事和经济合作具有重要意义。《俄印战略伙伴关

---

① 李渤、闵淑范：《俄罗斯与印度经贸关系评析》，《东北亚论坛》2002 年第 1 期。
② 《俄驻印大使：尽管新冠疫情 2021 年俄印贸易额预计将打破纪录》，俄罗斯卫星通讯社，2022 年 2 月 10 日，https://sputniknews.cn/20220210/-2021-1038881618.html。
③ 左连村：《印度软件业的发展及启示》，《南亚研究》2000 年第 2 期。
④ 唐鹏琪：《浅析印度经济增长的动力》，《南亚研究季刊》2005 年第 2 期。

系宣言》标志着俄印政治关系进入密切发展的新时期,也推动了两国关系向纵深发展。2010年12月,时任俄罗斯总统梅德韦杰夫访问印度期间,决定将俄印关系从"战略伙伴关系"升级为"特殊和特权战略伙伴关系"。此后,俄印在政治层面的互动更加频繁,印度在许多事件中都直接或间接支持俄罗斯的立场,作出倾俄的反应,甚至支持俄罗斯,例如,印度对俄罗斯在乌克兰、叙利亚、车臣行动的回应含有明显的谨慎和妥协的色彩。此后,无论是2018年俄印双方的联合声明,还是2019年第二十届印度-俄罗斯年度峰会等,两国领导人的定期会议,都重申彼此对"特殊和特权战略伙伴关系"的承诺,是双方"特殊和特权战略伙伴关系"的生动证明。

第二,在地区层面俄印联合起来遏制宗教极端主义和国际恐怖主义。冷战结束后,随着国际格局的演变,俄印双方联合打击恐怖主义、分裂主义、极端主义的合作被提上日程。1994年,印度总理拉奥访俄,双方就反恐反分裂议题达成共识,签署了一系列文件,如《进一步发展和加强俄印合作的宣言》和《保护多民族国家利益莫斯科宣言》。这些宣言的签署都表明俄印双方加强地区性政治议题的合作,体现出双方在地区政治领域有共同利益,指明双方今后政治关系合作的重点。进入21世纪,俄印仍面临着宗教极端主义和国际恐怖主义势力的共同威胁,在该议题上俄罗斯需要印度的配合与支持,印度也需要俄罗斯的帮助,基于共同的利益诉求,双方在地区层面联合开展了一系列的行动。俄印联合建立了打击国际恐怖主义的工作组,以及阿富汗问题政策协商与协调联合工作组。俄印两国还主张建立一个打击"伊斯兰国"的广泛反恐联盟,政治解决叙利亚危机。[1] 2021年,俄罗斯总统普京时隔三年再次访印,两国就阿富汗问题和叙利亚危机等地区性问题进行深入的讨论,双方均希望阿富汗能成立一个有代表性的政府,遏制全球恐怖主义在阿富汗的孵化;支持迅速恢复与伊朗的核协议;共同解决叙利亚危机。

---

[1] 李渤、雷丽平:《21世纪初地缘政治变动中的俄印关系》,时事出版社2018年版,第200—202页。

二、冷战后俄印关系发展特点

（一）防务合作是俄印合作的重点

防务合作是俄印关系得以深化发展的重要支撑，一直以来都是双方合作的重点领域。在数量上，作为世界军火出口大国的俄罗斯，长期以来都是印度最大的武器供应商。总体而言，印度从俄罗斯进口的陆海空武器装备分别占其武器装备总量的60%、70%和80%。在机制上，俄印双方积极就防务合作达成相关协议。1994年《2000年前实施长期军事技术合作协定》，1998年《2001年至2010年军事合作协议》等都体现出俄印在军事合作方面的机制化建设。两国还建立第三个武器生产联合工作组，共同研制陆基导弹。[①] 俄印之间防务合作的密切程度之高，是因为双方互有需求，俄罗斯需要通过军火出口增加创汇，而印度需要先进的武器装备增加其国防军事实力。俄罗斯与印度签订一系列合作协议，不断提升两国的军贸规模和水平，加强两国军事技术合作的制度化和机制化建设，可以看出军事合作是两国关系发展的重点。

（二）俄印合作领域不断扩大与深化

第一，防务合作从买卖双方升级为联合研发、生产伙伴。俄印双方的防务合作现已从普通的武器进出口买卖关系升级为更高级更紧密的联合研发、合作生产、资源共享关系。近年来，俄印在军事合作领域每年都有15亿美元左右的稳定贸易额，且有从普通军火贸易向研发合作领域拓展的趋向。俄罗斯国防部原副部长伊万诺夫曾表示："俄印两国在军事装备领域

[①] 马嫚：《俄印关系的发展及其特点》，《西伯利亚研究》2004年第2期。

的合作已经渐渐由买卖关系过渡到联合开发新军事技术的新境界。"[①] 俄印两国联合生产研发的先进武器装备有"布拉莫斯"反舰导弹、苏-30MKI战斗机、T-90S坦克、卡-226T直升机等,具有较高的技术含量,对印度军事的现代化起到了很大的推动作用。

除产业链的前端,即武器装备的联合研制之外,俄印两国还在产业链的后端,即武器的售后服务方面有着密切的合作。伊万诺夫曾言:"改进、维修印度军队装备的由苏联和俄罗斯制造的武器是俄罗斯与印度军事合作的一个重要方向。"2017年7月,俄罗斯国防出口公司总经理亚历山大·米赫耶夫表示:"俄罗斯与印度已达成协议,对此前交付的俄罗斯军事装备在整个生命周期内进行维修保养,这项工作将由六家集团公司完成。"这六家公司分别为俄罗斯联合航空制造集团公司、俄罗斯联合造船集团、俄罗斯联合发动机制造集团、俄罗斯直升机控股集团、阿尔马兹-安泰集团和战术导弹武器集团。同时俄罗斯也帮助印度组建了多个为陆海空军装备提供维护服务的装备整合中心,进行武器维护升级的人员培训,以确保陆海空军设备的良好运作。可见,在俄印军事合作关系中,建立联合企业以及为印度购买的俄制武器装备提供售后支持和改进服务已经成为一种新的趋势。俄印双方的军事合作不仅局限在原来的买方和卖方的关系,而是进一步地深化合作,进行联合生产开发、维护维修。

第二,反恐怖主义、反分裂主义、反极端主义等领域合作加强。冷战结束后,俄罗斯面临着严峻的极端主义和分裂主义威胁,莫斯科与车臣之间冲突不断,加之各种宗教极端主义势力与车臣民族分裂势力勾结,对俄罗斯国家安全构成严重的威胁和挑战。而印度在克什米尔问题、恰蒂斯加尔邦问题等也面临着宗教极端主义势力的威胁。因此两国在反恐怖主义上的合作有共同的利益需求。俄印双方在反对恐怖主义和跨国犯罪方面达成了许多共识,如2002年《打击国际恐怖主义谅解备忘录》、2003年《打击跨国犯罪和恐怖主义框架协议》。2008年孟买恐怖袭击事件后,俄印双方进一步加强了反恐合作,多次举行反恐军事演习,如"因陀罗-2018"联

---

① ②《俄印打破传统军事合作模式 加强武器共同研发》,中国新闻网,2004年12月26日,https://www.chinanews.com.cn/news/2004/2004-12-26/26/521054.shtml。

合反恐军事演习、"因陀罗－2021"联合陆军演习等。无论是双方在反恐领域达成共识，抑或是联合举行反恐怖主义军事演习，都可以看出基于双方共同的安全利益诉求，俄印双方在反恐、反分裂主义、反极端主义等领域的合作是十分密切的，呈现出不断加强的趋势。

（三）双方关系中俄罗斯占主导地位

第一，印度高度依赖俄制军事装备。目前印度军队中约有70%的俄制装备，并且印度向俄罗斯进口军事武器装备已经有几十年的历史，在这几十年里，印度的军备体系不可避免地带有很强的俄式色彩，如果要彻底改换其他国家的武器装备，必然要涉及设备的更新换代、武器装备人员的训练、后勤保障等，牵一发而动全身。因此，在军事领域，俄罗斯在对印关系上占主导地位，印度在军事上对俄罗斯仍存在着较强的依赖性。

第二，双方经贸领域的互补性强，但印度对俄罗斯的依赖性更强。经贸方面，目前俄罗斯对印度80%以上的出口商品是工业原料类商品，如石油和石油制品、化工产品、铝和其他金属，以及高技术生产设备。印度对俄罗斯出口的商品主要有纺织品、农产品（大米、小麦、茶叶、咖啡等）、药品、宝石等，除此之外还有皮革制品、机械制品和电子产品。[①] 总的来说，俄罗斯主要对印度出口工业原料类商品，而印度主要对俄罗斯出口农产品和轻纺产品，俄印贸易的进出口商品结构发挥了两国经济结构的比较优势，双方在经济领域互补性强，经济相互依赖。能源方面，印度煤炭储量丰富，但石油和天然气较为稀缺，化石能源比较依赖进口。作为全球主要能源市场中需求增长最快的国家，印度能源供给和保障的安全关乎其经济能否持续健康发展。俄罗斯丰富的化石能源储备可以与印度形成互补。信息产业方面，20世纪90年以来，印度的电子产业迅速发展，成为世界第二大计算机软件王国。而与之相反的是苏联解体之后，随着经济形势恶化，俄罗斯整个电子信息产业发展态势急转直下。虽然如今俄罗斯的信息技术产业实力不断增强，但仍存在弱势。印度在信息产业领域的优势可以

---

① 王兵银：《俄印经贸合作的现状及前景》，《当代亚太》2001年第7期。

与俄罗斯的弱势互补，实现共赢。

第三，在政治上印度也需要俄罗斯的支持。从印度的角度来看，印度一直希望成为国际社会力量中举足轻重的大国。印度开国总理尼赫鲁在他的作品《印度的发现》一书中明确表达了"印度要做一个有声有色大国"的期望，但由于实力尚不具备而无法实现这样的目标。21世纪以来，印度经济得到快速发展，实现了从一个农业国家到一个新兴工业化国家的转变，成为世界第五大经济体。经济发展的成就使得印度信心倍增，其更加渴望与迫切谋求"有声有色大国"地位。印度希望通过联合国等多边机构发挥更加有影响力的作用，但由于联合国存在常任理事国的限制，印度的影响力受到了一定的限制。在获得联合国安理会常任理事国席位方面，印度也需要俄罗斯的支持。此外，在上海合作组织正式成员国的资格获取上，印度离不开俄罗斯的帮助。由此可见，印度要想在国际舞台上扮演更加重要的角色离不开俄罗斯的支持。

三、冷战后俄印关系发展动因及影响因素

（一）俄罗斯的利益诉求

1. 政治层面

站在俄罗斯的角度看，以美国为首的北约不断东进，加上"颜色革命"、"大中亚计划"、阿富汗战争等，俄罗斯在东欧的传统势力范围不断被侵蚀。面对西方的步步紧逼，俄罗斯不得不转向印度等发展中国家，以改变被压缩战略空间的形势。此外，印度独特的地理位置对于一直寻求南下印度洋的俄罗斯而言显得更为重要。俄罗斯的战略需求是其发展俄印关系的主要原因。

第一，俄罗斯希望印度支持"大欧亚伙伴关系"。2016年，俄罗斯总统普京在圣彼得堡国际经济论坛上正式提出"大欧亚伙伴关系"，印度被列入其中。"大欧亚伙伴关系"是俄罗斯继欧亚经济联盟和"转向东方"

之后一项宏大的战略构想，它超越了一般的经济倡议，是有浓厚地缘政治色彩的外交战略。"大欧亚伙伴关系"是对"转向东方"政策的继承和升级，是欧亚经济联盟的扩充版和升级版，是"大欧洲"倡议的替代版，是上海合作组织的改造版，是"一带一路"倡议的对应版或姊妹篇。① 俄罗斯希望印度可以支持大欧亚伙伴关系，从而为俄罗斯塑造欧亚大陆经济秩序，谋求欧亚地缘经济和地缘政治主导权提供推动作用。此外，在金砖国家、上海合作组织等国际组织中，印度也被俄罗斯视为重要的合作伙伴，在一些重要的议题上也需要得到印度的支持。

第二，俄罗斯拓展战略空间的需求。面对战略空间被不断压缩的困境，俄罗斯一直想谋求破局，发展与印度的关系是俄罗斯缓解困局的重要手段。一方面，苏联解体后，北约并没有停止东扩，反而不断将原苏联势力范围的东欧国家纳入其中，使得俄罗斯的战略空间继续受到严重挤缩。同时，美国在南亚地区的影响力增强，俄罗斯需要通过与印度等国家建立友好关系来抵制美国对其在南亚地区的战略空间的挤压，以保持自身在该地区的影响力。另一方面，俄罗斯希望利用印度制衡中国。俄罗斯可能担心中国的崛起和影响力的增强会对其造成不利影响。因此，俄罗斯与印度等国家合作，以制衡中国。

2. 军事层面

俄罗斯对印度军火市场的需求。冷战结束前，苏联已成为世界上最主要的军火出口国之一，在军事科研和生产领域建立了庞大的体系，涵盖了广泛的军事装备和武器品种，并且在一些关键技术方面处于领先地位。冷战结束后，俄罗斯继承了苏联绝大多数军工产业和贸易链，为其开展武器贸易打下了坚实基础。当前印度军队中的武器装备有70%以上都来自俄罗斯，同时印度也是俄罗斯武器装备的最大的进口国，庞大的印度军火市场也为俄罗斯的军工企业带来了巨大的利润，俄罗斯的军工业也得到快速发展，如果离开了印度的军火市场，俄罗斯的军工企业将会受到削弱。

---

① 王树春、朱燕：《大欧亚伙伴关系：多维视角下的深度解析》，《俄罗斯研究》2017年第2期。

因此俄罗斯对印度军火市场的需求是冷战后俄印关系发展的一个重要原因。

(二) 印度的利益诉求

1. 政治层面

印度在国际舞台上需要俄罗斯。在俄印政治关系中，印度对俄罗斯有更多的政治诉求。密切双边合作可以使印度在处理与美国等西方国家的关系时更加主动，从而赢得更多的外交选择空间。一方面，印度一直渴望成为联合国安理会的常任理事国，而俄罗斯作为常任理事国之一在安理会中拥有否决权，这对于印度能否成为常任理事国至关重要。另一方面，印度希望通过俄罗斯来牵制中国。出于边界冲突、地缘政治经济竞争等因素，印度将中国视为主要的战略竞争对手，然而，印度在经济、军事、科技等方面的实力尚较弱，无法独自与中国抗衡。对于俄罗斯而言，虽然俄中两国有合作关系，但并不意味着双方在所有问题上都完全一致。对于中国的崛起，出于自身的利益和安全的考量，俄罗斯可能会保持一定的警惕和担忧。因此印度可以与俄罗斯联合起来牵制中国，以实现自身的战略目标。另外，印度在加入核供应国集团和克什米尔争端两大关键问题上还需要俄罗斯的支持。印度于2016年提交了加入核供应国集团的申请，但该申请遭到一些国家的反对，主要是因为印度未签署《不扩散核武器条约》，这是核供应国集团的一个核心条件。俄罗斯作为核供应国集团的成员之一，其对印度的支持对于印度争取核供应国集团成员资格非常重要。克什米尔争端是印度和巴基斯坦之间长期存在的问题，两国都声称对克什米尔地区拥有主权。俄罗斯一直积极参与调解印巴之间的克什米尔争端，并支持通过对话和外交途径解决这一问题。因此，印度在寻求解决克什米尔争端时可能需要俄罗斯的支持和斡旋。

2. 军事层面

印度在武器装备上依赖俄罗斯。冷战结束后，尽管俄罗斯开出的军事技术合作条件比苏联时期要苛刻得多，但印度更倾向于选择购买俄罗斯的武器装备，与俄罗斯进行军事合作。原因在于，一方面，在国际武器交易市场上，俄罗斯的武器装备有着许多优惠条件。例如，销售价格低于西方国家、贷款条件比较宽松、可以买到西方不愿向其出售的最新装备等，为印度带来极大的经济利益。另一方面，俄罗斯还向印度转让部分武器装备的特许生产权及向第三国销售的权利。这些交易条件是印度在其他国家所难以得到的。此外，印度与俄罗斯的军事武器合作也不会像与西方国家合作那样受到种种条件的限制，如与西方国家合作可能会受其所开出的政治条件的约束等。基于上述种种原因，印度在武器装备上对俄罗斯是比较依赖的。印度在武器装备上对俄罗斯的依赖与俄罗斯对印度军火市场的需求相互作用，推动了冷战后俄印关系的发展，军事合作因素也成为俄印关系发展的一个十分重要的因素。

3. 经济层面

第一，印度对俄罗斯的能源进口需求。俄罗斯是世界上最大的天然气出口国之一，而印度是世界上第三大能源消费国，印度对能源的需求量巨大。俄罗斯丰富的石油和天然气储备能在一定程度上满足印度庞大的能源需求，印度的庞大需求也离不开俄罗斯强有力的供应，两国之间有大量的石油和天然气合作项目，包括供应长期的天然气合同和共同投资开发油气田，因此印度在能源领域对俄罗斯具有很强的依赖性。

第二，印度对俄罗斯的技术需求。在核能技术领域，俄罗斯拥有丰富的经验和先进的技术，而印度是一个快速发展的核能国家。两国之间有着广泛的核能合作，包括核电站建设、核燃料供应和核能技术交流等。印度在信息技术领域以及软件和服务行业方面也享有盛誉。印度的IT行业已经成为全球领先的服务提供商之一，许多印度企业和专业人才在软件开发、数据分析、人工智能等领域取得了重要成就。此外，印度在生物工程领域也具有一定的实力，涉及药物研发、基因工程、生物技术等方面。虽然印度在科学技术和生物技术等领域取得了较多进展，但科技基础设施仍不完善，科研经费方面仍然需要资金，外部力量的帮助不可或缺。此外，印度为跻身空间技术大国的行列，亟须在载人航空领域取得突破，而俄罗斯在航空航天领域有着较强的实力，因此俄罗斯无疑是较为合适的合作伙伴。

（三）俄印关系中第三方影响因素

1. 美国因素

俄罗斯和印度对于美国"印太战略"存在重大分歧。2017年特朗普政府正式出台"印太战略"构想，采取了诸多举措来推动"印太战略"的实施。印度从一开始就积极拥抱"印太战略"，希望通过与美国合作来拓展其外交和经济利益，更好地实现自身利益和地区稳定，提升在印太地区的影响力。2020年2月，特朗普出访印度时，双方将两国关系提升到"全面全球战略伙伴关系"。为了加强与美国"印太战略"的融合，印度积极参与美印"2+2"对话机制、美印日三边峰会及美日印澳"四国机制"，这些机制为美印深化合作与共识提供了良好的平台。此外，美印在防务合作和安全合作方面联系紧密，美印战略靠拢态势趋强。与印度不同，俄罗斯对美国"印太战略"持否定态度。俄罗斯认为"印太战略"是美国刻意炮制的产物，带有极强的政治性和军事性。[①] 2019年，俄罗斯外长拉夫罗指出美国"印太战略"会增加地区紧张局势，并可能对地区的稳定和安全造成负面影响，对"印太战略"进行了批判。2020年，原计划举行的俄印首脑峰会首次被取消，原因是印度加入美国主导的"四方安全对话"。俄罗斯认为印度加入"四方安全对话"会对其自身在该地区的利益带来潜在的威胁，因此中断了持续二十多年的俄印首脑峰会以表达不满和担忧。俄罗斯在官方正式文件和表述中仍坚持使用"亚太"一词，公开抵触使用"印太"概念，并且继续积极推进"大欧亚伙伴关系"和"转向东方"，加强与中国的战略伙伴关系，以对冲美国的"印太战略"。

---

① 尚月：《俄罗斯战略视野中的美国"印太战略"》，《现代国际关系》2020年第10期。

2. 中国因素

中俄印战略三角关系推动俄印关系向前发展。1998年,"中俄印战略三角"被首次提出,旨在加强中俄印三国之间的合作,在地区和全球事务中发挥更积极的作用。2002年,中俄印启动三方外长对话,并在联合国大会期间举行了非正式会晤。2005年,中俄印发表联合公报,认为"加强中俄印三边伙伴关系符合三国长远利益"。2006年,中俄印领导人在俄罗斯圣彼得堡举行首次三边峰会,标志着三方的关系逐步进入实质性合作阶段。2007年,年度三方领导人峰会和外长会晤机制取代三方外长对话机制,成为中俄印三边合作机制的核心,迄今共进行了15次外长会晤,中俄印三方在政治、安全、经济和文化等领域的合作有助于加强地区的稳定,共同应对地区内外的挑战和威胁,促进地区的和平与发展,有助于中俄印建立多边主义秩序。通过在国际事务中协调立场、联合行动,三国可以共同维护国际法和国际规则,捍卫多边主义原则,推动国际体系朝着更加公正和合理的方向发展。这对于维护全球稳定和促进全球合作具有重要意义。整体看来,中国在中俄印战略三角关系中始终抱着开放合作的心态,致力于构建多边主义合作框架,从某种程度来说,这也推动了俄印双方的合作。

3. 巴基斯坦因素

俄印两国与巴基斯坦的关系是牵动俄印关系变化的重要因素。对于印度来说,印巴分治后,两国的关系发展态势一直不明朗,两国的立国理念和国家认同相互排斥,在区域定位方面存在分歧,印度希望在南亚甚至是整个印度洋地区建立排他性的霸权地位,而巴基斯坦则希望将域外大国引入以制衡印度。同时,印巴之间还存在诸多困局,如克什米尔争端、恐怖主义问题、核安全问题、阿富汗问题等,两国之间存在强烈的敌意和仇恨情结。基于种种原因,印巴关系一直处于紧张和对峙状态,自然印度也不希望俄罗斯和巴基斯坦关系过近。俄罗斯则出于国家战略利益的考量,在外交政策上表现出极大的灵活变通性。俄罗斯虽然在克什米尔争端与印度站在同一边，但也认为失去巴基斯坦这一重要的南亚伙伴是得不偿失的，发展与巴基斯坦的关系也有助于俄罗斯加强在南亚的地位，扩大在该地区的影响力。2000年9月，在纽约世界首脑峰会期间，俄巴两国总统举行会晤，双方都表示愿意加强友好合作关系。"9·11"事件后，俄巴关系有了实质性的进展，巴基斯坦坚定支持反恐行动，俄罗斯认为巴基斯坦可以在打击南亚及中亚恐怖主义方面助其一臂之力，从而有利于切断车臣问题的外部支援，消除民族分离主义的源头。随着俄巴关系的深入，印度开始对俄巴关系持忧虑的态度，担心俄罗斯在与印度保持良好关系的同时，与其对手巴基斯坦发展更密切的合作关系。对印度来说，俄巴合作会增加巴基斯坦在军事和安全方面的能力，这会对印度的安全造成威胁。此外，印度一直试图在国际舞台上遏制巴基斯坦的影响力，并希望将其孤立。俄巴关系的加强可能削弱印度在该努力中的成果。在俄罗斯倡导的通过对话解决印巴矛盾的提议上，印度也一直采取消极态度。

四、俄印关系发展趋势与展望

（一）双方基于利益考量，战略伙伴关系在短期内不会动摇

第一，双方密切的军事安全合作短期内不会改变。虽然近些年来印度开始试图降低对俄罗斯的军事依赖，例如与美国、法国、以色列等国家签署了多项军事合作协议，包括共同研发和生产军事装备、技术转让以及训练与演习活动，以及与韩国、日本的军工企业开展潜艇、军用飞机的联合生产，但总体而言，俄印双方的军事合作关系仍十分密切，俄罗斯仍是印度最大的军火供应国之一，印度的军工产品和技术大都来自俄罗斯，军事体系带有很强的俄制色彩。俄印双方密切的军事安全合作在短期内很难发生质的改变，印度在短期内仍然很难完全摆脱对俄罗斯的依赖。

第二，双方互有需求的政治合作短期内不会改变。在地缘政治层面，印度位于南亚次大陆核心地带，俄罗斯位于东欧地缘政治中心位置，由于

南亚和东欧地缘政治复杂，存在民族分裂势力和宗教极端势力，因此俄印关系的发展是稳定地缘政治的重要依托。21世纪以来，俄印"特殊和特权战略伙伴关系"快速发展。于俄罗斯而言，加强与印度的政治合作有利于稳固地缘政治安全，一定程度上对冲西方对俄的战略压力，有助于构建开放、多极化的地缘安全稳定机制。于印度而言，印度希望通过俄罗斯来牵制中国，在克什米尔争端中获得支持，从而谋求其"有声有色大国"的地位。

（二）双方存在潜在分歧，战略伙伴关系长期可能生变

1. 俄印关系的不均衡性难以逆转

俄印关系的不均衡性体现在两国在各领域之间的实力差异以及国家发展进程中的不平衡。一方面，两国各领域实力差异仍比较明显。在经贸合作方面，尽管俄罗斯和印度在经济方面有较多合作，但双边贸易规模相对较小。在双边贸易中，俄罗斯主要出口能源产品，而印度主要出口药品、纺织品等。双方在拓展经济合作和多样化贸易领域仍面临挑战。在技术转让与合作方面，尽管俄罗斯在军事和航空航天技术方面具有先进水平，但技术兼容、保护知识产权以及技术转让的条件等问题仍待解决。总的来说，俄印在防务和能源领域合作较为深入，但在其他领域的合作较少，深度合作的领域较为单一，可能会导致后期两国关系发展动力不足，难以形成紧密的合作共同体。另一方面，双方在发展进程中存在不平衡。在经济发展态势方面，印度的经济在过去几十年中一直保持着快速增长，印度的GDP增速相对较快，拥有庞大的消费市场和活跃的私营部门，经济的潜力和增长前景被广泛认可。相比之下，俄罗斯的经济增长在过去几年相对低迷。俄罗斯经济主要依赖能源出口，受国际油价波动和制裁等因素的影响较大。虽然俄罗斯拥有丰富的自然资源，但在经济结构多样化和创新能力方面仍面临挑战。俄印之间的经济实力对比出现了"印升俄降"的趋势。此外，印度的政治和军事实力也在不断增强，在这种情况之下，俄罗斯对印度实现其大国梦的价值已大大削减，双边依赖关系有向外分离的趋势。

2. 俄印战略趋向的差异性难以消除

俄罗斯和印度的地缘政治位置与所处的战略环境不尽相同，这导致俄印双方的战略趋向差异性的产生且难以消除。俄罗斯是欧亚大陆的重要国家，其地缘政治定位主要集中在欧洲和中东地区。而印度位于南亚次大陆，其战略关注点主要集中在南亚和印度洋地区。因此，俄印两国的战略趋向性也截然不同。以俄印两国对"印太战略"的态度为例，印度视印太地区为其战略扩张和地缘政治影响力的关键区域，希望通过与美国和其他印太国家的战略合作，保护自己的海洋安全、促进自由航行和维护地区稳定，攫取更多发展空间和利益。但俄罗斯很难接受美国设定的战略框架，认为"印太战略"系美国刻意炮制的产物，是对俄罗斯"大欧亚伙伴关系"倡议的极大挑战，对俄罗斯在亚洲的利益构成威胁，美国苦心塑造的"印太战略"将引发亚太地区的两极化趋势，制造紧张局势，动摇现有秩序。俄印对"印太战略"难以达成统一的声音。

3. 俄印关系第三方因素的影响难以避免

俄印两国关系发展的第三方因素主要表现在双方在阿富汗问题上的分歧，以及两国与巴基斯坦的关系。

第一，俄印对阿富汗问题持不同立场。印度对阿富汗塔利班持谨慎和担忧的态度。印度一直认为塔利班对阿富汗的稳定和地区的和平构成威胁，对俄罗斯与塔利班作为阿富汗"合法政治力量"的接触有所疑惧。俄罗斯主张建设一个民主、稳定和包容的阿富汗，强调需要通过政治对话解决塔利班问题。印度一直协助美国和阿富汗加尼政权消灭打击塔利班。俄罗斯则从未停止与塔利班的联系，试图通过与塔利班建立对话关系来维护自身在阿富汗的利益。俄罗斯认为塔利班应该被纳入阿富汗政治进程中，并与其进行接触和对话，以促进阿富汗的和平进程。2021年5月，随着以美国为首的北约部队逐步撤出阿富汗，塔利班在阿富汗建立政权。印度长期资助的加尼政权崩溃，印度失去了在阿富汗问题上的发言权，并试图通过反恐行动遏制塔利班在克什米尔地区的反抗。与此同时，随着塔利班在阿富汗建立政权，俄罗斯试图通过培养一个对俄友好的新政府来维护地区的稳定和安全。

第二，巴基斯坦也影响着俄印关系的发展。俄印对巴基斯坦的态度存在较大不同。近年来俄罗斯加强了与巴基斯坦的军事合作。2016年，俄罗斯与巴基斯坦举行了第一个联合反恐军事演习，代号为"友谊-2016"。此后俄罗斯与巴基斯坦定期举行联合军事演习，[①] 双方军事合作和交流密切。俄罗斯还向巴基斯坦提供了 AK-103 突击步枪、米-35M 武装直升机、米-171 运输直升机等军事装备。两国还就军事技术合作、维和行动和情报交流等领域加强了合作。俄巴军事合作关系的升温引起了印度的忧虑。由于克什米尔争端以及印巴冲突的升级，印度长期以来将巴基斯坦视为其地区安全的主要威胁，印巴关系处于紧张状态。而俄罗斯在一些场合中主张通过对话和谈判解决印巴之间的争端，同时维持与巴基斯坦的军事合作。在联合国安理会等国际组织中，俄罗斯和印度的立场有时也存在分歧，这些因素也成为俄印关系的不确定变量。

结　语

本文首先整体回顾了冷战后俄印关系发展所取得的成果，分别从军事领域、政治领域和经济领域梳理了三十多年来俄印双边关系发展所取得的主要成就，其次基于以上事实的回顾和梳理，总结出俄印关系的特点，即防务军事合作是俄印合作的重点，俄印合作领域不断扩大与深化，双方关系中俄罗斯略占主导。然后根据以上三个特点，结合相关事实从政治、军事、经济三方面分析俄印双方关系发展的动因。最后对俄印关系进行展望，即俄印关系在短期内合作基础仍十分牢固，两国的关系仍会继续发展；但从长期看，俄印两国存在潜在分歧，两国关系可能生变。

[①] 《巴基斯坦陆军参谋长：俄巴联合军演加强两国军方关系》，环球网，2018年11月6日，https://world.huanqiu.com/article/9CaKrnKevWr。

俄印关系的发展与变化会对中国产生重要影响。俄印关系的发展对于地缘政治平衡起到了一定的作用。作为两个具有重要地缘政治地位的国家，俄罗斯和印度的合作可以在某种程度上平衡中国的影响力，尤其是在亚洲地区。俄印之间的贸易合作和投资合作可能在某些领域与中国的经济利益产生竞争，如能源、高科技产业等，可能会导致中国在一些领域面临来自俄印合作的竞争压力。未来，中国需要继续关注和重视俄印关系的发展与趋势，综合考虑多方面的因素和动态，作出符合中国国家利益和战略布局的选择。

21 世纪以来中俄农业合作关系探析

秦晟贤　江洪飞[*]

【摘　要】 21 世纪以来,随着 2001 年《中华人民共和国和俄罗斯联邦睦邻友好合作条约》的签署,中俄关系不断升温,上升至一个新的层次,合作领域逐步拓宽。两国关系整体向好。现今两国已建立新时代全面战略协作伙伴关系,成为冷战后新型大国关系的典范。但与此同时,面临的挑战也不可忽视,世界格局的深刻变化、新冠疫情带来的巨大发展阻力,使得两国合作的不确定因素明显增加。在此背景下,两国不断深挖各领域合作,其中农业领域作为中俄合作新的增长点,具有潜在的经济价值及政治意义。本文聚焦中俄农业合作的相关领域,运用层次分析法,基于国际格局现状以及两国现实合作情况,从合作成果、合作特点、合作动因以及前景展望四个方面探析两国的农业合作关系。

【关键词】 中国　俄罗斯　农业合作　中俄关系

21 世纪以来中俄各项合作都在逐步推进,但起初农业并不是中俄合作的主要项目,它更多作为中俄全方位、多层次合作升级的附带领域。直至 2014 年乌克兰危机之后,美国、欧盟与俄罗斯相互加大制裁力度,俄罗斯同美国与欧盟之间的经济贸易关系恶化,为谋求新的贸易突破口,俄罗斯

---

[*] 秦晟贤,广东外语外贸大学国际关系学院外交学专业 2021 级本科生;江洪飞,广东外语外贸大学西方语言文化学院俄语语言文学专业 2021 级博士研究生。

便开始大力发展农业贸易。中国与俄罗斯关系友好、农业贸易互补性强,自然成为俄罗斯重点农贸合作伙伴。如今,中俄农业合作取得长足进步与丰硕成果,并且仍大有贸易潜力可以挖掘。但总体而言,中俄的农业合作仍处于较低的水平,未来中俄应当重视农业合作,逐步放宽贸易限制,打破贸易壁垒,并完善相应的保障机制,解决合作中存在的问题,促进农业贸易提质增量。

一、中俄农业合作成果

(一) 中俄农业贸易体系不断完善

随着近年来中俄合作的不断深化以及两国农业贸易的发展,中俄农业贸易体系建设在惠农政策、融资环境、边境贸易等层面取得了长足的进步。中国国内近年来推行各项惠农政策,保障各项农产品种植、培育与发展,为粮食进出口打下了坚实的物质根基。与此同时,中国也不断加大对外开放的力度,为农业贸易提供了有利环境。据悉,俄罗斯国内也出台了相应的政策支持国内农业发展。俄罗斯农业部制定的2019年至2024年工作计划中就包括保障俄罗斯的粮食安全,提高农产品出口,刺激农工综合体的发展等各项政策。① 据俄罗斯国家通讯社报道,2021年俄罗斯农业优惠贷款补贴接近11亿美元。这一定程度上表明两国都意识到发展农业贸易是完善两国农业贸易体系的重要前提,同时相应政策的支持与保障本身也是完善农业贸易体系不可或缺的一部分。

从融资环境来看,中俄农业贸易的融资渠道以及融资保障机制的建设也得到发展。中俄农业贸易融资以中俄私企之间进行一般贸易即直接买卖为主,但近年来融资方式正呈现多元化趋势。2017年中国人民银行、中国

---

① 《俄罗斯加大农业扶持力度》,人民网,2019年11月27日,http://world.people.com.cn/n1/2019/1127/c1002-31476014.html。

银行赴俄考察中俄农业产业合作区并对产业区下一步的金融支持出谋划策，这释放出一个积极信号。中俄农业贸易融资不仅局限于私人企业之间，国有银行与商业银行也加大对投资和贷款的支持力度，为中俄农业贸易发展提供了保障。2020年中俄农业金融保险研讨会于黑龙江省哈尔滨市召开，会议邀请了俄罗斯外贸银行、俄罗斯团结银行、中国进出口银行、中国出口信用保险公司、兴业银行等金融机构，宣传融资和保险方面的相关政策金融信息，助力企业在俄投资项目落地。①

中国、俄罗斯两国有着极为漫长的边境线，两国的毗邻区域横跨我国的东北、内蒙古、新疆以及俄罗斯的远东、西伯利亚等广袤区域。② 因此东北-远东区域经济合作以及边境贸易是中俄实现农业贸易增质增效的重要着力点。我国在边境贸易地带设立了专门的农产品基地，大量农作物从黑龙江直接运送至俄罗斯远东和西伯利亚地区。同时，中俄在边境贸易地带及毗邻区进行农业开发，利用中国的劳动力优势以及俄罗斯远东地区的土地资源优势，扬长共赢。中俄农业贸易体系在资源开发与利用、贸易交易过程等方面都得到了一定的完善。

（二）中俄农业贸易规模扩大

中俄农业贸易规模呈逐年扩大的趋势，这主要体现在中俄农产品进出口贸易总额的增长，可以看出两国的农业贸易总额呈平稳增长的趋势。2020年新冠疫情暴发，各国对外商品贸易受到极大冲击，但据数据显示疫情三年以来中俄农业进出口贸易额却保持平稳，甚至在2022年出现大幅上升。

疫情冲击下两国贸易额的平稳状况体现出中俄农业贸易体系具有一定的抗风险能力，这与中俄良好的贸易检疫合作有关。2022年2月，双方针对俄罗斯大麦、小麦、苜蓿草输华签署了相关检验检疫合作文件，为扩大两国农产品贸易创造条件。双方还签署了"经认证的经营者"互认安排，

---

① 《中俄农业合作获两国金融界支持》，中俄资讯网，2020年10月19日，http://www.chinaru.info/zhongejingmao/ubuhuilv/62155.shtml。
② 李敏、朱辉：《中俄毗邻区域农业合作的深化路径》，《对外经贸实务》2019第11期。

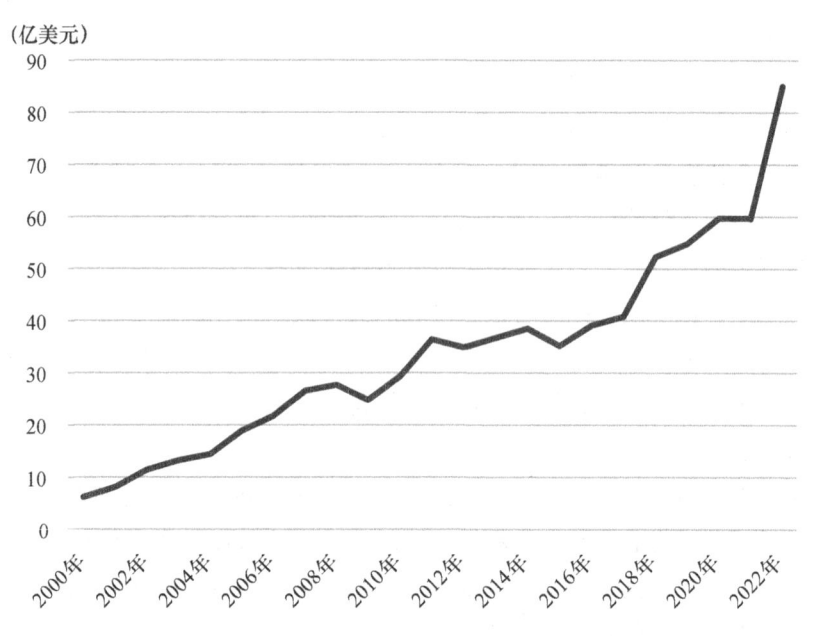

图10　2000年至2022年中俄农产品进出口贸易总额

资料来源：中华人民共和国海关总署。

这些举措都保障了进出口农产品的安全性，进一步提升两国农业贸易便利化水平。

（三）完善交通运输系统，运输便利化

2011年中欧班列投入使用，中欧班列是往来于中国与欧洲以及共建"一带一路"沿线国家之间的国际铁路联运班列。2011年共有17列火车往来于中国和欧洲之间，年度运输货物价值总计6亿美元。到2018年，中国和欧洲之间往来列车累计超过10000列，2018年度的运输货物总值超过160亿美元。[①] 截至2021年2月19日，经满洲里和绥芬河口岸进出境的中

---

① 《图解"一带一路"倡议六年成绩单》，中国一带一路网，2019年9月9日，https://www.yidaiyilu.gov.cn/xwzx/roll/102793.htm。

欧班列累计开行10556列、发送货物952601标准箱，实现了自2013年9月首列苏州至华沙的中欧班列从满洲里口岸出境以来，经中俄口岸进出境的中欧班列累计开行数量突破万列大关。① 2019年在第五届"东方经济论坛"上，中俄达成了开设"农业快车"的合作协议，即通过铁路运输将产品运输至内陆各地，中俄农贸产品运输目的地不再局限于沿海各地，更拓展至更多的重要城市枢纽。

目前，中俄运输班列有"粤满俄"班列和"南昌—莫斯科"班列。其中"粤满俄"班列全程11000多公里，国外里程达6600多公里，是全球运行距离最长的铁路快运货物班列。而"南昌－莫斯科"班列是首列中俄双向对开的班列。中俄（粤满俄）班列正式开行当日，载有27车珠三角轻工产品的货物列车从广州铁路枢纽大朗站开出，7天后到达中国满洲里口岸，18天后抵达俄罗斯首都莫斯科，比现行海运时间缩短约15天。② 这大幅缩短了运输时间，提高了运输效率。部分农作物具有储存时间短，讲求"新鲜"的特质，运输时间的缩短能够保障农产品售卖质量，也能够节省物流及运输成本。

2020年6月中旬，中国辽港集团和俄罗斯铁路股份公司合作投资建设的莫斯科别雷拉斯特物流中心铁路场站正式启用。莫斯科别雷拉斯特物流中心铁路场站是中俄班列重要的中转枢纽以及重要的终端市场。这个项目是目前中国和俄罗斯最大的物流合作项目，这也为对接中俄农业贸易创造了更好的条件。

（四）中俄加强农业科学技术交流

科技是第一生产力。21世纪以来，中俄两国在进行农业贸易合作的同时，也注意到农业科学技术在两国农业发展以及贸易方面的重要作用。中俄签订了一系列农业技术合作协议，其中涵盖有机农业发展、病虫害防治

---

① 《中俄口岸进出境中欧班列累计突破1万例》，中国新闻网，2021年2月19日，https：//www.chinanews.com.cn/cj/2021/02－19/9414561.shtml。

② 《全球运距最长铁路货运班列正式开行》，人民网，2014年6月30日，http：//finance.people.com.cn/big5/n/2014/0630/c1004－25215040.html。

技术、农业育种技术、农作物遗传基因保存等方面的技术交流。2009年，黑河市正式建立了中俄农业高新技术合作示范园区，开展养蜂、果树种植、水稻种植、食用菌栽培四个项目的合作，技术专家分别来自东北农业大学、海参崴大学等，双方农业合作的技术含量大幅提高。[①] 2019年，吉林省科技厅批准成立"中俄特色农业国际联合实验室"，该联合实验室针对吉林省西部及类似生态区农业发展需求，围绕农作物品种资源、先进农业科学技术引进与再创新，与俄罗斯科学院等9家农业科研机构开展了卓有成效的国际科技合作，在育种技术创新、优良新品种选育、配套栽培技术集成、农业产业化推进等方面取得了新突破。[②]

中俄两国秉承合作共赢的理念，促进两国农业技术互融互通，以及农业人才与专家的交流和指导，搭建技术平台，营造良好技术合作氛围，助力两国农业携手共进。农业技术交流的成果由两国共享，通过农业技术交流，农作物生产成本降低，产量与品质得到提升。

二、中俄农业合作特点

（一）中俄农产品贸易结构较为单一，具有互补性

从整体上看，水产品是中俄农业贸易中份额最高的一项，虽然近年来所占中国进口俄罗斯农产品总值的比例较21世纪初下降了许多，但在中俄农产品贸易结构中仍占很高比重。

[①] 李敏、朱辉：《中俄毗邻区域农业合作的深化路径》，《对外经贸实务》2019年第11期。
[②] 《中俄特色农业国际联合实验室成效显著》，中国科技网，2022年2月15日，http://www.stdaily.com/index/kejixinwen/202202/e29c9927654e47eaa37d9db01770ae2d.shtml。

表 11 中国自俄罗斯进口水产品概况

年份	中国自俄罗斯进口水产品总值（亿美元）	占中国进口俄罗斯农产品总值比例
2000 年	4.2	72.4%
2001 年	5.5	67.6%
2002 年	6.6	57.8%
2003 年	6.9	52.4%
2004 年	8.1	56.3%
2005 年	10.3	54.8%
2006 年	12.3	56.7%
2007 年	13.3	50.0%
2008 年	12.0	43.3%
2009 年	11.6	46.8%
2010 年	12.4	42.3%
2011 年	15.9	43.7%
2012 年	13.4	38.4%
2013 年	13.6	37.1%
2014 年	14.0	36.4%
2015 年	13.1	37.2%
2016 年	15.1	38.6%
2017 年	15.6	38.2%
2018 年	22.3	42.6%
2019 年	22.9	41.8%
2020 年	18.0	30.2%
2021 年	18.6	31.2%

资料来源：中华人民共和国海关总署。

同时，中国每年从俄罗斯进口的水产品总量也超过了中国进口水产品总量的 1/4。2020 年，中国进口水产品 402 万吨，货值近 130 亿美元。其中从俄罗斯进口的水产品最多，约 90 万吨，约占总量的 22.4%。

俄罗斯在水产养殖方面有着广阔的资源和前景，俄罗斯作为世界上面积最大的国家，国内河流多，水资源面积也比其他国家大得多。俄罗斯濒临大西洋、波罗的海、黑海等海域，海岸线漫长。同时俄罗斯国内拥有约为 25 万平方千米的湖泊，池塘面积约为 1.55 平方千米，水库面积约为

500万平方千米，人工水域约为0.3平方千米。俄罗斯总统普京曾多次表示要大力扶植渔业产业，保护渔业资源，这也为中俄水产品往来提供政策支持。除水产品外，其余进口较多的产品还有谷物和食用油。

中国主要向俄罗斯出口蔬菜和水果，21世纪以来中国不断调整种植结构，果蔬产业获得快速发展，并且耕地面积不断扩大，种植技术不断提升，蔬菜及水果产量都有很大的增加。虽然疫情对中国果蔬出口造成了一定的影响，但总体看来21世纪以来中国出口到俄罗斯的蔬菜及水果数量呈增长趋势。

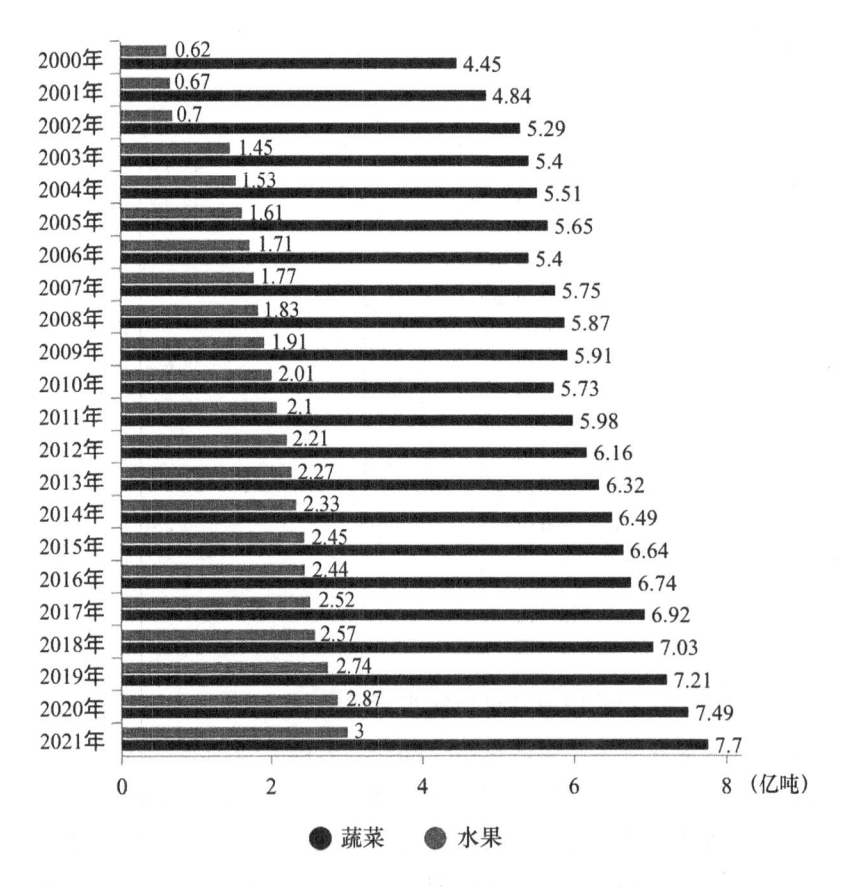

年份	水果	蔬菜
2000年	0.62	4.45
2001年	0.67	4.84
2002年	0.7	5.29
2003年	1.45	5.4
2004年	1.53	5.51
2005年	1.61	5.65
2006年	1.71	5.4
2007年	1.77	5.75
2008年	1.83	5.87
2009年	1.91	5.91
2010年	2.01	5.73
2011年	2.1	5.98
2012年	2.21	6.16
2013年	2.27	6.32
2014年	2.33	6.49
2015年	2.45	6.64
2016年	2.44	6.74
2017年	2.52	6.92
2018年	2.57	7.03
2019年	2.74	7.21
2020年	2.87	7.49
2021年	3	7.7

图11　2000年至2021年中国蔬菜及水果产量

资料来源：国家统计局。

(亿美元)

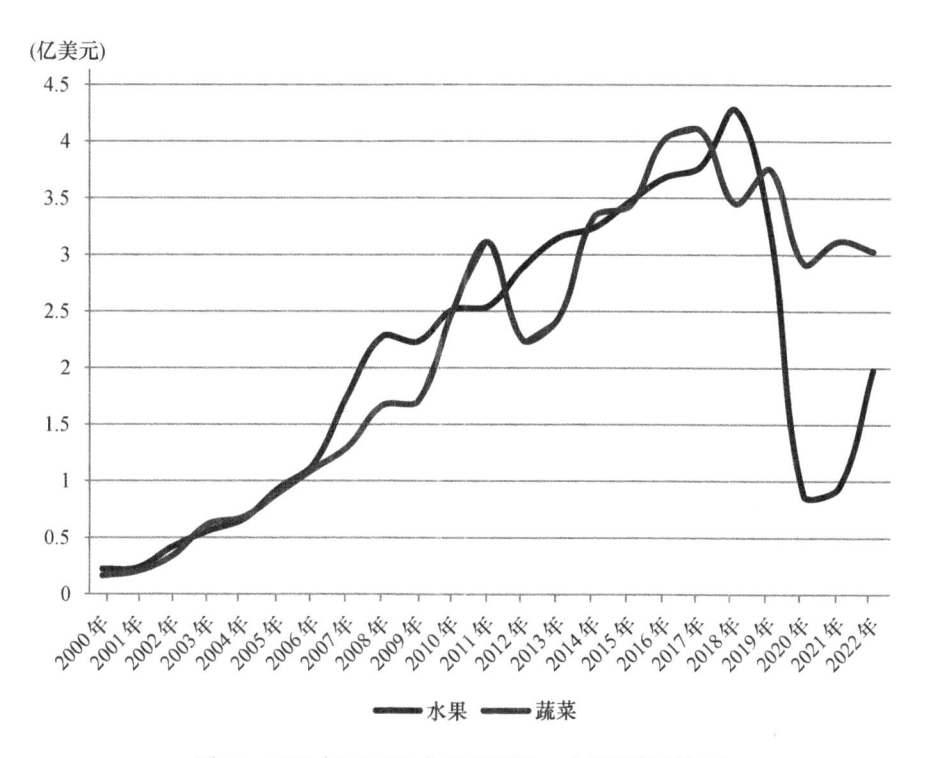

图12 2000年至2022年俄罗斯进口中国果蔬贸易额

资料来源：UN Comtrade Database。

中国与俄罗斯的农业贸易较多地集中在上述几个领域，其进出口份额占比巨大。同时这也显示出两国商品交易结构较为单一的特点，仍然不具有丰富的产品贸易种类。在上述中已经说明中俄两国各自的出口优势，而这些优势也正是中俄两国农业在贸易互补性方面的高度体现。

（二）总体具有向好性，近年来中国存在贸易逆差

中俄进出口农业贸易额进入21世纪以来就以较平稳的态势持续增长。虽然偶有几年出现波动，但总体而言仍具有向好性。

2009年中俄进出口农业贸易额的下降一定程度上是受到2008年爆发的金融危机的影响。当时经济发展正逐步全球化，一国金融秩序的紊乱很

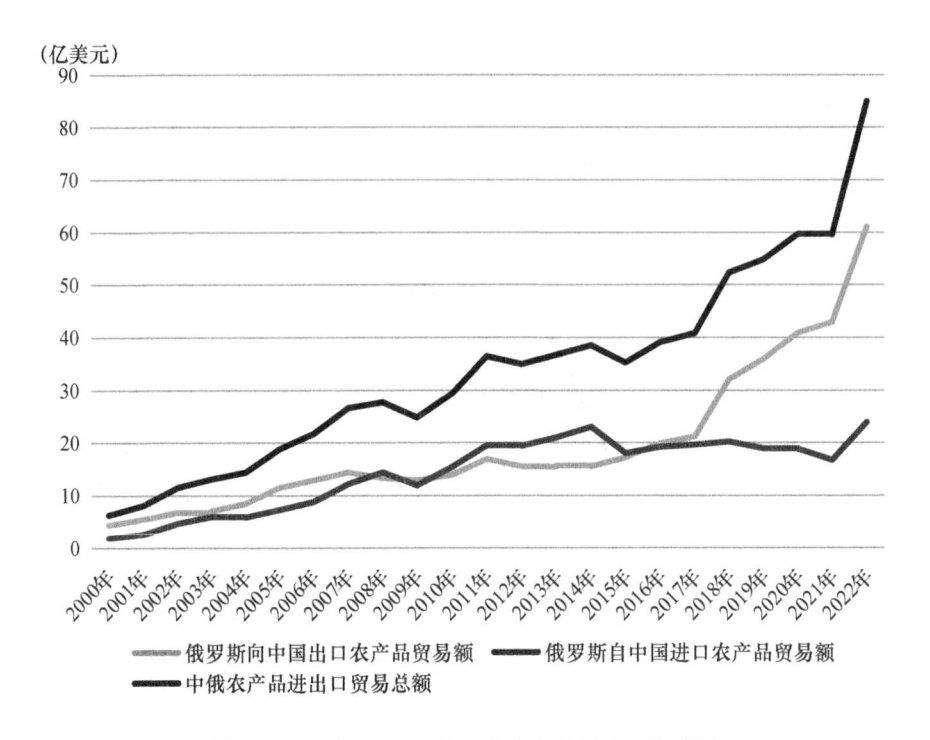

图 13　2000 年至 2022 年中俄农产品进出口贸易额

资料来源：中华人民共和国商务部对外贸易司。

容易波及其他国家和地区，况且 2008 年金融危机发生在全球金融中心美国。不过经过短暂恢复，中俄农业贸易很快恢复以往的水平并继续增长。2012 年俄罗斯加入世界贸易组织，其贸易范围以及贸易伙伴更广，并且降低了农产品关税水平，中俄之间的农业贸易再次出现下降。但 2014 年之后，俄罗斯受到西方制裁，不再寻求与西方国家扩大贸易往来，而将重心转移至亚太地区，中俄农业贸易开始新的增长。此外，2018 年中美贸易摩擦也是促使中国扩大与俄罗斯农业贸易往来的重要因素之一。

中国对俄罗斯农业贸易额由逆差转为顺差再转为逆差，但从整体上来看依旧是逆差居多，2017 年至今也一直呈逆差状态，并且差额正在逐年增大。中俄农业贸易合作日趋紧密，但贸易不对等的情况也在逐渐加大。中国是一个农业发达的国家，经济快速发展，近年来又逐步转向高质量发展。中国国内粮食产量可以达到自给自足的状态，但为满足国内人民日益增长的美好生活需要以及饮食多样性，中国依旧选择对外大量进口粮食产品。而在乌克兰危机后受到制裁的俄罗斯将农业作为其新的经济增长点，所以选择增加农产品出口。双方可以说是各取所需。

三、中俄农业合作动因

（一）中俄两国有共同的利益诉求

1. 中俄面临共同的外部威胁——美国

美国于2014年乌克兰危机后拉拢欧洲各国发动对俄制裁，在2022年2月爆发俄乌冲突后又采取各种制裁手段，从舆论、经济、政治、文化等各个领域对俄罗斯实施最严厉的制裁。而2018年美国对华发动贸易战，随后又制裁中国的众多企业，对中国实行"卡脖子"政策，营造对华不利舆论，对中国进行造谣抹黑，并拉拢号召其盟友意图孤立中国。

20世纪90年代初期，俄罗斯还是粮食净进口国。但受20世纪90年代俄罗斯国内农业衰退问题的影响，俄罗斯开始逐步调整农业政策，推进以土地私有化改革和农业规模化经营为主的农业改革，使得俄罗斯农业获得了比较稳定的发展。除此之外，俄罗斯也加大对农业的补贴力度，从2005年到2013年，俄罗斯政府对农业的财政投入增长了230%。2013年俄罗斯对农业的补贴资金达到了57.7亿美元。2014年爆发乌克兰危机在美国带头制裁与号召之下，众多西方国家加入制裁俄罗斯的行列，俄罗斯随即进行反制裁，美欧与俄贸易往来遭受严重打击。2015年俄罗斯的GDP增长为负值，其迫切寻求另一个突破点，而农业就成为拉动俄罗斯经济恢复和增长的重要引擎。同时，俄罗斯也依据国际国内情况制定了相关农业发展的应对策略，提出了"进口替代政策"，即通过关税或非关税手段筑造贸易壁垒从而限制进口，鼓励或补贴国内生产及国内采购以达到维护俄罗斯国内经济稳定的目的。而中美贸易摩擦给中国的农业发展也带来了不小的风险。因此，加强与俄罗斯的合作成为中国应对与美国摩擦的重要手段。

斯蒂芬·沃尔特在《联盟的起源》一书中阐述了"国家结成联盟主要是为了制衡威胁"的观点。中国虽然一贯遵循"不结盟"的外交政策而未与俄罗斯成为盟友，但二者如今已发展并深化为新时代全面战略协作伙伴关系，以共同应对美国威胁。中俄加强农业合作是联手应对外部风险和威胁的选择，同时这也有利于加强中俄的双边关系。

2. 疫情背景下，经济发展阻力大

农业合作是疫情背景下中俄恢复并促进经济发展的重要引擎。据俄罗斯联邦国家统计局的初步统计，2020年俄罗斯GDP同比下降3.1%。另据俄罗斯中央银行数据显示，2020年俄罗斯通货膨胀率有所提高，达到4.9%，高于此前确定的目标值。其中，食品价格上涨得更为明显，达到6.7%。[①] 同时疫情带来大规模停工停产，导致失业率骤增，俄罗斯政府的财政状况不容乐观，这导致俄罗斯本就低迷的经济雪上加霜。与此同时，中国在疫情影响下虽然保持长期向好的势头，但依旧受到一定的冲击。农业是两国合作中十分具有潜力的一项，以往二十余年的农业合作对双方都是十分有利且受益的。中俄两国在二十余年中不断地深挖能源、油气等领域的合作，但难免遇到发展瓶颈或饱和态势。而两国的农业合作还处在初级阶段，两国又具有各自的优势，足以开展更深层次的合作。此外，两国还制定了相关的防疫、检疫政策以畅通相关货物流通口岸，为两国经贸往来提供便利。农产品是关乎国计民生的大事，是两国人民生存的基本依赖，两国的农业合作有利于经济与民生双发展。

（二）维护自身安全，深化中俄友谊

中俄两国面对西方敌视，将农业需求来源更多地转移至友好国家以降

---

① 《新冠疫情对俄的经济影响与俄抗疫措施》，国务院发展研究中心欧亚社会发展研究院，2021年5月8日，http://www.easdri.org.cn/newsinfo/2375502.html。

低对西方的依赖,增强自身的安全感。经济手段是一个国家获得影响力的重要途径之一。多数国家都具有某个或某些无法满足自身需要的地方,因此也就容易受到别国的影响,如一国可以利用经济手段,即操纵"奖惩"来对别国施加影响,即给他国提供、继续提供、加大提供或拿走、切断、减少其所需要的某资源、商品或劳务。农业是第一产业,是国民经济和民生的基础,也是最基本的物质生产部门。人的生存与发展离不开农业的进步,它也是一个国家经济和国计民生的保障,具有重要地位。农业涉及种植业、林业、畜牧业、水产养殖等诸多领域和范围,每个领域产业的培育都需要不同的自然地理环境,这就要求一个国家国土面积广阔并且有多样化的资源。但一个国家的领土面积以及资源是有限的,不可能在各个领域和范围都做到自给自足。

中俄虽然国土面积广阔,但难免也陷入这一理论当中。目前中国仍需进口大量农产品及作物,主要有大豆、玉米、小麦等,而中国进口大豆最多的国家是美国。中美贸易摩擦中两国提高关税壁垒,大豆进口成本增加就是对中国农业相关领域的掣肘。而俄罗斯在2014年乌克兰危机之前主要从欧盟进口肉类及果蔬。俄罗斯气候寒冷,对很多果蔬类农产品而言不适宜种植和生长,同时也不适宜很多动物的生存和养殖。此外,俄罗斯也缺乏相关农作物的种植经验以及技术,因此在这方面主要是依靠进口。

国家利益是国际关系的决定性因素,国家间的共同利益是国家合作的基础。中俄两国合作是谋求共同利益的表现,而扩大合作也有利于两国利益的实现。扩大农业合作是中俄建设全方位合作体系的重要组成部分,能够完善中俄合作体系,深化中俄友谊,加强彼此信任。中俄两国在农业方面各有所需,深化农业合作能够使双方在农业体系中寻找自身所需,减少对不友好国家的依赖,有利于降低受到限制和掣肘的程度,维护自身的安全。

(三) 中俄农业具有较高互补性

国际贸易区域分工理论认为,由于各地区资源禀赋和诸多条件的差异,投入同样劳动,生产同样产品,其生产成本和经济效益会有很大差别，应当充分利用本地区的有利条件和比较优势，进行合理的区域分工，以提高生产效率，实现经济效益最大化。① 中俄各自根据本国在农业方面具有的优势，合理分工，优势互补，实现合作共赢。

1. 两国生产要素具有互补性

俄罗斯横跨欧亚大陆，是世界上领土面积最大的国家，土地资源十分丰富。位于俄罗斯东部的远东地区以及贝加尔地区与我国东北接壤且资源丰富、人口稀少、幅员辽阔。其土地面积达801.3万平方千米，占俄罗斯总面积的45.5%，闲置耕地资源丰富，但人口只有1120.2万，仅占俄罗斯总人口的7.5%。俄罗斯耕地面积约为1.2亿公顷，人均耕地面积约为0.9公顷，并拥有世界上面积最大的黑土地。中国的耕地面积为1.28亿公顷，但人均耕地面积仅为0.09公顷，远低于世界平均水平。② 中国虽然是世界上领土面积第三大国家，但人口众多，粮食需求量大，需要的农业耕地面积自然就更多。虽然中国出台了相关的农业用地保护政策，但农业资源用地依旧将近饱和。中俄的农业合作可减轻中国耕地不足与粮食生产的负担，同时也避免了俄罗斯土地资源的浪费，使资源能够得到充分利用。

2. 两国劳动力资源具有互补性

人口问题一直是俄罗斯国内的巨大威胁，俄罗斯的人口多年来一直在持续减少，人口危机正在逐年加深。2021年数据显示，俄罗斯总人口仅有1.44亿人，其中还包括大量的老龄与低龄人口，真正具有劳动能力的人口根本无法满足国内生产发展的需要。同时随着教育水平的逐年提高，受过高等教育的人普遍没有到俄罗斯东部地区务农的意愿。这就导致俄罗斯农业方面劳动力缺失的问题，大量的农业资源被浪费，生产资料撂荒，制约了俄罗斯国内的经济发展。而中国是一个人口基数庞大的国家，同时中国

---

① 关于区域分工理论参见大辞海，http://www.dacihai.com.cn/search_index.html?_st=1&keyWord=%E5%8C%BA%E5%9F%9F%E5%88%86%E5%B7%A5%E7%90%86%E8%AE%BA。
② 《第三次全国国土调查主要数据公报》，中华人民共和国自然资源部，2021年8月26日，https://www.mnr.gov.cn/dt/ywbb/202108/t20210826_2678340.html。

劳动力资源也位于世界前列。

中国相对丰富的劳动力资源与俄罗斯国内劳动力短缺的情况呈极大的互补性。中国通过加大对俄罗斯远东及贝加尔地区的劳动力输入，开发俄罗斯东部地区的土地资源，实现优势共享。这对双方都是极具优势的选择。双方都能够获得丰富的农产品，收获巨大的经济效益乃至为世界粮食产业及农业经济发展作出贡献。

3. 两国农业产品具有互补性

在上述特点中已经提到，现今中俄农业贸易中两国进出口农产品的互补性已经很明显。俄罗斯主要对中国出口水产品，而中国主要对俄罗斯出口水果及蔬菜。这是现今促进两国贸易额提升的直接因素，两国对各自优势农产品的需求量正在逐年攀升。根据供求关系理论，需求增多会促使供给加大，价格下降，反过来又会刺激需求。中俄优势农产品贸易应当是一个良性循环的过程。同时这也是促使两国加强合作的推动因素。

（四）世界粮食安全问题凸显

联合国粮农组织将粮食安全定义为"粮食安全从根本上讲指的是人类的一种基本生活权利，应当确保所有的人在任何时候既能买得到又能买得起所需要的基本食品"。随着世界各国工业化的发展，气候变化、水资源减少、土地污染等问题都将对农业发展造成不利影响，带来粮食安全问题。特别是自2020年初新冠疫情暴发以来，各国的经济发展都受到了不小的影响。许多国家对贸易进出口采取了一系列的限制措施，疫情管控影响了全球粮食的进出口贸易，降低粮食流通效率与供给量。根据全球应对粮食危机网络发布的《2021年全球粮食危机报告》显示，在疫情影响以及多方面作用下，全球性粮食危机已经飙升至近5年（截至2021年）来最高水平。作为粮食生产大国和人口大国，中国的粮食安全问题同样凸显，处于这一危机的阴影之下。同理，俄罗斯这样一个寒带大国也不能独善其身。

在这样的挑战之下，中俄两国深化农业合作也是应对全球性粮食危机的重要举措。中俄两国的农业贸易具有良好的贸易秩序,两国间的合作建立在公平合理的机制之上,因此在携手共同抵御风险这一方面必然会达成共识。两国也能够本着互惠互利的原则,合作共赢。中俄两国合力建设开发农业资源,深化农业技术交流合作,提高农业收获率与生产率有利于摆脱粮食安全问题,同时也会向世界贡献中俄智慧。中俄两国是世界大国,应当携手创建协调性与联动性强的国际机制,营造公平合理的国际农产品贸易秩序,推动保障全球性粮食安全问题。

四、中俄农业合作前景展望

(一) 中俄农业合作面临许多挑战

1. 贸易保护政策限制合作规模

中俄两国在农业进出口方面以及所制定的粮食政策方面都有一定的保护倾向。俄罗斯实行"进口替代政策",增加主要农产品的自给率,减少农产品的进口数额,保护国内农产品的竞争力和发展力。俄罗斯国家统计局数据显示,农工综合体食品和农业原料进口额从2012年的404亿美元下降至2018年的298亿美元,下降的幅度约为35.6%。这一下降幅度是比较大的,是俄罗斯农业贸易保护政策所取得的成效。乌克兰危机后,俄罗斯对西方实施反制裁措施,于2014年8月开始对西方国家实施农产品进口禁令,减少对西班牙、波兰、丹麦、荷兰、匈牙利和法国等19个国家的进口农产品量,减少的商品量占其进口总量的50%,这在很大程度上改变了俄罗斯农产品贸易的发展趋势。[①] 而中国的农业进口主要是为了稳定国内供应以及推动供给侧结构性改革。

同时,双方都具有进口配额限制,在关税方面都具有相关配额管理。配额内的关税仅为1%,而配额外的飙升至65%,在关税配额之外的商品

---

① 姜毅等:《中俄边境口岸研究》,中国社会科学出版社2018年版,第182页。

没有竞争优势，开拓不出相关市场，于是其进口量也会大大下降。我国对小麦、玉米、大米、豆油等实施进口关税配额管理，俄罗斯主要是对肉类产品的进口实施关税配额管理。两国都存在一定的关税壁垒，这也就使得两国的农业贸易流通率和种类会大打折扣，况且部分商品仍然不具有进出口的资格。此外，还有对企业经营许可的限制。上述提到中俄目前的农业贸易合作主要以企业层面为主，中俄农业贸易企业之间的贸易沟通和交流是至关重要的，因此市场准入政策以及进口许可证政策对于中俄农贸发展具有重大影响。中国目前对于对外农业贸易企业从事进口粮食贸易业务的要求除一般经营性企业所必需的工商、税务、对外贸易资格等手续外，在注册的营业范围内还应包括粮食经营资格，具备卫生许可证和粮食进口监管条件。这就减少了农业贸易企业市场进入率，贸易主体的不足也是中俄所面临的挑战之一。

2. 中俄贸易体系中有许多薄弱环节

中俄农业贸易商品结构单一，抗风险能力弱。从目前的贸易状况来看，中俄的贸易种类还比较少，商品结构比较单一，贸易种类比较集中。如果这一集中的商品领域出现危机或受到外部影响，那么就会对中俄整体的农业贸易体系产生巨大的损害和冲击。单一的商品结构会给两国带来较大的贸易风险，同时也会导致整个贸易体系抵御风险的能力不足，也很难形成规模，无法带动更多的企业以及其余主体参与其中。如果市场中出现更具竞争力的对手，就很容易导致这个单一商品在另一国家的市场份额下降，持续盈利能力受损。

两国的农业贸易往来还未树立品牌意识，缺乏市场化竞争思维，产品的附加值得不到提升，在民众生活消费中无法产生口碑效应，削弱其市场收益率和竞争力。同时，俄罗斯产业链也还未健全和完善，俄罗斯境内的交通、物流、仓储等农业基础设施和配套不完善，口岸硬件设施落后，工作效率不高，还有生产加工能力不足等，都制约着中俄农产品贸易的可持续快速发展。[①]

---

① 关秋妍：《新形势下对俄农业合作的机遇与挑战》，《黑龙江粮食》2022第1期。

(二) 中俄农业合作的机遇

1. 两国友好关系持续深化，奠定政治基础

2022年2月4日，中俄两国共同发表《中华人民共和国和俄罗斯联邦关于新时代国际关系和全球可持续发展的联合声明》，声明表示要加强对话，增进互信，凝聚共识，捍卫和平、发展、公平、正义、民主、自由的全人类共同价值。中俄国家元首年度互访已呈机制化水平，中国国家主席习近平和俄罗斯总统普京建立了深厚的个人友谊，两国领导人已在双边或多边场合开展了高频的视频会晤。王毅表示："中俄关系发展有着清晰的历史逻辑，具有强大的内生动力，两国人民的友谊坚如磐石，双方的合作前景广阔。不管国际风云如何险恶，中俄都将保持战略定力，将新时代全面战略协作伙伴关系不断推向前进。"中俄友好共处的关系为中俄农业贸易提供了政治保障，而农业农产品合作也是中俄经贸发展"新的增长点"。

2. 利用国际组织促进贸易往来

中俄在2022年的联合声明中表示，双方将积极推进共建"一带一路"与欧亚经济联盟对接合作，深化同欧亚经济联盟各领域务实合作，提高亚太地区和欧亚地区互联互通水平。同时，双方愿继续推动共建"一带一路"和"大欧亚伙伴关系"。双方也支持金砖国家深化战略伙伴关系，拓展政治安全、经贸财经等方向合作并将全面增强和进一步提升上海合作组织的作用，也将继续巩固亚太经济合作组织作为区域主要多边经济对话平台的作用。

2018年9月，习近平主席出席第四届东方经济论坛期间签署了《中俄在俄罗斯远东地区合作发展规划（2018—2024年）》。2020年9月，俄罗斯政府正式批准《2024年前远东发展国家纲要及2035年远景目标》，规划中俄"远东-东北"在路桥建设、能源、北极航道、工业、农林等领域展开合作。中俄有许多共同加入的区域经济发展平台，双方可以利用平台优势扩大合作规模，建立更加科学合理的合作机制。

3. 借助互联网平台扩大优势

如今，中国互联网经济迅速发展，合理利用互联网平台能够拓宽农产品的销售渠道，刺激更多消费者购买。同时互联网经济也具有成本低、操作便捷等特点。拓宽俄罗斯农产品的线上销售渠道，促进互联网经济与实体经济的深度融合，有利于中俄两国农业贸易更好地合作。双方要善于立足社会实际，转变营销思路与经营方式，尝试多领域拓宽获益渠道，提高产品的知名度。

（三）未来中俄仍将以"互补性合作"为主

未来，两国所面临的来自美国的威胁依旧会存在，并且在较长时间内美国对中俄两国的敌对态度会依旧持续，中俄两国的共同利益不会发生大幅度的改变，中俄会依旧保持良好的伙伴关系。而在农业合作领域中，互补性是中俄两国农业贸易的最大特点，互补性产品也是双方贸易往来的主体，中俄双方在这一互补性贸易中的优势在短期内不会消失。而在中俄的"互补性农业贸易合作"中，远东地区项目势必会成为双方农业关系合作的一大亮点。

从俄罗斯方面来看，远东地区作为俄罗斯的主要战略抉择，具有极其重要的作用。通过开发远东地区，俄罗斯便可以弥补西方国家对其制裁所造成的损失。随着近些年中俄两国深化互信，俄罗斯对中国参与远东地区开发的顾虑和担忧减弱了许多。现今，远东地区生产的粮食和果蔬等并不能够满足当地居民的需求，俄罗斯想要发展远东地区的农业，最便捷的办法就是积极引进外资，将当地丰富的土地资源与中国的农业技术、农业劳动力优势相结合。

而从中国方面来看，中国政府也乐意对俄罗斯远东地区农业项目给予支持，鼓励企业对该项目进行投资。这样不仅有利于拉动中国东北三省的经济发展，创造大量就业岗位，也有利于保障中国国内的粮食安全，促进对外经贸发展。俄罗斯远东地区的开发能使得双方都获得巨大的利益，促进双方互利共赢。

同时，随着中俄农业贸易更深层次的交流与合作，以及交通运输的便利化，在"互补性农业贸易合作"的主旋律之下，两国也有极大的可能性会不断探索新领域的农业贸易合作，并且为之创造条件。

结　语

21世纪以来，中俄两国的农业合作取得了很多的成果。两国在惠农政策、融资环境、边境贸易等领域都搭建了政策框架体系，并且也通过完善交通运输系统使得两国的运输更加便利，便利了农产品的运输。此外，中俄在农业科技方面也不断地加强沟通和交流。这些举措都促进了中俄两国农业贸易规模的不断扩大。

纵观中俄的贸易往来，两国的农业合作整体具有向好性，但是近年来中国向俄罗斯出口总额小于俄罗斯向中国出口总额，即中国存在贸易逆差。从贸易结构来看，中俄两国的农业合作具有互补性，中国主要向俄罗斯出口蔬菜及水果，俄罗斯主要向中国出口水产品。

中俄两国之所以能够深化农业合作并取得一定成果是多种因素催动的结果。中俄两国有共同的利益诉求，一方面是由于美国对于中俄两国的敌视，推动两国相互合作，共同抵御外部的威胁；另一方面则是在疫情的背景下，中俄农业合作有利于拉动国内经济增长。中俄两国的农业合作也有利于将自身的需求转移到友好国家，有效降低对非友好国家的依赖，从而提升自身的安全感。同时，中俄农业又有很高的互补性，能够满足彼此的需求，这给双方提供了合作的动力，双方也可以缓解自身的粮食安全问题，为缓解世界粮食危机作出贡献。

与此同时，中俄两国的农业合作依旧面临许多不可忽视的挑战，本文主要从贸易保护政策限制两国合作规模及农产品贸易结构较为单一两个方面进行分析。中俄两国应当深化互信，继续挖掘其他农产品领域的合作及贸易往来，提高两国农业贸易往来的抗风险能力。中俄两国的农业合作有许多机遇，在双边层面，中俄友好关系持续深化，为两国的农业合作奠定政治基础。在多边层面，两国也可以借助国际组织平台加强合作。新时代下信息技术的发展也给两国提供了新的思路，借助互联网平台的优势，两国可以拓展营销渠道，探索新的合作途径。

  从目前的状况来看，中俄未来的农业仍将以"互补性"为主，而俄罗斯远东地区项目或将成为两国农业合作的焦点。中俄的农业合作具有广阔的前景，两国应当立足实际，将两国的新时代全面战略协作伙伴关系切实推进至农业领域，促进两国的农业协作迈向新的台阶。

冷战结束以来俄土关系变化发展动因探究与前景展望

罗祎麒　江洪飞[*]

【摘　要】冷战结束后，俄罗斯和土耳其经历了三十余年的竞争与合作，逐步形成了建立在地缘政治关系基础上，由不对称的经济相互依赖关系所维持的亦敌亦友的合作关系。在这样的关系中，自我认知与战略定位、国际格局影响下的地缘竞争以及彼此间的相互依赖是变化发展的重要动因。短期来看，两国关系的发展具备稳定合作的基础；长期来看，两国关系的发展具有不确定性，有可能走向竞争大于合作的局面。

【关键词】俄罗斯　土耳其　俄土关系　地缘竞争　不对称　相互依赖

从 16 世纪末的针锋相对，到第二次世界大战结束后的缓慢升温，俄罗斯与土耳其的关系走过了四百余年的历程，其中经历了数次起伏，总体上呈现出竞争大于合作，合作逐步走强的态势。但无论俄土关系如何变化，依托俄罗斯（苏联）在国际格局中的政治大国地位和土耳其在各种周边地区事务中的强大影响力，俄土关系始终是影响地区局势的关键变量之一，对中东、巴尔干、外高加索乃至中亚地区的和平与发展起着不可替代的

---

[*] 罗祎麒，广东外语外贸大学国际关系学院国际政治专业 2021 级本科生；江洪飞，广东外语外贸大学西方语言文化学院俄语语言文学专业 2021 级博士研究生。

作用。

事实证明，这样的推断同样适用于冷战结束后的国际格局。俄土关系在当今世界尤其是上述地区中仍扮演着重要角色，两国的博弈与妥协成为纳卡冲突、叙利亚乱局、乌克兰危机以及车臣、库尔德等问题变化发展背后的重要因素之一，是分析时无法回避的因素。

基于此，本文旨在通过梳理冷战结束以来俄土关系的变化发展历程，总结两国关系变化发展的特点，进而探究影响其变化发展的动因，并在此基础上探索未来两国关系变化发展的可能性，以加深对于俄土关系的认识。

一、冷战结束以来俄土关系的变化发展与特点

（一）两国关系变化发展历程

1. 地缘政治：管控的地缘竞争关系

综合战略学派、权力政治学派、外交学派对地缘政治的定义，本文将地缘政治定义为特定地区内的各种政治力量在地理分析的基础上借助政治权力来规定和实现自身利益，并对该地区的其他政治力量和地缘经济产生影响的政治行为。[①]

在冷战结束后的约十年里，俄土两国在后苏联空间（中亚、外高加索）的利益冲突使得两国快速陷入了博弈之中，这体现为俄罗斯谋求对后苏联地区的完全掌控与土耳其向后苏联地区积极渗透之间的矛盾，这一矛盾又具体表现在土耳其在中亚五国成立之初对中亚地区的拉拢和纳卡冲突中俄土两国分别对亚美尼亚和阿塞拜疆的支持上。

纳卡冲突标志着俄土间的地缘竞争激化达到顶峰，在这一时期内，俄罗斯向土耳其发出明确的核威胁，警告土耳其一旦卷入外高加索争端就会

---

① 参见郭渊：《南海地缘政治研究》，厦门大学 2006 年博士学位论文。

引起另外一场世界大战①，这使得土耳其认识到了俄罗斯维护自身在后苏联空间势力的决心，且迫使土耳其重新审视在地缘政治领域同俄罗斯的博弈。

1992年5月，俄土两国签署《土耳其与俄罗斯友好与合作协定》，宣布两国将基于睦邻友好合作与相互信任发展两国关系②，奠定了两国合作的基础，两国开始形成"管控的地缘竞争关系"，即两国互为地缘政治的竞争对手，但不发生直接冲突③。1997年，随着时任俄罗斯总理切尔诺梅尔金到访土耳其，这一关系进一步被确定下来。在此后的十余年里，两国在地缘政治领域的竞争日趋缓和，双方没有再发生激烈的冲突。

2011年起始的叙利亚危机使得这样的关系产生波动，且受到了一定程度的损害。在危机初期两国就因不同立场积累了相当程度的矛盾，这在俄罗斯出兵叙利亚后呈现出总爆发的趋势，并在2015年土耳其击落俄罗斯军机事件后达到顶点，两国关系全面冻结。事后，俄罗斯对土耳其大举报复，对其实施了一系列制裁，给土耳其造成了巨大的战略压力。因此，土耳其总统埃尔多安在2016年6月27日就土方击落俄罗斯军机事件向俄罗斯总统普京致道歉信，两国关系由此开始解冻并逐步回暖。2016年12月，俄土两国正式签署S-400防空导弹系统的军售合同，标志着俄土关系和两国"管控的地缘竞争关系"的全面恢复。

在2022年俄乌冲突中，土耳其并未追随其他北约成员国对俄罗斯实施制裁，而是持中立态度，扮演冲突"调停人"的角色，组织俄乌双方开展了数次谈判，并且在瑞典、芬兰加入北约这一压缩俄罗斯安全空间的问题上设置障碍。由此可见，两国间管控的地缘竞争关系在2022年俄乌冲突中基本得到了延续。

---

① Dimitri Trenin, "Russia's Security Interests and Policies in the Caucasus Region," Brussels: VUB University Press, 1996, p. 91.

② D. B. Sezer, "Turkish-Russian Relations: The Challenges of Reconciling Geopolitical Competition with Economic Partnership," Turkish Studies, Vol. 1, No. 1, 2000.

③ D. B. Sezer, "Turkish-Russian Relations: The Challenges of Reconciling Geopolitical Competition with Economic Partnership," Turkish Studies, Vol. 1, No. 1, 2000.

2. 地缘经济：不对称的相互依赖

在参考罗伯特·布莱克威尔和詹妮弗·哈里斯所著《其他方式的战争：地缘经济学和治国之道》（*War by Other Means: Geoeconomics and Statecraft*）一书对地缘经济的定义以及本问题的特点后，本文将地缘经济定义为特定地区内的各经济体在地理分析的基础上通过同其他经济体建立经济关系以维系、发展内部生产和实现、保卫战略利益，并与该地区内的地缘政治相互影响的经济行为。[1]

在冷战结束后的20世纪90年代，俄土两国地缘经济上的往来主要以往返贸易[2]为主，由土耳其商人向俄罗斯出口纺织品、皮革和日用品等产品，且主要是单向贸易。根据估算，两国间的往返贸易在1995年发展到极盛，当年两国的往返贸易额达到100亿美元[3]。1998年前后俄罗斯发生的经济危机严重影响了两国往返贸易，导致两国间的往返贸易额快速下降，往返贸易在两国地缘经济中的支柱地位逐步消失，但仍然基本保持原有规模。

在正式贸易领域，苏联的解体以及紧随其后的俄罗斯的市场经济改革让土耳其看到了与俄罗斯开展经贸合作的契机。1992年俄土两国签署的《土耳其与俄罗斯友好与合作协定》成为两国发展经贸关系的重要文件，在当前俄土两国经贸关系中起到基础性作用的俄土联合经济委员会也在当年成立。得益于两国关系在上层建筑领域的发展，俄土贸易在20世纪90年代总体呈现出震荡上升的态势。

进入21世纪，两国的经贸关系得到了快速发展，尤其在2003年至2008年出现了贸易快速发展期，这在一定程度上得益于2000年以后两国

---

[1] 参见 Robert D. Blackwill, Jennifer Harris, "War by Other Means: Geoeconomics and Statecraft," Princeton: Princeton University Press, 2016, pp. 19 – 32。

[2] 根据经济合作与发展组织的定义，往返贸易被定义为个体工商户在国外购买商品并进口到国内，在街头市场或小商贩进行零售的过程。参见 "SHUTTLE TRADE," OECD Glossary of Statistical terms, Feb. 4, 2004, https://stats.oecd.org/glossary/detail.asp?ID=2459。

[3] 由于在1996年以前两国的往返贸易并未被记录，故在此选用了估测的数据。参见 K. Aydin, L. I. Oztig, E. Bulut, "The Economic Impact of the Suitcase Trade on Foreign Trade: A Regional Analysis of the Laleli," International Business Research, Vol. 9, No. 3, 2016。

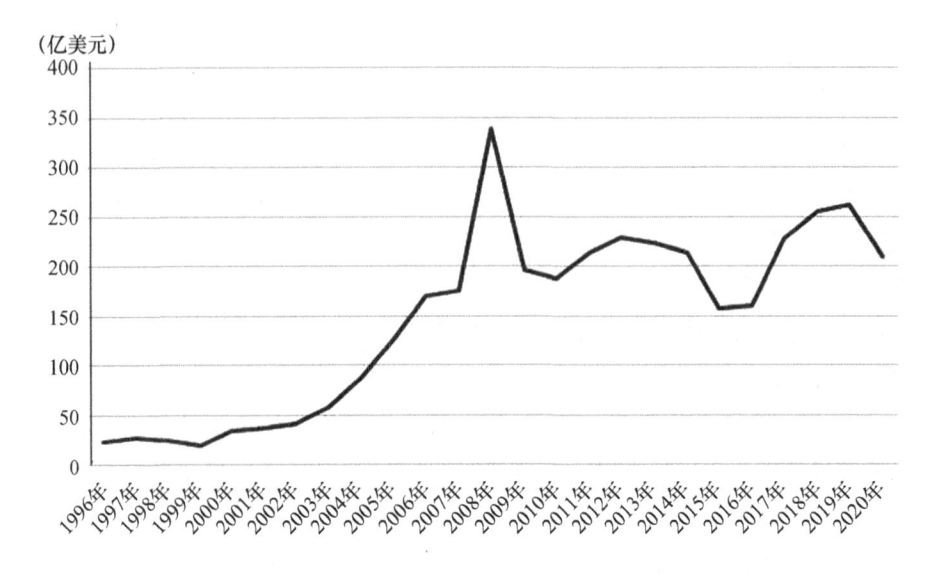

图 14 俄土两国贸易额变化

资料来源：UN Comtrade Database。

在地缘政治领域的竞争得到进一步的管控。2008年，两国贸易额达到338.05亿美元，创下历史纪录。

在这一时期，两国经济交往层面不对称的相互依赖关系基本成型，即土耳其在同俄罗斯的贸易中处于逆差地位，在能源、旅游等基础产业和支柱性产业方面对俄罗斯有着较强的依赖。

然而自2008年至今，相比此前接近十年的快速发展，两国在经贸领域的交往则乏善可陈。受金融危机的影响，两国的经贸合作开始步入下行道，在此后的六年间两国双边贸易额在190亿美元到230亿美元之间波动。2014年乌克兰危机所引发的西方对俄罗斯施加的经济制裁及2015年土耳其击落俄罗斯军机事件所引发的俄罗斯对土耳其的经济制裁，则使得两国经贸关系进入低谷期。

尽管如此，双边贸易额也并未出现断崖式下跌，仍维持着相当程度的经贸往来，并且在2016年两国紧张关系解除后得到快速发展，恢复到原先的水平，这表明两国间的经济关系存在一定的韧性，体现出两国在地缘经济领域较高的相互依赖程度。

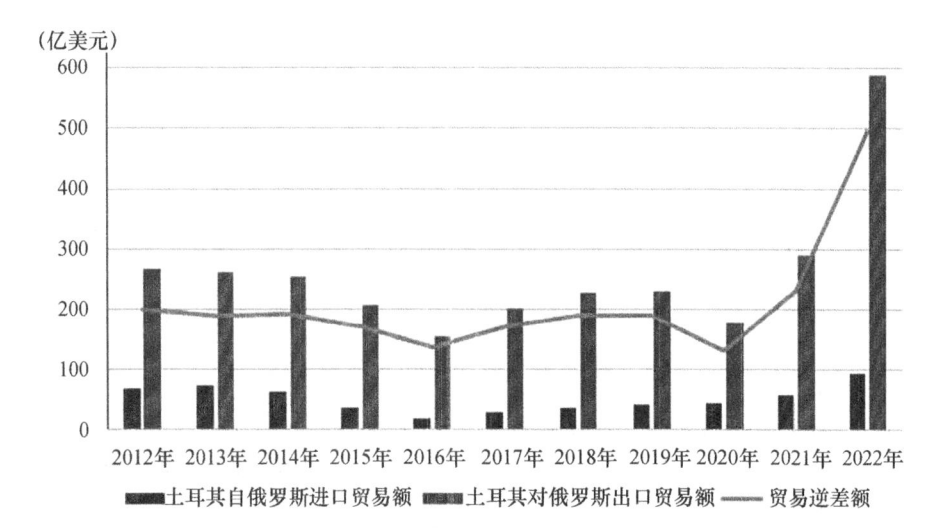

图15 2012年至2022年土耳其对俄罗斯的贸易逆差

资料来源：土耳其统计局。

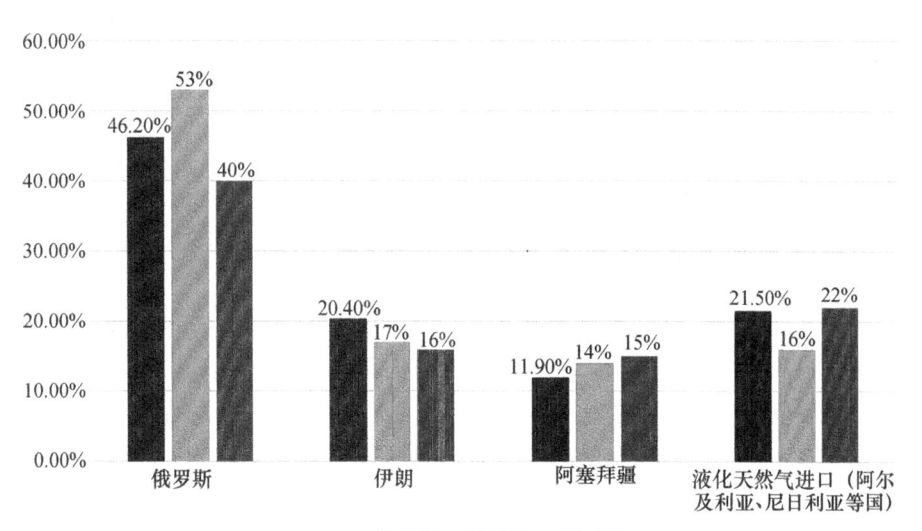

图16 自俄罗斯等国及海运进口的天然气在土耳其进口天然气总量中的占比

资料来源：Centre for Economics and Foreign Policy Studies, "The Economics of Turkey – Russia Relations," https://edam.org.tr/wp-content/uploads/2019/07/The-Economics-of-Turkey-Russia-Relations_compressed.pdf。

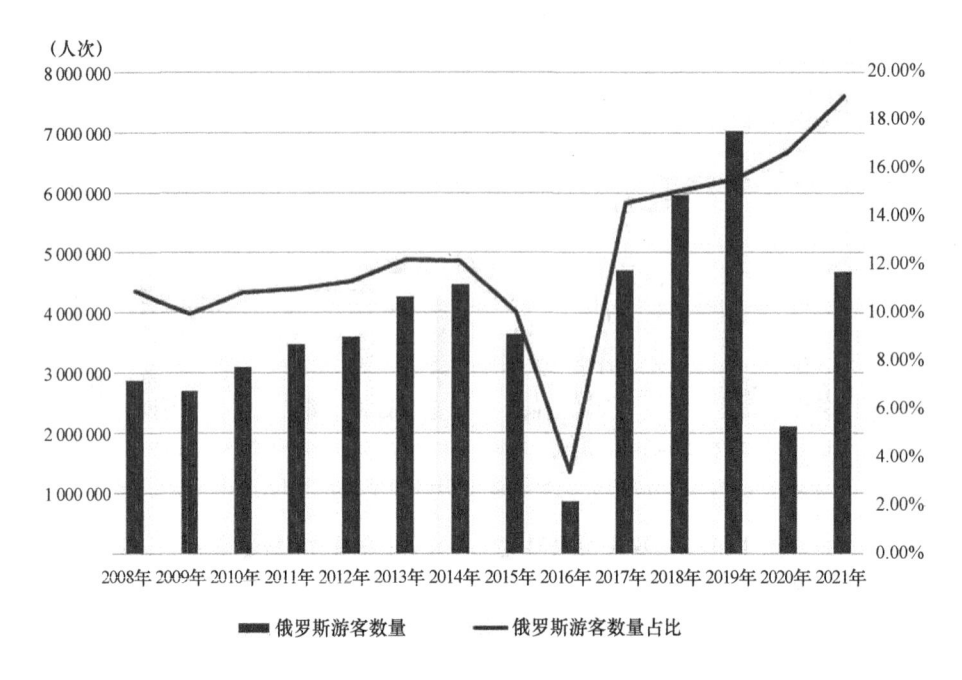

图 17　2008 年至 2021 年前往土耳其的俄罗斯游客数量及其占比变化情况
资料来源：土耳其旅游部。

（二）两国关系变化发展的特点：竞合相融，以合为主

回顾自冷战结束以来两国在政治、经济等各领域的互动和交往，可以发现地缘政治关系是两国关系变化发展的根基，地缘政治关系的紧张与否决定两国整体关系的冷暖。冷战结束后的 20 世纪 90 年代，两国的地缘关系较为紧张，在后苏联空间的博弈使得两国在某种程度上处于对峙状态，这也影响了两国经贸关系的发展，正式贸易长期处于低位。进入 21 世纪，随着"管控的地缘竞争关系"的完全确立，两国关系得到长足发展，经贸关系进入快速发展期。而后俄罗斯在叙利亚不断壮大的军事存在破坏了两国地缘政治上的平衡，进而引发 2015 年土耳其击落俄罗斯军机事件，这又使两国关系陷入低谷，经贸往来随之"踩下刹车"。

在这当中，不对称的地缘经济关系受地缘政治关系影响，并对两国，特别是土耳其领导层在两国关系中的决策产生重要影响,成为一股修正的力量,将偏离常态的两国地缘关系重新引导至"管控的地缘竞争关系"这一常态上来,2016年两国关系恶化后土耳其向俄罗斯主动示好便是一例明证。在"管控的地缘竞争关系"与不对称的经济相互依赖关系的对立统一中,两国关系受共同与各自有别的现实利益的主导,逐步发展出竞争与合作相融合、合作大于竞争的双边关系。

据此,本文将冷战结束以来俄土关系总结为:建立在地缘政治关系基础上,由不对称的经济相互依赖关系所维持的亦敌亦友的合作关系。

二、俄土关系变化发展的动因分析

(一) 俄土双方在当今国际格局中的自我认知与战略定位

1. 俄罗斯:巩固作为当今世界负责任的、有影响力的独立中心之一的地位与"睦邻周边"政策

苏联解体、冷战结束后,俄罗斯作为主要国家继承了苏联的国际地位,继续在国际舞台上发挥着重要作用。尽管经历了苏联时期,"弥赛亚"意识影响和指导下的俄罗斯仍然体现出与沙俄一脉相承的"大国主义"式的对外政策方针。[①] 这种方针以强硬为特点,注重在国际上的作用和威望,力图追求、维持、巩固大国地位,以期打造一个能向周边地区乃至全世界投射影响力的世界强权。

除此之外,对周边地缘安全的追求也是俄罗斯的对外政策的一个长期特点。一方面,在俄罗斯民族意识形成初期(历史上的16世纪俄罗斯形成中央集权国家时),俄罗斯处在四面开阔、易攻难守的东欧平原上,被迫面对周边国家(如瑞典、法国、波兰、伊朗、土耳其)的扩张和侵略;另一方面,历史上的不断扩张使得俄罗斯民族对地缘天生敏感,因经济发

[①] 刘若锋:《新时期俄罗斯对外政策的"不变"与"变"》,外交学院2020年硕士学位论文。

展迟缓导致的统治力量不足与统治地域不断扩大之间的矛盾使得"俄罗斯国家的庞大规模赋予俄罗斯人民几乎难以承受的重任，使他们处于过度的紧张状态中"[1]。这样的民族情感叠加不断遭受外敌入侵的历史记忆使得俄罗斯民族对周边地缘安全有着超出其他国家的追求，进而体现在其扩张性对待周边国家的政策上。

基于以上因素，在经历了接近西方的努力失败之后，新版2023年《俄罗斯联邦外交政策构想》中提出"根据俄罗斯联邦的国家利益和国家战略重点，国家外交政策活动旨在实现以下战略目标，即巩固俄罗斯作为当今世界负责任的、有影响力的独立中心之一的地位"[2]。这一新提法事实上延续了俄罗斯"大国主义"的对外政策方针，是这一方针在新时代、新国际格局下的具体体现。加上"与邻国建立睦邻友好关系，协助防止和消除其领土上的紧张局势和冲突的温床"，俄罗斯的对外政策可以总结为扩张性的"睦邻周边政策"。

2. 土耳其："新奥斯曼主义"指导下的"中心大国"

"新奥斯曼主义"最早被用以指称时任土耳其总理图尔古特·厄扎尔在20世纪80年代中后期超越凯末尔主义、实行扩张主义的经济改革和外交理念，而现在则常被用以概括埃尔多安治下的土耳其所实施的一系列政治、经济改革措施。

如今，已经体系化的"新奥斯曼主义"对土耳其的对外政策有着重要的影响，这直接体现在其对土耳其的国家定位上。不同于凯末尔主义将土耳其定义为欧洲国家的传统，"新奥斯曼主义"认为土耳其不应当成为欧亚之间的桥梁国家，而应当同历史上的奥斯曼帝国一样，成为亚欧非三大洲间的中心国家[3]，正如土耳其前总理兼外长达武特奥卢所言，"我们（土

---

[1] [俄]尼古拉·别尔嘉耶夫著，汪剑钊译：《俄罗斯的命运》，译林出版社2011年版，第143页。

[2] "The Ministry of Foreign Affairs of the Russia Federation," https://mid.ru/en/foreign_policy/fundamental_documents/1860586/? lang = cn.

[3] Ahmet Davutoğlu, "Turkey's Foreign Policy Vision: an Assessment of 2007," Insight Turkey, Vol. 10, No. 1, 2008.

耳其）不仅仅只代表七千万土耳其民众，还对那些曾经是土耳其或和土耳其这片土地有着紧密联系的地区负有历史欠债。我们要以最适当的方式偿还这笔欠债"①。

这种同历史上奥斯曼帝国近似重合的定位使得土耳其奉行扩张性的干涉主义政策。这种政策依托土耳其的伊斯兰国家身份，认为土耳其有着塑造地区秩序的责任和"促进与土耳其曾经有着紧密关系地区的稳定性"的义务，主张利用土耳其处于多个地缘政治地区交界处的独特地缘位置优势，在中东、黑海、高加索、中亚等地区建立起土耳其的影响力，进而拓展土耳其的地缘政治选项，实现"防患于未然"，并借此以提高土耳其在地区和国际上的地位。"土耳其不再是一个仅仅对危机做出反应的国家，而是能够在危机发生前发现危机，对其实施有效干预，并由此塑造周边地区结构。"② 由此，"新奥斯曼主义"指导下的土耳其对外政策有着两大特点，即利用奥斯曼遗产，积极介入地区事务；开展积极的多维外交和调解外交。③

3. "世界影响力中心"与"新奥斯曼主义"之间的竞争

综合上述对两国对外政策的简要分析不难看出，俄土两国对自身认识和战略定位已经成为观念层面导致两国产生冲突的根源。

一方面，俄罗斯追求一个安全、稳定、受俄罗斯控制的周边地缘局势，特别是在后苏联空间；另一方面，土耳其同样强调自身的"中心国家"地位，在黑海、高加索、中亚等俄罗斯周边地区发挥自身的地缘政治影响力，这就必然要碰触到俄罗斯的安全红线，同俄罗斯发生冲突，2020年纳卡问题的再爆发以及20世纪的外高加索冲突便是典型。

此外，俄罗斯追求大国地位，谋求建立一个可以向全世界投射影响力的世界强权，而土耳其"中心国家"的定位和由此而来的对中东事务上的

---

① Srdja Trifković, "Turkey as A Regional Power: Neo-Ottomanism in Action," Politeia, Vol. 1, No. 2, 2011.

② Srdja Trifković, "Turkey as A Regional Power: Neo-Ottomanism in Action," Politeia, Vol. 1, No. 2, 2011.

③ 张向荣：《"新奥斯曼主义"：历史嬗变与影响》，《新疆社会科学》2018年第2期。

积极介入在一定程度上阻碍了俄罗斯在中东地区维持、扩张自身存在及投射影响力，这同样是冲突的导火索，2015年叙利亚危机中土耳其击落俄罗斯军机及随后衍生的两国间一系列博弈便是明证。

（二）国际格局与战略追求视角下两国对地缘关系的审视

1. 俄罗斯：主要矛盾与次要矛盾之间的泾渭分明与唇齿相依

冷战结束以来，特别是2008年金融危机爆发后，国际格局呈现出"东升西降"的趋势，"一超多强"的国际体系过渡状态逐步演变，国际体系内大国间的竞争和冲突不断上升。作为当前国际体系内的重要大国，处于"东升"与"西降"之间，在"新斯拉夫主义"指导下走独立道路的俄罗斯如何处理自身的特殊地位、发挥特殊作用便成为关键所在。

回顾历史上俄罗斯的对外政策，可以发现俄罗斯同西方关系的地位在其中始终占据着重要位置。即便是冷战结束后，其地位也仅次于俄罗斯同周边地区国家的关系，处在第二层级的优先位置当中。"西方中心主义"是俄罗斯制定对外政策时所坚持延续的重要准则，而在俄罗斯周边地区相对稳定的情况下，同西方国家的关系事实上成为俄罗斯对外关系中的主要矛盾，同美国、北约、欧盟等的关系是这一主要矛盾的不同具体方面。在这种主要矛盾的遮蔽下，同土耳其的地缘竞争关系的优先级必然不高，处于次要地位，服从于俄罗斯处理同西方关系的需要，并反过来对之产生影响。

具体而言，当俄罗斯同西方矛盾激化的时候，受到同土耳其合作以对抗西方的需求的影响，俄罗斯倾向于在俄土地缘关系中维持现状；当俄罗斯同西方矛盾缓和的时候，受两国自我认知与战略定位之间的冲突影响，俄罗斯倾向于在俄土地缘关系中占据主动的地位。

一个典型的例子发生在2014年到2015年期间。2014年，乌克兰危机爆发，俄罗斯同西方国家特别是北约的关系日趋紧张，克里米亚脱乌入俄更导致双方关系全面恶化。在这一时期内，俄土两国的地缘竞争关系没有大的变化，基本维持原样。

2015年《新明斯克协议》签订，乌克兰危机初步解决，俄罗斯在北约方向上的矛盾趋于缓和后，俄罗斯开始在叙利亚危机中加大投入力度，派遣空军空袭"伊斯兰国"恐怖组织及叙利亚反政府武装。这种强势出击、主动介入土耳其周边事务的姿态改变了两国地缘竞争上的平衡，招致土耳其的不满，并导致了随后土耳其击落俄罗斯军机事件的发生，两国关系随即恶化，直至2016年才逐步回暖。从中可以观察到，俄罗斯同西方的关系与同土耳其的关系在一定程度上呈现出负相关的关系[1]，这也在一定程度上佐证了上述结论的准确性。

2. 土耳其："新奥斯曼主义"与现实之间的两措并举

与俄罗斯相同，土耳其也处于欧亚连接处，有着特殊的地缘位置。与中美俄等世界性大国相比，土耳其如何看待、利用自身作为中东乱局下地区大国的地位，如何在"东升西降"的大背景下在大国竞争与冲突的夹缝之间寻求自身在中东地区话语权的上升，塑造对自身有利的地区治理结构，提高地区治理效率，便成为其中的关键。

如前文所述，"新奥斯曼主义"认为土耳其应当成为亚欧非三大洲间的中心国家，这样定位下的土耳其必然要积极介入地区事务，借助"积极的多维外交和调解外交"以发展自身对周边的影响力，实现其对外关系的构想。

然而，土耳其在经济的稳定发展、对周边国家的政治影响力、建立和维持地区治理结构等不同领域所体现出来的综合国力的缺失使得土耳其无法独立实现这一愿景。国家实力不足与实现愿景的需求之间的矛盾迫使土耳其必须选择让渡部分短期利益并同其他国家合作，通过引入不同的域外势力来弥补实力上的差距。同时，土耳其也不能放任域外势力在"曾经是土耳其或和土耳其这片土地有着紧密联系的地区"，即在被土耳其视为势力范围内的地区做大做强，因此土耳其需要和包括俄罗斯、北约、欧盟等不同的国家或组织的力量构建起复杂的合作关系，以达到相互制衡的

---

[1] 显然，这样的相关性无法进行量化分析，不能简单比较大小。在这里，"相关"更多指代的是两国间关系发展的一种趋向。

目的。

这种复杂性让"新奥斯曼主义"指导下的土耳其在处理地缘关系时不得不考虑多方面的因素，综合考量来自不同方向上的压力和限制来决定自身在处理地缘关系、实现对地缘格局的设想上的走向。具体就同俄罗斯的地缘关系而言，土耳其同西方国家的关系在其中是一个重要因素：当土耳其同西方国家的矛盾激化时，土耳其倾向于在地缘关系中同俄罗斯合作，以换取两国在对抗西方上的一致立场，减轻单独面对的压力；当土耳其同西方国家的矛盾缓和时，土耳其倾向于在地缘关系中坚持自身立场，同俄罗斯进行一定程度上的竞争。

2015年到2016年的土耳其击落俄罗斯军机事件以及土耳其随后发生的军事政变可以在一定程度上佐证上述论断。2015年俄罗斯在乌克兰危机缓和后采取强势介入叙利亚危机，这改变了两国地缘竞争上的平衡，招致土耳其的不满。在这一时期，土耳其同西方的关系尽管仍然维持着21世纪以来的低谷期，但整体上双方关系的矛盾没有被激化。在这样的情况下，土耳其在其中坚持自身的立场，同俄罗斯对抗，导致随后土耳其击落俄罗斯军机事件的发生，两国关系随即恶化。

2016年，埃尔多安就击落俄罗斯军机事件向普京致道歉信，两国关系开始解冻。同年7月15日，土耳其爆发军事政变，总统埃尔多安铁腕镇压，招致美欧对土耳其政府的一致谴责。同美欧的关系的日渐紧张使得土耳其面临着来自美欧的压力。注意到这一点的俄罗斯在土耳其政变未遂后立即表示支持埃尔多安政权，而处于压力之中的土耳其也接住了俄罗斯伸来的橄榄枝，并"感谢俄罗斯在未遂政变事件中的无条件支持"[1]。这在事实上加速了俄土两国关系的回暖过程，以至于仅在两国关系因土耳其击落俄罗斯军机而快速紧张后不到一年时间，俄土关系就从低谷恢复正常——如前文所述，2016年12月俄土两国正式签署S-400防空导弹系统的军售合同，这标志着俄土关系和两国"管控的地缘竞争关系"的全面恢复。

---

[1] 《土耳其外长感谢俄罗斯在未遂政变事件中的支持》，俄罗斯卫星通讯社，2016年7月25日，https://sputniknews.cn/20160725/1020269831.html。

（三）俄土间的相互依赖与合作

1. 土耳其在经贸领域对俄罗斯更高的依存度

正如前文第一部分所述，在经贸领域，土耳其在同俄罗斯的贸易中始终处于逆差的地位，对俄罗斯有着较高的依存度。据土耳其贸易部数据，2021年度俄罗斯向土耳其的出口额高达289亿美元，占土耳其对外进口总额的10.7%，仅次于中国位居第二；俄罗斯自土耳其的进口额为57亿美元，位列第十。[1]

从土耳其向俄罗斯进口商品的细分领域来看，土耳其在农业、能源等基础产业和旅游等支柱产业上对俄罗斯依存度较高。以农业为例，2021年度土耳其自俄罗斯进口的农产品合计价值43亿美元，其中自俄罗斯进口的小麦、向日葵分别占土耳其小麦、向日葵总进口额的64.6%、65.5%，均位居第一。此外，在能源领域，土耳其对俄罗斯的能源供应有着较高的依赖。以天然气为例，2017年自俄罗斯进口的天然气占土耳其将近55%的天然气需求。[2] 尽管此后占比有所下降，但仍然维持在40%以上。伴随着"土耳其溪"项目在2020年1月的建成通气，土耳其对俄罗斯的能源依赖也在进一步加深。

从出口的角度来看，土耳其主要向俄罗斯出口柑橘类树种或果实、车辆零部件、有核果实等商品以及建筑项目[3]，而因为这些商品或项目的自身特点，土耳其很难在周边甚至其他国家找到可以替代俄罗斯的市场。更加值得注意的是，这些商品普遍竞争力不强，无法在俄罗斯市场实现较高的占有率，可替代性强；相比之下实力较为突出的建筑项目也需要面对来

---

[1] 参见 "Foreign Trade Indices," Turkish Statistical Institute, July 8, 2021, https://data.tuik.gov.tr/Kategori/GetKategori? p = dis – ticaret – 104&dil = 2。

[2] Seçkin Köstem, "The Political Economy of Turkish – Russian Relations: Dynamics of Asymmetric Interdependence," Perceptions, Vol. 23, No. 2, 2018.

[3] 参见 "Turkey (TUR) and Russia (RUS) Trade," The Observatory of Economic Complexity, https://oec.world/en/profile/bilateral – country/tur/partner/rus#:~:text = Turkey%2DRussia%20In%202020%2C%20Turkey, to%20%244.5B%20in%202020。

自中国、西欧以及俄罗斯本土企业的强势竞争。

由此可见，同俄罗斯对土耳其较低的需求相比，土耳其对俄罗斯有着更高的依赖程度，其不易找到可替代的合作伙伴来弥补俄罗斯缺位后带来的经济上的损失，因而面对俄罗斯对土耳其的经济制裁显得较为脆弱。换言之，土耳其在同俄罗斯的经贸关系中有着更高的脆弱性相互依赖程度，而这成为土耳其在面对同俄罗斯的地缘竞争中的软肋，也是俄罗斯在同土耳其竞争时的重要政策抓手。

2. 俄土在外交事务上的相互依赖

俄土在各种外交事务上的合作同样构成两国相互依赖的重要方面。叙利亚问题的不断延续和发展，特别是在靠近土耳其的伊德利卜省的战斗，使得土耳其南部安全形势不断恶化。在这样的情况下，被土耳其列为"恐怖组织"的库尔德工人党势力在美国的支持下，作为美国在叙利亚问题上的代理人之一而存在并且不断壮大，库尔德人建国的可能性也由此不断增加，这显然是土耳其所不愿意看到的。与此同时，俄罗斯在叙利亚同样有着相当的既得利益。一方面，叙利亚巴沙尔政权对俄罗斯有着特殊意义，两国间长久的合作历史及塔尔图斯军港、赫梅米姆空军基地的特殊地位是俄罗斯保持中东和东地中海地区政治、军事存在的极为重要的手段。通过保持在这一地区的强势存在，可以防止美国击垮巴沙尔政权，进而从中东方向对俄罗斯造成更大的地缘政治压力。另一方面，自"伊斯兰国"恐怖主义势力崛起以来，反恐安全需要便成为俄罗斯在叙利亚维系存在的另一重要考量，即通过打击伊斯兰极端主义势力在中东地区的快速发展与壮大来防止其对国内安全形势造成冲击。在这样的情况下，双方在阿斯塔纳进程中加强协调与合作成为两国的必然选择。与之类似，阿塞拜疆、亚美尼亚之间涉及土耳其利益的纳卡问题等地缘冲突的缓和与解决也需要俄罗斯的积极参与。

如前文所述，作为中等强国合作体的一员，土耳其和其他成员一样，具备一定的经济实力，奉行独立的外交政策，对巩固战略自主，强化在中东地区的影响力，塑造地区治理结构和提高地区治理效率抱有野心，并在外交上采取愈发积极的姿态、着力扩张国家影响力，2021年11月土耳其主导成立突厥语国家联盟便是一例明证。然而美国在中东、中亚地区的广泛而深入的存在成为土耳其实现上述目标最大的障碍之一，上文提及的美国资助库尔德人势力便是具体体现。因此，土耳其需要在各种地区问题、各种领域上引入（加强）多元的域外势力，同域外势力加强合作以达到制衡美国的目的，而俄罗斯作为一个在中东有着地缘利益的政治、军事强国是其中最重要的部分之一，前文提及的向俄罗斯购买 S-400 防空导弹便是制衡美国在地区范围内的势力的一种具体操作办法。

此外，对于俄罗斯而言，土耳其特殊的北约身份也使得俄土关系在俄罗斯的对外关系层次中有着相对更高的地位。土耳其作为伊斯兰世界的国家，同西方世界始终保持着一定的距离。尽管凯末尔治下的土耳其曾极力试图同西方接近，但终于无果。而经历了 20 世纪末期反复军事政变后，土耳其迎来了以复兴伊斯兰为目标的埃尔多安，在他的治下虽然土耳其仍尝试接近西方（土耳其长期试图加入欧盟便是明证），但更加强调自身的伊斯兰属性，这使得其在以西方文明和价值观为主的北约当中显得格格不入。因此，对于与北约保持着紧张关系的俄罗斯而言，通过同土耳其交好，支持、援助土耳其，以土耳其为切口扰乱北约内部秩序，干扰北约的正常运转，减轻在对峙前线的压力，便成为俄罗斯应对北约战略施压的一种低成本、高效率的手段。

总而言之，在外交领域，俄土两国一来需要彼此相互合作以解决地区稳定问题，二来需要通过这样的相互合作来对冲、制衡美国介入中东事务对土耳其及北约东扩对俄罗斯产生的影响，以期塑造符合两国自身利益的地缘政治环境。

（四）冲突还是合作：对两国关系变化发展动因的再审视

综上所述，俄土双方在各自不同的历史和现实因素影响下发展出与彼此相冲突的自我认知和战略定位，并由此产生不同的、受国际格局变化影响的战略追求。与此同时，在经济与地区事务中的相互依赖则成为限制两国冲突不断发展的"安全绳"和促进两国合作的关键因素。

回顾前文对两国冷战结束以来的交往的总结和对其中动因的分析可以

得出结论：战略目标层面的冲突和在地区事务、经济发展中的相互依赖辩证统一于两国关系变化发展的全过程，两者共同组成俄土关系变化发展过程中的内部矛盾、主要矛盾，是这对矛盾的不同侧面。这对矛盾的运动变化主导两国关系变化发展的方向，成为两国关系变化发展的内因，也是核心动因。

与此同时，国际格局以及国际格局下俄土两国同西方关系的冷暖、竞合则是两国关系的次要矛盾，也是外因和关键变量。这样的外部条件需要经由两国关系的内部矛盾起作用，通过从外部施压调整两国相互依赖的程度，并由此对两国关系造成进一步影响。

上述两对矛盾运动具体表现在俄土关系的特点之中，即两国关系是建立在地缘政治关系基础上，由不对称的经济相互依赖关系所维持的亦敌亦友的合作关系。具体地说，地缘政治关系的冷暖决定两国整体关系的变化与发展，而两国间的经济关系则是一股重要力量，在两国地缘政治关系偏离"管控的地缘竞争关系"时引导、推动其回到正轨。在这样运动变化中，两国发展出了亦敌亦友的合作关系。

下文将基于上述判断，提出未来两国关系发展的可能性。

三、俄土关系发展前景展望

（一）短期来看，俄土关系将维持现状，仍以合作为主

目前，国际格局虽然正在加速演变，但深处其中的两国在地缘问题上的冲突总体呈现出缓和的态势，俄土两国围绕纳卡问题、中亚问题、叙利亚危机的分歧仍然处于被掩盖的状态。此外，俄罗斯在20世纪90年代对土耳其介入纳卡冲突作出的"可能引发世界大战"的警告，以及2015年土耳其击落俄罗斯军机后俄罗斯对土耳其的沉重打击，使得土耳其认识到在后苏联乃至中东地区俄罗斯都是土耳其必须谨慎对待的强大力量。因而，短期来看，两国"管控的地缘竞争关系"将基本得到维持。

与此同时，从经济层面看，疫情对全球经济产生了重大冲击，全球经济目前处于企稳恢复期，俄罗斯、土耳其两国也不例外。在这样的时期，经济发生结构性变化的可能性较小，总体上更可能恢复至疫情前的状态并加以维持，因而两国的经济关系在短期内不会有大的改变。土耳其在旅游业等支柱性产业以及农业、能源等基础性产业对俄罗斯的依赖及在俄土贸易中处于逆差的地位仍将继续，对俄罗斯较高的脆弱性相互依赖不会有大的改变。两国经济不对称相互依赖关系的延续使得引导、推动两国走在"管控的地缘竞争关系"的轨道上的力量仍然存在并继续发挥作用。

（二）长期来看，俄土关系有着不确定性，或将滑向竞争大于合作的局面

如前文所述，俄土两国在自我认知和战略定位上有着根本的冲突，俄罗斯在后苏联空间的扩张性周边安全需求以及在中东地区上投射影响力的需求同土耳其"新奥斯曼主义"指导下发挥中心国家作用的利益诉求发生重叠，这将成为未来两国间竞争不断发展甚至进入白热化的最根本动因。

另外，两国领导层的变化也是一大变量。由于现今普京在俄罗斯实施的强人政治，在普京离任后的后普京时代俄罗斯将走向何方仍是一个未知数，充满不确定性。此外，尽管土耳其现任总统埃尔多安带领的正义与发展党仍然强势，但土耳其国内政党斗争日益激烈，倘若未来土耳其新的执政党上台，土耳其的对外政策将如何变化也是一个变数。更进一步地讲，领导层的变化会否带来两国对自我认知和战略定位的改变也仍有待未来的观察。

从经济层面看，两国的经济都处于泥潭之中，未来发展前景扑朔迷离。俄罗斯丰富的油气资源为俄罗斯带来了 21 世纪第一个十年经济的快速发展，但也让其陷入了"资源陷阱"，经济同国际能源价格捆绑，发展动力单一。尽管在 2008 年金融危机后俄罗斯实行经济改革、鼓励创新发展，但受到乌克兰危机带来的经济制裁等因素的影响，这样的改革陷入停滞。类似的情况在土耳其也有发生，土耳其国内经济治理的孱弱加上外部经济不景气等因素，土耳其经济不时陷入低迷，债务问题、通货膨胀、产业转

型升级等都是其必须长期面对且需集中大量精力解决的重要课题。两国经济发展中的隐患可能会对两国经济关系产生不利影响，淡化经济层面两国间的相互依赖关系，进而削弱可以引导、推动两国维持"管控的地缘竞争关系"的力量，使得两国关系走向竞争大于合作的局面。

结　语

俄土关系走过数百年的历史，经过不断变化、演进、发展，并在这一过程中对地区乃至世界局势造成重大影响。冷战结束后，两国在互动中形成了以地缘政治关系为基础，由不对称的经济相互依赖关系所维持的亦敌亦友的合作关系。这样的双边关系受两国的自我认知和战略定位、国际格局影响下的地缘关系以及两国在不同领域的相互依赖程度所影响，在合作与竞争的矛盾运动中不断前行。

与此同时，在不断变化中所保持不变的，是两国关系对两国自身发展所起到的重要作用以及对地区局势所能辐射的重要影响力。因而，一个保持良好发展势头的俄土关系不仅是两国自身的需要，更是实现地区和平与稳定的关键一环。

冷战后俄叙关系发展态势及前景展望

梁海瑶　曹　聪[*]

【摘　要】 冷战结束以后，俄罗斯在中东地区的话语权不如往日，其羸弱的经济发展态势制约着在中东的影响力。普京上任以后，俄罗斯对经济发展的需求推动其重返中东。与此同时叙利亚面临着国内外多重的政治经济困境。俄叙关系在国内外环境的变动下逐渐亲密，双方互动成果在经济、政治、军事等领域均有涉及。叙利亚危机的爆发加速了两国关系发展。由于俄叙之间实力悬殊，俄叙关系还呈现出非对称的特点。除俄叙各自利益诉求外，俄叙关系发展的背后还存在着美俄两个大国在中东地区的博弈，伊朗和土耳其影响力的扩大也影响着俄叙关系的变化发展。由于美国在叙利亚的利益诉求有限，俄罗斯在叙利亚的影响力将进一步加强。此外，叙利亚也需加快重建以缓解经济贫困和人道主义问题，因此叙利亚与俄罗斯的合作关系将长期保持稳定。

【关键词】 俄叙关系　叙利亚危机　重返中东

苏联解体以后，俄罗斯采取亲西方政策，希望通过西方国家经济援助来重振俄罗斯经济。与此同时，叙利亚对外政策的重点也在西方，俄叙关系逐渐走向疏远。但在俄罗斯"休克疗法"以失败告终、叙利亚国内经济

---

[*] 梁海瑶，广东外语外贸大学国际关系学院外交学专业2021级本科生；曹聪，中国社会科学院大学国际政治经济学院2024级博士研究生。

转型呈现颓势时，俄罗斯与叙利亚之间的关系逐渐变得亲密起来。三十年来，俄叙在经济贸易、能源、军事、政治上有丰富的合作成果，尤其是在叙利亚危机爆发后，双方关系走上快车道。俄罗斯坚决维护巴沙尔政权的存在，甚至不惜与西方大国对抗，背负经济压力、舆论压力。叙利亚也积极寻求俄罗斯的政治、军事援助等。

一、俄叙关系发展互动成果

（一）双边层面

1. 经济领域

自冷战以来，俄叙两国对双方的经济政策随着形势变化而不断调整，总体上朝着加强经济联系、扩大合作领域的方向发展。

从文化、科学到核能、卫生、旅游等，两国经济合作的领域不断扩大，深化了双方经济联系。在两国关系破冰以后，1995年两国签署了文化和科学合作条约。1996年，两国签署体育文化的合作条约。1999年，两国签署了和平使用核能源、医学卫生等领域的合作条约。2006年3月，旅游领域合作逐渐引起双方重视，俄叙经贸和科技合作常务委员会第四次会议确定旅游合作应是两国高度关注且具有发展前景的领域，并指出旅游是双方众多合作领域中"未开垦的处女地"。俄叙不断探索更多可能的合作领域以深化两国经贸联系。俄罗斯对叙利亚的投资也不断增长，俄罗斯对塔尔图斯港投资5亿美元成为叙利亚史上最大的投资，油气、核能、化肥领域的投资规模也十分可观。

双方的努力也得到了回报，两国贸易往来频繁。2000年，两国经贸总量达到1.6亿美元，较1993年增长80%。2006年，俄叙两国贸易总额增至6.35亿美元。① 2017年到2021年，两国贸易总额从31.8亿美元连续增长至135.06亿美元，贸易额增长了四倍。② 除此之外，两国还通过取消双重征税、共同参与欧亚经济共同体海关同盟一体化、协商建立自贸区、签署《进一步深化俄叙友谊和伙伴关系》宣言、免除债务等不断提高双方经济合作的程度。

俄叙经贸往来日益密切，经济合作的重点领域也从一开始的文化和科学领域拓展到卫生、医学、体育、文化、旅游等领域。两国双边贸易额逐年增长体现了俄叙关系的日益紧密。但内战爆发后，叙利亚在战争和制裁的影响下部分制造业和基础设施被破坏，生产力和出口能力下降，经济衰退严重。双方在经济领域的合作和交流较为有限。尽管俄罗斯是叙利亚的第二大贸易伙伴，但两国之间的贸易额相对较低，贸易合作、文化交流等机会也受到削减。

2. 能源领域

俄罗斯在石油、天然气领域有着巨大的竞争优势。石油、天然气行业已经成为俄罗斯经济发展的重要动力，是俄罗斯在外交关系发展中的重要筹码。而与此同时，叙利亚能源危机日益凸显。叙利亚天然气资源十分有限，2003年叙利亚天然气已探明储量仅为0.3万亿立方米，而伊朗为26.9万亿立方米。③ 此外，叙利亚在能源运输效率、能源开采能力方面存在严重不足。叙利亚管道运输效率低，在油气输送的过程中损失将近25%。叙利亚人口正以每年2.5%的速度增长，资源的储存、开采面临更严峻的挑战。基于此，俄叙两国积极开展能源领域的合作，推进两国能源伙伴关系的发展。

在油气资源领域上，两国签署一系列合约，开展包括巴尼亚斯输油管

---

① "Некоторые аспекты российско‐сирийского сотрудничества," Институт Ближнего Востока, марта 4, 2008, http://www.iimes.ru/? p=6879.
② "Российский статистический ежегодник," Росстат, 2022, https://eng.rosstat.gov.ru/storage/mediabank/Yearbook_2022.pdf.
③ 数据来源：British oil and gas company, https://www.bp.com/en/global/corporate/energy‐economics/statistical‐review‐of‐world‐energy/oil‐gas‐and‐coal‐trade.html。

道、天然气中央干线管道在内的俄叙两国天然气再加工工厂和管道项目、叙利亚矿田天然气的设备安装工程。俄罗斯的油气公司还获得叙利亚某些地块的油气勘探、加工和开采权，如俄罗斯两家公司获得叙利亚东北部的一个油田和大马士革以北的一个天然气田的勘探权。[①] 虽然叙利亚危机爆发后，俄叙油气开采的工程被迫暂停，双方油气合作放缓，但随着叙利亚局势得到控制，油气合作再度开启。

在核能源领域上，叙利亚受国内政治经济困境、域外大国势力干扰而不得不搁置核武器制造，但俄罗斯的出现一定程度上缓解了叙利亚核武器制造的困境，俄罗斯成为叙利亚重要的也是唯一的核合作伙伴。1997年底，俄罗斯原子能部与叙利亚公司开启双边原子能合作。俄叙还积极拓展其他核合作领域，如在核反应堆上建设海水淡化装置，这在淡水资源匮乏的中东地区有着光明的发展前景。两国的核能源贸易发展呈现良好态势。

3. 政治领域

（1）应邀出兵援助，挽回形势危局

2015年以来，面对"伊斯兰国"等恐怖组织的压力，叙利亚政府军节节败退，丢失了大部分领土，巴沙尔政权摇摇欲坠。对俄罗斯来说，"伊斯兰国"等恐怖组织扩张步伐加快，甚至有了向俄罗斯高加索地区渗透的迹象，打击恐怖组织迫在眉睫。

应叙利亚政府的邀请，俄罗斯在2015年8月初启动了军事介入叙利亚的计划，与叙利亚政府军联合开展打击"伊斯兰国"军事行动。9月底，俄罗斯基本完成在叙利亚的军事部署，这成为自苏联解体后俄罗斯在原苏联疆域外最大规模的军力部署。俄罗斯几乎动用了所有能拿出的高精尖武器，并且投入巨额军事费用。凭借其强大的军事力量和充足的武器装备，在空袭初始的48小时内，俄军就直接命中"伊斯兰国"武装指挥所和其指挥官住所。空袭开始一周后，"伊斯兰国"组织的80余处据点和设施被摧毁。截至俄罗斯开始从叙利亚撤军，俄军出动战斗机9000架次，成功夺

---

① "Syria hands oil exploration contracts to two Russian firms," Reuters, Dec. 17, 2019, https://www.reuters.com/article/us-syria-oil-russia-idUSKBN1YL0VK.

回400多个居民点，消灭2000多名恐怖分子，摧毁209个石油生产设施以及大量的石油运输储备，并彻底斩断了恐怖分子的补给线，给恐怖组织造成了毁灭性打击。

俄罗斯应邀出兵叙利亚沉重打击了恐怖主义势力，为叙利亚政府夺回大片领土，使其在战争中迅速反转，巴沙尔政权的生存状况日益明朗。

(2) 推动制宪议程，定调政治解决

俄罗斯是组建叙利亚宪法委员会的重要推手，试图通过宪法委员会这一政治渠道解决叙利亚问题。俄罗斯极力将制宪议题引入阿斯塔纳和谈中，虽遇重重波折，但最终在俄罗斯的推动下，2018年1月31日在索契的叙利亚全国对话会议上，所有与会者同意在联合国框架下开展制宪工作。2019年9月23日，叙利亚宪法委员会正式成立。

宪法委员会由叙利亚政府、反对派、民间代表构成，三者占比相同，均有发表意见的权利，为叙利亚危机和谈提供了唯一的政治解决渠道。截至2021年10月，叙利亚宪法委员会已经召开六轮会议。虽然叙利亚三大政治派别仍存在巨大的分歧，谈判进程缓慢，但是不可否认的是，俄罗斯竭力推进的叙利亚宪法委员会为叙利亚的各派势力提供了政治和谈的平台，为双方交流政治意见提供充分的场所，政治解决叙利亚问题成为各方共识。

(3) 提高政治互信，强化双方认同

自冷战以来，俄叙政治关系日益亲密。从最初的冷漠相待到如今政治互动日益频繁，双方政治互信不断提高。

1999年哈菲兹·阿萨德访问莫斯科，被认为是"叙俄关系的转折点，反映了两国长存友谊关系的精神"。尤其是美国在中东地区开展反恐行动后，俄罗斯多次与美国在叙利亚政权的存留问题上对抗。2003年伊拉克战争爆发，普京高调支持叙利亚政权并发出警告说，"即使有不喜欢的政权，也不应该从外部对其加以改变"。[①] 当叙利亚面临来自美国的制裁压力时，俄罗斯通过使用否决权多次反对美国、土耳其等在联合国提出的对叙利亚

---

① Roy Allison, "Russia and Syria: Explaining Alignment with A Regime in Crisis," International Affairs, Vol. 89, No. 4, 2013.

不利的提案。2005年，巴沙尔日益感受到欧美国家对自己政权的威胁，于是向俄罗斯请求援助。在国力得到恢复情况下，俄罗斯也谋求扩大其中东影响力。俄叙均采取实际行动加强政治联系。2005年普京大举减免了叙利亚对原苏联98亿美元的债务，占俄罗斯总债务的73%，双方的军事贸易由此打开了通路。[①] 2008年，两国实现外交和公务护照免签政策；2015年，双方签署《进一步深化俄叙友谊和伙伴关系宣言》。俄叙的政治互信得到加强，友好关系日益密切。

双方在一些重大国际问题上也保持一致立场。例如，在联合国解决阿以问题的方法上，双方均支持"以土地换和平"的原则、支持阿盟在贝鲁特峰会上的和平倡议等。双方认同感不断提高，这也是俄叙关系得以持续发展的重要原因。

4. 军事领域

(1) 保留补给军港，提升作战能力

叙利亚不仅允许俄罗斯保留在叙利亚的补给军港，并且允许俄罗斯对其在叙利亚的军事基地进行一系列扩建、升级改造等，俄罗斯还对叙利亚武装力量进行培训，提升叙利亚作战能力。

自2008年8月始，俄军大型登陆舰和辅助舰队船只频繁停靠塔尔图斯港以进行淡水和粮食储备的补给。军港的基础设施、物资技术维修站得到维护和修缮，塔尔图斯的现代化工程也于2012年竣工，以使俄军能够停靠更大规格的军舰，在军港更便利地开展工作。2019年两国达成共识，签订了俄罗斯对叙利亚塔尔图斯港长达49年的租约。目前，俄罗斯在塔尔图斯港已经有2个军用码头、1个物资储备仓库和数座营房，并在周边部署有S-300防空导弹系统。

2015年8月，俄罗斯和叙利亚签署驻军协议，应叙利亚方面请求，俄罗斯在叙利亚境内无限期部署空天部队，驻扎在赫梅米姆机场。2020年，俄罗斯在得到叙政府许可后对该军事基地进行扩建。

---

① Rami Ginat, Andrej Kreutz, "Russia in the Middle East: Friend or Foe?" Middle Eastern Studies, Vol. 44, 2008.

除了升级改造军港之外，俄罗斯还协助叙利亚组织建立不含宗教派系的新武装力量，将亲政府民兵团体、反对派逃兵等编入叙利亚中央指挥部控制的军事队伍中。俄罗斯还为叙利亚高级将领、军官进行现代化军事培训，帮助叙利亚军队在战场上争取优势。

俄叙频繁开展军事合作，有效提升叙利亚军队的作战能力，为叙军事力量注入新鲜血液。

(2) 军备销售火热，俄叙互利互惠

俄叙之间的债务一直是两国关系的阻碍。叙利亚曾以拒还债务来抗议俄罗斯在以色列问题上的"背叛"态度，两国的贸易往来也因此大受限制。2005年1月，俄罗斯总统普京宣布免除叙利亚对原苏联98亿美元的债务，俄叙之间军火贸易的道路因此被打通。

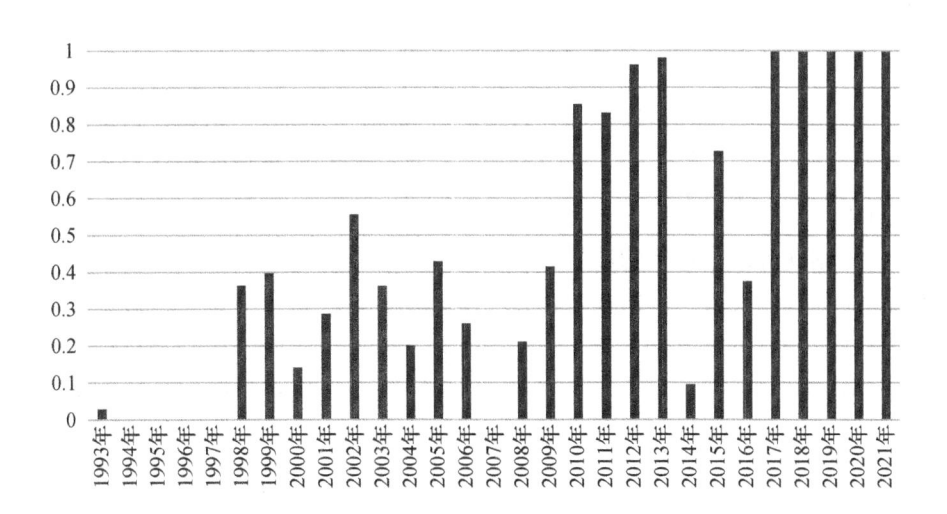

图18 俄叙武器贸易规模在叙利亚总武器贸易规模中的占比（1993年至2021年）

资料来源：SIPRI Arms Transfers Database，https：//www.sipri.org/databases/armstransfers。

注：该图使用SIPRI数据库的TIV指标制成。TIV指的是SIPRI武器贸易数据库中使用的趋势指标值，它是一个用于衡量全球武器贸易规模的独特指标。该指标综合考虑了所有类型的武器交易，包括军队装备、弹药、船只和飞行器等。该指标通常会以百万美元为单位进行表达。

2006年至2008年间，俄对叙武器出口额约为8.8亿美元。2007年至2011年叙利亚有将近72%的武器来自俄罗斯。2012年两国武器贸易总额高达15亿美元。俄罗斯已成为巴沙尔政府最大的武器供应方，冷战以来叙利亚武器进口中有90%来自俄罗斯。俄罗斯提供给巴沙尔政府的武器包括大批防空导弹系统和空军装备，同时帮助叙利亚战机维修升级等。叙利亚俨然成为俄罗斯军火贸易的重要伙伴。

叙利亚因获得俄罗斯先进技术装备而战斗力大幅提升，俄罗斯许多濒临倒闭的军工厂也因俄罗斯对叙利亚的军火贸易、俄罗斯在叙利亚的军费投入获得巨大收益，有效弥补国际原油价格低迷带来的财政空缺。

（二）地区层面

1. 引入多边援助，缓解难民危机

叙利亚内战爆发造成的巨大数量的难民涌向周边各个国家，这加剧了中东地区的不稳定性。引入多边援助可以减轻叙利亚重建的经济负担，一定程度上缓解难民危机。

根据联合国难民署的数据，自叙利亚战争爆发仅仅五年的时间，在邻国产生的难民人数已经达到480万，在欧洲产生了数十万难民，叙利亚境内产生了660万流离失所者。[1] 这些难民主要逃到周边国家，如黎巴嫩、土耳其和约旦，其中土耳其是接收登记难民数量最多的国家，接收数量高达360万人。[2] 接收和安置叙利亚难民的成本高昂，这给周边国家带来了严重的经济和社会负担，因为这些国家需要为巨大的人口流动提供住房、就业和教育等基本生活服务。多边援助可以帮助提供战区急需的资金和资源，为因战争而流离失所的人提供更好的基础设施和服务，从而缓解难民危机。例如，联合国机构为叙利亚提供各种专项援助，拨款支持联合国在

---

[1] "Syria conflict at five years," UNHCR Ireland, March 15, 2016, https://www.unhcr.org/ie/news/stories/syria-conflict-five-years.

[2] "Syria emergency," UNHCR Ireland, March, 2023, https://www.unhcr.org/ie/emergencies/syria-emergency.

叙利亚进行的重建工作，包括联合国开发计划署、联合国人口基金会、世界粮食计划署等。中国也积极参与叙利亚重建项目，投资20亿美元建立叙利亚产业园并吸引企业入驻。欧盟信托基金将向叙利亚难民提供总额高达4000万欧元的资助，以改善生活条件并为其提供更好的基础设施和服务。[①] 此外，美国国际开发署还为叙利亚难民提供了超过6.8亿美元的援助，以支持难民安置、食品配给和其他必需品的供应。[②] 俄罗斯也积极倡议其他中东地区性大国参与叙利亚重建项目，帮助叙利亚重建获得丰富的资金来源。

国际援助的提供可以帮助缓解难民危机，为叙利亚难民和周边国家的生存和发展提供支持，并为整个地区的稳定和平作出贡献。

2. 弥合多样分歧，推动和平进程

（1）助力重返阿盟，促进和平稳定

重返阿拉伯国家联盟（简称阿盟）是叙利亚改善与其他阿拉伯国家关系的一项关键措施，它有助于结束叙利亚在国际上的孤立状态，获得更多的合作机会和支持。此举也有助于阿拉伯国家之间的和解和合作，推动地区稳定和发展。

俄罗斯将叙利亚重返阿盟的议题置于与许多阿拉伯国家谈判的框架内，与沙特阿拉伯、卡塔尔、阿联酋等国展开讨论，加快叙利亚在政治上重新融入阿拉伯国家的步伐。[③] 在俄罗斯的积极斡旋之下，2018年12月，苏丹总统巴希尔访问叙利亚，阿联酋和巴林宣布恢复驻叙利亚使馆工作，

[①] "Syrian refugee crisis: EU Trust Fund launches first response programmes for €40 million, helping up to 400,000 people in Lebanon, Turkey, Jordan and Iraq," European Commission, May 29, 2015, https://trustfund - syria - region. ec. europa. eu/news/syrian - refugee - crisis - eu - trust - fund - launches - first - response - programmes - eu40 - million - helping - 400000 - 2015 - 05 - 29_en.

[②] "USG Syria Complex Emergency Fact Sheet," USAID, Janwary 29, 2021, https://www. usaid. gov/sites/default/files/2022 - 05/1. 29. 2020_ - _USG_Syria_Complex_Emergency_Fact_Sheet_3. pdf.

[③] "Jordan hosts meeting to facilitate Syria's return to Arab League," Al - Monitor, May 1, 2023, https://www. al - monitor. com/originals/2023/05/jordan - hosts - meeting - facilitate - syrias - return - arab - league.

关于叙利亚重返阿盟的会谈也频频在中东地区开展。叙利亚借此改善与其他阿拉伯国家之间的关系，恢复叙利亚在阿盟合法席位的呼声日益增多，这不仅为叙利亚宪法委员会、全民大选解决叙利亚问题提供良好政治条件，还有利于叙利亚成为地区间对话的桥梁，增加中东国家的良性互动，缓解卡塔尔与沙特阿拉伯、阿联酋等国之间的断交危机，以及伊朗与沙特阿拉伯之间的紧张关系等。

（2）积极斡旋调停，加速停火议和

叙利亚危机是中东地区最严重的问题之一，而且叙利亚危机所带来的危害是多方面的，有些问题如难民问题、恐怖主义问题已经波及整个中东地区。俄罗斯积极斡旋调停，调解叙利亚两派势力达成停火协议，在叙利亚危机的政治解决上发挥着关键作用，为中东地区的和平作出重要贡献。

叙利亚危机中达成的停火协议旨在降低叙利亚内战的影响和减少武装冲突，通过谈判和协商调停叙利亚内战。2016年，俄罗斯、美国和土耳其三国在瑞士日内瓦达成"三方联合停火协议"，旨在实现叙利亚全境范围内的停火，要求反对派武装加入和平谈判，俄罗斯、美国和土耳其的军事代表共同执行监督工作，为寻求叙利亚问题的政治解决铺平道路。2016年12月，俄罗斯、土耳其、伊朗三国外长就解决叙利亚问题达成"莫斯科声明"，强调实施停火的重要性，达成"阿勒颇停火协议"。2017年1月，俄罗斯、伊朗和土耳其在哈萨克斯坦首都阿斯塔纳签署"阿斯塔纳停火协议"。2018年7月，俄罗斯、约旦和美国达成"叙利亚南部停火协议"。2018年，叙利亚反对派也是在俄罗斯的大力斡旋之下才同意出席叙利亚全国对话大会。

这些停火协议的监督落实为防止暴力、改善人道主义局势、推进政治进程创造了良好条件，推动更多反对派武装加入停火机制中，从而改善叙利亚地面战场形势，使中东地区局势逐渐向稳定的方向发展。此外，停火协议能够减轻叙利亚危机带来的难民危机、恐怖主义扩散，为中东地区的和平营造良好氛围。

（三）全球层面

1. 反对民主输出，冲击"美式参与"

在叙利亚战后重建工作中，俄罗斯秉持与"美式民主"截然不同的理念，为全球危机问题的解决提供范例。俄罗斯强调在对叙援助中要"去政治化""去意识形态化"，淡化叙利亚内部宗教、派系、民族等对叙利亚重建的影响，不强加自己的价值观和意识形态，以巴沙尔政权为主体，以和平的方式帮助叙利亚政府重建更加包容的政府。俄罗斯重建叙利亚的模式冲击了同时期美国在阿富汗、伊拉克等实行的"失败国家"的"民主化"重建模式，为中东地区其他复杂问题的解决提供经验。

2. 加强反恐共识，维护世界和平

叙利亚危机带来的不安全感加强了利益攸关方国家的反恐意识，携手促进解决叙利亚问题，维护世界和平。叙利亚危机爆发以来，法、德等与叙利亚地理上邻近的欧洲国家反恐形势日益严峻，难民问题也不容乐观。法国曾提出在联合国内组建叙利亚问题国际联络小组的倡议，欧盟也在2017年对叙利亚战略中聚焦解决叙利亚问题。法、德也与俄、土达成共识，呼吁组建叙利亚宪法委员会，推动叙利亚问题政治进程，为世界反恐特别是叙利亚反恐作出贡献。"伊斯兰国"等恐怖组织在世界范围内的猖獗也挑战了美国在中东的霸权，引起美国担忧，反恐也成为美国在叙利亚的首要关切。在叙利亚危机局势日益不明朗的情况下，美国领导下的国际反恐联盟开展"坚定决心"反恐军事行动，积极配合其他地区的反恐行动，为消灭中东地区的恐怖组织势力提供支持。俄罗斯受到来自恐怖主义的挑战则更加严峻。俄罗斯于2015年9月应邀出兵叙利亚，大规模空袭叙利亚境内的恐怖组织，摧毁了恐怖组织的大部分据点。全球化加深，各国相互依赖性加强，一国危机可能会引起连锁反应，波及其他国家。叙利亚危机引起了其他国家的注意，世界反恐的斗争在国际上日趋激烈，世界和平得到一定程度的维护。

二、俄叙关系发展特点

（一）非对称的同盟关系

俄罗斯与叙利亚之间存在着巨大的实力差距，这种实力差距导致俄罗斯和叙利亚分别在俄叙关系中处于强势地位和弱势地位，俄叙同盟关系具有显著的不对称性，在俄叙关系中叙利亚更加被动。

从经济规模上看，俄罗斯远大于叙利亚，叙利亚在俄叙经济关系中对俄罗斯有更强的依赖。叙利亚危机爆发以来，叙利亚正在经历经济危机和严重的财政困难，国内经济发展呈现断崖式下跌，且短期内很难恢复，其经济在危机期间几乎停滞，受到严重打击，国民生产总值从2010年约2525亿美元下跌至2013年约213.6亿美元。而俄罗斯在近十年的国民生产总值最高值约22900亿美元，最低值也有约12200亿美元，[①] 俄罗斯为困境中的叙利亚提供了资金和经济援助，帮助支持叙利亚政府维持必要的基础设施和公共服务。除此之外，两国国内生产总值也不在一个梯度上，俄罗斯的经济体量要远远大于叙利亚，几乎没有可比性。

在军事实力上，两国差距同样显著，叙利亚在军事上也更加依赖俄罗斯。俄罗斯的军队拥有高性能的武器装备，包括先进的战斗机、坦克、火箭炮、导弹、雷达等，而叙利亚的装备则主要是老旧的苏联制造武器和一些伊朗等国提供的武器，没有核武器和洲际导弹，只有少量的战略武器。此外，由于叙利亚一直身处战乱之中，经济十分困难，叙利亚的军费支出远不及俄罗斯。因此，叙利亚在俄叙军事关系中是弱势的一方，俄罗斯会承担更加重要的职责和任务，俄叙军事互动也主要体现为俄罗斯给予叙利亚军事援助，如军火援助、参与战斗行动、派遣军事顾问和军事装备等，俄罗斯还维护着在叙利亚的军事基地，为叙利亚提供军事保护。

[①] 数据来源：CEIC 数据库，https://www.ceicdata.com/zh-hans。

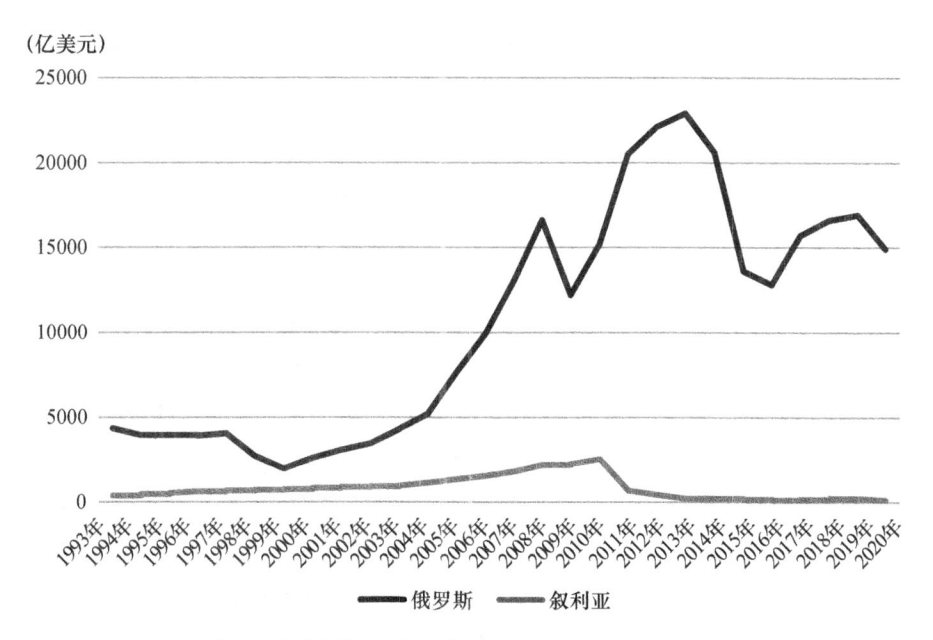

图19 俄叙国民生产总值对比（1993年至2020年）

资料来源：世界贸易组织。

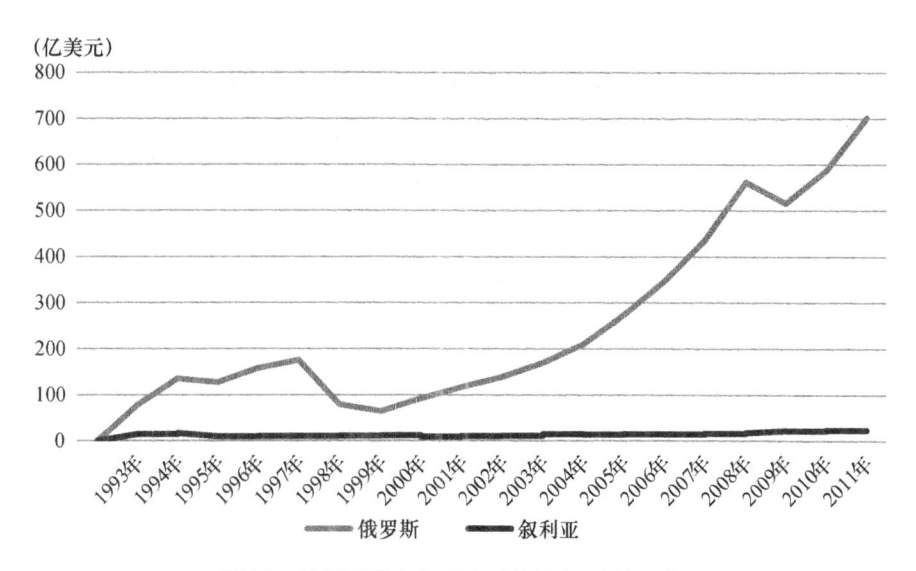

图20 俄叙军费支出对比（1993年至2011年）

资料来源：SIPRI Arms Transfers Database。

从国际形势的变化来看，叙利亚危机爆发使叙利亚的国际地位发生了很大变化。美国和欧洲等西方国家对叙利亚采取了制裁和支持反对派的政策，使得叙利亚的外交和经济形势更加严峻。叙利亚很难从其他国家得到支持，只能更多地寻求与俄罗斯的合作和支持。

在俄叙两国资源和权力等有形或无形的因素造成的差距下，俄罗斯成为俄叙关系的主动方，叙利亚在大多数情况下处在被动地位，而且叙利亚在俄叙关系中建立了更为紧密的依赖关系。在解决叙利亚问题上，俄罗斯积极与利益攸关方斡旋，凭借自己的实力串联起法国和德国等欧洲国家、叙利亚反对派以及土耳其和伊朗等中东地区性大国，是阿斯塔纳对话会议、索契会议的关键参与方，并且获得多项和平成果，为叙利亚危机的政治解决进程作出重大贡献，成为叙利亚问题的主要参与者。而叙利亚实力不足，其政治影响力有限，在俄叙关系中十分被动，暂时只能依靠大国来实现自己的目标。例如，叙利亚起初极力反对组建宪法委员会，认为这是在干涉国家内政，一直委婉抵制宪法委员会的工作。然而，在俄罗斯的施压之下，叙利亚政府最终接受政治改革的现实。

（二）在叙利亚危机中展现出前所未有的紧密与协调

冷战结束后，随着国际形势的不断变化，两国经贸往来越来越频繁，双边贸易额也逐年增长，合作领域不断扩大，政治互信持续深化，俄叙关系向良好方向发展。叙利亚危机的爆发则加速了两国关系的升温，两国关系因此更加紧密。

1. 叙利亚危机之下，俄罗斯力保巴沙尔政权

2011年3月，叙利亚危机爆发，美国欲通过联合国对叙利亚实施制裁，俄罗斯三次否决了美国对叙制裁的决议。当美国把航母驶到叙利亚附近水域、欲借此挑起事端时，俄罗斯将军舰大规模集结在其附近水域以隔空反击，体现出俄罗斯对叙利亚安全的关切。叙利亚化学武器危机出现时，普京对美国的挑衅行为给予强势回应，表明对巴沙尔政府的支持态度。在多个危急时刻，经常能看到俄罗斯出现在叙利亚之前，俄罗斯以其

所拥有的国际影响力帮助叙利亚摆平一次又一次无论是政治上还是军事上的危机。在对叙利亚抱有敌意的国家面前，叙利亚犹如襁褓里的婴儿，接受来自俄罗斯的庇护。

2. 叙利亚危机之下，经济停滞的俄罗斯大力援助叙利亚

俄罗斯前任副总理、现任联邦审计署署长阿列克谢·库德林指出，俄罗斯经济自2013年以来陷入停滞，GDP最高增长率未超过2.5%，2013年至2019年年均增长率仅为0.9%。然而在如此不利的经济条件之下，俄罗斯仍积极参与在叙利亚的军事行动。根据普京2016年3月17日的讲话，俄罗斯在叙利亚的军费开支达到了330亿卢布（约5.6亿美元），这迫使俄罗斯在2016年削减了军费支出。[①] 不仅如此，俄罗斯还积极助力叙利亚的战后重建，据经济合作与发展组织统计，2012年至2019年俄罗斯向叙利亚提供的官方发展援助约为1.094亿美元。[②] 除此之外，俄罗斯通过联合国为叙利亚提供了各类专项援助。2019年，俄罗斯从联邦预算中拨款约1700万美元用于支持联合国各机构在叙利亚重建工作，包括联合国开发计划署580万美元、联合国儿童基金会500万美元、世界卫生组织300万美元、联合国人口基金300万美元。2020年，俄罗斯向世界粮食计划署拨款2000万美元用于对叙粮食援助。[③]

美国霸权的政治经济困境使得俄叙双方身处的局势惊人地相似。在如此困难的经济背景之下，俄罗斯更加意识到叙利亚对自身国际声望恢复、中东话语权构建的重要性。

[①] "Путин рассказал, что операция в Сирии обошлась России примерно в 33 млрд рублей," Информационное агентство ТАСС, марта 17, 2016, http://tass.ru/politika/2747726.

[②] 数据来源："OECD Aid (ODA) Disbursements to Countries and Regions (DAC2a)," https://stats.oecd.org/viewhtml.aspx?datasetcode=TABLE2A&lang=en#。

[③] "Распоряжение Правительства Российской Федерации от 14.12.2019 № 3038-р," Официальный интернет-портал правовой информации, декабрь 17, 2019, http://publication.pravo.gov.ru/Document/View/0001201912170021.

3. 叙利亚危机之下，俄罗斯承受国内舆论压力支援叙利亚

2016 年俄罗斯第一次宣布撤军时获得 84% 的受访者支持；[①] 2018 年，支持俄罗斯在叙利亚采取积极行动的受访者比例仅为 14%，认为俄罗斯当局必须谨慎的受访者比例达到约 25%，甚至认为俄罗斯应完全拒绝介入叙利亚问题的受访者比例为 11%。[②] 俄罗斯民调机构列达瓦中心调查结果显示，在 2019 年受访者中的 55% 认为俄罗斯应停止在叙军事行动，约 1/3 的受访者认为叙利亚冲突有升级为"新阿富汗"的风险。然而直到今天，俄军尚未完全撤出叙利亚。社会舆论是影响决策者决策的重要因素。在国内舆论的压力下，俄罗斯虽然有在叙利亚逐步撤军的动作，但是始终没有中断对叙利亚的军事行动。这无疑体现了俄罗斯在叙利亚危机中维护叙利亚利益的坚定决心，一定程度上增加了叙利亚人民对俄罗斯政府的好感，利于两国关系的进一步发展。

叙利亚危机爆发将原本已经走近的俄叙更加紧密地联系在一起，危机之下两国的共同利益更加凸显。同时，俄罗斯的军事经济援助、叙利亚的配合以及在这期间进行过的协商对话，为两国日后更加深入的合作积累了经验。

三、冷战后俄叙关系发展动因及影响因素

（一）俄罗斯的利益诉求

1. 扼守唯一支点，强势重返中东

冷战期间，苏联在中东的领导权和话语权足以与美国抗衡，有着较高的权威。但是随着苏联解体，俄罗斯在中东的影响力骤降；反观美国，其

[①] "Вывод российских войскиз Сирии: за и против," ВЦИОМ НОВОСТИ, марта 25, 2016, https://wciom.ru/analytical-reviews/analiticheskii-obzor/vyvod-rossijskikh-vojsk-iz-sirii-za-i-protiv.

[②] "Новая вспышка войны в Сирии: мнениероссиянa, ВЦИОМ НОВОСТИ," февраля 27, 2018, https://wciom.ru/analytical-reviews/analiticheskii-obzor/novaya-vspyshka-vojny-v-sirii-mnenie-rossiyan.

军事基地和盟友遍布整个中东。俄罗斯在中东的影响力衰弱、北约持续东扩、独联体国家因"颜色革命"而政权更迭，美国不断挤压生存空间使俄罗斯越来越意识到叙利亚对俄罗斯国家战略的重要性，俄罗斯逐渐与叙利亚交好，并谋求借助叙利亚发挥自己在中东地区的影响力。

叙利亚与其他中东国家存在密切的联系，是俄罗斯重返中东的重要抓手。叙利亚位于亚洲大陆西部，地中海东岸。与土耳其、以色列、黎巴嫩、伊拉克均有紧密的地理联系，是连接亚、欧、非三大洲的桥梁。由于宗教和教派冲突、领土争端、恐怖主义盛行等问题普遍存在于中东地区，叙利亚与其他中东国家尤其是与土耳其、伊朗、约旦、以色列、沙特阿拉伯存在着极其复杂的共同利益和利益矛盾问题。俄罗斯以叙利亚为支点，先重点发展俄叙关系，在叙利亚获得足够影响力以后，再通过外交、经济、军事等形式进一步向中东其他国家投射影响力，打造俄罗斯的军事联盟、政治联盟，进而提升俄罗斯在中东地区的领导权和话语权。

塔尔图斯港为俄罗斯对中东施加影响力提供军事支持。苏联解体后，叙利亚的塔尔图斯港成为俄罗斯海军在原苏联地区以外唯一的军事基地，俄罗斯若失去在中东的唯一据点也意味着会失去南下印度洋的通道，这无疑给美国对俄实施战略包围提供了条件。海外军事基地是一个国家军事实力、国际影响力的重要体现之一，塔尔图斯港目前是俄罗斯在中东施加影响力的唯一据点。在日益严峻的国际形势下，俄罗斯重新将目光投向叙利亚，努力维持巴沙尔政权，以扼守俄罗斯在中东的最后据点。

2. 促进经济合作，对冲美欧制裁

俄罗斯苦于经济制裁带来的冲击。乌克兰危机爆发以来，美欧对俄罗斯的制裁不断加码，对俄罗斯经济产生巨大冲击。经济制裁让俄罗斯旅游业陷入"寒冬"，多家旅游公司破产；卢布严重贬值，群众生活困难；财政收入锐减，赤字扩大。制裁使得俄罗斯原本就不明朗的经济前景雪上加霜，甚至陷入了2009年以来最严重的经济衰退之中。

乌克兰危机让俄罗斯国际形象大跌。乌克兰危机爆发，美欧等国家不仅对俄罗斯施加经济制裁，还通过媒体舆论丑化俄罗斯国际形象，俄罗斯陷入战略被动的地位，国家发展受到严重影响。要转变这一局面，俄罗斯

不得不寻求更大的与美欧在国家战略上的分歧,以此为筹码将美欧国家推向政治谈判桌,获得更大的主动权,这成为俄罗斯出兵叙利亚的考量之一。

俄罗斯欲通过发展俄叙关系以收获中东合作伙伴。通过介入叙利亚危机,俄罗斯制造的武器在叙利亚战场将会得到充分试验,其军事打击能力不言而喻,这将会影响中东国家武器采购。俄罗斯借出兵叙利亚为俄罗斯军工厂代言,能有效对冲经济制裁带来的负面影响,从中获得军售红利。除此之外,俄罗斯与中东国家的合作将为其能源出口提供保障,俄罗斯借在叙利亚获得的影响力赢得其他国家的信服,发展中东国家与俄罗斯的务实合作,这也是俄罗斯持续对叙利亚施加影响力的重要考量之一。

3. 阻止极端主义渗透,维护政局稳定

恐怖主义是俄罗斯核心关切之一,俄罗斯需要与叙利亚携手打击恐怖主义。俄罗斯有2000多万穆斯林群体,占俄罗斯总人口的1/7。这些人群大多支持伊斯兰政党,主要分布在俄罗斯北高加索和伏尔加地区,是伊斯兰"圣战"分子到达中东的重要通道。

2014年"伊斯兰国"建立以来,其在群众中的势力不断蔓延,招募力度不断扩大,甚至能吸纳大学生和基督徒。宗教极端主义日益猖獗,"伊斯兰国"曾放言要解放整个车臣和高加索地区。恐怖主义成为俄罗斯的首要关切之一。普京早在2012年10月联邦反恐会议上就指出,恐怖主义是俄罗斯国家和公民面临的最严重最危险的威胁之一,俄罗斯要对恐怖分子予以最坚决的打击。可见恐怖主义问题一直困扰着俄罗斯政府。

恐怖主义在叙利亚肆虐。如果俄罗斯不采取适当措施加以预防,恐怖主义势力将会冲破叙利亚这一最后的屏障,向俄罗斯北高加索伏尔加河流域蔓延开来,俄罗斯国家安全将受到严重威胁。在这种情况下,俄罗斯势必选择与叙利亚合作开展反恐行动,维护自身安全。

(二)叙利亚的利益诉求

1. 缓解政治经济危机,巩固政权

2000年,巴沙尔·阿萨德继承其父哈菲兹·阿萨德衣钵,继任叙利亚政府总统。但是哈菲兹在过去三十年留下的政治遗产并未能完全被35岁的巴沙尔充分利用。虽然巴沙尔在执政初期带来了"大马士革之春"这样为人称赞的民主景象，但在面临国内外新的重大形势变化时，巴沙尔显得经验不足，导致国内严重的政治经济危机。

2006年，巴沙尔推行经济改革，推进社会经济向"社会主义市场经济"转型，制定了社会发展第十个五年计划（2006年至2010年）①。经济改革促进了叙经济的快速增长，但同时伴随着严重的社会问题，如社会贫富两极分化、失业问题、贫困问题等。此外，巴沙尔上台以后其父的集权政治系统几乎全部被迁移到巴沙尔政府体系之中，为进一步加强自身执政地位，配合经济改革的开展，他还对原有的政府系统进行了政治改革。巴沙尔不合理地撤换大量政府官员，导致国家治理能力严重受挫，还引起叙利亚旧有政府官员、精英官僚的不满，加上进入21世纪以后，包括叙利亚人民在内的世界人民对于"自由、民主、平等"的概念日益深刻，政府腐败问题引发群众强烈不满，政治改革引起严重的政治危机，巴沙尔政府公信力随之下降。而在国际上，叙利亚因在黎巴嫩驻军、伊拉克问题等面临着外交孤立的局面。

叙利亚政府在内外交困的处境之下，将目光投向了与自己有着传统外交渊源、与自己一样站在美国对立面的俄罗斯。两国关系较哈菲兹时期更加紧密。叙利亚危机更是将两国关系推向了最高峰。

2. 维持中东地缘战略地位，应对中东权力结构变化

1970年11月16日，哈菲兹·阿萨德上台执政。哈菲兹上台以后不仅继续"纠正运动"，同时根据国内外的形势积极调整叙利亚外交政策。哈菲兹执政的三十年为叙利亚社会发展带来巨大贡献。

哈菲兹上台执政以后，将自己置于叙利亚国家权力顶峰的位置，大权独揽，掌控着国家的党、政、军权，建立起具有强烈集权色彩的政权。这种集权政权一定程度上适应了当时叙利亚国家发展的需要。当时的叙利亚

---

① 《叙利亚社会发展"十五"计划蓝图》，中华人民共和国商务部，2006年8月13日，http：//sy.mofcom.gov.cn/article/ddgk/200608/20060802867406.shtml。

不同于传统理念上的社会、宗族、宗教、部落等观念主导着这个国家人民的主流价值观。而哈菲兹的集权政权恰好能够整合各种传统利益代表，使人民在精神上统一，团结政府内各部分力量，促进新兴叙利亚的快速发展。加上哈菲兹出色的军事才能、灵活的外交政策等，叙利亚在哈菲兹执政期间迅速成长，对周边国家产生了重要影响。

1979年，埃及与以色列签订和约。对叙利亚来说，埃及和以色列的和解将导致中东地区力量的严重失衡，冲击现有格局，严重威胁了叙利亚的国家安全及其在中东地区的地位。叙利亚不得不与苏联结盟，以获得苏联对叙利亚的军事援助。1980年10月8日，双方签署为期20年的"友好合作条约"，这为后来俄叙关系的发展提供了有利条件。

（三）俄叙关系的影响因素

1. 美国等西方国家对叙利亚的制裁和干预

美国等西方国家基于一系列的政治、安全等因素的考量，与叙利亚政府产生了利益冲突，并进一步对叙利亚政府实施制裁，影响了俄叙关系的经济合作，为俄叙关系发展带来一定程度的影响。

在民主和人权方面，美国等西方国家认为叙利亚政府在镇压叙利亚人民反抗活动时使用了武力以及化学武器，严重侵犯了人权和国际法，美国等西方国家希望推翻现有的叙利亚政府，建立起民主制度。叙利亚内战带来的恐怖主义危机也愈发令西方国家担忧：叙利亚内战已经成为国际恐怖主义的温床，一些恐怖组织如"伊斯兰国"利用了这个机会在叙利亚建立根据地，叙利亚政府的无能导致恐怖主义蔓延。此外，叙利亚危机已经导致数百万人流离失所和死亡，还引发了周边国家的难民危机。美国等西方国家认为，叙利亚政府的过度镇压和采取暴力手段助长了纷争，加剧了地区紧张局势，也使得地区反对派叛乱加剧。西方国家担心叙利亚危机将进一步加剧地区的不稳定，影响自身国家安全，因此通过多种方式反对叙利亚政府，企图通过这些方式打击甚至颠覆叙利亚政府。为了强制叙利亚政府改变政策，美国等西方国家对叙利亚实施严厉的制裁，如石油出口限制、金融交易和贸易制裁等。美国等西方国家还资助和支持叙利亚反对派力量，通过向反对派提供武器和资金等方式，来削弱叙利亚政府的力量和影响。美国曾在2017年对叙利亚政府机场发动导弹袭击，2018年和2019年又分别对叙利亚政府军目标发动多次空袭。这些行为一定程度上限制了叙利亚政府的活动，弱化了其实力。

就俄叙关系而言，这些旨在打击叙利亚政府的措施使俄罗斯与叙利亚之间的贸易和投资规模减小，俄罗斯在叙利亚的投资和贸易收益大大减少。由于叙利亚的经济状况不好，国内的需求也同样减少，这也减少了俄罗斯向叙利亚出口的商品数量。但是，这使叙利亚与俄罗斯愈发紧密联系在一起。西方的经济制裁使俄罗斯成为叙利亚主要的贸易伙伴之一，俄罗斯通过向叙利亚提供经济援助以抵抗西方国家的制裁，武器禁运也使叙利亚更加依赖俄罗斯提供的武器和军事援助，美国等西方国家的政治压力也使叙利亚需要谋求更多的外交和政治支持，这些都促使俄叙之间的联系更加紧密。

此外，美国还想要挤压俄罗斯在中东的势力，提高美国在中东的影响力。冷战结束以后，俄罗斯在中东的影响力大大下降，加上国内的政治经济压力，俄罗斯在中东地区一度"隐退"。而随着俄罗斯国内经济恢复，普京上任后，为了摆脱"二流国家"的身份、恢复昔日荣光，俄罗斯强势重返中东，寻求在中东施加影响力。这无疑会威胁到美国在中东原有的霸主地位，阻碍了美国全球霸权战略的实施，于是美俄在中东的博弈愈演愈烈。在叙利亚问题上，俄美在重大问题上有着不可调和的对立立场，因叙利亚问题而产生的激烈斗争在政治舞台上频频上演。

为了维持在中东的霸权，美国也不得不回应来自其中东盟友的压力。两伊战争爆发后中东国家被迫选边站队，叙利亚坚定真主党立场，伊朗不断拉拢叙利亚组成"什叶派之弧"。另一边，沙特阿拉伯组建起逊尼派联盟与什叶派进行对抗。沙特阿拉伯是美国在中东的重要盟友，美国出于对盟友的保护支持逊尼派，在叙利亚问题上与俄罗斯的对抗加剧。当然，对盟友的保护并非美国推翻巴沙尔政权的唯一考量，更多是出于维护其在中东霸权的利益考量。

美国等西方国家对叙利亚的打击措施对巴沙尔政权形成了巨大威胁，

这更加坚定了叙利亚与美国等西方国家对抗的立场，使俄叙关系中的共同利益更加明显。

2. 伊朗扩大在叙利亚的政治影响力

叙伊一向被外界认定为最坚固的盟友，双方在政治、军事上常采取共同行动以对抗以色列。叙利亚内战爆发后，伊朗积极地援助叙利亚政府，在叙利亚的影响力日益提升。伊朗在叙利亚的势力增强将会为俄叙关系带来一种离心力。

伊朗在叙利亚危机中为叙利亚政府提供了重要援助，这些援助不仅在政治和经济领域发挥作用，还加强了两国之间的文化交流和人民友谊，体现出伊朗在中东地区的地缘政治影响力。叙利亚内战爆发以来，伊朗一直向叙利亚提供经济援助，包括贷款、燃油、食品、药品等。军事方面，伊朗向叙利亚派遣了大量的军事顾问、志愿者和民兵力量，并参与了多次地面行动，伊朗还向叙利亚提供了关键的军事技术和武器装备。伊朗的医疗队伍长期在叙利亚提供医疗援助，同时还提供药品和食物等物资。伊朗提供的有形和无形援助帮助叙利亚政府能够在内部和外部压力之下维持其合法性和稳定性，同时增强了伊朗在叙利亚的影响力。伊朗在叙利亚地区的影响力不仅限于政治和经济领域，而且也扩展到了文化和宗教领域。伊朗与叙利亚合作开展了文化交流和教育项目，在某种程度上塑造了叙利亚民众的文化认同，增进了两国人民之间的友谊。

伊朗在叙利亚影响力扩大对俄罗斯而言是一个危险信号，随着伊朗影响力的扩大，俄罗斯在叙利亚的地位必然会受到冲击。叙利亚危机背景下伊朗通过对叙援助密切了与叙利亚的政治、经济、军事联系，叙利亚政府对伊朗的依赖程度增加，从而在一定程度上削弱俄罗斯在对叙政策中的主动性，俄罗斯通过自身行为影响叙利亚意愿的难度也会增大。正如欧亚学者分析，俄罗斯并不希望自己的地缘政治控制力因为伊朗而被削弱。[1]

---

[1] "The Russia – Syria alliance is no longer what it used to be," TRT WORLD, January 7, 2020, https://www.trtworld.com/magazine/the-russia-syria-alliance-is-no-longer-what-it-used-to-be-36007/.

3. 土耳其欲在中东扩大影响力

曾经的奥斯曼帝国是一个拥有广阔领土并长期统治中东地区的国家。土耳其政府试图通过恢复并维护奥斯曼帝国时期的荣耀来增强其在该地区的地缘政治影响力。这一意图与俄罗斯重返中东的战略相互碰撞，擦出了地区博弈的火花，俄罗斯在叙利亚的战略空间受到一定程度的挤压。

土耳其在叙利亚的军事实力增强，牵制俄罗斯在中东的战略部署。自从2016年开始在叙利亚北部进行军事行动以来，土耳其通过自身的军事实力逐步控制了叙利亚北部的一部分地区，包括重要的边境城市和关键的道路交通线。此外，土耳其还在阿勒颇省和伊德利卜省开展军事行动。土耳其政府一直支持叙利亚多个反对派武装，并让他们在土耳其境内建立营地和基地。这种支持不仅有助于土耳其加强对叙利亚的控制，而且也为土耳其在叙利亚的势力范围内创造了更多的盟友。土耳其在叙利亚不断增强的影响力使之成为叙利亚局势中不可忽视的一方，尽管俄土在叙利亚问题上存在分歧，但在解决叙利亚问题时俄罗斯仍需要与土耳其保持对话，尽可能协商解决分歧问题。此外，土耳其在叙利亚的军事部署增强了土耳其在该地区的军事控制力，增加与俄罗斯的军事行动对抗的风险，从而削弱俄罗斯在叙利亚的影响力。

四、冷战后俄叙关系发展前景与展望

（一）短期：俄乌冲突下俄罗斯逐渐降低叙利亚重建进程的参与度

叙利亚危机前后，俄罗斯为叙利亚提供了大量的人力物力援助。目前，持续援助叙利亚重建使俄罗斯仍肩负着国内政治、经济、舆论上的压力，但俄乌关系持续恶化，俄罗斯不仅遭受着来自欧美国家的重重制裁，也不断消耗自身大量武器装备和财力、人力、物力，随着时间推移，俄罗斯可能也自身难保。其早前的几次撤军动作显现出逐渐淡出叙利亚重建的态度，俄乌关系的持续恶化也加速了俄罗斯的退出。

（二）长期：俄叙同盟关系保持长期稳定

俄罗斯和叙利亚同盟关系能够保持长期稳定得益于两国在政治、经济、地缘和战略等方面的相互依存和利益共识。

政治上俄叙双方对彼此作出承认和尊重，有利于形成长久稳定的政治关系。自叙利亚独立以来，两国领导人都对各自的国家和政治体系保持高度认同，在国际事务上，两国通常会站在同一阵营。政治互信的建立为双方开展经济、文化、科技等领域的交流与合作营造良好氛围。经济上，俄叙经济利益联系紧密，俄罗斯对叙军售、提供经济援助，叙利亚提供资源，密切的经济联系也能为这一段同盟关系保驾护航。从战略价值上看，俄叙同盟关系符合彼此的战略利益。叙利亚地处战略要地，与周边国家存在紧张关系，俄罗斯的介入在一定程度上缓解了这种紧张关系，同时有利于遏制美国等西方国家在中东地区的影响和扩张。

从外部因素来看，叙利亚化学武器危机解决后，美国逐渐降低了对叙利亚的关注度，这为俄叙关系的深化清除了部分障碍。"9·11"事件迫使美国开展大规模的反恐行动，阿富汗战争中美国成功推翻了塔利班政权，美国反恐行动迈出了一大步。在"用化武换和平"以后，叙利亚化武危机得到和平解决，叙利亚化武于2016年全部摧毁，对美国在中东地区盟友的杀伤性被极大地削弱了，美国对叙利亚的关注也大幅度降低。美国在俄叙关系发展中的阻碍作用减小，为俄叙关系发展提供了良好的生长土壤。

俄叙与"伊斯兰国"极端组织的斗争将长期开展下去，中东国家之间的复杂矛盾在短期内也难以得到解决，俄叙在反恐、经济等方面的共同利益将长期一致，俄罗斯也将继续坚定维护巴沙尔政权，双方结盟关系将长期保持稳定。

结　语

冷战后俄叙关系虽有波折，但二者关系日益紧密。无论二者关系如何变化，背后的根本推动因素是国家利益。在双方利益诉求的推动下，双方在政治、经济、军事等领域取得合作成果。叙利亚危机更使两国关系亲密度达到顶峰。美国与俄罗斯在中东地区的博弈也成为俄叙关系发展的加速器。由于俄叙实力悬殊，俄叙非对称的联盟关系短期内难以改变，叙利亚在这段关系中将长期处于被动地位。俄罗斯介入叙利亚冲突虽然巩固了巴沙尔政权，重塑了中东地区力量格局，但俄罗斯因俄乌冲突遭受着国内外的种种压力，叙利亚也因自身有限的经济力量难以独自开展灾后重建。双方关系发展的道路依然阻碍重重。

俄罗斯与拉丁美洲国家关系

冷战后俄罗斯对委内瑞拉政策分析

余尚恩　江洪飞[*]

【摘　要】 冷战结束至今，俄罗斯对委内瑞拉政策演变主要经历了五个发展阶段，即对委内瑞拉实施"战略收缩"，保持距离；重返委内瑞拉，展开友好接触与合作；放缓合作进程，保持密切接触；加强双边合作，密切双边关系；建立长期"战略伙伴关系"，全方位开展合作。俄罗斯对委内瑞拉政策受俄美关系发展影响，主要通过军事、经济及政治手段，在委内瑞拉谋求地缘政治和经济利益。当前，在俄乌冲突下，俄委经济关系随美国对委内瑞拉石油制裁的"松绑"出现短暂不确定性；但从长期来看，俄罗斯对委内瑞拉政策具有一定稳定性，俄罗斯将继续维持与委内瑞拉的"战略伙伴关系"，发挥委内瑞拉反美先锋的作用，期望以委内瑞拉为支点构建"反美同盟"，对冲近年来北约东扩所带来的地缘压力。

【关键词】 俄罗斯　委内瑞拉　拉美地区　外交政策

苏联解体后，俄罗斯作为苏联继承者成为欧亚大国。在苏联解体后的单极格局下，俄罗斯外交政策发生了一些变化。其主要表现为由20世纪90年代前期的"一边倒"亲西方政策发展到务实灵活的"全方位外交"政策，致力于构建多级世界，并在近年来美国霸权衰落的单极格局背景

---

[*] 余尚恩，广东外语外贸大学国际关系学院外交学专业2021级本科生；江洪飞，广东外语外贸大学西方语言文化学院俄语语言文学专业2021级博士研究生。

下，在国际体系力量结构的变化中，谋求国际地位的提升。

委内瑞拉位于南美洲，北临加勒比海，西与哥伦比亚相邻，南与巴西交界，东与圭亚那接壤。在地缘政治上，委内瑞拉处于被美国视为"后院"的拉丁美洲地区。在地缘政治因素的影响下，历史上，在美苏冷战期间，委内瑞拉与美国关系密切。20世纪70年代，面对新的国际形势，受拉美民族民主运动的影响，委内瑞拉谋求发展独立自主的外交政策，于1970年与苏联建立外交关系。20世纪90年代，俄罗斯与以美国为首的西方国家由"蜜月期"逐渐走向疏远，积极谋求"重返拉美地区"，而委内瑞拉反美领导人查韦斯于1999年上台。此后，随着俄罗斯、委内瑞拉两国与美国关系的恶化，俄罗斯将委内瑞拉视为其提高在拉美地区影响力及威望，加强对拉美地区事务介入能力的重要支点，增强了对委内瑞拉的重视程度，逐步深化了与委内瑞拉的关系。

当前，俄罗斯通过与委内瑞拉建立"战略伙伴关系"，与委内瑞拉开展多领域合作，在委内瑞拉境内各领域影响较为深远。值得注意的是，2022年2月24日俄乌冲突爆发，受国际石油供应及价格波动的影响，美国积极谋求在经济上改善与委内瑞拉的关系，与此前关系极为恶劣的委内瑞拉展开石油贸易会谈。由于美国松动对委经济制裁的趋势增强，同为石油输出大国的俄委经济关系短期内呈现出部分不确定性。本文通过梳理和分析冷战后俄罗斯对委内瑞拉政策演变过程，试图找寻俄罗斯对委内瑞拉政策的底层逻辑，并尝试分析俄罗斯对委内瑞拉政策的发展方向。

一、冷战后俄罗斯对委内瑞拉的政策演变

（一）实施"战略收缩"，保持距离（1991年至1996年）

苏联解体后，世界格局发生变动，美国国际影响力及国际威望增强，两极格局消亡。在世界唯一超级大国——美国构建的单极世界格局及以美国为首的西方世界的影响下，作为苏联继承者的俄罗斯无力与以美国为首

的西方世界抗衡。俄罗斯在包括委内瑞拉在内的拉美国家中的影响力及威望进一步下降。受苏联解体前戈尔巴乔夫"新思维"外交政策及俄罗斯社会严重亲西方情绪的影响，俄罗斯沿袭了苏联解体前夕"一边倒"的亲西方政策，认为包括委内瑞拉在内的拉美地区是文明世界的"边缘地带"，因此暂时冷却俄委关系，搁置其拉美政策。

除此之外，20世纪90年代前期，俄罗斯深陷"休克疗法"经济泥潭，俄罗斯有意识地拉近与美国的距离，争取以美国为首的西方国家对俄罗斯的援助与支持，在一些领域与美国达成妥协式的合作。[1] 与此同时，委内瑞拉深陷债务危机，与美国矛盾日益激化，委内瑞拉境内反美民族主义浪潮日渐高涨。因此，奉行"一边倒"亲西方政策，且对以美国为首的西方国家仍抱有美好幻想的俄罗斯既无余力亦无意愿与"反美意识高涨"的委内瑞拉发展双边友好外交关系。

因此，苏联解体至20世纪90年代中叶，俄罗斯在拉美地区进行战略收缩，刻意与包括委内瑞拉在内的拉美地区各国保持距离，在此政策影响下，俄委双方交流减少，俄罗斯在委内瑞拉的影响力及威望被削弱，两国关系疏远。

（二）重返委内瑞拉，展开友好接触与合作（1997年至2000年）

20世纪90年代末期，由于西方各国未能兑现其对俄援助等计划，俄罗斯感到西方对其仍存芥蒂，俄罗斯的外交政策从"一边倒"亲西方的外交政策转向"以确保其独立大国地位"为核心的外交政策。时任俄罗斯总统叶利钦在1994年通过《国情咨文》等官方文件，明确指出俄罗斯的外交政策需转变为以"结束单方面让步，恢复大国地位，推行独立外交并致力于构建多极化世界为原则的国际关系体系"。[2] 俄罗斯外交主流思想由"一边倒"的亲西方观点转变为"独立大国外交"。

在俄罗斯确立"独立大国"的诉求与"21世纪的国际秩序不会是美

---

[1] 杨林淼：《冷战后美俄互动模式及其成因》，东北师范大学2019年硕士学位论文。
[2] 丁建伟：《浅析叶利钦时代俄罗斯外交战略的调整》，《社科纵横》2000年第2期。

国统治下的维持和平，或是任何一极或多极主宰的局面，美国没有能力实行单极统治"①的国际关系格局走向的判断下，俄罗斯着力于调整外交战略为"全方位外交战略"，重新重视包括委内瑞拉在内的拉美地区在其外交战略上的重要地位，积极为重返拉美做准备。而反美意识高涨且同为石油输出国的委内瑞拉，显然是其重返拉美战略过程中极为重要的一环。

时任俄罗斯外长普里马科夫在1997年访问拉美地区期间促成俄委关系破冰，俄罗斯开始对委内瑞拉进行友好接触，其具体表现为：在此阶段中俄罗斯领导人访问包括委内瑞拉在内的拉美国家，加强交流接触并强化合作意愿，企图重返委内瑞拉及拉美地区。

1999年，怀有强烈反美情绪与民族主义思想的查韦斯就任委内瑞拉总统。受查韦斯上台后推行的国际战略和外交政策的影响，委内瑞拉与俄罗斯开展接触并有进一步发展俄委关系的意愿。2000年普京就任俄罗斯总统后，强调更为务实灵活的外交战略，力求延续全方位外交政策，以期同时兼顾发展与东西方国家的关系。在此外交战略的发展框架下，俄罗斯加强了与委内瑞拉的接触互动，两国高层领导人互访常态化，交流接触增多。俄罗斯对委内瑞拉的政策由上一阶段消极的"战略收缩"，转变为积极的"战略重返"政策。

（三）放缓合作进程，保持密切接触（2001年至2002年）

2001年，"9·11事件"发生后，俄罗斯出于加强与美国发展共同打击恐怖主义合作关系目的，短期内放缓了与美国关系紧张的委内瑞拉深入合作和密切发展双边关系的外交政策。

同年，委内瑞拉总统查韦斯频频访问俄罗斯，并于2001年5月在访问莫斯科期间与俄罗斯签署联合声明，主张加强双边政治对话，强调加强两国相互信任与谅解的必要性，就共同构建一个"不干涉内政与国家主权平等"的多极化世界新秩序达成共识。②

---

① 丁建伟：《浅析叶利钦时代俄罗斯外交战略的调整》，《社科纵横》2000年第2期。
② 《委内瑞拉俄罗斯签署联合声明》，北方网，2001年5月15日，http://news.enorth.com.cn/system/2001/05/15/000068785.shtml。

在此阶段，在普京灵活务实的外交战略与建设全方位外交的思想的指导下，受俄美双方缓和关系的影响，俄罗斯虽在一定程度上暂时放缓俄委双边合作进程，但仍与委内瑞拉保持密切接触。

（四）加强双边合作，密切双边关系（2002年至2005年）

2002年后，俄罗斯对反美立场坚定的委内瑞拉查韦斯政府的重视程度提升，主要表现为向委内瑞拉查韦斯政府提供政治支持，加强俄委双边合作，密切俄委双边关系。

俄罗斯通过为查韦斯政府提供坚定政治支持以深化查韦斯对俄罗斯的信任与依赖。在2002年4月委内瑞拉右翼反对派发动未遂军事政变时，普京迅速表明支持查韦斯政府的政治立场。作为回应，查韦斯表示，俄委关系是"最友好、真诚的关系"。[①] 此后几年间，在政治互信的基础上，俄罗斯积极拓展与委内瑞拉各领域的合作，两国高层领导人频繁进行互访并举行会谈。2003年至2005年间，俄委双方在加强国际事务的多边接触，凝聚共识的同时，深化交流合作，就共同关心的国际问题协调立场，两国多次进行会谈，就深化两国在能源和军事技术领域合作达成一致。

由此可知，在俄委保持密切接触下，俄罗斯自2002年开始，相较于前一阶段，更加积极地加快与委内瑞拉开展双边合作的进程，密切两国关系，致力于通过政治和经济手段加强与委内瑞拉查韦斯政府的联系，以期通过深化俄委合作提高俄罗斯在委内瑞拉的影响力。

（五）建立长期"战略伙伴关系"，全方位开展合作（2006年至2022年）

2006年，在俄委两国密切合作的基础上，俄委双方正式达成建立长期"战略伙伴关系"的协议，俄罗斯与委内瑞拉进一步加深了双边关系，开展全方位合作。

---

① 江振鹏、蔡同昌：《冷战以来苏联（俄罗斯）与委内瑞拉关系的演进》，《拉丁美洲研究》2012年第1期。

2006年至2007年间，俄委双方领导人频繁高调宣扬俄委之间的"战略伙伴关系"。俄罗斯副总理朱可夫在委内瑞拉举行的俄委政府间高级别委员会第四次会议时，亦宣称俄罗斯与委内瑞拉之间的关系已经变成一种战略合作，查韦斯总统也高调宣称俄委之间已建立了"真正的战略联盟关系"。[1]

2008年俄格武装冲突爆发后，为对冲以美国为首的西方世界的压力，俄罗斯迫切巩固并发展其盟友关系。俄罗斯加快与委内瑞拉发展密切关系的进程，期望以增强俄委关系为纽带，加强俄罗斯在拉美地区的影响力。同年，时任俄罗斯总统梅德韦杰夫对委内瑞拉进行访问，其对委内瑞拉积极的外交政策卓有成效，2009年8月，委内瑞拉总统查韦斯在访俄期间宣布，委内瑞拉承认阿布哈兹和南奥塞梯在国际社会中的独立国家身份地位。[2] 委内瑞拉由此成为继俄罗斯和尼加拉瓜后，世界上第三个承认上述两个地区独立的国家。委内瑞拉此番举动，无疑减轻了俄罗斯在国际社会上的舆论压力，且在俄格问题上为俄罗斯提供了重要支持。同年9月，俄委双方宣称将在能源、军事、金融等议题上展开合作，[3] 两国交流合作开始扩展至多领域并得到不断深入。

在2014年乌克兰危机爆发后，俄罗斯与西方国家的关系进一步恶化。俄罗斯对包括委内瑞拉在内的拉美国家政策的地缘政治色彩加深，对该地区尤其是委内瑞拉的重视程度提高。在2016年11月俄罗斯政府出台的《俄罗斯联邦外交政策构想》中，俄罗斯强调将"致力于全面加强与拉丁美洲和加勒比国家的关系"。在此之后，俄罗斯有意识地不断提高与包括委内瑞拉在内的拉美国家相关事务的参与程度。

2016年以后，为推翻反美立场鲜明的马杜罗政府，美国对委内瑞拉经济制裁的力度持续加强，并为委内瑞拉国内反对派的活动提供支持。与此同时，以美国为首的北约不断东扩，乌克兰问题频发，俄罗斯生存空间及国家安全受到威胁。在此背景下，俄罗斯将委内瑞拉视为反对美国在拉美

---

[1] 孙洪波：《俄罗斯在拉美的利益及政策取向》，《拉丁美洲研究》2008年第4期。
[2] 江振鹏、蔡同昌：《冷战以来苏联（俄罗斯）与委内瑞拉关系的演进》，《拉丁美洲研究》2012年2月第1期。
[3] "Venezuelan Leader Praises Putin's Tough U. S. Policy," The New York Times, September 9, 2009, https://www.nytimes.com/2009/09/10/world/europe/10russia.html.

地区实行"门罗主义"的堡垒与前沿阵地,强化与委内瑞拉马杜罗政府的反美同盟显然符合俄罗斯的发展战略与利益诉求。因此,基于现实需要,2014年至2020年,俄委双方至少进行了七次元首会晤、一次部长级别会谈,① 通过频繁的会晤,双方增进了政治互信。军事上,俄罗斯对委内瑞拉出口攻击性武器,委内瑞拉成为拉美地区进口俄制武器数量最多且所进口的俄制武器攻击性最强的国家。政治上,俄罗斯在马杜罗政权面临国内反对派对其执政地位的挑战时,高调传递其支持马杜罗政权的信号。2018年,委内瑞拉爆发西方势力影响下的反对派颠覆马杜罗政权的行动,俄罗斯高调派遣空天军四架军机飞往委内瑞拉,展示其对马杜罗政权的坚定支持。此后,俄罗斯不断加强双方战略合作伙伴关系,在军事、政治、经济等方面开展全面深入的合作。

在此基础上,俄罗斯在2021年出台的《俄罗斯联邦国家安全战略》中指出"西方国家极力希望保住其霸主地位,积极主张建立单极世界,企图获得绝对军事优势,经常使用武力推进本国利益"且俄罗斯"当前国家安全面临的主要威胁是西方针对俄罗斯实施的'混合战'",强调要"支持在多边国际机构、对话平台、区域协会的框架内发展区域和次区域一体化,包括在亚太地区、拉丁美洲和非洲"。② 此后,俄罗斯致力于在拉美地区构建以委内瑞拉马杜罗等左翼政府为首的反美阵营,使其成为应对以美国为首的西方国家针对俄罗斯发起"混合战"的前沿阵地。

2022年俄乌冲突爆发后,委内瑞拉总统马杜罗宣布其支持俄罗斯的行动,并谴责美国和北约破坏稳定的活动。3月10日,在委内瑞拉会见美国代表团并与其就委美石油开展谈判后,委内瑞拉副总统兼经济与财政部部长德尔西·罗德里格斯和俄罗斯外交部部长拉夫罗夫在土耳其举行会晤,委内瑞拉重申在国际热点问题上与俄罗斯的一致立场并严厉谴责霸权主义和单边制裁行为。③ 与此同时,委内瑞拉外交部部长普拉森西亚在接受媒

---

① 崔守军、刘祚黎:《俄罗斯对拉美政策的变化》,《现代国际关系》2021年第12期。
② 于淑杰:《俄罗斯新版国家安全战略评析》,《俄罗斯东欧中亚研究》2022年第1期。
③ 《俄罗斯联邦外交部长谢尔盖·拉夫罗夫会见委内瑞拉玻利瓦尔共和国执行副总统兼经济与财政部长德尔西·罗德里格斯》,俄罗斯联邦外交部,2022年03月10日,https://mid.ru/cn/foreign_policy/news/1803652/。

体采访时强调，委内瑞拉跟美国就展开石油贸易合作"并不奇怪"，重申即便美国恢复与委内瑞拉的石油贸易，委内瑞拉仍然是俄罗斯的"坚定盟友"。① 在委美石油合作协商接触期间，部分委内瑞拉叛军企图发动政变，委内瑞拉总统马杜罗宣称该行动有美国势力的身影，俄罗斯特勤部门将协助委内瑞拉展开调查。6月9日，针对美国拒绝邀请委内瑞拉参加美洲峰会的行为，委内瑞拉国民议会代表罗伊·达萨表示，美国此举是非法且冒犯的，委内瑞拉不接受美国的指手画脚，在美国意图开展美委石油合作接触的背景下，美委政治关系仍然紧张。7月3日，俄罗斯外交部称拉夫罗夫将在莫斯科与委内瑞拉外交部部长托尔托萨就双边议程上的现实问题，在广泛领域深化互利合作的前景及在"捍卫《联合国宪章》之友小组"等多边平台加强两国外交政策协调的措施举行会谈。② 由此可见，俄委关系短期内较为稳定，俄罗斯对委内瑞拉实行的建立"战略伙伴关系"的政策在该阶段仍暂时有效。

总体而言，在以美国为首的北约不断东扩，俄美关系逐渐恶化的背景下，俄罗斯对委内瑞拉政策的地缘政治色彩凸显。谋求地缘政治利益为主，经济利益为辅是俄罗斯此阶段对委内瑞拉政策的主要特点。

二、俄罗斯对委内瑞拉政策演变的特点

（一）根据俄美关系变化进行调整

俄罗斯对委内瑞拉政策的演变，受俄美关系变化影响，随俄美关系变更而进行调整。总体上，俄罗斯对委内瑞拉政策经历了由保持距离到积极

---

① "Venezuela Dışişleri Bakanı Plasencia: Günde bir milyon varil petrol üretiyoruz ," Anadolu Ajansı, Marzo 11, 2022, https://www.aa.com.tr/tr/ekonomi/venezuela-disisleri-bakani-plasencia-gunde-bir-milyon-varil-petrol-uretiyoruz/2532426.

② 《俄外交部：俄外长7月4日将在莫斯科与委内瑞拉外长举行会谈》，俄罗斯卫星通讯社，2022年7月3日，https://sputniknews.cn/20220703/1042276603.html。

接触，再到密切合作，成为盟友的发展过程。

苏联解体后，国际格局由两极格局转变为以美国为首的单极格局，但作为苏联继承者的俄罗斯，其建设独立自主的大国诉求与欲望并未更改。由于委内瑞拉处于被美国视为传统势力范围的拉美地区，其地理位置特殊，受俄美两国关系及国家实力等因素调整变动的影响，俄美两国关系变化必将对俄罗斯对委内瑞拉政策的调整产生一定影响。

苏联解体后短期内，俄美两国进入短暂的"蜜月期"，依赖以美国为首的西方国家的俄罗斯，无能力亦无意愿在美国传统势力范围下的美国"后院"——拉美地区增强其国际影响力，因此对委内瑞拉实行"战略收缩"政策，与委内瑞拉保持距离。在此影响下，两国在此阶段的对话沟通少，俄罗斯在委内瑞拉内影响力弱，俄罗斯外交政策上并未重视发展俄委两国关系。

20世纪90年代中后期，由于俄美双方未能妥善处理伊核问题、科索沃战争及车臣战争相关问题，在北约东扩的背景下，俄罗斯地缘政治安全利益受到威胁，俄美两国矛盾不断积累。随着俄美关系的倒退，俄罗斯调整对美目标及外交战略，立足于"全方位外交战略"，积极构建多极化世界，尝试重返拉美并与委内瑞拉在内的拉美国家开展接触，恢复双边关系，进行友好交流。而委内瑞拉受经济危机与债务危机影响，对美国日渐不满，反美民族主义思潮高涨，显然是俄罗斯重返拉美政策的突破口之一。基于此，俄罗斯选择了与委内瑞拉开展友好接触及合作的积极外交政策。

"9·11"事件爆发后，俄美关系短暂"解冻"，两国结成反恐联盟共同打击全球恐怖主义。出于自身国家战略利益的考量，俄罗斯与反美旗帜鲜明的委内瑞拉马杜罗政府的合作被暂时放缓，仅保持着与委内瑞拉的必要接触。

由于遗留的美俄矛盾与分歧仍存，且美国小布什政府强势推动北约第二轮大规模东扩，挤压了俄罗斯的生存空间，缩小了俄罗斯的战略纵深，美俄此前积累的友好关系几乎丧失殆尽。除此之外，小布什政府在积极推动北约第二轮东扩的同时，在俄罗斯周边的中亚、东欧地区策动了一系列"颜色革命"，并以输出民主价值观为由对一系列原苏联国家的"颜色革命"予以支持。2003年格鲁吉亚最先爆发"玫瑰革命",随后乌克兰爆发"橙色革命",吉尔吉斯斯坦爆发"郁金香革命",俄罗斯周边各国先后出现急速的政权更替使俄罗斯传统势力范围受到侵犯,美国借北约东扩与"颜色革命"实施对俄"遏制"战略。[①] 至此,俄美关系疏远。在俄美关系不断恶化的同时,俄罗斯加速深化与委内瑞拉双边合作关系的政策,为反美立场坚定的委内瑞拉查韦斯政府提供支持。

在俄罗斯与西方国家关系不断恶化之下,俄罗斯致力于将委内瑞拉打造为拉美地区反美阵营的支点之一,支持反美旗帜鲜明的查韦斯及马杜罗政府在委内瑞拉维系政权,不断密切与委内瑞拉的全面合作,并与委内瑞拉建立了"战略伙伴关系",深化俄委双边关系。

2008年俄格武装冲突爆发,俄罗斯承认南奥塞梯与阿布哈兹独立后,俄罗斯与美国等西方国家在处理俄格问题上存在矛盾与冲突,俄美关系显著恶化。在与以美国为首的西方各国关系恶化的背景下,俄罗斯选择密切发展与委内瑞拉的"战略伙伴关系",深化与委内瑞拉的多领域、深层次的合作。在积极的对委政策加持下,委内瑞拉总统查韦斯在2009年代表委内瑞拉正式承认南奥塞梯和阿布哈兹两国的独立,在国际社会上为俄罗斯提供了重要的支持。[②]

2014年乌克兰危机爆发及北约进一步东扩后,俄美关系跌入低谷,俄罗斯对包括委内瑞拉在内的拉美地区的政策地缘政治色彩增强,以委内瑞拉马杜罗左翼政府为纽带,在拉美地区加速构建反美同盟,以此抵抗美国挤压俄罗斯战略生存空间的举动。在此之后,在马杜罗政权面临美国支持下的国内反对派威胁时,俄罗斯更明确坚定地为马杜罗政权提供政治上的支持及军事上的支撑,重视俄委两国的盟友关系。

(二)立足国家利益,侧重政治经济外交

俄罗斯对委内瑞拉实行的政策,不论在何阶段,均以其自身国家利益

[①] 杨林森:《冷战后美俄互动模式及其成因》,东北师范大学2019年硕士学位论文。
[②] 江振鹏、蔡同昌:《冷战以来苏联(俄罗斯)与委内瑞拉关系的演进》,《拉丁美洲研究》2012年第1期。

为出发点与立足点，始终以加强经济合作，提供政治支持为主线。

在俄罗斯重返委内瑞拉与其开展友好接触政策时期，俄委间能源合作成为发展双边友好合作关系的重要突破口。委内瑞拉作为石油输出国组织成员国之一，是俄罗斯与该组织成员国联系的重要纽带之一。2001年，委内瑞拉总统查韦斯访问俄罗斯，俄罗斯借机与时任石油输出国组织轮值主席国的委内瑞拉就世界石油市场价格相关问题达成共识，并与石油储备大但石油开采能力低的委内瑞拉达成石油开采技术合作的相关协议，俄委友好接触合作的关系就此展开。

2002年后，除经济领域外，俄罗斯通过增强对委内瑞拉左翼政府政治上的支持，密切俄委双方关系。2002年4月，委内瑞拉右翼反对派对查韦斯政府发动军事政变，查韦斯被关押至拉奥奇拉岛上。查韦斯在军队支持下获救后，普京迅速表达其坚定支持查韦斯政府及其恢复国内秩序行动的态度，给予查韦斯政权支持。此后，查韦斯亦宣称已与俄罗斯建立"最友好、真诚的关系"。①

2010年4月，在俄罗斯总统普京访委期间，两国在核能、航天、军事、贸易等领域共签署三十一项双边合作协议。② 俄委两国双边合作在多领域不断朝纵深方向发展。

2016年以后，美国加大对委内瑞拉的经济制裁，通过支持委内瑞拉国内右翼反对派的行动，谋求推翻马杜罗政府。而俄罗斯则坚定地在政治上向委内瑞拉马杜罗政府提供了全方位支持，有力地维系了马杜罗政权的存续。2018年，在马杜罗政府面临美国支持下的国内反对派威胁时，俄罗斯于12月派遣战略轰炸机飞往委内瑞拉，高调展现其支持马杜罗政府的强硬态度。此外，俄罗斯还对马杜罗政府提供军事与情报支持，协助马杜罗政府挫败国内反对派，有力地维系了马杜罗政府在委内瑞拉的政权。在委内瑞拉国内频繁发生颠覆政权行动背景下，两国务实合作，筹备政府间高级别委员会第十四次会议，在工业、金融等传统领域与信息技术、核医学等

---

① 江振鹏、蔡同昌：《冷战以来苏联（俄罗斯）与委内瑞拉关系的演进》，《拉丁美洲研究》2012年第1期。
② 《普京访问委内瑞拉加强俄委双边合作》，光明网，2010年4月4日，https://www.gmw.cn/01gmrb/2010-04/04/content_1085241.htm。

新兴领域展开合作。

2020年5月7日，委内瑞拉内政部报告，被捕的企图入侵委内瑞拉的激进分子主要来源为委内瑞拉叛军和美国雇佣兵，委内瑞拉总统马杜罗明确表示此次入侵是在华盛顿知情同意下，以推翻委内瑞拉政权为目的的行动。俄罗斯特勤部门与委内瑞拉军方迅速取得联系，就调查此次入侵和组织破坏行动积极展开协助，为委内瑞拉提供一定的军事情报帮助。2020年6月24日，在俄委外长会谈中谈及委内瑞拉周边局势时，拉夫罗夫表示，委内瑞拉是抵制企图使该地区重返19世纪并再次强加"门罗主义"尝试的中流砥柱国家之一，俄罗斯始终支持委内瑞拉坚决抗击外部专政及粗暴干涉主权国家内政、挑唆发动以实力为基础的政权更迭企图的行为。[1]

由此可见，俄罗斯对委内瑞拉实行的政策，立足于本国利益，以经济合作为两国友好接触的突破口，以坚定的政治支持为加强两国关系的催化剂，以政治及经济手段为主线，深化两国多领域合作，推动双方关系发展。

三、俄罗斯对委内瑞拉政策的动因

（一）保障俄罗斯在委内瑞拉的地缘政治利益：扩展俄罗斯地缘政治版图，联合制美

由于在地理位置上委内瑞拉处于美国传统势力范围的拉美地区，是美国一直以来所认为的"后院"。在历年来北约不断东扩，严重挤压俄罗斯生存空间与战略纵深，威胁俄罗斯国家安全的背景下，俄罗斯对委内瑞拉的政策带有明显的地缘政治色彩。

俄罗斯视委内瑞拉为其"重返拉美"的战略支点，渴望以委内瑞拉为

---

[1] 《俄罗斯联邦外交部长谢尔盖·拉夫罗夫与委内瑞拉玻利瓦尔共和国外交部长豪尔赫·阿雷亚萨举行会谈时致辞》，俄罗斯联邦外交部，2020年06月24日，https://mid.ru/cn/foreign_policy/news/1435599/。

纽带，塑造其在拉美地区的地缘政治影响力。1999年查韦斯上台，委内瑞拉及拉美地区的反美势力上升，民族主义思潮高涨，查韦斯呼吁反对美国在拉美地区的霸权，积极构建美洲玻利瓦尔联盟。2001年普京上台后，在"全方位外交战略"的框架下，提出灵活务实外交的方针，积极寻求修复俄罗斯与古巴的关系，而同为拉美地区的古巴亲密盟友——委内瑞拉，便是其修复同古巴双边关系的良好突破口。以委内瑞拉为俄罗斯"重返拉美"的战略支点，可以促使其成为俄罗斯与拉美国家接触的桥梁与纽带，帮助俄罗斯在美国"后院"扩大影响力与威望。依托由委内瑞拉提议建立的美洲玻利瓦尔联盟的反美立场，俄罗斯在拉美地区实行"联合制美"策略，积极构建俄罗斯在拉美地区的反美阵营，扩展俄罗斯地缘政治版图，对冲以美国为首的北约东扩严重挤压俄罗斯战略生存空间的行为。2019年，委内瑞拉境内发生颠覆政权的行动后，俄罗斯外交部发言人扎哈罗娃表示，委内瑞拉国内意图颠覆政权的动乱源于美国复兴"门罗主义"精神的政治愿望，美国企图以破坏委内瑞拉政局稳定为起点，重新加强对拉美的总体控制。[1] 基于此，俄罗斯加大对马杜罗政府的支持力度，保障俄罗斯在委内瑞拉的利益及影响力，以防止美国支持下的反对派瓜伊多上台。

2020年4月，俄罗斯国立高等经济大学团队发表《俄罗斯外交政策新思想》一文，强调"俄罗斯需要与亚洲、非洲、拉丁美洲以及欧洲人一起制定自己的愿景"。俄罗斯对委内瑞拉的政策，是其实现拉美政策的重要一环。俄罗斯意图通过密切与委内瑞拉的伙伴关系，通过"支点辐射"带动发展与反美阵营国家间关系的"线上延伸"，最终实现与拉美其他主要国家间关系的"面上联动"。[2] 俄罗斯渴望通过参与在包括委内瑞拉在内的拉美国家的事务，增强其在委内瑞拉及拉美地区的威望和影响力，进而削弱美国在拉美地区的话语权，以此提升其地缘政治影响力及大国国际地位。在当今美国实力衰弱的单极国际格局的背景下，反对美国单一强权垄断国际事务，积极谋求国家的发展。

---

[1] 《俄罗斯外交部官方发言人玛利亚·扎哈罗娃新闻发布会》，俄罗斯联邦外交部，2020年4月23日，https://mid.ru/cn/foreign_policy/news/1430923/。

[2] 崔守军、刘祚黎：《俄罗斯对拉美政策的变化》，《现代国际关系》2021年第12期。

（二）实现俄罗斯在委内瑞拉的经济利益：加强俄委能源与军火贸易合作，提振俄罗斯经济

作为世界军事大国及能源重要出口国，能源产业与军火贸易占俄罗斯经济较大比重，是俄罗斯经济收入的重要来源。

俄罗斯 2020 年发布的《2035 年前俄罗斯能源战略》指出，尽管俄罗斯努力使自身经济结构更加优化和完善，但俄罗斯经济对能源的依赖并未得到改善，能源产业几乎占俄罗斯 GDP 的 1/4，约占投资的 1/3，出口的 1/2 及约 40% 的预算收入。[①] 俄罗斯与委内瑞拉进行能源合作一直贯穿俄罗斯对委政策的始终，是俄罗斯对委内瑞拉政策的重要内容，涉及俄罗斯重要经济利益。首先，俄罗斯与委内瑞拉同为国际社会上重要石油出口国，两国对协商国际石油市场价格有相同的利益诉求。而委内瑞拉是石油输出国组织的成员国之一，对非成员国俄罗斯而言，在协调国际石油市场价格、产油量等方面，委内瑞拉是其与该组织沟通的良好纽带。除此之外，俄罗斯可以借助委内瑞拉及其他拉美能源大国，共同稳定国际能源价格，在石油输出国组织框架外增加俄罗斯在国际能源领域的话语权，以更积极的姿态与世界能源大国进行协商沟通与合作。其次，委内瑞拉虽为世界已探明石油储量排名第一的国家，其石油开采技术较为落后，石油质量较低、成本较高、开采速度慢等问题一直是委内瑞拉石油领域发展的重要阻碍。俄罗斯借此与委内瑞拉开展石油技术合作，建立俄委合资石油公司，增强俄罗斯在委内瑞拉境内石油开采领域的威望及影响力。在天然气领域，委内瑞拉是俄罗斯主导建立的天然气输出国论坛的成员之一。近年来，欧盟能源"去俄化"举动迫使俄罗斯重新定位其能源战略，选择加强与委内瑞拉这一拉美能源大国的合作，借助两国在能源领域的共同话语权，促使俄罗斯保障国家能源经济利益的最大化。2022 年 2 月 24 日俄乌冲突爆发后，随着以美国为首的西方国家加紧对俄经济制裁及欧美能源"去俄化"进程加速，在能源出口贸易上，俄罗斯面临的阻力增加，俄罗斯与委内瑞拉等拉美能源大国及石油输出国组织成员国在能源领域方面尤

[①] 《俄罗斯新版 2035 年前能源战略解析》，欧亚系统科学研究学会，2020 年 6 月 16 日，https://www.essra.org.cn/view-1000-754.aspx。

其是国际油价方面的协调合作显得更为重要。

作为仅次于美国的世界第二大常规武器出口国，俄罗斯国内军事制造业较为发达，军事贸易是俄罗斯的重要外贸来源之一。俄委间军事合作是俄罗斯对委内瑞拉政策的一大重点。2008年金融危机后，俄罗斯的武器制造业面临资金短缺问题，与此同时，随着传统俄制武器进口国的军事武器研发能力的提高，俄制武器出口减少，阻碍了俄罗斯武器制造业的发展。在此情况下，俄罗斯被迫调整武器出口战略方向，寻找俄制武器出口新市场。在委美关系恶化的加持下，委内瑞拉对进口武器以加强国防建设、维护国家安全的需求增大，意愿增强。由于俄制武器生产工艺流程成熟，生产成本低，售价相较于欧美等出口国而言也较低，因此对经济发展前景并不乐观的委内瑞拉来说，俄制武器更具吸引力。出于维护自身国家安全、提升国家军事实力的需要，委内瑞拉与俄罗斯军事贸易合作深入发展，委内瑞拉成为拉美地区进口俄制武器数量最多且所进口的武器攻击性最强的国家，俄罗斯借此亦寻找到了俄制武器出口的替代市场，扩大了俄制军事武器在拉美地区的销路，维持其军事贸易稳定发展，巩固自身国家经济利益。

四、俄罗斯对委政策的主要途径

（一）军事手段

对外军售作为俄罗斯外汇收入的主要来源，支撑着俄罗斯国民经济的发展，成为俄罗斯增强跨区域影响力的重要手段。21世纪以来，俄罗斯以军事贸易为手段，通过军售试图加强其在拉美地区，尤其是在委内瑞拉的军事存在。在北约不断东扩对俄罗斯的战略生存空间进行挤压的背景下，俄罗斯希望"重返拉美"，以重振其在拉美地区的政治影响力。而此背景下，委内瑞拉与美国关系的恶化，为俄罗斯与委内瑞拉开展军事技术合作提供了必要条件。

冷战结束前，委内瑞拉的武器装备长期由美国等西方国家供应。1999年具有浓厚反美情绪的查韦斯上台，强调对外"独立自主"的委内瑞拉逐渐中断了与美国的军事合作。2005年4月，委内瑞拉宣布与美国中断两国持续35年的军事合作计划，并勒令4名美国军事教官停止在委内瑞拉武装部队的工作并撤离委内瑞拉军事基地。[1] 2006年5月14日，美国宣布对委内瑞拉实行武器禁运，并指责委内瑞拉向邻国哥伦比亚左派游击队提供庇护，未能支持其反恐行动。[2] 与此同时，俄罗斯扩展俄制武器出口市场的需求上涨，而俄罗斯是仅次于美国的世界第二大军火供应国，委美军事合作的中断为俄罗斯通过对委内瑞拉出口俄制武器，为增强俄罗斯在委内瑞拉及拉美地区的军事存在及威望提供了机遇。

近年来，俄罗斯与委内瑞拉的军事合作在国际社会的双边合作关系中十分突出。俄罗斯通过军事手段增强在委内瑞拉境内军事存在的政策，主要分为以下三个阶段。

1. 俄委军事合作初期

在俄委军事合作初期，俄罗斯对委内瑞拉实施政策的军事手段主要表现为俄罗斯为委内瑞拉提供俄制非攻击性武器，两国主要在军事武器贸易上展开交流合作。

2005年3月10日，委内瑞拉与俄罗斯达成首项价值1.2亿美元的军事技术合作，向俄罗斯购买9架米–17武装直升机和1架米–26运输直升机，[3] 俄委军事合作正式开展。

2. 俄委军事合作深入发展阶段

在俄委军事合作深入发展阶段，俄罗斯对委内瑞拉实施政策的军事手

---

[1]《委内瑞拉中断与美国军事交流计划，美表示遗憾》，央视国际，2005年04月23日，https://www.cctv.com/news/world/20050423/100175.shtml。

[2]《美国将向委内瑞拉实行武器禁运，指其未全力反恐》，中国新闻网，2006年5月16日，https://www.chinanews.com/news/2006/2006-05-16/8/730094.shtml。

[3]《委内瑞拉公然"抗美"与俄签署1.2亿美元军售合同》，中国新闻网，2005年3月16日，http://www.chinanews.com.cn/news/2005/2005-03-16/26/551317.shtml。

段主要表现为向委内瑞拉提供攻击性俄制武器，俄委双方就军事装备制造展开交流合作。

2006年5月，在美国对委内瑞拉实施武器禁运后，俄罗斯加速了与委内瑞拉的军事合作。查韦斯表示，俄罗斯将协助委内瑞拉建设冲锋枪与弹药的生产工厂。[①] 2006年至2007年间，俄委双方签署多项军售及军事武器生产技术交流合同。2007年7月，查韦斯访问俄罗斯，商讨从俄罗斯购买9艘潜艇的事宜。与此同时，俄罗斯方面宣布，已将10万支AK-103冲锋枪运往委内瑞拉，并且正在协商向委内瑞拉出口5000支冲锋枪。[②] 根据俄罗斯方面公布的数据，2005年至2007年，俄罗斯与委内瑞拉共签署了12项武器出口合同，交易总额超过44亿美元。[③]

3. 俄委军事密切合作发展阶段

在俄委军事密切合作发展阶段，俄罗斯对委内瑞拉实施的军事手段主要表现为俄罗斯在继续为委内瑞拉提供攻击性俄制武器的背景下，与委内瑞拉进行联合军演并帮助其军队进行现代化改革。除此之外，在马杜罗面临国内反对派所发动的一系列政变行动时，俄罗斯为其提供军事及情报支持。

2008年，俄格武装冲突爆发，由于在国际社会中受到西方国家的压力，俄罗斯加快了与委内瑞拉发展军事关系的步伐，以对冲美国重建第四舰队对加勒比地区的影响。同年俄委两国海军分别派遣1600与700人次，参与在加勒比海域举行的代号为"俄委2008"的联合军事演习。[④] 在查韦斯访俄期间，两国达成俄方向委方提供10亿美元的贷款协议，该贷款用于委内瑞拉购买俄罗斯军火（包括20个"托尔-M1"导弹防御系统，3艘

---

① 《查韦斯称俄罗斯将帮助委内瑞拉生产步枪和弹药》，中国新闻网，2006年5月31日，https://www.chinanews.com/news/2006/2006-05-31/8/737229.shtml。
② "Venezuela to Purchase Thousands of Russian Rifles," The New York Times, August 16, 2007, https://www.nytimes.com/2007/08/16/world/europe/15cnd-russia.html?searchResultPosition=1.
③ 江振鹏、蔡同昌：《冷战以来苏联（俄罗斯）与委内瑞拉关系的演进》，《拉丁美洲研究》2012年第1期。
④ 《委内瑞拉和俄罗斯完成海上联合军事演习》，中国新闻网，2008年12月4日，https://www.chinanews.com/gj/qqjs/news/2008/12-04/1473981.shtml。

基洛级柴油潜艇)。① 委内瑞拉成为与俄罗斯达成军购协议最多的拉美国家,亦成为俄制武器的最大买主。同年,俄罗斯国家技术集团公司总经理谢尔盖·切梅佐夫表示,俄委近三年内签署的总价值近44亿美元的合同已全部完成,两国还将就协助委内瑞拉建设军用飞机维修技术中心、供应防空系统及包括BMP-3步兵战车在内的现代化军事武器的合作进行谈判。②

在2009年9月查韦斯第八次访问莫斯科期间,两国签订包括短程导弹、火箭炮、坦克等军购合同。③ 2010年4月,俄委间达成50亿美元的军售合作。此外,俄罗斯将协助委内瑞拉发展核能与航天事业,为委内瑞拉军队进行系统性现代化改造提供帮助。④ 2020年2月8日,委内瑞拉副总统与俄罗斯外长拉夫罗夫会谈后,拉夫罗夫在记者会上表示,双方将继续开展军事技术合作。⑤

俄罗斯通过军事手段对委内瑞拉实行相关政策,实现以军事合作为支撑增强在委内瑞拉的军事存在及影响力,加强对包括委内瑞拉在内的拉美国家相关事务介入力度的政治目的。

(二) 经济手段

俄罗斯对委内瑞拉开展经济合作的主要特点为以能源合作领域为主,金融领域帮助为辅,通过建立俄委双方经济合作机制,不断深化俄罗斯在委内瑞拉的经济影响力。除此之外,普京提出"绿色经济走廊"倡议,绕开美国制裁为委内瑞拉提供药品、食品、资金和技术支持,在委内瑞拉经

---

① "Venezuela Says It Will Buy Russian Missiles," The New York Times, September 12, 2009, https://www.nytimes.com/2009/09/13/world/americas/13venez.html?searchResultPosition=1.
② 《俄罗斯同委内瑞拉三年内签署近44亿美元武器合同》,中国法院网,2008年9月17日,https://www.chinacourt.org/article/detail/2008/09/id/322731.shtml。
③ 周仲全:《对话孙洪波:拉美再现美俄之争》,《辽宁日报》2009年1月10日。
④ 《普京本周出访委内瑞拉和玻利维亚,能源、军事是重头》,中国日报网,2010年4月1日,http://www.chinadaily.com.cn/hqgj/2010-04/06/content_9689578.html。
⑤ 《就与委内瑞拉玻利瓦尔共和国总统尼古拉斯·马杜罗的会谈结果,俄罗斯联邦外交部长谢尔盖·拉夫罗夫在与委内瑞拉执行副总统德尔西·罗德里格斯举行的联合记者会上发表讲话》,俄罗斯联邦外交部,2020年02月08日,https://mid.ru/cn/foreign_policy/news/1426476/。

济发展前景不容乐观的情况下，协助延续委内瑞拉的"经济生命线"。[①] 2018年，俄罗斯通过扩展与委内瑞拉等拉美国家的经济合作，获得"中美洲一体化体系"的观察员地位，借助经济手段加强了其对包括委内瑞拉在内的拉美地区事务的参与度。[②] 2021年2月19日，俄委两国总统进行会谈并在能源、工业、社会领域以及军事技术合作方面开展互利互惠的合作项目。[③] 在新冠疫情暴发的背景下，俄罗斯对委内瑞拉经济合作中的医疗领域合作增强，俄罗斯为委内瑞拉提供大量俄制疫苗，通过经济手段实施疫苗外交，以增强俄罗斯在委内瑞拉的威望。

1. 开展能源合作

由于俄委双方均为石油与天然气资源储备丰富的国家，委内瑞拉在石油输出国组织中占据重要地位，而俄罗斯是世界能源大国，故在俄罗斯对委内瑞拉实行友好接触政策时期，能源领域的协商与合作便成为俄罗斯对委内瑞拉展开友好接触的一个重要突破口。此后，随着俄委关系不断深化，双方在能源领域的合作从初期的开展能源价格协商逐渐发展至合作开采委内瑞拉境内能源，俄罗斯为其提供先进开采技术支持。俄乌冲突爆发后，在美国放宽对委内瑞拉经济制裁，允许其向欧洲出口石油的背景下，委内瑞拉仍与俄罗斯就维持国际石油价格的问题进行合作，拒绝降低石油出口价格。

石油开采方面，作为石油与天然气资源丰富的国家，俄委两国能源合作始于冷战后期，21世纪以来，随着能源安全在国际政治中作用的凸显以及双边关系发展的需要，俄罗斯与委内瑞拉进一步加强了能源领域的合作。自2001年起，俄委两国就加强两国天然气公司联合开采天然气、成立石油合资企业交换技术信息，以及平衡世界石油价格等方面展开合作。

[①] 《普京呼吁设立"绿色走廊"避免贸易战》，中国新闻网，2020年03月27日，https://www.chinanews.com.cn/gj/2020/03-27/9139029.shtml。

[②] 《2018年主要外交成果》，俄罗斯联邦外交部，2019年01月22日 https://mid.ru/cn/foreign_policy/news/1451779/。

[③] 《俄罗斯联邦外交部长谢尔盖·拉夫罗夫在与委内瑞拉外交部长豪尔赫·阿雷亚萨会谈后军校的联合记者会上发表讲话》，俄罗斯联邦外交部，2021年06月22日，https://mid.ru/cn/foreign_policy/news/1766376/。

2008年7月，在查韦斯访问俄罗斯期间，两国总统宣布，将在全球石油和天然气市场方面进行更密切的合作，随后委内瑞拉国家石油公司就与俄罗斯3家能源企业分别签订了石油合同。[1] 在核能领域，俄委双方亦开展了相关合作，俄罗斯协助委内瑞拉建设首座核反应堆。2008年，梅德韦杰夫访问委内瑞拉期间，双方签署了关于和平利用核能的合作协议，[2] 俄罗斯将帮助委内瑞拉建立核反应堆并在其国土上寻找铀资源，提升委内瑞拉核能利用能力。

俄乌冲突爆发后俄罗斯受到美国在能源领域的经济制裁。一直受美国经济制裁的委内瑞拉，作为石油储量大国，其石油储备大、临近美国便于快速输送石油等优势，受到美国青睐，成为美国试图缓解国际油价飞涨的突破口。美国与委内瑞拉于2022年3月展开石油合作会谈，拜登政府期望通过谈判恢复委内瑞拉与美国的石油贸易，缓解因对俄罗斯制裁造成石油短缺问题而引起的国际油价高涨的局面。目前，委内瑞拉已证实美国将放宽对委制裁，允许委内瑞拉与欧洲开展石油贸易，但委内瑞拉并不同意降低石油价格进行出口。这反映出在俄乌冲突背景下，委内瑞拉仍同俄罗斯在国际石油价格方面进行协调与合作。

2. 金融领域合作及构建经济合作机制

21世纪以来，俄罗斯与委内瑞拉加深了两国在金融领域的合作及经济合作体制的构建。查韦斯上任以来委内瑞拉与俄罗斯关系的不断发展，两国经贸往来日益频繁，两国间经济合作机制建立并在金融领域开展合作。2001年，俄罗斯与委内瑞拉就建立俄罗斯－委内瑞拉政府间委员会以协调两国在经济、科技及其他领域的合作达成一致。2008年11月，两国签署了十五项合作协议文件，其中包括俄罗斯和委内瑞拉共同出资40亿美元建立合资银行的协议。2007年，俄罗斯与委内瑞拉的非武器贸易额达1亿美元。2010年10月，查韦斯对俄罗斯进行访问期间，双方签署了《2014年

---

[1] 江振鹏、蔡同昌：《冷战以来苏联（俄罗斯）与委内瑞拉关系的演进》，《拉丁美洲研究》2012年第1期。

[2] 赵隆：《新形势下俄罗斯拉美战略的调整》，《西伯利亚研究》2009年第3期。

前双边合作行动计划》，① 委内瑞拉成为俄罗斯在拉美地区迅速增长的贸易伙伴。2016年以来，在美国试图强化经济制裁以向委内瑞拉马杜罗政府施压的情况下，俄罗斯为经济发展几近停滞的委内瑞拉提供支持。2017年，在委内瑞拉拥有超600亿美元国际债务，深陷债务违约危机时，俄罗斯与委内瑞拉就重组31.5亿美元的主权债务达成协议，允许委内瑞拉在十年内偿还，并在开始的六年以最低额偿还，委内瑞拉得以在国家经济发展上重新分配资金，提高其债务偿付能力。俄罗斯亦在2019年与马杜罗政府签署多项经济合作协议，以推动委内瑞拉国内经济复苏，维持其社会稳定。随着美国不断加强对委内瑞拉的经济制裁，普京提出"绿色经济走廊"倡议，绕开美国制裁为委内瑞拉提供药品、食品、资金和技术支持，在委内瑞拉经济发展前景不容乐观的情况下，协助延续委内瑞拉的"经济生命线"。②

3. 开展医疗卫生领域合作

2019年12月18日，俄罗斯外交部发言人扎哈罗娃表示，俄罗斯已为委内瑞拉提供由俄罗斯"Geropharm"公司生产的包含胰岛素的药品，同时俄罗斯将计划扩大药品供应种类，协助培训符合委内瑞拉医疗保健系统需要的高水平人才，并将转让胰岛素制剂的分装和包装技术，缓解委内瑞拉境内由于美国加紧经济制裁而造成的药品短缺的局面。③

新冠疫情暴发后，俄罗斯伽马勒国家流行病学和微生物学研究中心生产的"卫星-V"疫苗是全球首款注册的新冠疫苗，俄罗斯以此为契机对委内瑞拉开展疫苗外交。早在2020年10月初，俄罗斯便将第一批"卫星-V"疫苗交付委内瑞拉，并于委内瑞拉境内开展临床试验，委内瑞拉因此成为西半球第一个参与俄罗斯"卫星-V"疫苗第三阶段临床试验的国家。2020年12月30日，委内瑞拉与俄罗斯达成疫苗供应协议，俄罗斯

---

① 江振鹏、蔡同昌：《冷战以来苏联（俄罗斯）与委内瑞拉关系的演进》，《拉丁美洲研究》2012年第1期。
② 崔守军、刘祚黎《俄罗斯对拉美政策的变化》，《现代国际关系》2021年第12期。
③ 《俄罗斯外交部官方发言人玛利亚·扎哈罗娃新闻发布会》，俄罗斯联邦外交部，2019年12月18日，https://mid.ru/cn/foreign_policy/news/1479657/。

为委内瑞拉供应 1000 万支"卫星 – V"疫苗，委内瑞拉于 2021 年 2 月开始使用俄制"卫星 – V"疫苗开展境内疫苗接种工作，俄委之间建立疫苗定期供应的合作关系。2021 年 5 月，委内瑞拉注册了"卫星 – Light"单剂疫苗，并在圣彼得堡国际经济论坛框架内与"EpiVacCorona"疫苗的生产商签订了合同。同年 6 月，在俄委外长会谈后，俄罗斯表示双方医药合作有良好前景，包括协助委内瑞拉抗击新冠病毒及在委内瑞拉建设胰岛素和流感疫苗生产基地等。[①]

由此可见，俄罗斯通过加强卫生领域尤其是疫苗外交的手段，密切俄委两国长期"战略伙伴关系"，强化俄罗斯在委内瑞拉境内医疗卫生领域的影响力。

（三）政治手段

俄罗斯通过支持委内瑞拉境内左翼政府，以及查韦斯政府和马杜罗政府的政权，密切俄委两国关系，以委内瑞拉为支点，构建拉美地区反美阵营。俄罗斯对委内瑞拉政策的政治手段主要分为两个阶段。第一阶段为查韦斯执政期间，针对反对派政变，俄罗斯表明支持查韦斯政权的态度，这一阶段的政治手段特征表现较为温和。第二阶段为马杜罗执政时期，面对国内多次在美国势力引导与支持下的右翼反对派发动的政变，除明确表明对马杜罗政权的支持立场外，俄罗斯选择通过一定军事支撑包括派遣战略轰炸机飞往委内瑞拉高调为马杜罗政权撑腰及提供相关情报等行动。在这一阶段中，俄罗斯的政治手段特征较上一阶段表现为更加强硬，结合军事支撑为马杜罗政权提供实质性支持。

1. 与查韦斯政权建立友好关系

自 2001 年"反查派"发动全国总罢工以来，反对派在委内瑞拉国内

---

① 《俄罗斯联邦外交部长谢尔盖·拉夫罗夫在与委内瑞拉外交部长豪尔赫·阿雷亚萨会谈后进行的联合记者会上发表讲话》，俄罗斯联邦外交部，2021 年 06 月 22 日，https://mid.ru/cn/foreign_policy/news/1766376/。

活动频繁。2002年4月11日，委内瑞拉现役高级军官及右翼反对派对查韦斯政府发动军事政变，委内瑞拉首都加拉加斯秩序失控，政府机构瘫痪。4月13日，由于不接受辞职，查韦斯被关押至拉奥奇拉岛中，企业家联会主席卡尔莫纳被拥护为"临时总统"，牵头组建新政府并宣布罢免查韦斯。"临时政府"一经成立，美国率先进行了承认。① 由于政变参与者并非实际握有兵权，故随后在军队的支持下，查韦斯获救。普京迅速表达其坚定支持查韦斯政府及其恢复国内秩序行动的态度，给予查韦斯政权支持。在此之后，查韦斯宣称已与俄罗斯建立"最友好、最真诚的关系"。在2006年俄委两国建立"战略伙伴关系"后，俄罗斯副总统朱可夫在参加俄委政府间高级别委员会第四次会议时指出，俄委关系已变成一种战略合作。查韦斯亦宣称，委内瑞拉与俄罗斯建立了"真正的战略联盟关系"。② 在俄委两国关系不断密切，合作程度不断加深，合作领域不断扩展的背景下，俄罗斯通过政治手段与查韦斯政权建立友好关系。

2. 对马杜罗政权提供多方面支持

2018年，马杜罗政府面临美国支持下的右翼反对派威胁和美国总统特朗普扬言不排除武装干预委内瑞拉局势时，俄罗斯派遣空军编队飞抵委内瑞拉，与委内瑞拉空军进行联合飞行演习，高调支持马杜罗政权。2019年，在反对派瓜伊多宣布就任"临时总统"并得到美国承认后，马杜罗政府在委内瑞拉的政权面临威胁。同年3月1日，俄罗斯外长拉夫罗夫在俄委会谈后重申支持马杜罗为委内瑞拉唯一合法政府的立场。随后，俄罗斯空军两架大型飞机携俄罗斯官兵及35吨物资抵达委内瑞拉，为马杜罗政权提供了实质性支持。12月18日，扎哈罗娃针对美国发布的不排除武装干预委内瑞拉的声明表示谴责，同时宣称马杜罗为委内瑞拉的唯一元首。③ 除此之外，俄罗斯还为马杜罗政府提供情报支持，协助马杜罗挫败反对派意图颠覆政权的行动。

---

① 王珍：《17年间委内瑞拉两次"政变"异与同》，《解放日报》2019年1月28日。
② 孙洪波：《俄罗斯在拉美的利益及政策取向》，《拉丁美洲研究》2008年第4期。
③ 《俄罗斯外交部官方发言人玛利亚·扎哈罗娃新闻发布会》，俄罗斯联邦外交部，2019年12月18日，https://mid.ru/cn/foreign_policy/news/1479657/。

2020年4月23日，扎哈罗娃针对美国国务院于同年3月31日宣布制定的对委内瑞拉的"民主过渡计划"表示，其意图只在于将委内瑞拉总统马杜罗赶下台，俄罗斯再次重申了对马杜罗政府的立场，指责美国在疫情下仍意图扰乱该国秩序，支持"代理总统"瓜伊多的行为。[①] 2021年11月21日，在委内瑞拉举行选举后，针对部分以美国为首的西方国家对马杜罗政权合法性及委内瑞拉选举公平性的质疑，俄罗斯再次申明了对委内瑞拉马杜罗政府的支持立场。[②]

五、未来俄罗斯对委政策变化趋势

首先，俄罗斯对委内瑞拉政策受俄美关系影响。在2022年俄乌冲突爆发且北约不断东扩的背景下，俄罗斯与美国关系急剧恶化，跌入低谷。而委内瑞拉处于被美国视为"后院"的拉美地区，虽然以委内瑞拉为首的部分拉美国家有强烈的反美意识，但美国一直有意愿在单极世界格局下干预其国家事务，实施美国霸权，加大对该地区的介入力度。2018年以来，以瓜伊多为首的反对派多次在委内瑞拉策动政变未遂，引起国内群众的不满。在瓜伊多大势已去的前提下，美国总统拜登于2022年6月13日仍发文表示对瓜伊多"临时总统"的支持，仍不放弃在政治上谋求推翻反美意识强烈，意图颠覆在拉美地区构建反美阵营的马杜罗政府。故从政治上看，委内瑞拉与美国关系复杂，美国谋求右翼反对派成功获得委内瑞拉政权的可能性小，而马杜罗反美意识强烈，委美政治关系缓和的可能性小。随着俄美关系的恶化，俄罗斯极有可能选择继续加强对委内瑞拉马杜罗政权的支持，以维系双方建立的"战略伙伴关系"，在委内瑞拉及拉美地区保持其影响力，对冲北约东扩所带来的地缘政治压力。

---

① 《俄罗斯外交部官方发言人玛利亚·扎哈罗娃新闻发布会》，俄罗斯联邦外交部，2020年04月23日，https://mid.ru/cn/foreign_policy/news/1430923/。

② 《俄罗斯外交部官方发言人玛利亚·扎哈罗娃新闻发布会》，俄罗斯联邦外交部，2021年11月25日，https://mid.ru/cn/foreign_policy/news/1787238/。

从经济上看，俄罗斯与委内瑞拉同为石油输出国家，两国虽在协调国际石油市场价格及石油开采上存在合作，但两国同为石油输出国的本质使两国在能源市场上互为替代关系，存在一定竞争。从地缘上看，委内瑞拉处于拉美地区，与美国距离较近；从能源储备上看，委内瑞拉为世界已探明石油储量排名第一的石油资源大国。在国际油价不断升高的背景下，以及寻求能源"去俄化"迫切需求的促使下，美国视委内瑞拉为缓解石油供应紧张的重要突破口。虽然冷战后委内瑞拉在政治上反美旗帜鲜明，但委美两国间石油贸易联系在2019年委美断交前从未被切断。随着委内瑞拉石油产量下降与委美两国关系恶化，美国对委内瑞拉石油的进口量不断减少。2019年，美国开始对委内瑞拉实施石油制裁，并于同年3月完全停止从该国进口石油。[①] 2022年3月5日，美国政府高级代表团访问委内瑞拉并希望就能源合作展开会谈。尝试通过放宽对委经济制裁以争取委内瑞拉的石油供应，弥补由于对俄罗斯进行制裁而产生的石油供应缺口。基于此，委内瑞拉对石油降价方面态度强硬，但亦释放出两国谋求石油合作的信号。当前，委美两国就能源合作展开对话，美国对委经济制裁出现部分松动。2022年6月6日，美国允许意大利及西班牙石油公司运输委内瑞拉石油至欧洲。[②] 在此背景下，委内瑞拉多次声明委美恢复石油贸易并不意味着改变俄委之间密切的盟友关系。在能源领域，俄罗斯短期内很可能会继续就国际石油市场价格的问题与委内瑞拉开展协商。

在俄乌冲突背景下，虽然委美关系由于石油贸易合作对话的开展，出现了局部缓和的趋势，美国拜登政府企图通过争取委内瑞拉与其恢复石油合作的行动以缓解石油短缺问题，以及通过经济手段使俄委两国彼此疏远，达到"一箭双雕"的效果。但委美之间展开能源合作对话的行动并不意味着在政治上拜登将调整对委政策，亦不意味着委内瑞拉马杜罗政府将会违背其坚守多年的反美立场，破除与俄罗斯建立的盟友关系。委内瑞拉与美国的关系仍是当今国际社会上最具有对抗性的双边关系之一，在本次

---

① 王鹏：《俄委政策走势 王鹏：美国是否会解除对委内瑞拉石油制裁》，国际网，2022年04月18日，http://comment.cfisnet.com/2022/0418/1325409.html。

② "US allows Venezuelan oil exports—Reuters," RT News, June 6, 2022, https://www.rt.com/business/556690-us-allow-venezuela-oil-eu/.

俄乌冲突中，委内瑞拉仍多次公开对俄罗斯表示坚定支持，基于俄罗斯需要在国际社会上获得对其在俄乌冲突相关问题上的支持，短期内即使委内瑞拉选择恢复与美国的石油贸易，俄罗斯亦不会放弃委内瑞拉这一盟友。与此相反，俄罗斯很可能将加强与委内瑞拉马杜罗政府的联系与交流，以维护其拉美地区的坚定盟友，巩固其在拉美地区的国际地位及影响力。

结　语

综上所述，冷战结束至今，俄罗斯对委内瑞拉政策演变主要可被概括为五个阶段：实施"战略收缩"，保持距离；俄罗斯重返委内瑞拉，展开友好接触与合作；放缓合作进程，保持密切接触；加强双边合作，密切双边关系；建立长期"战略伙伴关系"，全方位开展合作。在此五个阶段中，俄罗斯主要通过军事、经济及政治手段，密切与委内瑞拉的关系，在委内瑞拉谋求地缘政治利益和经济利益。基于此，俄罗斯对委内瑞拉政策演变的特点具体表现为立足国家自身利益，顺应俄美关系变化而调整，侧重于对委内瑞拉实行政治、经济的外交手段。

从本文分析可以看出，俄罗斯在苏联解体后对委内瑞拉由忽视到重视，俄罗斯对委内瑞拉的政策表现出以经济上的能源合作为突破口，以政治、军事上的支持与合作为支撑，逐步加强双方关系并最终建立盟友关系。随着俄美关系恶化，俄罗斯对委内瑞拉政策的地缘色彩增强，意图通过加强俄委关系，以委内瑞拉为支点，撬动拉美地区的反美力量，构建"反美同盟"，对北约近年来的不断东扩作出一定回应，对冲其地缘政治上给俄罗斯带来的消极影响。

然而，俄乌冲突及美国意图放宽对委内瑞拉的经济制裁，寻求恢复美委石油贸易的行动，俄委关系出现了一定的不确定性。但在短期内，由于委美关系在政治上与历史上的复杂性和俄委双方建立的长期"战略伙伴关系"的稳固性，俄委在政治上对反对美国世界霸权仍有相同诉求，双方仍将保持友好同盟关系。在经济上，同为石油输出大国的俄委两国，在现行国际油价走高的市场形势下，仍将展开一定的国际石油市场价格协商合作。由此看出，俄委两国关系发展方向仍然大致不变，虽受当今国际突发事件的影响，俄委关系短期内可能在经济合作上出现一定不确定性，但俄罗斯对委内瑞拉政策的实施路径及方式仍有迹可循。

冷战后俄巴关系：回顾与展望

郭丽日 曹 聪[*]

【摘 要】 自1991年巴西成为首个承认俄罗斯的拉美国家起，俄巴关系就朝着互利合作的方向不断发展。三十多年间，俄巴关系在内外因素的综合推动下稳步提升，两国在双边、地区和全球层面合作取得较好成果。2002年两国就已建立"长期战略伙伴关系"，在政治、经贸、安全等领域都有合作。回顾俄巴关系，两国在保持关系平稳的同时，也存在着合作领域较单一、"政热经冷"的问题。站在历史新起点上，未来俄巴应加强政治互信，进一步落实战略伙伴关系，深挖两国经贸和人文合作的潜力，解决现存俄巴关系问题。与此同时，为应对新的国际形势带来的更为复杂的挑战，俄巴应加强国际层面的战略协作，为世界和平作出贡献。

【关键词】 俄罗斯 巴西 俄巴关系 大国关系 金砖国家

1991年，两国关系由苏巴关系平稳过渡至俄巴关系，至今已超三十年。三十余年来，两国稳步发展双边关系，政治、经贸、军事、人文等领域的合作日渐深入。在地区和国际层面上，两国密切协作，为维护地区和平和推进国际秩序改革贡献力量。在当前风云变幻的世界背景下，俄巴两国的合作不仅是两个国家间的合作，更成为南美地区和欧亚地区合作的典

---

[*] 郭丽日，广东外语外贸大学国际关系学院国际政治专业2021级本科生；曹聪，中国社会科学院大学国际政治经济学院2024级博士研究生。

范，这显得弥足珍贵。未来俄巴应针对两国合作存在的问题有的放矢地提供解决方案，深化双边各领域合作，推动两国关系向更高水平发展。

一、俄巴合作成果回顾

三十多年来，俄巴两国不断加强在双边、地区及国际层面的合作，取得的成就备受瞩目。双边层面上，俄巴两国通过高层互访，全面发展两国关系，在政治、经济及安全领域取得积极进展。地区层面上，俄巴两国在推进拉美地区一体化上开展有效合作，为实现地区共同繁荣、安全和稳定贡献两国力量。国际层面上，两国加强在重大国际问题上的立场协调，为国际重大问题的解决贡献自身力量，共同维护以联合国为核心的国际体系，积极践行多边主义。

（一）双边层面

1. 政治领域：机制建设构建战略互信

第一，构建高层互访机制密切合作。1997年俄巴双边对话机制恢复正常运行，由俄罗斯总理和巴西副总统联合主持的俄巴高级合作委员会成立，当时俄罗斯仅仅与美国、法国、中国和乌克兰四个国家存在由总理主持的高级别定期协商机制。此后俄巴不断签订合作协议以推进双边关系。

2005年10月俄罗斯与巴西签署了《战略联盟双边协议》，确定了双方政治关系的基础。2010年5月，两国签署了《战略伙伴行动计划》，进一步确定了双边合作的内容及框架。[1] 与此同时，俄巴两国政府还签署了"2010年至2012年政治磋商计划"，磋商内容包括了多边、地区和双边三个维度：多边事务的重点包括安全与稳定、联合国议程、裁军与防核扩

---

[1] 周志伟：《当前巴西与俄罗斯的关系：内涵及问题》，《拉丁美洲研究》2013年第1期。

散、联合国人权事务、打击国际恐怖主义、毒品走私及有组织跨国犯罪、国际经济及金融形势、环境与气候等；地区事务的重点为拉丁美洲局势、与欧盟的关系、与中国和东南亚的关系、中东和苏丹冲突、亚太地区一体化进程、原苏联地区一体化进程；双边协商的优先议题主要为俄巴关系、对外政策规划。

第二，两国逐步加强政治互信。巴西是首个承认俄罗斯的拉美国家。[①] 1994年巴西外交部部长访问俄罗斯，双方签署了《伙伴关系条约》；1995年俄罗斯要求以观察员身份加入美洲国家组织，并任命在拉美方面经验丰富的切尔内绍夫作为大使；1996年1月9日，俄罗斯总统叶利钦任命普里马科夫为俄罗斯外长，这表明倒向西方的外交战略正式结束，俄罗斯实行全方位外交战略，巴西重回俄罗斯外交视线。1997年11月，普里马科夫访问巴西，释放友好信号。[②] 普里马科夫会见了巴西的高层领导人，并同他们举行了谈判，双方签署"两国面向21世纪相互关系原则宣言"；2000年6月巴西副总统马西埃访问莫斯科，两国政府同意建立战略伙伴关系；2002年1月，巴西总统卡多佐访问俄罗斯，同俄罗斯总统普京举行了会谈。两国领导人在重大国际问题上的立场基本一致和接近，也同意将双边关系提升至"长期战略伙伴关系"水平。此次访问是自1988年巴西总统萨尔内访问俄罗斯以来首次两国领导人的直接对话，两国借此正式建立了战略伙伴关系。随后两国高层互访愈发频繁——巴西总统卢拉后于2005年10月、2009年6月和2010年5月三次访问俄罗斯；普京也于2004年首次访问巴西，随后梅德韦杰夫先后两次出访巴西，向巴西传递政治友好的信号。[③] 2011年5月，两国在莫斯科召开了第五届高级合作委员会会议，双方均强调加强两国战略伙伴关系是各自政府外交政策的优先目标之一。2013年俄罗斯的外交构想强调，要发展与巴西的战略合作。

[①] 周志伟：《当前巴西与俄罗斯的关系：内涵及问题》，《拉丁美洲研究》2013年第1期。
[②] 孙桂荣：《俄罗斯与巴西关系的形成和发展》，《拉丁美洲研究》2003年第4期。
[③] 蔡同昌、江振鹏：《冷战以来苏联（俄罗斯）与巴西关系的演进》，《拉丁美洲研究》2011年第4期。

2. 经济领域：经贸关系日益密切

第一，冷战结束后，俄巴经贸合作逐步恢复。1992年，巴西和俄罗斯两国的贸易额为1.47亿美元，巴西是俄罗斯在拉美地区的第四大贸易伙伴；1995年两国贸易额增加至4.67亿美元；1999年两国贸易额达到9.06亿美元，巴西成为俄罗斯在拉美地区的第一大贸易伙伴。21世纪以来俄巴双边贸易有了较快增长。2000年两国双边贸易额仅为9.9亿美元，2008年就达到79.8亿美元。虽然受国际金融危机影响，后期的贸易额有所下滑，2009年降至42.8亿美元，尽管2010年两国贸易额没有超过50亿美元，但是双方高层看好双边贸易往来。受疫情影响，2019年两国贸易额增长态势有所放缓，2019年双边贸易额有所下降，但仍维持在46亿美元；2021年双边贸易额为74亿美元，比2020年增长70%，2022年第一季度也比2021年同期增长78%。[①]

俄巴贸易进出口产品结构具有互补性。巴西对俄罗斯的出口主要以基础产品以及低附加值的半制成品为主。2011年的数据显示，基础产品、半制成品和制成品占巴西对俄罗斯出口的比重分别为49%、43.8%和7.2%。俄罗斯对巴西出口的三大产品则为硝酸铵、尿素和磷酸二氢铵，分别占俄罗斯对巴西出口额的15.7%、15.5%和14.7%。

俄巴双边投资规模扩大。2007年巴西肉类加工企业萨迪亚投资4800万美元与俄罗斯的米拉托格公司在加里宁格勒合资建成肉类加工厂，该合资厂总投资规模为9000万美元，其中萨迪亚拥有60%的股份。同年俄罗斯树脂生产企业奥格金在南马托格罗索州投资生产松香。2010年俄巴实施免签合作后，双边经贸往来突飞猛进。俄罗斯第三大石油公司秋明-英国石油控股公司2011年11月以10亿美元购得巴西HRT公司在索丽芒斯盆地21个油田区块的45%的股份。

第三，双方高层重视经贸往来。1999年双方经贸额达到9.06亿美元，

[①] "Российский Статистический Ежегодник," https://eng.rosstat.gov.ru/storage/mediabank/Yearbook_2022.pdf.

从而使巴西成为俄罗斯在拉美地区的第一大贸易伙伴。① 1997年俄巴高级合作委员会成立，下设政治事务委员会和政府间经贸与科技合作委员会，其中政府间经贸与科技委员会下设经贸及工业合作、金融及银行间合作、能源合作、太空合作、军事技术合作、科学与技术合作以及文化、教育和体育合作七个分委会。在2000年俄巴高级合作委员会（后称"高委会"）第一次会议中，双方签署了一系列共同文件，其中主要有"俄巴伙伴条约"、"俄巴共同行动计划"、俄罗斯财政部与巴西全国金融业务监督委员会相互谅解备忘录，以及在交换洗钱机密信息方面进行合作的备忘录。该会议希望利用高委会和政府间经贸与科技合作委员会的机制扩大双边贸易和经济合作规模，增加相互投资。

3. 科技领域：科技合作得到发展

20世纪90年代，俄巴两国就在科技方面展开了一些合作。1995年，俄罗斯阿尔谢耶沃市开始向巴西提供"米-34"轻型多用直升机；叶拉布加市开始用巴西分厂生产的成套机器和配件组装汽车。与此同时，俄罗斯在巴西组建了两家科技贸易和工程技术服务的合资企业。1996年10月，俄罗斯"斯拉夫"石油公司和"佩特罗巴兹"公司在里约热内卢参加国际石油天然气展览会时同巴西签署了开采大陆架石油的协议。

在俄罗斯的积极推动下，两国签订了许多利于两国军事与科技合作的协议。1997年11月，俄罗斯外长普里马科夫访问巴西，双方签署了为期5年的科技合作协议并成立科技委员会。1999年4月，科技委员会召开了第一次会议，通过了1999年至2000年的科技合作纲要。2002年、2006年俄罗斯高层访巴，推动了多项协议的达成。② 2010年5月，俄巴签署了"2010年至2012年科学与技术合作计划"，其中设定了二十九项具体的科技合作内容。

(1) 航空航天领域的技术合作

两国制定了联合生产小型农用飞机的计划方案；俄罗斯帮助巴西研制

---

① 孙桂荣：《俄罗斯与巴西关系的形成和发展》，《拉丁美洲研究》2003年第4期。
② 孙洪波：《俄罗斯加强与拉美的军事合作及其影响》，《国际资料信息》2008年第12期。

超音速战斗机；用俄制火箭发射巴西卫星，且俄罗斯将一系列技术和资料转给巴西；帮助巴西装备阿尔坎塔拉的宇航发射场。1997年11月，两国签署了研究和利用宇宙空间的合作协议。该协议在推动两国宇航公司的接触、交换相关学者和专家等方面开辟了新的前景。1999年秋，双方决定在巴西的大坎皮纳市建造一座年组装20架俄罗斯直升机的工厂。巴西航天局和俄罗斯航天局在2008年11月签署了《使用与开发俄罗斯卫星全球导航系统合作计划》。2020年5月，俄罗斯航天局向巴西派驻代表，落实两国在航天领域的合作。

(2) 原子能领域的合作

1994年9月，俄罗斯原子能部部长访问巴西，双方签署了第一个两国政府间和平利用原子能协议。1999年4月，两国政府间经贸和科技合作委员会举行工作小组会议，成立了专门的和平利用原子能合作小组，确定了双方在该领域合作的优先方面：工业反应堆的燃料循环，研究用反应堆，无线电保护，以及在医疗、工业和环保领域运用核技术等。

4. 安全领域：双边军事技术合作

俄巴两国在军事技术领域持续开展合作。双方的军事代表团进行过多次往来和接触，加强了军工技术供需双方的了解。1993年，巴西陆军部部长访问俄罗斯，从俄罗斯购买了价值1000万美元的整套可移动火箭和"米-34"轻型多用途直升机。1997年4月，俄罗斯20多家军工综合体企业参加了在巴西首都举办的国际国防技术展览会，展示了俄罗斯的新型军工产品，引起巴西军事专家的关注。2002年1月，巴西总统访俄时，双方就签署两国政府关于军事技术合作问题备忘录达成了协议。2008年11月25日，俄罗斯总统梅德韦杰夫访问巴西，两国政府签署了《军事技术领域合作协议》，即巴西空军购买12架俄罗斯卡-35M武装直升机合同的谅解备忘录。2010年双方又签署了《战略伙伴行动》，明确了双边军事技术合作方向。

(二) 地区和全球层面

1. 促进金砖国家成立

进入21世纪以来，俄罗斯与巴西在国际多边机制中的合作明显增加。国际层面，推动金砖国家机制发展是俄巴合作的优先目标。在金砖国家机制起步阶段，俄巴两国均表现出较中国、印度更强的积极性。巴西外交部前部长塞尔索·阿莫林在2011年回顾金砖国家机制形成过程时撰文指出，巴西与俄罗斯的积极态度是促成金砖国家机制提上议事日程的关键。[①] 巴西与俄罗斯两国对该机制的政治热情是金砖国家从概念向机制转型的重要推动力。金砖国家机制的发展为巴西与俄罗斯双边关系的发展提供了一个更广泛的平台。

2. 促进拉美地区一体化

俄罗斯与巴西达成共识——拉美区域融合将会展现出不一般的力量，注重加强与拉美地区一体化组织之间的关系。巴西在其所在的拉美地区寻求建立不同层次的区域一体化组织，试图使巴西出口产品的区域市场优势制度化。

俄罗斯积极与南方共同市场建立涵盖多领域的对话合作机制。南方共同市场是由巴西和阿根廷主导的次区域经济一体化组织，巴西试图通过实现4个成员国间的共同关税联盟，推进区域内的自由贸易。为减少贸易壁垒，俄罗斯力推欧亚经济联盟与南方共同市场之间的经济融合，旨在推动成立自贸区。

3. 加强国际重大问题协作

俄罗斯与巴西在伊核问题上立场相对接近。2010年，巴西、土耳其与伊朗就核燃料交换方案达成协议，支持伊朗和平利用核能的权利。对希望

---

① 周志伟：《当前巴西与俄罗斯的关系：内涵及问题》，《拉丁美洲研究》2013年第1期。

能在此问题上发挥更大作用的巴西来说，俄罗斯在伊核问题谈判上是一个重要参与者，加强与俄罗斯的协调有利于巴西参与伊核谈判。同样地，巴西的积极介入实际上使俄罗斯在该问题上有了更大的回旋余地。

在中东地区，俄罗斯与巴西两国在叙利亚局势、巴以和平等问题上也有了日益频繁的沟通与协调。① 俄巴两国就叙利亚局势和巴以冲突表态，支持叙利亚问题日内瓦和阿斯塔纳会谈，并表明要在金砖国家会议上设置打击恐怖主义的多元化议题。②

二、俄巴关系发展特点

（一）整体保持平稳

俄罗斯与巴西的关系具有稳定性。21世纪初巴西一度盛行左翼路线，后因右翼力量的崛起而停滞不前。但即使是在拉美政治"向右转"的情况下，外交政策的延续性以及与俄罗斯发展互利合作关系的务实方针仍然得以保持。俄罗斯与巴西的合作关系并未受到右翼政府实行的亲美外交的影响。③

（二）经贸合作有待发展

两国经贸合作发展水平不高的主要原因是：两国相距遥远，不利于两国的经贸往来和发展民间旅游业；贸易结构单一，贸易质量不高，两国的贸易结构以原料为主，高科技商品占比小，不符合两国发展经济和实现现

---

① 杨凌：《金砖国家机制下巴西与俄罗斯关系新发展》，《拉丁美洲研究》2015年第3期。
② 《金砖国家支持叙利亚问题日内瓦和阿斯塔纳会谈》，俄罗斯卫星通讯社，2017年6月19日，https://sputniknews.cn/20170619/1022895578.html。
③ 蔡同昌、江振鹏：《冷战以来苏联（俄罗斯）与巴西关系的演进》，《拉丁美洲研究》2011年第4期。

代化的需要；资本与信息的缺乏带来了严重障碍。长期以来两国缺乏学习交流渠道，无法及时得到有关需求和供货潜力的商业信息。另外，两国间缺乏金融基础设施，导致对外经济合同的结算和贷款出现巨大困难；拉美地区一体化组织设置的关税壁垒对两国经贸合作具有抑制作用。南方共同市场对其他国家的商品设置关税壁垒，规定统一的外贸关税税率。

三、俄巴合作关系发展动因

（一）俄罗斯利益诉求

1. 建立广泛的伙伴关系，融入全球化

苏联解体初期，俄罗斯选择了向西方"一边倒"的外交策略，但是这并没有换来俄罗斯实力的恢复与发展。直到1996年，俄罗斯实行全方位的对外关系发展政策，以恢复大国地位、维护民族利益。

务实目标的外交政策延续至今。普京强调要恢复俄罗斯的强国地位，就必须与世界经济实现一体化，开展东西方平衡的多向外交以建立广泛的伙伴关系，融入欧洲，维持全球战略平衡，外交政策为国内经济发展服务。这成为普京在其第一任期内的重要外交政策，其中"建立广泛的伙伴关系"不仅成为俄罗斯融入全球化的重要方式，而且也成为当时普京政府平衡与西方关系的战略途径之一。[①]

巴西是支持俄罗斯加入世界贸易组织的国家。在俄罗斯看来，巴西在许多方面有独特之处，与巴西保持多边合作是俄罗斯国际联系多样化和建立多极世界原则方针的重要组成部分。

2. 扩大对巴西影响力，获得地缘政治利益

冷战时期，巴西所在的拉美地区成为苏联与美国争霸的战略依托。苏

---

① 周志伟：《当前巴西与俄罗斯的关系：内涵及问题》，《拉丁美洲研究》2013年第1期。

联解体后，俄罗斯全球影响力急剧萎缩，在拉美地区实施战略收缩，与拉美国家的关系几乎处于停滞状态，出现地区合作真空。随着国力逐渐恢复，俄罗斯积极谋求重返拉美。巴西是当之无愧的拉美大国，也是俄罗斯拉美政策的重点。基于巴西对美国的地缘影响力，俄罗斯把巴西视为平衡美国的战略力量，以对冲美国压力、抵消西方制裁影响。① 由于北约东扩、格鲁吉亚和乌克兰爆发"颜色革命"、俄格武装冲突等，② 俄罗斯在政治上陷入完全孤立，拓展国际空间成为俄罗斯的外交优先方向。同时，巴西政治气候左右摇摆不定。面对外部局势突变，俄罗斯重新评估了在巴西的战略利益，认为恢复在巴西的地位符合其经济、政治利益的诉求。俄罗斯重返拉美是将巴西潜在的反美左派视为制衡美国的地缘战略支点。

3. 维系多重利益，重点发展经济合作

俄罗斯希望维系自身的经济利益。巴西市场既是俄罗斯能源公司潜在的服务消费者又是俄罗斯燃料动力综合体能源技术和设备的进口国。加强与巴西合作对于巩固俄罗斯在国际石油和天然气市场上的地位具有重要的战略意义。这既有助于最大限度地挖掘燃料动力综合体的出口能力并为保障国家经济安全作出贡献，又能使俄罗斯继续担当欧洲国家和整个国际社会稳定而可靠的伙伴。

此外，巴西对于俄罗斯的战略意义还在于得到巴西在重大国际事务中支持俄罗斯。③ 巴西在俄乌冲突问题的表态算是对普京的宝贵支持——《福塔莱萨宣言》没有对俄罗斯进行谴责，也没有批评克里米亚脱乌入俄。

巴西将是扩大俄罗斯国际活动空间和加强俄罗斯世界大国地位最重要的后备力量，与巴西的合作在一定程度上补偿了俄罗斯在其他方向的损失。俄罗斯与巴西扩大政治协作，推进经济、投资、创新、文化及人文合作，共同寻求应对新挑战和威胁的方式，巩固俄罗斯公司在巴西的工业、能源、通信和运输等领域的地位。

---

① 崔守军、刘祚黎：《俄罗斯对拉美政策的变化》，《现代国际关系》2021年第12期。
② 赵隆：《新形势下俄罗斯拉美战略的调整》，《西伯利亚研究》2009年第3期。
③ 庞大鹏：《俄罗斯外交战略中的拉丁美洲》，《拉丁美洲研究》2020年第4期。

(二) 巴西利益诉求

1. 加强南南合作，密切与发展中国家关系

"一个国家的国际身份与认同影响着该国的对外政策和国际行动，而国际交往本身又是国家身份和认同建构中的重要因素。"长期以来，巴西对"南方"或"发展中国家"具有强烈的认同感，常常以发展中国家代言人自居，"第三世界主义"曾是其外交政策的重要特点。

譬如，巴西卢拉政府延续了巴西外交的传统和主要议题，也体现了左翼劳工党的特色和风格。[①] 其中最为突出的一个特征就是，强调发展中国家的团结和南南合作，并联合发展中国家在多边场合抗衡发达国家、影响议程设置。

总而言之，巴西将南南对话与合作视为外交优先目标，与俄罗斯的密切联系无疑也有巴西对于俄罗斯在发展中国家地位的考量。

2. 提升国际影响力，谋求大国地位

对巴西而言，与俄罗斯维护双边关系是着眼于俄罗斯在国际社会政治、军事大国地位的选择。

作为"拥有在世界强国之列中谋取一席之地的所有条件"的巴西，谋求大国地位是其国际战略的终极目标。这一终极目标并不因不同时期和不同条件下具体政策的调整而发生变化；反之，随着近些年实力的不断增长，巴西已经成为大国逐鹿场上的主要参赛者。巴西渴望并坚定地追求自身的国际影响力，它通过深入参与国际机制和开展全球多边外交来扩大本国的国际影响力，明确表示"在国际舞台上，巴西要当主角而不是配角"，尤其是要当发展中国家的领袖。与俄罗斯这样的世界大国结成战略伙伴合

---

① 《巴西外交的"发展"维度》，中国社会科学网，2015 年 8 月 6 日，http://ilas.cass.cn/xschengguo/xslunwen/201902/t20190219_4831372.shtml。

作关系无疑是巴西开展世界多边外交的重要一环。①

3. 坚定全球化发展，维护经济利益

第一，巴西在亚马孙雨林主权问题上需要借助俄罗斯的力量。随着全球气候谈判的推进，巴西在热带雨林保护方面面临越来越大的国际责任压力，亚马孙雨林主权问题已上升为巴西的核心关切。博索纳罗执政以来，其环境政策遭到了欧美发达国家的集体围攻，美国民主党议员联名要求拜登全面叫停与巴西政府的合作，欧盟国家也暂停了与南方共同市场之间的自贸协定审批程序，而俄罗斯却明确支持巴西对亚马孙雨林的主权，这正是影响博索纳罗个人对俄罗斯态度的重要因素。②

第二，巴西关切农牧业集团的利益问题。巴西是全球第二大农产品出口国，尤其在大宗商品价格攀升期间，农牧业对现阶段巴西经济复苏至关重要。农牧业的发展离不开化肥原料。巴西却是全球最大的化肥进口国，2021年化肥对外依存度高达85%，而俄罗斯占巴西氮肥、磷肥、钾肥进口的比重分别为20%、15%和28%。农牧业集团一直是巴西举足轻重的政治力量，也是博索纳罗政府的核心支持力量。鉴于此，巴西政府重视与俄罗斯政府间的关系发展。

第三，巴西寻求与俄罗斯的战略性科技合作。巴西的科技投入相对有限，寻求国际科技合作成为巴西现代化过程中弥补其科技投入不足的重要选择。巴西寻求与俄罗斯科技合作的战略出发点在于：通过与俄罗斯的合作，争取实现技术的转移，并加快自主技术的发展。与此同时，巴西对于俄罗斯科技实力显然有一定认识：虽然俄罗斯的应用科学水平较西方国家相对落后，但俄罗斯在基础科学领域依然具有一定的优势，并且在某些领域具有一流的技术能力。科技合作是巴西对俄巴关系的重要诉求，在两国政府所签署的众多合作协议中，航空、核能、太空、军事等技术合作占据相当大的比重。

---

① 《从地区领导者到全球博弈者》，中国社会科学网，2009年5月26日，http://ilas.cass.cn/xschengguo/xslunwen/201902/t20190219_4831087.shtml。

② 周志伟：《巴西在俄乌冲突中为何对俄罗斯更有"温度"》，《世界知识》2022年第8期。

（三）俄巴双边共同诉求

1. 历史背景相似，共同追求经济发展

俄罗斯与巴西距离遥远，但是全球化的发展为双方的交往提供了空间。两国联系交往历史悠久，早在1828年，俄国就同巴西建立了外交关系。而在更久远的年代，历史的纽带已经将两者联系在一起。两国历史发展的主要阶段具有相似之处。俄罗斯经历了金帐汗国的压制时期，巴西则经历了葡萄牙殖民地时期。这决定了两国落后于先进国家并走"追赶性发展道路"的必然性。从由传统社会向资本主义社会过渡的历史时期来看，俄罗斯废除了农奴制，巴西则废除了奴隶制。俄罗斯经历了三次革命和长期国内战争；巴西则经历了尉官派运动、普列斯特斯"纵队"远征、1930年瓦加斯革命和1932年制宪运动。现阶段，两国都进行了经济结构改革，谋求成为世界上具有影响力的经济大国。

2. 机遇与挑战相似，双方合作促进发展

第一，在经济方面，两国发展合作关系有着良好前提条件。一是两国都面临着相同的现代化任务和目标，都在建立一系列具有高科技含量的现代化部门，在生产和服务领域推广信息技术，任务和目标不仅相近，而且实现目标的方法也相同（两国都实行经济结构改革，构建开放型经济，实行私有化，实行地区一体化，等等）；二是两国在经济条件、需求和发展计划方面有很强的互补性，双方具有实现这种互补性的各种保障（如两国都拥有多样化的经营体制，范围广泛的工业部门，大型科研生产基地，充足的科技队伍潜力和各种原料、能源储备等）；三是两国在国际分工中所处的位置相似，都是技术和资本输入国。两国在世界经济中都处于边缘化地位，在技术上都依赖发达国家，都背负巨额外债的沉重包袱。

第二，在政治方面，两国同为地区性大国，如何避免"边缘化"是两国共同面对的问题。俄巴都希望提升各自在国际政治和安全领域的影响力，提升国际地位，在重要的国际问题和领域提升话语权。

3. 强化立场协调，推进国际重大议题

为了协调两国在重大国际问题上的立场，高级合作委员会下设政治委员会，作为两国就主要国际政治问题，尤其就安全和战略稳定问题进行咨询评议和协调立场的机制，从而促进两国政治关系的顺利发展。

俄巴关系的政治重要性体现在两国针对裁军、联合国改革及其作用的强化、反对恐怖主义和有组织犯罪，尤其是维护和平、民主和尊重人权等领域。两国是战略伙伴关系，政治方面双方基本上不存在有争议的问题。两国对重大国际政治问题的看法和立场基本一致或接近。

在全球化问题上，双方强调，必须对全球化过程赋予团结和公正的性质，以保证新的世界秩序原则；按照多极方向发展国际关系是建立稳定和平衡的全球体系的手段。双方拥护继续裁军，首要的是裁减核武器。双方认为，世界贸易组织在保障全球发展和繁荣方面起着重要作用，巴西支持俄罗斯成为世界贸易组织的全权成员。

在联合国问题上，双方认为，必须加强联合国及安理会作为保卫世界和平和国际安全工具的主导作用，强调在遵循联合国宪章原则和条款的基础上加强相互支持；俄罗斯表示支持巴西成为安理会常任理事国的候选国之一——早在2002年与巴西签署的共同声明中俄罗斯政府便明确了对巴西"入常"的支持态度。

在拉美政治经济一体化问题上，双方认为，目前这一地区正在成为新的世界秩序的重要中心。俄罗斯同南方共同市场国家建立相互关系具有重要意义。

在国际反恐问题上，双方的意向一致，强调相互积极配合，惩罚恐怖分子，切断恐怖组织的经费渠道。

无论在全球化问题上还是在世界多极化问题上，抑或在核武器、国际反恐斗争、建立新的世界秩序和拉美政治经济一体化问题上，两国的政治观点和原则立场相互吻合。在国际舞台上，在重大的外交行动上相互支持，互相配合。

四、俄巴关系展望：稳步发展

（一）经贸合作前景巨大

1. 加强互补性，合作潜力大

虽然俄巴两国双边贸易额在各自对外贸易总额中占比较小，但是两国之间的经贸往来和科技合作拥有巨大的潜力：两国之间的供需存在很强的互补性；俄罗斯的供货价格相对较低，质量也符合国际标准，具有一定的竞争力；两国经济总体上呈增长态势；两国签署了《21世纪议程》和一系列经贸和科技长期合作协定，从而在法律方面保障两国关系继续发展。

2. 贸易伙伴关系提升，逐步取代旧模式

与涉及国家核心利益的政治问题相比，经济问题的敏感性相对较弱。优先解决两国在经济中存在的问题，通过扩大经贸合作、产能合作，强化两国合作的纽带，促进相互间的沟通了解和认同，不仅在解决问题路径上简单许多，也有助于两国政治和外交关系的发展。[①] 当前的俄巴经贸双边关系尚停留在政策意向层面，不具备充实的双边关系内容，俄巴双边贸易和投资规模非常有限，两国之间缺乏切实且具体的科技项目合作。俄罗斯和巴西两国应真正落实战略合作的行动，改进买卖农产品的旧模式。两国可以通过兴建合营企业的方式吸收和创造新技术，使双方在贸易领域获利，以小规模的双边合作计划为切口从而克服运输和资金方面的障碍。

3. 创新合作路径，强化金砖国家下战略协作

第一，俄巴两国应制定重点领域共同工作计划，以官方支持、商业贷

[①] 田丰：《金砖国家经济增长、结构转型与产能合作》，《拉丁美洲研究》2017年第4期。

款为主，结合对外投资，充分借助金砖国家的融资平台进行资金支持，激励更多金融机构及企业参与对双方经济发展制约最为明显的行业、领域或环节的投资项目。

第二，创新俄巴商业合作模式。在发挥工业园区示范带动作用下，依托地方商会、行业协会等行业中介服务组织，探索"协会+企业+园区"合作模式，吸引境外企业和资本进行投资，带动当地相关产业发展和转型升级。①

（二）政治互信不断增强，但受美国牵制较大

俄巴双方都是对方在提升国际地位，谋求国际利益，稳定多边交流，改革国际秩序的重要战略发展对象，在国际问题立场和看法的协调也加深了双方的政治互信。加上金砖国家给双边的友好交往添上一把火，俄罗斯、巴西都高度重视金砖国家之间的金融合作，希望为本国经济的稳定提供良好的外部环境。

但是美国对于俄巴关系的影响也无法被忽视，巴美关系的双重性可能会给俄巴关系带来相关影响。美国把巴西视为"后院"国家的一员，经常采取手段干预巴西事务，巴西在政治上渴望摆脱美国，坚决反对美国的霸权主义政策，但是在经济上对美国十分依赖。加之美国与巴西在地缘上的联系难以切断。对于巴西而言，美国既是一个难以舍弃的伙伴，又是一个难以超越的对手。

（三）国际安全领域合作前景广阔

除了军事性的安全威胁，集中在国家领土内的安全威胁也是俄巴双方关切的问题。全球化不仅加速了人员、信息和产品的流动，也使得地理距离上相当遥远的国家之间产生了相似的问题，俄巴两国都在被同样的问题困扰。《2020年前俄罗斯国家安全战略》称，长期的世界政策重心将围绕

---

① 田丰：《金砖国家经济增长、结构转型与产能合作》，《拉丁美洲研究》2017年第4期。

能源资源的拥有情况展开。"信息战"将与世界人口、生态状况恶化一起盛行。在这种状况下，不排除使用武力的可能。相同的表述在巴西2005年的国防政策文件中也有出现——"世界淡水储藏、广袤的海洋区域、能源资源和宇宙空间的争端"——来描述生态和环境安全风险。无独有偶，2008年12月的国防政策文件中，巴西同样提到关于国家领土内的安全领域。"巴西将保持高度戒备，重申其对巴西亚马孙地区的绝对主权。巴西将采取措施发展和保护该地区，反对任何外部力量对其保护、发展和防卫亚马孙地区决策的不合理要求。不允许任何组织或个人成为企图削弱巴西主权的国外政治和经济利益集团的工具。照料亚马孙地区使之服务人类、服务巴西是巴西人的事。"俄罗斯同样拥有广袤土地，其西伯利亚、北极地区和远东地区面临的潜在威胁与巴西相似，双方在安全战略方向上有很大重合度，更多合作展开也可以预见。①

结　语

俄巴在冷战后三十年多间发展为战略伙伴关系，两国在政治领域以机制建设构建政治互信，在经贸领域合作日益密切，在安全领域重视军事科技的合作；在地区层面、国际层面也小有成就，俄巴不仅促成了金砖国家的形成，也在拉美地区一体化、国际重大问题上协调立场。这不仅是两国战略选择下的合作，也是全球化大背景下的必然趋势。未来，俄巴两国将坚持多边主义与全球化，加强两国政治互信与经贸交往，携手安全领域的合作，促成两国立场上的协调，增进友谊。

---

① 鲍里斯·F. 马丁诺夫著，吴孝芹译：《"金砖四国"：国际安全领域合作视角》，一带一路数据库，2011年4月，https://www.ydylcn.com/skwx_ydyl/initDatabaseDetail? siteId = 1&contentId = 7101368&contentType = literature。

俄罗斯与非洲国家关系

俄罗斯对非洲政策变化的动因探究与前景展望

余　悦　林尚沅[*]

【摘　要】 俄罗斯综合国力的持续衰退使得非洲在俄罗斯外交中的地位急剧下降。然而进入21世纪以来，非洲政治经济影响力的上升引发全球范围内的关注，在世界舞台上的地位愈发重要。俄罗斯重新意识到非洲的重要性，并积极调整对非洲国家外交政策，逐渐加强与非洲国家的战略合作。俄罗斯与西方地缘政治关系逐渐恶化后，进一步提高对非洲国家外交重视程度以应对西方国家的制裁，由此催生了"重返非洲"战略，并随着2019年第一届俄罗斯－非洲峰会的召开正式启动，俄非关系迎来了新发展。展望俄罗斯与非洲关系发展前景，从短期来看，虽然2022年俄乌冲突对俄非关系的发展产生一定影响，但从长期来看，俄罗斯稳定推行"重返非洲"战略的总趋势不会改变。随着第二届俄罗斯－非洲峰会的召开，俄罗斯与非洲有望进一步深化合作。

【关键词】 俄罗斯　非洲　俄非关系　俄罗斯对外政策

20世纪50年代后，非洲各国相继摆脱殖民统治，建立主权国家。冷战结束后，非洲国家一体化进程加快，经济改革取得成效，综合实力明显

---

[*] 余悦，广东外语外贸大学国际关系学院外交学专业2021级本科生；林尚沅，广东外语外贸大学国际关系学院外交学专业2021级硕士研究生。

增强，已成为世界舞台中一支重要的力量①。进入21世纪后，非洲以其巨大的经济发展潜力吸引着来自中国、印度、巴西、美国、沙特阿拉伯，当然还有俄罗斯的政府和投资者的关注。"多方博弈"已是各大国在非洲关系的常态。

俄罗斯与非洲接触的历史早但程度较低。在中世纪，俄罗斯宗教人士曾与非洲人有过零星交往。20世纪之前，俄罗斯对非洲的认识主要来自早期旅行家探险家，如尼古拉·普列特尼科夫和亚历山大·普谢金。20世纪初期，俄罗斯主要通过共产国际和非洲保持联系。苏联时期与非洲的政治经济联系有所发展。20世纪30年代，苏联开始与一些北非国家开展直接贸易。第二次世界大战期间，苏联加强了与加入反法西斯阵营的埃塞俄比亚和南非等非洲国家的关系。冷战期间，苏联和非洲关系经历了赫鲁晓夫深化合作时期、勃列日涅夫介入非洲时期和戈尔巴乔夫务实发展时期。苏非关系虽历经波折，但总的来说关系逐渐紧密。但随着苏联的解体，俄罗斯和非洲关系经历新一轮的变化。

冷战后俄罗斯的非洲政策可被概括为三个阶段：轻视非洲，重视非洲，重返非洲。第一个阶段是叶利钦执政前期，俄罗斯与非洲关系出现了明显的倒退。第二个阶段是普京执政时期直到乌克兰危机之前，伴随着俄罗斯实力的恢复，俄罗斯提高对非洲国家的重视程度，力图恢复与非洲国家的关系。第三个阶段是乌克兰危机之后，俄罗斯进一步加强与非洲的合作以对冲西方制裁的负面影响。

俄非关系是俄罗斯外交史上重要组成部分。然而中国学者对该问题的研究明显滞后于国外。目前我国研究俄非关系的资料有限。本文力求在史料的基础上，通过梳理冷战结束以来俄罗斯对非洲政策变化历程，总结俄罗斯对非洲政策的特点，探究俄罗斯在非洲的利益诉求和战略考量，并基于此和目前最新情况判断俄非关系发展的未来走向。

---

① 《非洲在世界格局中的重要地位——李克强总理定义非洲为"三个一极"》，中国共产党新闻网，2014年06月10日，http://cpc.people.com.cn/n/2014/0610/c68742-25126961.html。

一、俄罗斯对非洲政策发展历程

（一）轻视非洲，进行战略收缩（1991年至1996年）

20世纪90年代初，苏联解体和向市场经济转型给俄罗斯带来了一系列经济和政治问题及巨大变化，这促使俄罗斯重新审视其对第三世界国家的外交政策。叶利钦继承了戈尔巴乔夫"一边倒"亲西方的外交政策，在国内推行西方民主化的改革，在外交领域将主要精力投向有利可图的西方国家，与西方的国际行为准则和国际秩序全面接轨。俄罗斯首任外交部长科济列夫意图采取牺牲与第三世界国家的外交关系来"换取"西方的支持和援助。科济列夫此举目的十分明确，希望通过从原先势力范围的全面收缩，打消西方国家对俄罗斯的疑虑，从而获得西方经济援助，并最终能够融入"西方文明社会"。基于这种新思维外交政策，俄罗斯与非洲的关系面临巨大的挑战。

外交上，俄罗斯与非洲关系骤然降温。1992年，为了削减外交开支，俄罗斯不仅召回大批驻非洲的外交官员，而且还关闭了在马里、贝宁、尼日尔、布基纳法索和毛里求斯等数十个非洲国家的大使馆和领事馆。[1] 1993年，俄罗斯颁布的外交政策构想文件中，地区层面外交以对俄罗斯的重要性进行排序，分别是独联体、欧洲、美国、亚太、中东、非洲和拉美，非洲仅排在拉美之前。[2] 冷战时期，苏联与南非目前的执政党非洲国民大会有着十分密切的联系。苏联旗帜鲜明地反对南非当局并支持非洲人国民大会（非国大）。苏联不仅帮助非国大超过1/4的成员到苏联接受中等或高等教育和培训，而且援助其大量适合游击战的轻武器和防御性武器。而到了冷战后期，苏联与非国大关系趋于冷淡，转而与白人种族隔离

---

[1] Vladimir Shubin, "Russia and Africa: Coming back?" Russian Analytical Digest, Vol. 24, No. 83, 2010.

[2] 袁武:《俄罗斯－非洲峰会助力俄罗斯重返非洲》，《学术探索》2019年第12期。

政权进行接触。考虑到与西方国家的关系，俄罗斯初期坚持了这一立场。这一做法严重损害了俄罗斯与南非及非洲其他国家的外交关系。在一些国际问题上，俄罗斯也保持与西方步调一致，如在对利比亚实施制裁方面，俄罗斯支持了西方的做法，并派遣了两艘军舰到波斯湾以响应国际社会打击利比亚恐怖主义活动。

同时，在经济领域，俄罗斯和非洲的贸易额急速下滑。1984年苏联与非洲国家之间的贸易额为近35亿外汇卢布（按官方汇率近58亿美元），1992年断崖式下跌至13亿美元，而到1994年只有7.4亿美元，甚至不到俄罗斯外贸总额的1%。1991年，俄罗斯宣布全面终止对非洲的援助，在苏联时期开始的大多数经济援助项目也被终止，并且要求非洲国家尽快偿还所欠债务。尼日利亚一家苏联援助建设的钢铁厂完工率近98%，因俄罗斯停止援助，项目被迫搁置。援助的中断不仅给尼日利亚造成巨大损失，而且严重损害了俄罗斯的国际信誉和国际形象，引起非洲国家的强烈不满，被认为是对非洲国家的背信弃义和不负责任。

此外，俄罗斯和非洲的文化交流也趋于冷淡，苏联解体前在非洲设有20个文化中心，而叶利钦时期关闭了其中13个。俄罗斯友谊大学由于经费短缺大幅取消和裁撤给予非洲学生的奖学金。在国内舆论上，很多人对苏联时期的对非政策不满，他们认为对非洲的大额无偿援助给苏联带来了难以承受的负担，并在很大程度上造成苏联经济的衰弱并使得苏联最终解体。俄罗斯一些右翼媒体和政客甚至将非洲视为导致俄罗斯不幸的"替罪羊"，认为正是非洲国家"吃空"俄罗斯，导致俄罗斯的经济衰退。这些言论助长了俄罗斯的排外情绪和种族主义。俄罗斯关闭莫斯科非洲服务电台、莫斯科进展出版商等涉非文化机构。这一系列做法损害了俄罗斯的大国形象。作为回应，非洲国家撤回部分驻俄罗斯的相关机构或办事处，也减少了派驻俄罗斯的外交官员。

（二）重视非洲，逐渐恢复对非关系（1996年至2014年）

1996年，科济列夫黯然离职，普里马科夫接替他担任新的外交部部长。继任后的普里马科夫在外交领域"拨乱反正"，结束了苏联解体后俄罗斯一直奉行的单向亲西方的政策，提出了东西方兼顾的全方位、多极化外交思想，开启独立自主的外交政策。虽然在实践中并未完全实现既定目标，但新的外交思想的提出无疑是巨大进步。他的多极化外交思想和独立自主外交政策所具有的正确内涵，对俄罗斯随后的外交政策有着重要的指导作用。这种外交思想和政策被普京所继承，并在其务实的外交政策中得到了延续。

在新外交思想指导下，俄罗斯再次重视非洲。自1997年至1999年，俄罗斯和非洲国家多次高层互访，加深了双方联系。

表12　1996年至1999年有关俄非高层互访一览（不完全统计）

时间	主要内容
1997年	俄罗斯紧急情况部部长谢尔盖·绍伊古到访非洲
1998年	俄罗斯卫生部部长访问非洲
1998年	俄罗斯外交部副部长博苏瓦柳克访问津巴布韦和南非
1998年	俄罗斯国防部部长谢尔盖耶夫访问安哥拉
1998年	安哥拉总统多斯桑托斯回访俄罗斯
1998年	乍得最高元首代比对俄罗斯进行宣讲
1999年	南非总统曼德拉对莫斯科进行访问

资料来源：俄罗斯外交部。

此外，各种非洲区域组织以及涉及非洲发展问题的活动上都出现了俄罗斯的身影。例如，俄罗斯代表定期参加非洲统一组织国家和政府首脑大会以及以该组织名义举行的各种会议；参加1998年在东京举行的第二届非洲发展问题国际会议；参加1999年2月在赞比亚卢萨卡举行的南部非洲发展共同体信息技术大会。俄罗斯也有意发展与东非共同体、萨赫勒-撒哈拉国家共同体、环印度洋区域合作联盟之间的关系。这些层面的交往为俄非关系的改善建立政治基础。

在经贸领域，俄罗斯议会成员和商界代表积极参加了一系列非洲地区的大型商业论坛，如在南非、肯尼亚、尼日利亚和纳米比亚等国举行的论坛。在此期间俄罗斯建立和参加了许多促进双方经贸交流的联合会和论坛。例如，2005年，第十八届世界石油大会在南非约翰内斯堡举行，俄罗斯派代表参会。2011年，首届俄罗斯－非洲实业论坛在埃塞俄比亚首都亚的斯亚贝巴举行。2013年，俄罗斯举办第二届天然气出口国论坛。尽管总量不大，但俄非经贸额呈现上升趋势。俄罗斯与非洲传统伙伴国家的经贸合作快速恢复。俄罗斯与安哥拉签署能源、矿业和渔业领域进行合作的协议，此外俄罗斯还资助安哥拉的水电工程项目。俄罗斯与几内亚签订了共同开发铝土矿的协议，1997年双方又扩展了该协议。[①] 俄罗斯与几内亚贸易协会成立，贸易领域涉及技术设备、渔业和旅游业。

尽管这一时期（1996年至1999年）俄罗斯与非洲在外交领域和经贸领域有所恢复，但俄罗斯从1991年到1999年国内生产总值下降约40%，[②] 经济严重衰退致使俄罗斯与非洲的合作程度有限，很多对非政策收效也不甚理想。

2000年普京接任总统职务，在其强国政策的指导下，俄罗斯政局趋于稳定。伴随着石油天然气价格飙升，国家经济连续八年稳步上升，外债减少，黄金外汇储备持续增长。政局稳定和经济发展为俄非关系的发展提供积极活力。

俄罗斯在2000年发布的《俄罗斯联邦外交政策构想》中，重新将非洲纳入外交优先发展方向并逐步强化对非政策。[③] 2007年3月27日，俄罗斯外交部发表了题为《俄罗斯联邦对外政策概论》[④] 的文件，该文件提到，"发展与非洲国家传统友好的关系和互利合作的政策，能为俄罗斯实现经济目标和保障国家利益提供机会"。该文件呼吁积极参与解决非洲大陆的冲突，减轻非洲国家沉重的债务负担，并继续向非洲提供人道主义援助。在2008年发布的《俄罗斯联邦外交政策构想》中，俄罗斯政府阐明了其对非洲的政策：俄罗斯将在双边和多边合作与对话的基础上，扩大同非洲

---

① 吕政堂：《俄罗斯的铝土矿开采和氧化铝生产（下）》，《轻金属》2008年第4期。
② 数据来源：World Bank Data, https://data.worldbank.org/。
③ 李新：《俄罗斯重返非洲：进程、动因和困境》，《当代世界》2019年第11期。
④ 《俄罗斯联邦对外政策概论》，俄罗斯联邦外交部，2007年3月27日，https://mid.ru/cn/foreign_policy/founding_document/。

国家协作，尽快解决非洲地区的冲突与危机。俄罗斯和次地区组织开展政治对话，以促进俄罗斯加入非洲的多个经济项目。这一类文件反映出俄罗斯提高了对非洲的关注程度，并主张以更加积极的态度参与解决非洲大陆上的国际议题，以建立一个多极化世界体系。

俄罗斯与非洲政治合作日益紧密，俄非高层互访增多。俄罗斯也积极参加涉非会议并取得显著成果。2001年被认为是俄非交流的"丰收年"。俄罗斯相继受到了加蓬、几内亚、埃及、尼日利亚的总统和埃塞俄比亚总理的友好访问。2001年4月，普京在会见加蓬总统邦戈时表示，俄罗斯希望与世界上所有国家建立友好关系，非洲的重要性不亚于任何其他地区。2002年，俄罗斯参加了在加拿大卡纳纳斯基举行的八国集团首脑会议，会议通过了援助非洲行动计划。2006年，作为首位访问撒哈拉以南非洲的俄罗斯国家元首，普京率领了一个阵容庞大的商界代表团且访问非洲多国。在访问期间，普京与这些国家签署了一系列经济合作协议，为俄罗斯和非洲国家的经济发展开辟了新的道路。2007年3月，时任总理弗拉德科夫对安哥拉、纳米比亚和南非进行国事访问。7月，于德国海利根达姆举行的八国集团首脑会议上，普京提到解决非洲能源问题将为非洲大陆的发展铺平道路。2008年5月梅德韦杰夫上台（2008年至2012年）并继承普京前两任任期对非洲的政策方针。2009年，梅德韦杰夫访问安哥拉、埃及、纳米比亚和尼日利亚。2013年，普京借金砖国家峰会之机再访南非，两国在金砖国家框架内保持紧密合作。

在经贸方面，俄罗斯与非洲也有新的进展，主要体现在货物贸易、投资和金融领域。2002年俄罗斯非洲商业委员会成立，60位活跃在非洲的石油、天然气、金融和旅游业商人参与。2006年10月24日至25日举办的俄罗斯-南非商业论坛是俄罗斯世博会的重要议程之一。另外，投资领域也有所发展。在经济危机爆发前，17家俄罗斯大公司在非洲13个国家在建或即将建设的项目达到44个，其中最为活跃的公司有俄罗斯天然气公司、俄罗斯卢克公司以及俄罗斯埃罗莎公司等。2010年，俄罗斯与非洲进出口总额突破50亿美元，比1995年增加约5倍。

(三) 重返非洲, 对冲乌克兰危机 (2014年至今)

2014年乌克兰危机爆发, 西方对俄罗斯开始实行一系列政治和经济制裁措施, 给俄罗斯的经济造成了一定的负面影响。在此背景下, 俄罗斯为了打破西方的外交围堵, 提振本国人民的政治经济信心, 进一步加强对非合作, 开展反制性外交, 该时期对非洲政策带有着强烈的对冲危机色彩。

2014年以来, 俄罗斯加快了与非洲政治经济交流, 非洲对俄罗斯的战略地位更加凸显。

在政治领域, 俄罗斯与非洲国家政治交流进一步加深。2014年是俄非政治关系具有里程碑意义的年份, 2014年之后, 俄非政府间高层互访频率显著提升。2014年, 科特迪瓦、刚果 (金)、加蓬、马里等16个非洲国家的元首和高官访问俄罗斯, 与俄罗斯相关官员举行双边或多边磋商, 讨论了在各个领域中的合作和协调, 并相互交换了对国际局势和地区热点问题的态度与见解。2015年、2017年普京两度访问埃及, 并借国际会议场合与部分非洲国家元首会晤, 如二十国集团、金砖国家首脑峰会, 等等。2018年, 俄罗斯与非洲国家元首和高官的互访达到近年来高峰, 政府高层互访达20多次。俄罗斯通过频繁的高层会晤和及时的沟通, 能够准确把握与非洲国家间的利益诉求, 及时解决合作中出现的问题。在国际组织层面, 俄罗斯不断扩大与非洲联盟、南部非洲发展共同体的联系。2014年, 俄罗斯与非洲联盟签署了《俄罗斯与非洲联盟有关政治磋商机制的协议》, 这进一步推动了双方在各个领域的合作。

俄罗斯与非洲的政治交流还体现出机制化特点。一系列的论坛、会晤模式和会议机制推动俄罗斯与非洲的政治经济交流机制化。

表13 2013年至2019年有关俄非机制化合作的领域

年份	主要内容	领域
2013年	俄罗斯与南非关于俄罗斯联邦商务代表处的协议	商业
2014年	俄罗斯中东与非洲国家事务特使	外交

续表

年份	主要内容	领域
2014 年	俄罗斯外交部与非洲地区组织联络事务特别代表	外交
2014 年	俄罗斯与埃及两国外长和防长"2+2"定期会晤模式	国防、外交
2018 年	俄罗斯-非洲社会论坛	社会议题
2019 年	非洲进出口银行年会	金融
2019 年	第一届俄罗斯-非洲国际议会会议	外交
2019 年	第一届俄罗斯-非洲峰会和经济论坛	经贸

资料来源：俄罗斯外交部。

2014年后，俄罗斯与非洲经贸合作发展迅速，2014年俄罗斯与非洲贸易总额已超过100亿美元，2018年更是达到了204亿美元。投资方面，2015年俄罗斯在非各类投资总计150亿美元，比2006年增加了7倍，[①] 投资领域涵盖能源、基础设施、采矿、医疗、教育等领域。俄罗斯通信技术公司积极参与非洲卫星电子通信系统的建设，在电子软件产品领域设立了一系列合资或独资企业。在金融领域，俄罗斯对外贸易银行、对外经济银行对非洲投入大量资金，并在安哥拉、纳米比亚和南非等国设立了分行。

2018年，普京第四任期开始，提出"重返非洲"战略。虽然"重返非洲"战略的表述不是俄罗斯官方正式的名称，但俄罗斯官方、学界和媒体已普遍采用该表述。如由俄罗斯卫星通讯社、俄罗斯外交与国防政策委员会等共同成立的俄罗斯知名智库瓦尔代国际辩论俱乐部于2019年发布的报告《俄罗斯重返非洲：战略与前景》多次使用这一词语。[②] 事实上，俄罗斯与非洲关系从未中断过，只不过在不同历史时期发展的程度不同。

[①] 数据来源："Institute for African Studies of the Russian Academy of Sciences," https://www.inafran.ru/en/.

[②] 王树春、王陈生：《俄罗斯"重返非洲"战略评析》，《现代国际关系》2019年第12期。

二、俄罗斯对非洲政策的影响因素及特点

(一) 对非政策的影响因素

纵览冷战结束后俄罗斯对非洲政策变化历程可以发现，多方因素影响俄罗斯对非政策变化：

1. 自身综合国力变化

综合国力在诸多因素中起决定性作用。苏联解体初期，俄罗斯整体国力严重下滑导致其无法维系与非洲在外交、经济等方面的既有联系，因此其希望通过"甩包袱"的方法减轻自身经济负担，赢得西方国家的信任。俄罗斯不得不在对外政策上有所取舍，非洲作为俄罗斯外交次要地区而被忽视，导致俄非关系降至冰点。21 世纪以来，随着油价上涨和政局稳定，俄罗斯经济有所恢复，并重新开始重视与非洲国家的外交关系。

2. 领导人的政策判断

领导者的判断构成俄罗斯对非洲政策变化的主观因素。叶利钦领导下的俄罗斯坚持"一边倒"亲西方的对外政策，放弃在第三世界的外交关系，从而导致俄非关系的下滑。然而，西方国家先后承诺的援助没有完全兑现。1992 年、1993 年西方国家曾分别承诺对俄罗斯援助 240 亿美元和 430 亿美元，但实际到俄罗斯手上的只有 150 亿美元和 50 亿美元。[1] 西方国家这种口惠而实不至的做法引起俄罗斯的极度不满。俄罗斯的经济状况没有得到改善，反而继续恶化。同时俄罗斯在外交上不断向西方妥协也使得俄罗斯丢失了很多政治资源，招致国内多方人士的批评。更让俄罗斯无

---

[1] 许志新：《俄罗斯对外政策的教训》，《东欧中亚研究》2002 年第 2 期。

法忍受的是，从1999年开始，北约继续向东吸纳成员。北约挤压俄罗斯战略生存空间的做法触动了俄罗斯的根本利益。在此背景下，叶利钦执政后期，俄罗斯开始反思单方面的外交政策对俄罗斯的不利影响，对外交政策进行调整。普里马科夫出任俄罗斯外长后，开始大力调整外交政策，体现外交的全方位性。① 普京领导下的俄罗斯不再对西方国家抱有幻想，全面推动全方位、多极化的对非外交路线，致力加强对非合作，恢复俄罗斯大国地位。

3. 非洲自身实力和对他国重要性的变化

冷战结束初期，东西方对非洲的争夺消失，双方认为非洲不再是需要争夺的对象。西方大国又趁势向许多非洲国家输出西式民主价值观和政治经济制度。伴随着改革而来的是非洲多国陷入了严重的经济困境、政治动荡和社会动荡，致使"非洲悲观论"甚嚣尘上。当然，非洲国家自身的动乱与苏联解体不无关系。苏联的突然解体致使非洲一些国家失去了援助来源，迷失了发展方向并感到无所适从，导致以意识形态为基础的关系纽带消失。当时世界主要国家特别是西方大国均不看好非洲前景。俄罗斯受"一边倒"亲西方的政策导向影响，亦降低对非洲国家重视程度。21世纪以来，非洲政局趋于稳定，经济形势向好，在国际舞台上扮演着越来越积极的角色。非洲固有的资源优势，工业化进程的提速，伴随中产阶级的日益壮大所呈现出的巨大潜能，致使各国重新重视这片土地。俄罗斯也加强了与非洲合作。

4. 其他国家因素

冷战结束后，俄罗斯"退出"非洲地区。原苏联在非洲的利益空间迅速被其他国家填补，除了美国、法国、英国、德国等发达国家以及印度、巴西等"老牌新兴市场国家"，连土耳其、沙特阿拉伯、马来西亚、印度

---

① 张文茹：《融合与制衡：转型中的俄罗斯与变革中的世界秩序》，江苏人民出版社2017年版，第121页。

尼西亚等国也在强化与非洲的合作关系。① 这对俄罗斯无疑是一大刺激。若不及时转变对非政策，俄罗斯再想参与在非洲的利益博弈只会越来越难。这方面的考量也是影响俄罗斯对非政策不可忽视的因素。

（二）俄罗斯对非政策的特点

纵览冷战结束后俄罗斯对非洲政策变化历程，其对非政策呈现以下特点。

1. 经济务实成为对非政策重心

苏联解体后，由于意识形态和争夺势力范围的较量结束，非洲对俄罗斯的政治地位下降。综合国力的下降也使俄罗斯无力延续苏联时期对非"供血式"的外交政策。普京上台后，强调以国家利益为核心的外交战略，重新审视对非洲国家的政策，期望将俄非经济关系建立在市场经济的互利原则之上，力求经济务实。其务实性体现在以下几个方面：

第一，对非洲国家实施税收优惠政策。为鼓励进口，俄罗斯对从非洲进口的产品实行特惠关税，最不发达国家的产品可以免税进入俄罗斯市场。

第二，鼓励俄罗斯国企和私企参与俄非经贸合作。俄罗斯政府向按联邦政府清单从事进出口的公司提供税收和贷款优惠及其他优惠条件，并将非洲国家对俄罗斯的债务转卖给私有企业。

第三，加强贸易针对性。鉴于俄罗斯无力与非洲所有国家建立经贸联系，俄罗斯将贸易重点放在北非国家、南非、发展较快的新兴国家（如博茨瓦纳），以及传统势力范围国家（如安哥拉）。

在俄罗斯政府的对非务实性经济政策推动下，俄非贸易额自20世纪90年代下半期开始恢复。1998年贸易总额为15亿美元，2014年超过100

---

① 张宏明：《大国战略关系视角下的中国与非洲——中非关系的结构性缺陷与演化趋势》，《人民论坛·学术前沿》2014年第14期。

亿美元，2018年已突破200亿美元大关。① 俄罗斯对非洲进出口额也稳步增长，并且保持贸易顺差。对非政策的实用主义凸显。

2. 对非外交手段突显灵活性和多样性

在使用外交工具方面，相比于苏联时期，俄罗斯在对非外交上更具有全面性，更加注重对非洲的长远影响。无论是加强对非经贸合作、投资和援助，还是加大在非洲地区反恐、维和的力度，抑或与非洲国家建立高层会晤模式，都是多种外交方式并用，环环相扣，协同作用。例如，当俄罗斯意识到美国、中国、法国、印度等国家纷纷与非洲举办峰会而俄罗斯还缺少这一外交工具的时候，俄罗斯商界和政界纷纷呼吁建立俄罗斯与非洲的多边论坛机制。在与非洲加强各领域的合作的背景下，俄罗斯也于2019年召开首届俄罗斯–非洲峰会。可以预见，为应对非洲的新动态，俄罗斯还将推出更加多样化的政策工具。

3. 以军售为重要抓手

俄罗斯国防工业实力强大，在国际竞争中具有比较优势。自普京执政以来，俄罗斯致力于强国外交战略，把拓展军火出口视为扩大外交战略回旋空间的重要环节。随着经济发展以及反恐的需求增大，非洲存在严重的安全治理赤字，因此非洲成为俄罗斯拓展军售市场的重要区域。

21世纪以来，俄罗斯对非武器销售持续发力，具有增长快、针对性强等特点。2002年至2004年、2006年至2008年、2014年至2018年三段时间中俄罗斯对非洲军火出口增速明显，增长率分别达到331%、386%、459%。2019年，非洲国家约占俄罗斯年度军事技术装备出口规模的30%—40%。② 2000年至2020年，俄罗斯、美国在非洲的军火出口对象国分别为28个和34个，俄罗斯对非洲军火出口额为209.2亿美元，约为同

---

① 数据来源：俄罗斯联邦海关总署，https：//www.customs.gov.ru。
② "Russia's Southern Strategy," Lowy Institute, November 12, 2019, https：//www.lowyinstitute.org/the‐interpreter/russia‐s‐southern‐strategy.

期美国对非洲军火出口额 104.96 亿元的两倍。[①]

2014 年乌克兰危机后,西方国家对俄罗斯实施武器贸易禁运。为弥补传统武器市场上的损失,2019 年 6 月俄罗斯军事技术合作局局长亚历山大·福明表示,为了弥补传统武器市场上的损失,乌干达、加纳、马里等国家有望成为俄罗斯新的武器购买方。2021 年 8 月,俄罗斯联邦军事技术合作局局长德米特里·舒加耶夫在"军队-2021"论坛新闻发布会上表示,俄罗斯从非洲获得 140 亿美元的武器和军事技术装备订单。[②] 乌克兰危机以来,俄罗斯已与包括埃塞俄比亚、尼日利亚和津巴布韦在内的非洲多国签署了十九项军事合作协议。

除了官方军事订单外,俄罗斯私人军事公司瓦格纳集团在 12 个非洲国家部署了武装人员,总数接近 5 万人。瓦格纳集团曾介入利比亚、苏丹、马里军事政变,在非洲拥有很大的影响力。

近年来,军售已是俄罗斯对非政策的重要抓手。加强与非洲军火贸易,对于俄罗斯巩固在非洲的军事与防务优势,缓解西方国家制裁压力,调整与非洲国家的外交关系以及影响非洲地区战略平衡都发挥着重要作用。

三、俄罗斯在非洲的战略考量及利益诉求

(一)非洲是俄罗斯构建多极世界和"后西方秩序"的战略依托

自苏联解体以来,俄罗斯失去了超级大国地位,其综合国力的严重衰退,地缘安全环境日趋恶化。而北约东扩不断挤压着俄罗斯的战略安全空间。1996 年 5 月,俄罗斯外长普里马科夫提出"多极世界构想",成为新时期俄罗斯外交指导思想。2000 年版俄外交政策构想指出,俄罗斯能够对

---

① 徐国庆:《俄罗斯对非军售评估》,《俄罗斯东欧中亚研究》2022 年第 2 期。
② 《俄军事技术合作局局长:俄罗斯从非洲获得 140 亿美元武器装备订单》,环球网,2021 年 8 月 26 日,https://mil.huanqiu.com/article/44VpJ3qlFOU。

建立世界新秩序发挥重要影响，俄罗斯致力于建立能够真实反映当今世界及其利益多样性的多极国际关系体系。① 由此可见，俄罗斯对变革世界秩序有强烈的诉求。俄罗斯主张建立一个由多极力量主导的"后西方秩序"。非洲作为前殖民地国家最多的大陆，在构建多极世界上与俄罗斯有着相似的立场。俄罗斯愿意与支持构建多极化世界体系的国家建立并保持友好关系。南非财长普拉温·戈登指出，多极化为世界提供了一种思考世界的全新的方式。"我们所有人，不论来自发达国家还是发展中国家，都会从多极化中受益。"②

俄罗斯对外战略的核心内容便是构建多极世界，而非洲作为大国势力争夺的重要区域成为俄罗斯的重要支撑力量。2020年4月发布的《俄罗斯外交政策新思想》中提到，俄罗斯应同亚洲、拉丁美洲、非洲，还有理智的欧洲国家一起，共同提出自己的观念。由此可以看出，俄罗斯对非洲政策展现出浓厚的地缘政治色彩。

（二）非洲是俄罗斯突破欧美国家外交围堵的政治资源

非洲大陆有54个国家，是世界上国家最多的大洲，占联合国席位超过1/4，在以联合国为核心的多边体系中占据相当大的份量。在冷战前期，许多亚非拉国家没有独立，联合国被美国操纵，几乎成为美国推行霸权政治的工具。随着西方殖民体系的瓦解，非洲大陆独立的国家越来越多，极大地壮大了发展中国家的力量。正是发展中国家的兴起，联合国大会才可以不顾美国的反对，连续10余次以压倒多数通过决议，谴责美国违反《联合国宪章》和国际法的行为。进入21世纪以来，非洲国际地位明显抬升。非洲国家在联合国话语权提高，在国际政治舞台上也扮演着越来越积极的角色。

面对西方国家的外交孤立和打压，俄罗斯被迫在非洲寻求更多的外交支持。俄罗斯通过调整对非政策，加强与非洲的联系。以津巴布韦为例，

---

① 丛鹏：《俄罗斯的世界多极化政策》，《国际观察》2003年第1期。
② 《南非财长：世界多极化的重要性堪比GDP数据》，中国经济网，2011年10月18日，http://intl.ce.cn/specials/zxgjzh/201110/18/t20111018_22769758.shtml。

在 2002 年西方国家对津巴布韦实施严厉制裁时，俄罗斯始终站在津巴布韦一方，否决了联合国安理会 2008 年对津巴布韦武器禁运的决议。贸易方面，俄罗斯从津巴布韦进口咖啡和烟草，并向其出口木材、小麦、化肥等产品。此外，俄罗斯还通过加大投资、债务减免和支持非洲一体化进程等手段，博得了众多非洲国家的好感，扩大了自己的"朋友圈"。因此，在联合国大会上讨论涉及俄罗斯利益的议题时，许多非洲国家倾向于支持俄罗斯或选择中立。

2014 年乌克兰危机和 2022 年俄乌冲突无疑是检验俄罗斯对非外交成效的试金石。2014 年 3 月联合国对乌克兰问题进行表决，54 个非洲国家有 29 个国家持反对态度或弃权，6 个非洲国家没有出席投票。2022 年 3 月联合国针对俄乌冲突召开第十一次紧急特别会议，也有 25 个非洲国家投弃权票或没有投票。这表明在西方制裁下，俄罗斯扩大非洲"朋友圈"的努力已经在外交领域获得实际效果，在国际领域争取到一定的外交空间，有力地对冲西方国家步步紧逼的制裁攻势。

（三）非洲是俄罗斯对冲西方经济制裁影响的平衡力量

2014 年乌克兰危机后，西方的经济制裁叠加资源依赖和国内企业创新能力不足等结构性问题，致使俄罗斯经济持续放缓。根据世界银行数据，2009 年至 2019 年俄罗斯 GDP 的年均增长率仅为 0.9%。2020 年 GDP 仅为 1.48 万亿美元。

表14　2012 年至 2021 年俄罗斯 GDP

年份	GDP（亿美元）	占世界比例（%）	人均 GDP（美元）
2012 年	22083	2.94	15420
2013 年	22925	2.96	15974
2014 年	20592	2.59	14095
2015 年	13635	1.81	9313
2016 年	12768	1.67	8704
2017 年	15742	1.94	10720

续表

年份	GDP（亿美元）	占世界比例（%）	人均GDP（美元）
2018年	16573	1.92	11287
2019年	16874	1.93	11536
2020年	14883	1.75	10169
2021年	17758	1.85	12194

资料来源：Trading Economics，https://zh.tradingeconomics.com/russia/gdp。

而非洲在世界新兴经济体中占有一席之地。据统计，进入21世纪以来，全球经济增长最快的10个国家中，非洲占6个，有8个非洲国家增速超过东亚地区。为了缓解经济困境，俄罗斯将目光投向亚非拉等国家以突破西方国家对俄罗斯的经济围堵。俄罗斯致力于加强与非洲国家经济来往，争取非洲市场。

俄罗斯与非洲经济合作存在互补性，主要体现在资源合作领域。非洲自然资源极其丰富，素有"世界资源仓库"之称。全世界已探明的150种矿产在非洲大陆皆有储藏。与高新技术产业有关的战略性矿产在非洲超过50种之多。非洲的锰、黄金、铂金、钻石、钴、磷钙石等矿产居世界第一位。铜，石墨、铀、石棉等居世界第二位。油气资源也十分丰富，2018年，据英国石油公司统计，非洲石油探明储量达1253亿桶，占世界石油探明储量的7.2%。2018年，非洲天然气探明储量达14.4万亿立方米，占世界天然气探明储量的7.3%。[①] 俄罗斯同样有丰富的资源，石油探明储量1070亿桶，占世界探明储量的12%—13%。天然气已探明储量为48万亿立方米，占世界探明储量的1/3。煤储藏量2000亿吨，居世界第二位。铝储藏量居世界第二位，铁储藏量居世界第一位，铀储藏量居世界第七位，黄金储藏量居世界第四至第五位。但是，一些战略矿产如铀、锰、铬、锡资源等稀缺，钛、钽、铌、锆等属于特别稀缺资源。相比之下，这些资源在非洲的储量都较为丰富。以铀来说，由于俄罗斯的铀储量较少，质量较低，铀的加工和生产成本相当昂贵。与此同时，俄罗斯还为大约30个与其

① 李洪香：《非洲油气资源储量及开发利用现状浅析》，《现代经济信息》2020年第10期。

签订有核协议的国家提供核燃料。为了保持在全球市场上核燃料供应的稳定，俄罗斯必须在其领土之外寻找铀资源。非洲铀资源丰富，尼日尔、纳米比亚、南非三国就是世界级铀资源占有国和供应国，三国铀产量占世界铀产量20%以上。非洲资源丰富，但是自身开采能力有限。相比之下，俄罗斯作为工业大国，在采矿业方面技术成熟，经验丰富，双方在此领域有极强互补性。

俄罗斯在非投资中，矿业投资占对非总投资近七成。俄罗斯在非洲的采矿业主要由一些大型矿业公司如埃罗莎集团、诺尔里斯克镍公司、俄罗斯铝业联合公司等开展，业务包括钻石、黄金、铝、镍、铬等矿产资源的开发和采购。例如，俄罗斯铝业联合公司对几内亚铝土矿投资15亿美元；俄罗斯对外经济银行等金融机构在津巴布韦投资30亿美元，开采可采储量达19吨的大型白金矿；俄罗斯钻石开采公司与安哥拉国家钻石公司成立合资企业，共同勘探和开采钻石。俄罗斯卢克石油公司在几内亚湾沿海国家尼日利亚、加纳、科特迪瓦、塞拉利昂、喀麦隆等获得了11个油气许可采区的开采权，投资总额达25亿美元。[①] 加强与非洲矿产开采合作，对俄罗斯具有战略意义。

四、俄非关系前景展望

（一）俄罗斯发展与非洲关系的优势

1. 俄非之间建立有系统的合作机制

随着俄罗斯与非洲关系的逐步发展，俄罗斯与非洲合作机制也在完善。目前俄罗斯与非洲合作机制涵盖双边机制和多边机制。

法律性机制方面，俄罗斯与非洲国家签订一系列双边协议。其中包括：2009年签署的《俄罗斯联邦与阿拉伯埃及共和国战略伙伴关系条约》，

---

① 李新：《俄罗斯重返非洲：进程、动因和困境》，《当代世界》2019年第11期。

与尼日利亚签署的《关于在尼日利亚开展核能发电的协议》，与纳米比亚签署的《俄罗斯联邦渔业署与纳米比亚渔业与矿产资源部谅解备忘录》、与安哥拉签署的《俄安军事技术合作政府间委员会条例》，与南非签署的《俄罗斯联邦与南非共和国友好伙伴关系条约》，等等。所有这些双边文件为俄罗斯发展对非关系提供了法律支撑。

双边机制层面，涵盖政治、经济、技术等诸多领域。在政治领域，俄罗斯与非洲的埃及、利比亚、南非等国家元首、政府高层定期举行会晤。在经济层面，俄罗斯与非洲的埃及、阿尔及利亚、安哥拉等国建立双边政府间经贸合作委员会，定期召开双边会议。在技术层面，俄罗斯还与南非等国成立了双边科技委员会以促进技术合作。

多边机制层面，联合国、二十国集团、金砖国家等全球性机制是俄罗斯与非洲国家开展多边对话的主要平台。每年俄罗斯代表团都会参加非洲联盟一年两次的峰会。另外俄罗斯还建立了定期庆典和特别代表机制来主动加强与非洲的对话。[①]

在明确对非政策和清晰外交定位的指导下，在各种合作机制的基础上，俄罗斯与非洲国家务实合作稳步发展。

2. 俄罗斯发展对非关系具有经验和历史基础

俄罗斯在拓展非洲政策方面具有一定的政治资源。相比法国、西班牙、比利时等欧洲国家，苏联并没有殖民非洲的历史。相反，苏联曾为非洲国家的去殖民化运动作出过重要贡献，包括为非洲国家提供经济援助、军事武器及派遣军事顾问，这为俄罗斯改善与非洲国家的关系积累了许多政治遗产。虽然苏联接触非洲的部分动机是与美国争夺非洲势力范围，但是随着意识形态的争夺成为历史，苏联对非洲的帮助将成为其主要记忆。在冷战时期，先后有34个国家宣布走上社会主义道路，许多国家依附于苏联。此外，俄罗斯的另一个重要优势是有大量非洲人在俄罗斯大学和军事学院接受教育和技术训练，许多留学生回国后活跃在非洲政界和商界，成

---

① 强晓云：《当前俄罗斯对非洲政策及合作机制初探》，《俄罗斯中亚东欧研究》2011年第6期。

为这些领域的精英群体。

表15 2013年至2018年在俄罗斯的非洲留学生及干部情况

年份	留学生数量 总数（人）	其中享受俄罗斯政府奖学金的人数（人/学年）	接受培训警官/维和军官数量 培训人数（人）	访问学者数量（人/次）
2013年	—	968	—	—
2014年	6500	1600	80	300
2015年	10000	—	—	—
2016年	15000	1313	—	—
2017年	15000	1804	307	—
2018年	15000	4000	—	—

资料来源：俄罗斯外交部。

出于对苏联（俄罗斯）的记忆和情感，这些非洲社会精英能够成为俄罗斯与非洲发展友好关系的人才潜力，为俄罗斯对非洲施加影响力提供发展空间。

3. 大幅减免对非债务为俄罗斯与非洲合作创造了感情基础

俄罗斯积极推动减免非洲国家的债务负担，已经成为减免非洲国家外债最多的国家之一。在国际货币基金组织和世界银行"重债穷国倡议"框架下，俄罗斯已经免除了非洲国家200亿美元的债务，这相当于2018年俄非全年贸易额。俄罗斯未来还将免除赞比亚、贝宁、坦桑尼亚等国约5.47亿美元债务。俄罗斯正在实施一项援助莫桑比克学生餐盒的项目，计划将4000万美元的俄罗斯债务进行转化，用于改善莫桑比克中小学生的饥饿状况。[①]

在对待债务方面，俄罗斯不像西方国家将债务和政治改革挂钩，而是

---

① 强晓云：《对冲视角下的俄罗斯对非洲政策》，《西亚非洲》2019年第6期。

采用不附带政治目的的债务减免和债务转化方式，有利于俄罗斯在发展非洲关系上赢得主动。

（二）俄罗斯发展与非洲关系的弱项和障碍

1. 与其他利益攸关方竞争的相对弱势

苏联解体后，俄罗斯无力关注非洲，在非洲奉行战略收缩政策。加之苏联在非洲的影响局限在军事和政治层面，缺乏经济和文化传统作为支撑，导致其在非洲存在的根基并不牢固，具有脆弱性。同时，非洲国家的"政治选择"和"经济联系"实际上是脱节的。即使政治体制上效仿社会主义道路的非洲国家，经济上也深深内嵌在资本主义经济体系之中。这是绝大多数非洲国家即使独立后，经济上也与原宗主国有着千丝万缕联系的原因。

这导致当俄罗斯想"重返非洲"时，发现原来在非洲的政治资源已经所剩无几。在诸多领域与深耕非洲多年的英国、法国相比不具备优势。同时随着多极化进程的推进，各国在非洲国家的利益争夺呈现"群雄并起，多方博弈"的态势。除了老牌的原宗主国（英国、法国）和资本主义大国（美国、德国、日本），印度、韩国、巴西、澳大利亚等国也都强势"走进非洲"。各国在非洲格局的重组将朝着多元化、均衡化方向演进。

多利益攸关方的出现，给俄罗斯带来了巨大的竞争压力。尽管各利益攸关方之间不完全是竞争关系，也存在合作。但是由于俄罗斯本身的经济体量，在多国博弈中明显处于弱势。这在与非洲贸易总额中可以体现，尽管俄罗斯与非洲贸易额逐年上升，但与美国等国比相差甚远。

2. 疫情背景下非洲政局的不稳定性

尽管近年来非洲政治局势总体保持稳中向好的发展趋势，地区一体化进程持续推进，但是不可否认的是，非洲仍然是世界上最动荡的地区之一。从20世纪60年代到2004年，非洲已经发生过280次政变，有10多个国家发生过 10 起以上的军事政变和军事冲突。① 特别是这些冲突主要源于殖民时期的矛盾：非洲大陆约 20% 的领土仍然涉及领土争端。

非洲地区内部的不稳定性主要表现为两方面：泛滥的非洲恐怖主义和不稳定的政治局势。

作为恐怖主义重灾区的非洲，近年来恐情有恶化局势。非洲联盟恐怖主义研究与调查中心的数据显示，从 2020 年 1 月至 8 月，非洲共发生 1168 起恐怖袭击，与 2019 年的 982 起袭击相比增加了 18%。加纳国防部部长尼蒂武表示，2019 年至 2021 年来单是西非地区发生的恐怖袭击就造成了 16726 人丧生，数千人受伤，数百万人流离失所。② 而过去恐袭较少发生的非洲南部在 2021 年也发生多次恐袭，如莫桑比克北部现已被极端组织"伊斯兰国"占为据点。造成非洲恐情恶化的原因有很多，既与当地安全力量薄弱，宗教、地方各种矛盾因素有关，又与中东的恐情外溢和疫情冲击下各国反恐投入减少密切相关。

非洲军事政变有回潮趋势。2021 年，马里、乍得、几内亚、苏丹与埃塞俄比亚等国，接连发生局势动荡。乍得军方 4 月 20 日宣布，总统代比在距首都仅 300 公里的前线遭遇反政府武装袭击，重伤去世。代比总统之子穆罕默德·伊德里斯·代比接替他父亲领导军事委员会。5 月，马里继 2020 年 8 月后再次发生军事政变。9 月，几内亚发生军事政变，几内亚特种部队人员冲入总统府，并占领国家广播电台，随后发表讲话，宣布扣押总统孔戴，废除宪法，解散政府，成立全国团结和发展委员会并接管权力。2021 年 10 月 25 日，苏丹军方发动政变，掌握政府主导权。一连串的军事政变和国内动荡，反映出非洲内部的不稳定性。

从原因上看，一方面，疫情增加了各国反恐训练、部署和行动的成本，也增加了各国军队感染的风险。联合国维和部队的行动因为疫情停滞许久。另一方面，军队的任务从以维护地区安全为中心转向抗疫行动，使得恐怖组织趁机扩大影响力。如索马里"青年党"建立隔离和治疗设施，向贫困民众分发物资，赢得部分民众的支持，对比政府的不作为，反向加

---

① 王洪一：《解析非洲"政变年"》，《国际问题研究》2004 年第 3 期。
② 李伟：《多重原因导致非洲恐情逆势升温》，《世界知识》2021 年第 5 期。

深了民众对政府的不信任感。

非洲政局的不稳定性在一定程度上会影响俄罗斯与非洲的合作。因为考虑到恐怖袭击可能造成投资的基础设施损坏，从而造成损失。而军事政变造成的政权更迭，新政府对外资政策也可能相应发生变化，特别是一些激进的民族主义者掌握国家政权之后，往往会对外资采取敌视的政策。可能会单方面撕毁前政府的合作合同，导致外国投资者损失惨重。基于上述可能产生的后果，俄罗斯对与非洲的合作可能会更加谨慎。

（三）近年可能影响俄罗斯对非关系的重大事件

近年来，尽管经济下行压力叠加疫情的负面冲击给俄罗斯在非洲的经营带来不小压力，但由于俄罗斯稳定推行"重返非洲"战略总趋势不变，俄罗斯与非洲将继续保持良好互动。2022年两大事件可能会影响俄非关系，其一是俄乌冲突，其二是原定于2022年举办的第二届俄罗斯－非洲峰会。下面就这两个事件加以分析。

1. 俄乌冲突的影响

面对俄乌冲突，西方大多数国家表示出对俄罗斯"侵略"的谴责。而非洲国家对此事件的立场有较大的分歧。从联合国大会2022年3月第11次紧急特别会议和4月"暂停俄罗斯在人权理事会成员资格"的投票结果上看，非洲国家对俄罗斯的立场大致分为三类：第一类是跟随西方立场的"亲西派"，它们两次联大决议都选择投赞成票，利比里亚、科特迪瓦是其中的代表；第二类是没有就此事件表明态度的"中立派"，如马达加斯加、南非、安哥拉；第三类是对俄友好的"亲俄派"，即没有发布反俄言论，并在联合国大会两次决议中投弃权票或反对票，以苏丹和厄立特里亚为代表，它们呼吁俄罗斯和乌克兰进行对话，通过谈判解决争端，反对干涉他国内政，不单方面评价当前局势。

"亲西派"阵营主要来自西非国家，它们严厉谴责俄罗斯的行为。例如，加纳驻联合国安理会常驻代表哈罗德·阿吉曼表示，在这次"无端"袭击之后，加纳与乌克兰站在一起。尼日利亚外交部部长杰弗里·奥尼亚马表示，尼日利亚准备对俄罗斯实施制裁，并将遵守任何联合国决议。西非国家共同体对俄罗斯表达了明确的谴责。从原因上看，西非国家与欧洲尤其是法国有高度的利益联系，因此这些国家跟随西方的立场也在意料之中。除了西非国家，刚果（金）、毛里求斯、塞舌尔等国也属于该阵营，它们同样高度依赖欧美的资本和援助，在乌克兰问题上与西方国家立场保持一致。

"中立派"阵营在地理上没有明显的区分，包括埃塞俄比亚、南非、安哥拉、坦桑尼亚在内的十几个国家。它们将关注点集中在战区的人道主义危机公民的生命财产安全，并不考虑意识形态和军事政治因素。我们可以从两方面考虑它们保持中立的原因：一方面，随着这些非洲国家综合实力的上升，其独立自主进行外交的意识显著增强，在对外决策上更多是出于自身利益的考量，而不愿意在世界大国或大国集团中选边站队。另一方面，西方国家殖民非洲的历史也是很多非洲国家反感的因素之一，它们保持不结盟的传统理念，在重大国际事件中选择中立。此外，这些国家一般同欧美与俄罗斯都有密切的利益联系，它们不希望失去任何一方的利益。例如，阿尔及利亚既是俄罗斯在北非的传统盟友，也是俄罗斯军售的主要买家。但阿尔及利亚的主要合作伙伴仍然是欧盟国家，据阿尔及利亚海关数据[①]，阿尔及利亚出口的64.78%和进口的53.61%来自欧盟国家。因此阿尔及利亚对此事件保持沉默。在两边都有利益联系的情况下，这些国家保持中立或许是最符合本国利益的选择。

"亲俄派"阵营有6到8个国家，它们拒绝谴责俄罗斯，认为乌克兰危机是斯拉夫民族之间的内部矛盾，其他国家不宜干涉。苏丹、马里、刚果（布）、厄立特里亚等国是其中代表。他们呼吁外部势力不要支持冲突任何一方以加剧冲突。从原因上看，这些国家对俄罗斯都有密切的贸易军售往来。例如，苏丹于2020年授权俄罗斯在苏丹港建设海军基地。俄罗斯瓦格纳集团在中非、苏丹和马里等国开展业务。另外，该阵营的一些国家领导人与俄罗斯有很深的利益联系，如苏丹军事强人布尔汗中将和马里军

---

① 《阿尔及利亚：大部分贸易与欧洲进行》，中华人民共和国商务部，2019年6月23日，http://www.mofcom.gov.cn/article/i/jyjl/k/201906/20190602875154.shtml。

事政变发动者戈伊塔上校。这些国家的领导人因其在国内的统治缺乏合法性，需要俄罗斯的政治支持以及雇佣军提供安保服务以稳定政权。

综上，由于非洲国家与西方和俄罗斯的利益存在差异，因此在此次事件中，非洲国家对俄罗斯未能形成一致的立场。从短期来看，俄乌冲突也许会使得一些非洲国家和俄罗斯保持一定距离，影响双方合作。但实际上非洲国家并没有形成谴责俄罗斯的多数派，在54个非洲国家中，明确谴责俄罗斯的国家有15至20个，另外十几个国家摇摆不定，还有6至8个国家倾向于俄罗斯一方。对于俄罗斯来说，俄罗斯对非洲国家的外交政策需要有所侧重，一方面要扩大和巩固"亲俄派"阵营；另一方面也要积极拉拢"中立派"阵营中的国家。此外，俄罗斯也应该在国际法的框架下行动，为对乌军事行动进行法律论证和辩护。①

然而，俄乌冲突所产生的溢出效应对非洲的负面影响已经显现，乌克兰和俄罗斯都是世界上主要的小麦和玉米出口国，非洲许多国家都高度依赖俄罗斯和乌克兰的粮食出口。俄乌冲突爆发后，西方对俄罗斯实施制裁，造成谷物、食用油、化肥和能源价格飙升，加之非洲地区正在遭受严重旱情，引发非洲前所未有的粮食危机。对此，欧美国家把粮食危机归咎于俄罗斯。而俄罗斯斥责美西方的制裁是全球粮食危机的罪魁祸首。面对俄乌冲突负面影响外溢，可能会逼迫非洲国家在西方和俄罗斯之间作出选择。

目前俄乌冲突仍未结束，其结束时间和方式都存在不确定性，基于此，俄乌冲突对俄非关系的影响程度也有待持续观察，目前无法作出明确的判断。

2. 第二届俄罗斯－非洲峰会有望助力俄非关系

第一届俄罗斯－非洲峰会和经济论坛于2019年10月23日至24日在索契举行，其口号是"和平、安全与发展"。至此，俄罗斯与非洲开启了"峰会外交时代"。

---

① "Реакция стран Африки на специальную военную операцию на Украине," https://russiancouncil.ru/analytics-and-comments/analytics/reaktsiya-stran-afriki-na-spetsialnuyu-voennuyu-operatsiyu-na-ukraine.

在第一届峰会中，非洲大陆 54 个国家均有代表参加，43 个国家的元首和政府首脑出席，总计 1 万人参加了第一次峰会。峰会期间，俄罗斯与非洲诸国签署了五十多项经贸协议，总价值约合 125 亿美元。从各部门的数字来看，签署的文件大多涉及出口和外贸、国际合作、高新技术、运输和物流，等等。同时，俄罗斯重提在 2007 年八国集团峰会上的许诺，宣布免除非洲国家 200 亿美元的债务。[①] 此外，俄罗斯和非洲一致同意每隔三年举行一次峰会。

但由于受俄乌冲突的影响，原定于 2022 年召开的第二届俄罗斯 - 非洲峰会推迟到 2023 年 7 月 26 日至 29 日在圣彼得堡举行。据塔斯社消息，2023 年 4 月 14 日，俄罗斯总统中东与非洲国家事务特使、外交部副部长波格丹诺夫会见了非洲国家大使，并提交了定于 7 月在圣彼得堡举行第二届峰会将通过的最终文件草案。双方还就与峰会组织有关的一系列问题协调立场。[②]

2023 年 7 月 27 日至 28 日，第二届俄罗斯 - 非洲峰会在圣彼得堡举行。非方有 49 个代表团和 17 个国家元首受邀出席。峰会以展会、分论坛、圆桌会议等形式开展，议题涉及俄非在粮食、能源、空间技术、信息技术、教育和体育等领域共同应对挑战及深化合作等内容。峰会通过了《圣彼得堡宣言》和《俄非伙伴关系论坛 2023 年至 2026 年行动计划》等多份文件，明确提出俄罗斯外交部与非洲国家的外交部、非洲联盟之间将建立对话伙伴机制，定期进行协商；另外还将设立高级别常设对话机制，以协调打击恐怖主义和极端主义，解决与粮食和信息安全有关的问题等。

结　语

冷战后俄非关系几经波折，在普京强国战略的影响下，双方关系总体

[①] "Summit Outcomes 2019," https://summitafrica.ru/en/archive/2019/summit-outcomes.
[②] 《俄罗斯高级外交官介绍俄非峰会文件草案》，塔斯社，2023 年 4 月 14 日，https://tass.com/politics/1604547.

处于上升态势。中国、美国、英国、法国等利益攸关方与非洲关系深入发展，促使俄罗斯加速"重返非洲"的节奏，并在矿产、军火、核能等多个领域的合作取得不俗的成果。

尽管俄非关系在发展过程中面临许多阻碍和挑战，但机遇也是不可忽视的。双方正在构建多层次的合作机制，俄罗斯注重传统友谊，发挥自身优势，而非洲也需要俄罗斯的支持，双方互动的加强符合双方共同利益。

展望未来，尽管2022年爆发的俄乌冲突带来更多地缘政治不稳定因素，但随着第二届俄罗斯-非洲峰会的召开，双方有望在诸多领域开展进一步合作。俄非深化关系的总趋势不会改变，发展前景依然可观。

附 录

2023 年俄罗斯对外关系大事记

张　康　董芬芬　黄嘉妍　马闻政

1 月

1 月 19 日　俄罗斯外长拉夫罗夫与白俄罗斯总统、外长会见时表示，俄白双方将联合起草针对北约和欧盟敌对政策的反制措施，同时进一步完善《联盟国家条约》（2024 年至 2026 年），签署关于确保生物安全的谅解备忘录。

1 月 23 日　俄罗斯外长拉夫罗夫访问南非时表示，双方致力于深化政治对话，积极协调国际热点问题。俄罗斯支持更多非洲国家加入联合国安理会，高度赞赏南非在非洲一体化进程中的努力，认为金砖国家和非洲合作潜力巨大。

1 月 23 日　俄罗斯总统普京在向欧亚经济联盟成员国元首会议致辞时表示，欧亚一体化是对当前全球问题的应对措施，将积极推进起草长期规划文件（2030 年至 2045 年）。普京表示欧亚经济联盟的重点任务是开发技术潜力，启动欧亚经济联盟综合信息系统。普京呼吁持续降低使用外币和支付系统可能产生的风险，积极发展成员国的国际运输走廊。

1 月 30 日　俄罗斯外长拉夫罗夫与到访的巴基斯坦外长吉拉尼会见时指出，双方重点关注油气供应和从卡拉奇到拉合尔的天然气管道项目，同意在联合国和上海合作组织框架内打击恐怖主义。

1月31日　俄罗斯外长拉夫罗夫与到访的埃及外长舒凯里举行会谈，拉夫罗夫表示双方于2018年制定的《全面伙伴关系与战略合作协议》是两国关系发展的方针，俄方愿意继续参与埃及达巴核电站项目，持续扩大制造业、燃料能源和粮食出口合作，就军事技术进行进一步合作。

2月

2月6日　俄罗斯外长拉夫罗夫访问伊拉克并与伊拉克副总理兼外交部长侯赛因举行会谈，拉夫罗夫会后表示，两国着手调整在原油交易中的支付货币，俄方接纳更多伊方学生赴俄学习，肯定伊拉克作为观察员国在阿斯塔纳三边模式中的巨大作用，主张制定公平互利的方针处理波斯湾局势。

2月8日　俄罗斯外交部就《进一步削减和限制进攻性战略武器措施条约》发表声明。声明指出，俄罗斯反对美国的恶意指控，美方没有明确防御性和进攻性的界限，并批评美国违反检查标准，阻挠俄方检查，唯有美方在武器质量和数量都没有增加的情况下，条约才能生效。俄罗斯外交部抨击美国向乌克兰输送武器，实际上是对俄罗斯发动全面的混合战争。

2月21日　俄罗斯总统普京宣布俄罗斯暂停行使《新削减战略武器条约》。

2月22日　俄罗斯总统普京会见了到访的中共中央政治局委员王毅，普京高度赞许了中国的政治进程，期待俄中贸易往来继续增长。双方承认俄中两国在稳定国际局势上有重要作用，强调俄中关系发展不受制于和不针对第三国。

2月27日　俄罗斯外长拉夫罗夫于阿塞拜疆访问时表示，《俄罗斯联邦和阿塞拜疆共和国同盟互动宣言》签署一周年以来，双边关系发展到新水平。俄方肯定阿方在支持俄语方面的努力，愿意进一步增强文化、人道主义和教育的联系，积极妥善处理地区安全，协调俄阿在里海议题上的关系，延长里海南北国际运输走廊，不断完善"3+3"区域磋商平台。

2月28日　俄罗斯外交部就参加二十国集团外长会议表示,俄方肯定印度作为主办国在本次会议中提出的相关议题,声讨导致当前政治经济问题的罪魁祸首,认为国际法已被破坏,强调大欧亚伙伴关系、欧亚经济联盟和"一带一路"倡议的潜在力量。

3 月

3月1日至2日　俄罗斯外长拉夫罗夫出席在新德里举行的二十国集团外长会议。拉夫罗夫强调了二十国集团建设性和非政治化运作的重要性,呼吁各方克服对抗情绪,提高新兴市场国家在这一平台上的地位。

3月1日　俄罗斯外长拉夫罗夫在印度首都新德里出席二十国集团外长会议期间,与印度外长苏杰生举行会谈。俄印两国外长就双方关心的热点问题交换了意见,并重申了进一步加强各领域战略伙伴关系的重要性。

3月1日　俄罗斯外长拉夫罗夫在印度首都新德里出席二十国集团外长会议期间,与土耳其外长恰武什奥卢举行会谈。俄土两国外长就政治、经贸等领域的合作交换了意见。

3月1日　俄罗斯外长拉夫罗夫在印度首都新德里出席二十国集团外长会议期间,与巴西外长维埃拉举行会谈。两国外长就加强俄罗斯-巴西战略伙伴关系的有关问题进行讨论,同时就两国在联合国和金砖国家、二十国集团等多边平台的互动交换了意见。

3月6日　俄罗斯外长拉夫罗夫出席伊斯兰合作组织国家驻俄大使活动并发表讲话。拉夫罗夫表示,俄方将与伊斯兰世界继续发展友善、诚信和相互尊重的关系,这是俄罗斯外交政策的优先事项之一。

3月8日　俄罗斯副外长鲁登科参加在印度尼西亚雅加达举行的东亚峰会高官会。讨论议程主要涉及筹备即将在埃及峰会上举行的领导人和外交部负责人会议的有关问题。

3月9日　俄罗斯外长拉夫罗夫与到访莫斯科的沙特阿拉伯外交大臣费萨尔举行会晤。两国外长均表示,双方愿进一步发展传统友好关系,加强政治对话。双方就两国双边贸易、国际和中东地区的关键问题进行了讨论。

3月9日　欧亚经济委员会贸易政策部主任谢尔皮科夫访问阿联酋并与迪拜商会副主席哈桑·哈希米及阿联酋商界代表举行会谈。双方就扩大欧亚经济联盟成员国与阿联酋间的合作前景交换了意见。

3月15日　中、俄、伊等国海军于3月15日至19日在阿曼湾举行"海上安全纽带-2023"联合海军演习。此前中国、俄罗斯和南非的联合海军在印度洋举行了演习。演习期间,武装部队对海上目标进行了炮击,并举行了解救人质以及协助海上救援的训练。

3月15日　叙利亚总统巴沙尔访问俄罗斯,并在莫斯科与俄罗斯总统普京举行会谈,双方讨论了双边关系、政治和经济有关问题,以及最近发生的地区和国际事件。

3月15日　俄罗斯外长拉夫罗夫会见了到访的叙利亚外长梅克达德。双方就国际和地区热点问题交换了意见,详细讨论了叙利亚境内及周边地区的局势,强调必须在确保叙利亚主权独立和领土完整的基础上,通过政治和外交手段解决现有问题。

3月16至17日　上海合作组织秘书长张明对俄罗斯进行工作访问。张明受到俄罗斯外长拉夫罗夫的接见,并与俄罗斯副外长鲁登科进行磋商。双方讨论了上海合作组织活动的关键问题,包括国际政治和经济局势发生变化背景下完善机构的前景。

3月20日　应俄罗斯外长拉夫罗夫的邀请,亚美尼亚外长米尔佐扬抵达俄罗斯进行工作访问,双方在莫斯科举行会谈。

3月20日　俄罗斯-埃及政府间委员会第十四次会议举行。俄罗斯副总理兼工业和贸易部长曼图罗夫与埃及贸易与工业部部长艾哈迈德·萨米尔举行会谈。会议期间,双方讨论了贸易、金融、工业、能源、运输、数字技术、农业、科学、教育及其他领域的双边合作问题。

3月20至22日　中国国家主席习近平应俄罗斯总统普京邀请,对俄罗斯进行国事访问。两国元首在莫斯科举行会谈。中国国家主席习近平还同俄罗斯总理米舒斯京举行会谈,双方就中俄关系及共同关心的重大国际和地区问题进行了真挚友好、富有成果的会谈,达成许多新的重要共识。

会谈后，两国元首共同签署了《中华人民共和国和俄罗斯联邦关于深化新时代全面战略协作伙伴关系的联合声明》和《中华人民共和国主席和俄罗斯联邦总统关于2030年前中俄经济合作重点方向发展规划的联合声明》。

3月29日　俄罗斯外长拉夫罗夫在莫斯科与到访的伊朗外长阿卜杜拉希扬举行会谈，表示两国对双边关系积极势头感到满意，并将进一步加强政治、经贸、科技、文化、能源、运输等多个领域的合作。

3月31日　俄罗斯总统普京签署命令，批准新版《俄罗斯联邦外交政策构想》。新版《俄罗斯联邦外交政策构想》共6章76条，详细阐明了俄罗斯对当前世界主要趋势和发展前景所持立场和态度，明确了俄罗斯外交政策的国家利益、基本原则、战略目标、主要任务、优先方向等内容。

4月

4月4日　第二十一次俄罗斯－东盟联合合作委员会会议在印度尼西亚首都雅加达举行，双方代表出席会议。会议审议了俄罗斯－东盟各领域合作进展，包括扩大双方在政治、安全、经济、文化、交通等领域的新合作，以及深化在能源、旅游、公共卫生、数字化转型等领域的交流，同时推进《俄罗斯－东盟全面战略伙伴关系行动计划（2022年至2025年）》的实施。

4月14日　独联体外交部长理事会会议在乌兹别克斯坦撒马尔罕举行，各成员国外交负责人及独联体秘书长列别杰夫出席会议。与会各国代表就当前国际热点问题和深化独联体内部合作等进行了讨论。

4月17日　俄罗斯副外长格鲁什科在北京与中华人民共和国外交部副部长邓励举行了磋商。双方就欧洲当前局势，包括两国与欧盟的关系，以及在当前地缘政治持续转型背景下北约活动和军事建设等问题，深入和信任地交换了意见。

4月17日　俄罗斯外长拉夫罗夫访问巴西，受到巴西总统卢拉的接见并与巴西外长维埃拉举行会谈。双方就加强俄巴战略伙伴关系，发展政治、经贸、科技、文化等领域的合作问题，以及就国际议程上的关键问题交换意见。此外，拉夫罗夫表示，俄罗斯有兴趣尽快结束乌克兰的冲突。

4月18日　俄罗斯外长拉夫罗夫访问委内瑞拉，与委内瑞拉总统马杜罗和外长吉尔举行会谈。双方强调了定期进行政治对话的重要性，并讨论了联合贸易、投资项目等进展情况，同时就深化科技、文化、旅游等领域的合作交换意见。

4月19日　俄罗斯外长拉夫罗夫访问尼加拉瓜，与尼加拉瓜总统奥尔特加举行会谈。双方就进一步加强俄罗斯与尼加拉瓜的战略伙伴关系、双边合作项目的进展，以及拉丁美洲和加勒比地区的发展等问题展开讨论。

4月20日　俄罗斯外长拉夫罗夫访问古巴，受到古共中央第一书记、古巴国家主席卡内尔的接见并与古巴外长罗德里格斯举行会谈。双方就政治、经贸、文化等领域的合作交换了意见，并确认进一步加强俄罗斯－古巴战略伙伴关系。

4月28日　俄罗斯和东盟高级官员在柬埔寨暹粒举行副外长级会议。会议重点是执行俄罗斯与东盟《2021年至2025年全面行动计划》，该计划概述了包括建立新的协商机制在内的在粮食和能源安全、数字化、金融和教育领域加强合作的具体措施。

5月

5月2日　俄罗斯总统新闻局发布消息称，乌克兰当天凌晨企图使用无人机对俄罗斯总统官邸克里姆林宫发动袭击，但被成功拦截。俄罗斯外交部对此行为提出了谴责，并且将此次事件定性为恐怖袭击。

5月3日　俄印反恐工作组第十二次会议在莫斯科举行。会议由俄罗斯副外长西罗莫洛托夫和印度副外长维尔马共同主持。两国代表就全球和区域恐怖主义和极端主义交换了意见，并且在遏制恐怖主义传播等问题上达成了共识。两国代表表示未来将围绕该领域继续开展相关合作。

5月8日　俄罗斯总统普京与吉尔吉斯斯坦总统扎帕罗夫举行会谈。

双方就贸易、经济、人文领域合作，以及进一步加强两国间的战略伙伴和联盟关系等问题进行了讨论，并商讨了上海合作组织的发展问题，计划在保障世界和地区安全方面提高上海合作组织能力水平。会后双方发表联合声明，表示将加强安全和军事技术等领域的合作以保障吉方领土和安全，防范国际恐怖组织可能的武装袭击。

5月10日　俄罗斯、叙利亚、土耳其和伊朗四国外长在莫斯科举行会谈，就土耳其与叙利亚关系正常化、叙利亚局势等问题交换意见，并且在尊重叙利亚领土主权完整，帮助叙利亚难民回国等问题上达成了一定共识。

5月11日，俄罗斯外长拉夫罗夫会见了巴勒斯坦民政部长、巴勒斯坦解放组织执行委员会秘书侯赛因·谢赫。会谈期间，双方就中东局势以及推进巴以谈判和巴勒斯坦民族团结等问题交换了意见。双方指出应进一步加强俄罗斯和巴勒斯坦的传统友好关系，并继续就国际和地区热点问题进行密切互动。

5月11日　俄罗斯外长拉夫罗夫出席北极理事会第十三届会议并发表讲话。拉夫罗夫强调北极地区是俄罗斯的优先事项，并且强调了北极地区在俄罗斯乃至世界政治和经济中的重要地位。他进一步介绍了俄罗斯在该地区的政策，并且强调了北极理事会的重要作用，反对西方以乌克兰局势为由暂停北极理事会的全面活动。

5月15日　俄罗斯外长拉夫罗夫会见了亚洲合作对话秘书长柏钗·丹维瓦塔。双方就亚洲合作对话论坛所面临的关键问题、提高该论坛的工作效率及其与其他多边地区联合体的合作等问题交换了意见。

5月17日　俄罗斯外长拉夫罗夫与到访的白俄罗斯外长阿列伊尼克举行会谈。双方就乌克兰局势交换了意见，并且强调了两国在联合国等组织内部的加强协调以及加强两国经贸往来和各领域联系的重要性，审议了与亚洲、非洲、拉丁美洲国家的合作前景。会谈后，两国外长签署了俄白外交政策优先事项的联合声明。

5月18日　俄罗斯外交部就延长"黑海倡议"的有关情况发表声明。声明称，作为协定缔约方的土耳其确认将"黑海倡议"再延长两个月至7月17日。声明对"黑海倡议"中部分条款的落实提出了质疑，并且呼吁西方国家解除对俄罗斯相关领域的制裁，否则将于7月17日终止"黑海倡议"。

5月19日　俄罗斯外长拉夫罗夫与阿塞拜疆共和国外长巴伊拉莫夫和亚美尼亚共和国外长米尔佐扬举行会谈。会谈讨论了亚美尼亚和阿塞拜疆之间的关系以及纳尔戈诺-卡拉巴赫（纳卡）问题的会议。各方就交通、经济封锁、边界勘探、人道主义问题等展开了讨论。

5月22日　俄白两国外长举行会谈。俄罗斯外交部发表声明表示，七国集团是加剧全球矛盾的主要因素，其采用经济胁迫和信息侵略等手段来打击第三国的独立政策，并且七国集团关于需要应对俄罗斯核威胁的说法是站不住脚的，核威胁的真正源头是包括美国、英国在内的"西方集体"。

5月24日　欧亚经济联盟第二届欧亚经济论坛在莫斯科开幕，多国领导人出席会议，与会代表围绕欧亚一体化议程进行讨论，主题涵盖经贸合作、能源安全、数字转型、技术合作、气候变化等方面。俄罗斯总统普京指出，欧亚经济联盟支持旨在发展整个欧亚大陆的其他倡议，将继续与中国合作，将欧亚经济联盟框架内的一体化进程与中国提出的"一带一路"倡议对接，实现"大欧亚伙伴关系"的构想。

5月25日　俄罗斯外交部召见瑞典驻俄大使，宣布驱逐五名瑞典外交官作为对4月瑞典驱逐俄罗斯外交官的行为的反制。

5月25日　俄罗斯外长拉夫罗夫与非洲联盟主席、科摩罗联盟总统阿扎利·阿苏马尼进行了电话会谈。双方就俄罗斯与泛非组织以及科摩罗加深政治、经济、人文等领域的相互关系交换了意见。

5月25日　俄罗斯总统普京、亚美尼亚总理帕希尼扬和阿塞拜疆总统阿利耶夫在俄罗斯首都莫斯科举行三方会谈。会议期间三方就纳卡局势和亚阿两国关系正常化等议题进行讨论。

5月26日　俄罗斯外交部副部长加卢津会见了中华人民共和国政府欧亚事务特别代表、中国解决乌克兰危机代表团团长李辉。双方就乌克兰局势等国际问题进行了深入的意见交流。俄方高度评价了中国根据今年2月提出的《关于政治解决乌克兰危机的中国立场》文件所采取的方针，并且双方就中国《全球安全倡议》的作用和意义交换了意见，指出该倡议的全面性及其在分析危机根源的基础上处理危机局势的方法。

5月29日　俄罗斯总统普京签署废止《欧洲常规武装力量条约》的法案。

6月

6月1日　独联体裁军审议委员会会议在明斯克举行。与会各方就安全保障问题深入交换了意见，包括军备控制、裁军、核不扩散、防止太空军备竞赛、禁止化学武器组织的合作、生物安全等。

6月1日至2日　金砖国家外长正式会晤在南非举行。外长们重申致力于加强多边主义和尊重国际法，回顾了《2005年世界首脑会议成果》，强调需要对联合国，包括其安全理事会进行全面改革，以使其更具代表性、效力和效率，并更能代表发展中国家，以便它能够对全球挑战作出适当反应。

6月6日　俄罗斯召开北方海航道发展战略会议。米舒斯京表示，根据总统指令，北方海航道发展计划于2022年8月获批，包括建造破冰船、港口、码头、救援中心以及卫星轨道组等。这些项目的实施促进了北极经济的发展。现代化管理系统提升了航运的效率及安全。

6月7日　俄罗斯空天军与中国空军在亚太地区完成联合空中巡逻。俄罗斯国防部强调，本次巡逻是在2023年军事合作计划的框架内进行的，不针对第三国。在执行任务的过程中，两国的军机都严格按照国际法的规定行事，未侵犯外国领空。

6月7日至8日　欧亚经济联盟政府间理事会会议在俄罗斯索契举行。与会代表就成员国间经贸合作、铁路货运数字化、食品安全、气候变化、就业一体化等方面展开讨论。其中包括在中国"一带一路"倡议的框架内，推动东西方向和南北方向的交通基础设施建设。

6月8日　独联体政府首脑理事会会议在俄罗斯索契举行。与会代表就进一步加强工业、文化、财政等领域的合作展开讨论，并于会后签署了一系列协议。其中包括《服务、机构、活动和投资自由贸易协议》《2030

年前独联体工业合作一揽子措施》《2030年前电子电气设备废物管理合作协定》等。

6月9日　俄罗斯外交部发表关于退出《欧洲常规武装力量条约》的声明。声明指出，在新条件下，该条约已成"遗物"，不应该幻想俄罗斯会重返它。如今，俄罗斯联邦议会两院一致投票通过《关于退出欧洲常规武装力量条约的联邦法》。俄罗斯外交部将采取一切必要措施严格执行。

6月13日　第四十六次黑海经济合作组织外交部长理事会会议以线上会议方式举行。俄方提出了当前克服贫困国家能源和粮食危机的关键举措。拉夫罗夫称，若今年7月17日前，黑海粮食协议中针对俄罗斯的内容仍未落实，再次延期问题将无从谈起。

6月13日　普京签署联邦法律，宣布废止与乌克兰签订的关于亚速海和刻赤海峡的协议。

6月15日　欧亚经济联盟与缅甸政府签署合作备忘录，欧亚经济委员会一体化与宏观经济部部长格拉济耶夫和缅甸投资与对外经济关系部长坎佐出席签约仪式。

6月20日　集体安全条约组织外长理事会会议在白俄罗斯首都明斯克举行，会议通过关于阿富汗局势和防止外层空间军备竞赛两项声明文件。

6月24日　瓦格纳集团负责人普里戈任发起叛变行动。当晚，白俄罗斯总统卢卡申科与俄罗斯总统普京达成一致，与瓦格纳集团负责人普里戈任举行了会谈，达成缓和局势的一致意见。随后，瓦格纳集团负责人普里戈任表示，瓦格纳集团武装人员正在调转驶向莫斯科的纵队，撤回野战营地。

6月28日　独联体就"应对新的威胁和挑战"主题在吉尔吉斯斯坦首都比什凯克举行磋商，各成员国外交部代表、独联体执行委员会和独联体反恐中心代表出席会议。

6月28日　俄罗斯外长拉夫罗夫会见了二十国集团国家阿根廷、巴西、中国、印度、印度尼西亚、墨西哥、沙特阿拉伯、土耳其和南非大使。会谈讨论了本届印度担任主席期间论坛议程上的各项议题，特别关注2023年9月在新德里举行的二十国集团峰会的筹备。

6月30日　在印度方面的倡议下，俄罗斯总统普京与印度总理莫迪通电话。双方讨论了"瓦格纳事件"的影响，莫迪对俄罗斯领导人为保护法律和秩序、确保国家稳定和人民安全而采取的坚决行动表示理解和支持。

7月

7月4日 俄罗斯外交部发表关于"黑海倡议"延期情况声明,对"黑海倡议"中的粮食援助问题提出了质疑,同时谴责了西方国家对俄罗斯在相关领域的制裁,在这种情况下俄罗斯将拒绝延期"黑海倡议"。

7月4日 俄罗斯总统普京出席了上海合作组织成员国元首理事会第二十三次会议,该会议以视频方式举行,会议通过了正式接收伊朗为成员国等重要事项。会议后,成员国领导人签署并发表《上海合作组织成员国元首理事会新德里宣言》,共同发表关于打击极端化合作的声明、关于数字化转型领域合作的声明,批准关于签署白俄罗斯加入上海合作组织义务备忘录、关于上海合作组织至2030年经济发展战略等一系列决议。

7月8日 俄罗斯外交部发言人扎哈罗娃就美国决定向乌克兰提供集束弹药发表评论。扎哈罗娃指出,拜登政府决定向乌克兰提供集束弹药是美国反俄政策的又一表现。美国反俄政策的目的是尽可能地延长冲突。

7月10日 俄罗斯-海湾阿拉伯国家合作委员会战略对话第6次部长级会议在莫斯科举行。俄罗斯外长拉夫罗夫出席会议,拉夫罗夫强调了俄罗斯-海湾阿拉伯国家合作委员会战略对话对地区经济发展等领域的重要性,会议还讨论了进一步推进双方在经贸等领域开展合作等问题。

7月12日 俄罗斯外交部就11日至12日在立陶宛首都维尔纽斯举行的北约峰会发表声明。俄方在声明中表示以美国为首的"西方集体"将采取包括军事手段在内的一切手段维护其霸权并抵抗世界多极化趋势,俄方强调国家安全的重要性,并且表示将会观察峰会的结果并以一切手段和方法作出回应。

7月13日 俄罗斯-东盟外长会议在印度尼西亚首都雅加达举行,俄罗斯外长拉夫罗夫和东盟成员国外长出席会议。双方赞成加强以东盟为中心的安全与发展架构,促进亚太地区重要多边平台的协调,通过了俄罗斯-东盟战略伙伴关系五周年联合声明。

7月17日　俄罗斯外交部就克里米亚大桥发生恐袭事件发表声明。俄罗斯外交部强烈谴责对克里米亚大桥的恐怖袭击，该大桥纯属民用设施。声明希望国际社会和相关多边机构能够展现出原则性，对乌克兰当局的又一次犯罪行为作出合理评估。

7月17日　俄罗斯外交部发表关于《伊斯坦布尔协议》的声明。声明指出就公然破坏《伊斯坦布尔协议》执行工作的种种情况下，俄方反对进一步延长协议。只有西方国家认真考虑履行自己的承诺，真正解除对俄罗斯化肥和粮食的制裁，俄罗斯才会愿意考虑恢复"交易"。

7月18日　俄罗斯外长拉夫罗夫与土耳其共和国外长菲丹进行了电话会谈。双方就地区议程交换了意见，重点关注了近期围绕乌克兰发生的事件。双方讨论了在"黑海倡议"框架内开展联合工作的成果。作为"黑海倡议"的替代方案，外长们审议了向最需要的国家提供粮食而不受基辅及其西方庇护人破坏行动影响的其他方案。

7月18日　俄罗斯外长拉夫罗夫与伊朗外长阿卜杜拉希扬通电话。双方讨论了俄伊议程上的重要问题，包括7月10日在莫斯科举行的俄罗斯-海湾阿拉伯国家合作委员会战略对话第六次部长级会议。双方重申了对《联合国宪章》所载国际法基本原则的全面和相互关联的承诺，包括尊重国家主权和领土完整。

7月18日　俄罗斯外长拉夫罗夫会见阿拉伯国家、土耳其外交使团团长和阿拉伯国家联盟代表。各方就中东局势交换了意见，重点关注中东问题。拉夫罗夫阐述了俄罗斯在稳定巴以对抗地区局势，以及为建立可持续和平进程创造必要条件等问题上的原则性立场。

7月21日　俄罗斯外长拉夫罗夫出席了金砖国家外长线上特别会议。会议就发展和加强五国战略伙伴关系（包括金砖国家机制化建设）深入交换意见。

7月21日　应阿塞拜疆方面的提议，俄罗斯外长拉夫罗夫与阿塞拜疆外长巴伊拉莫夫进行了电话交谈。外长们讨论了根据俄罗斯、阿塞拜疆和亚美尼亚领导人达成的协议，在阿塞拜疆与亚美尼亚关系正常化的关键轨道上加强联合工作的途径。双方同意进行进一步接触。

7月24日 俄罗斯外交部就乌克兰袭击莫斯科和克里米亚发表声明。声明指出乌克兰军政领导人又一次使用恐怖手段，对民众进行恐吓。俄方强烈谴责基辅政权再次犯下的这一罪行，呼吁国际组织对其作出应有的评估。俄罗斯侦查委员会已就上述事实提起刑事诉讼，所有责任人都将受到追究和惩罚。俄方保留采取严厉报复措施的权利。

7月24日 俄罗斯外交部发言人扎哈罗娃发表声明称，俄方关切朝鲜半岛局势的发展，注意到由于美韩恢复大规模联合军事演习，以及韩国向朝鲜挑衅性地散发宣传材料，朝鲜半岛局势最近有所升级。俄罗斯愿支持和巩固朝鲜半岛的和平与稳定，支持朝韩在无外部干涉的情况下开展对话并使关系正常化，通过和平的外交手段解决地区问题。

7月24日至26日 俄罗斯外交部副部长韦尔希宁出席在联合国粮食及农业组织总部举行的联合国粮食系统峰会阶段成果总结推进大会。俄方重申愿意继续向世界市场供应粮食和化肥，从而为全球南方国家的发展作出贡献。此外韦尔希宁还分别与联合国粮食及农业组织总干事屈冬玉和世界粮食计划署执行主任辛迪·麦凯恩以及联合国秘书长古特雷斯举行了会议。

7月25日 俄罗斯外长拉夫罗夫、阿塞拜疆外长巴伊拉莫夫和亚美尼亚外长米尔佐扬在俄罗斯首都莫斯科举行三方会谈，阿亚双方就和平条约谈判进程交换意见。拉夫罗夫表示，三国外交部门将继续努力执行阿塞拜疆总统、俄罗斯总统和亚美尼亚总理就解决纳卡地区问题所达成协议的任务，以及推进阿塞拜疆和亚美尼亚关系全面正常化的任务。

7月26日 应巴基斯坦方面的提议，俄罗斯外长拉夫罗夫与巴基斯坦外长比拉瓦尔·布托·扎尔达里进行了电话会谈。双方就区域协作和双边合作（特别是在经贸和反恐领域的合作）的重要问题深入交换了意见。

7月27日至28日 第二届俄罗斯－非洲峰会暨经济和人道主义论坛在俄罗斯圣彼得堡开幕，数十个非洲国家派代表参会。峰会及论坛通过了圣彼得堡宣言以及2023年至2026年论坛行动计划等多份文件。峰会还决定俄罗斯－非洲峰会每三年举行一次。

7月31日 俄罗斯外交部就联合国国际信息安全不限成员名额特设工作组第五届会议成果发表声明称，会议通过的第二次临时报告落实了俄罗斯建立政府间网络攻击信息交流联络点登记册的倡议，该机制为各国在预防和处理信息空间事件方面开展合作提供了机会。

8月

8月21日　俄罗斯外长在接受《今日俄罗斯》就有关亚太经合组织会议的采访时称，亚太经合组织是俄罗斯多边外交的关键领域之一，是俄罗斯建立大欧亚伙伴关系倡议的重要环节。俄方将积极消除机制内不合理的障碍，优化欧亚大陆的营商环境，将欧亚经济联盟打造成为强大的动力因素。

8月24日　俄罗斯外长拉夫罗夫回应金砖国家首脑会议成果时称，金砖国家"单一货币"体系正在积极商议中，金砖国家将重建一个替代支付系统。另外，也欢迎更多志同道合的国家加入金砖国家，实现世界多极化。

8月25日　俄罗斯外交部就西方国家一再向摩尔多瓦输送武器表示谴责。俄方认为美国向摩尔多瓦输送的武器是具有挑衅性的。据分析人士称，美摩两国正在研究在摩建立美军武器仓库的问题以装备摩军。

8月31日　俄罗斯外长拉夫罗夫与土耳其外长菲丹举行的联合新闻发布会上称，双方讨论了将协助土耳其与叙利亚恢复外交关系，深化包括外高加索地区在内的其他领域的合作，有兴趣促进亚美尼亚和土耳其的关系正常化。另外还讨论了将以优惠价格向土耳其供应100万吨粮食供土耳其企业加工后发往其他国家。

9月

9月4日　俄罗斯总统普京与土耳其总统埃尔多安在俄罗斯索契举行

会谈。双方就两国安全、经济、政治、人文领域合作以及黑海港口农产品外运协议等国际和地区热点问题交换了意见。

9月5日　第十八届东亚峰会在雅加达举行，中华人民共和国国务院总理李强、俄罗斯外长拉夫罗夫等出席。

9月6日　俄罗斯外交部就"黑海倡议"恢复条件发表声明。俄方重申了普京明确阐述的立场：俄方愿意考虑恢复"黑海倡议"的可能性，但前提是必须完全满足取消对俄罗斯农产品和化肥公司的不合理制裁。

9月7日　俄罗斯外交部巡回大使尼古拉·科尔楚诺夫与中国外交部北极事务特别代表高风在莫斯科举行会谈。双方讨论了北极地区联合项目的实施情况，主要涉及能源、投资、科学研究、运输等领域。

9月12日　第八届东方经济论坛在符拉迪沃斯托克开幕，俄罗斯总统普京出席开幕式并发表讲话。普京表示，近年来全球经济的持续变化主要是因为西方国家正在亲手摧毁它们自己创造和建立的金融、贸易和经济体系。普京指出，远东地区对俄罗斯在多极世界中的地位和作用非常重要。

9月12日　欧亚经济联盟拟同金砖国家建立统一支付系统。欧亚经济委员会主席米哈伊尔·米亚斯尼科维奇出席第八届东方经济论坛"欧亚经济联盟－金砖国家：在塑造多极世界中的作用"分论坛并发表讲话指出，欧亚经济联盟和金砖国家间的商品流通持续增长，为此需要建立现代化和可靠的统一支付结算系统。

9月13日　俄罗斯总统普京与朝鲜国务委员长金正恩在阿穆尔州东方航天发射场举行会谈。两位领导人讨论了俄朝双边关系，涉及农业、旅游、交通和物流基础设施发展方面的合作。双方还讨论了朝鲜半岛和欧洲局势。

9月18日　俄罗斯外交部对联合国国际法院恢复审理乌克兰对俄诉讼发表声明。俄方称，将在诉讼会上提出初步反对意见。

9月18日　欧亚经济委员会主席、俄罗斯联邦副总理阿列克谢·奥韦尔丘克在联合国可持续发展目标峰会期间发表关于欧亚经济一体化和实现联合国可持续发展目标的联合声明，介绍了欧亚经济联盟内部经济一体化进程的发展，以及对成员国内部实现可持续发展目标的重要作用。

9月21日　上海合作组织和独联体成员国在吉尔吉斯斯坦共和国举行

联合反恐演习"欧亚反恐-2023"。上海合作组织副秘书长叶梅克巴耶夫出席此次演习。演习首次基于两个国际组织的合作举行，并规定同时进行不同的训练任务。

9月22日　在联合国大会第七十八届高级会议周期间，俄罗斯副外长韦尔希宁主持开展了纪念俄罗斯在1998年发起的联合国信息安全话题辩论二十五周年的非正式活动，重点介绍俄罗斯关于这一专题的周年决议案。

9月27日　俄罗斯外交部发表声明表示，俄方已扩大禁止进入俄罗斯境内的英国公民人员名单。

9月29日　阿富汗问题"莫斯科模式"第五次会议在喀山举行，来自俄罗斯、中国、巴基斯坦、伊朗、印度、哈萨克斯坦、吉尔吉斯斯坦、土库曼斯坦和乌兹别克斯坦的特别代表和高级官员出席了会议。会议期间，各方就阿富汗当前局势交换了意见，重点是地区安全和阿富汗融入地区经济进程。

10月

10月3日　俄罗斯太平洋舰队在千岛群岛演习"棱堡"岸防导弹系统。据俄罗斯太平洋舰队消息，其"棱堡"岸防导弹系统班组在千岛群岛中央的马图阿岛开展演习，摧毁了一艘假想敌登陆舰。

10月5日　俄罗斯黑海舰队将在阿布哈兹设立永久基地。阿布哈兹领导人阿斯兰·布扎尼亚称，俄罗斯海军舰艇的永久基地将设在阿布哈兹黑海海岸，相关协议已经签署。

10月5日　俄罗斯总统普京出席瓦尔代国际辩论俱乐部第二十届年会并发表讲话，阐释了俄罗斯的外交政策、同西方关系和俄乌冲突等问题。普京称俄乌冲突本质是关于建立新的世界秩序所依据的原则，并且还提出了俄罗斯对于"文明世界"的独特理解以及对未来世界提出了六点构想。

10月6日　俄罗斯外交部发表声明指出，俄方将继续作出一贯努力，向亚美尼亚和纳卡的亚美尼亚居民提供全面援助。声明称俄方将在协议框架内向亚美尼亚以及纳卡地区的亚美尼亚人提供包括石油产品在内的人道主义援助。

10月18日 第三届"一带一路"国际合作高峰论坛开幕式在北京举行。俄罗斯总统普京在开幕式上致辞。普京对"一带一路"倡议作出了积极评价，并且认为这与俄罗斯提倡的大欧亚伙伴关系倡议一致，同时还邀请感兴趣的国家参与北方海航道的开发建设。

10月18日 中国国家主席习近平同俄罗斯总统普京举行会谈。普京表示两国就许多重大问题进行了深入沟通，达成的共识正在得到认真落实。俄方愿同中方密切在金砖国家等多边机制内的沟通协作，捍卫以国际法为基础的国际体系，推动建立更加公正合理的全球治理体系。

10月23日 "3+3"地区磋商平台第二次会议在伊朗德黑兰举行。应伊朗外长邀请，亚美尼亚外长、阿塞拜疆外长、俄罗斯外长和土耳其外长出席此次会议。各方就加强多边合作和增进互信等问题交换了意见。

10月26日 独联体政府首脑理事会例行会议在比什凯克举行。会议由吉尔吉斯共和国部长内阁主席兼总统办公厅主任阿基尔别克·扎帕罗夫主持。与会者交换了意见，审议了议程中的所有问题，并通过了20份文件。

10月31日 在叙利亚方面的倡议下，俄罗斯外长拉夫罗夫与叙利亚外长梅克达德进行电话交谈。在通话中，两国外长特别关注了巴以冲突地区局势的急剧发展。

11 月

11月2日 普京签署法律撤销批准《全面禁止核试验条约》。目前，187个国家加入了《全面禁止核试验条约》，178个缔约国批准了《全面禁止核试验条约》。包括美国、中国等核大国在内的一些国家尚未批准该条约。俄罗斯常驻维也纳国际组织代表米哈伊尔·乌里扬诺夫表示，此举并不意味着俄罗斯打算恢复核试验，其主要目标是与美国处于平等地位。

11月2日　俄罗斯外交部发表关于"永久停止埃塞俄比亚北部提格雷地区敌对行动"的协议缔结一周年的声明。声明表示，俄方支持埃塞俄比亚政府以和平解决冲突局势为重点制定的全面国家政策，并表示尽管在使提格雷局势进一步正常化方面存在客观困难，但俄方相信协议将得到全面成功执行。

11月2日　俄罗斯政府通过建立永久冻土国家监测系统的行政令。俄罗斯总理米舒斯京签署建立永久冻土国家监测系统的行政令，以更好地了解全球气候变化对永久冻土层的影响，以及永久冻土融化时排放的温室气体含量。

11月3日　第七十八届联合国大会第三委员会会议通过俄罗斯提交的《关于打击美化纳粹主义、新纳粹主义和其他助长当代各种形式种族主义、种族歧视、仇外心理和相关不容忍行为的做法》的决议草案。该草案获得了112票赞成，50票反对，14票弃权。

11月4日　俄罗斯海军总司令与缅甸领导人就双边合作与首次联合演习事宜举行会谈。据俄罗斯国防部消息，俄缅两国军事指挥官互致问候，互赠传统礼物，双方讨论了双边合作的热点问题，并就俄缅海军首次联合海军演习交换了意见。

11月7日　俄罗斯外交部发表声明指出，俄罗斯目前已完成退出《欧洲常规武装力量条约》的全部程序。这项法律文件早在2007年就被俄罗斯暂停实施。与该条约相关的另外两项具有法律约束力的协定也失去了效力，即1994年12月5日签署的《布达佩斯协定》，以及1996年5月31日的《侧翼文件》。

11月8日　俄罗斯外长拉夫罗夫在"乌克兰危机：非法制裁与全球经济"圆桌会议期间会见了"全球南方"国家驻莫斯科大使。拉夫罗夫强调，当前全球经济失衡的主要原因是西方国家宏观经济政策中的系统性错误。

11月16日　俄罗斯国防部副部长亚历山大·福明在雅加达举行的东盟成员国和对话伙伴国第十次会议上表示，一些国家试图在亚太地区组建军事集团，摧毁了现有的安全体系。而亚太地区现有的安全架构已经证明了其有效性。俄罗斯愿意促进消除亚太地区的威胁。

11月15日至17日 亚太经合组织第三十次领导人非正式会议在美国旧金山举行，会议通过2023年亚太经合组织领导人《旧金山宣言》。俄罗斯代表团团长、副总理奥维尔丘克出席会议闭幕式并指出，宣言的通过充分考虑到俄罗斯的立场。

11月16日 俄罗斯－巴基斯坦打击国际恐怖主义和其他安全挑战工作组第十次会议在巴基斯坦首都伊斯兰堡举行。两国主管机构的代表参加了会议。双方讨论了两国在打击恐怖主义和极端主义方面的经验，并确认愿意在双边层面以及在国际组织（主要是联合国和上海合作组织）联合工作框架内加强建设性反恐合作。

11月20日 俄罗斯外交部召见芬兰驻俄罗斯大使赫兰瑟雷，对芬兰单方面关闭俄芬边境检查站的行为表示抗议。俄罗斯外交部表示，芬兰以俄罗斯蓄意组织移民越境为借口，单方面关闭俄芬边境检查站具有公然的挑衅性，而且显然导致两国关系进一步恶化。

11月22日 集体安全条约组织成员国外长于白俄罗斯首都明斯克市发表关于保障欧亚地区安全共同行动的联合声明。声明指出，集体安全条约组织成员国外长对武力因素在国际关系中发挥越来越大的作用以及冲突空间的扩大表示遗憾，强调必须在欧亚空间建立可持续的安全体系。

11月23日 俄罗斯政府海关和关税监管分委会通过保护国内市场和扩大市场供应的政策文件。文件规定了向非欧亚经济联盟成员国出口基本谷物（小麦、大麦、玉米、黑麦）的关税配额为2400万吨，配额有效期为2024年2月15日至6月30日。

11月23日 俄印军舰在孟加拉湾进行联合演习。据俄罗斯太平洋舰队信息支持部门消息，俄罗斯海军和印度海军军舰在孟加拉湾进行联合演习，俄太平洋舰队的"特里布茨海军上将"号大型反潜舰和"佩琴加"号补给舰参加。印方则派出"兰维贾伊"号驱逐舰和"基尔坦"号护卫舰以及飞机和直升机参加。

11月28日 俄罗斯外交部发表声明称，根据俄罗斯联邦政府第3114号行政令，俄方打算终止俄罗斯联邦政府和日本政府于1993年10月13日签署的《削减核武器领域合作双边协议》。协议将在通知之日起六个月后终止，即 2024 年 5 月 21 日。

11 月 30 日 俄罗斯外交部发布一份关于美化纳粹主义、新纳粹主义和其他助长当代各种形式种族主义、种族歧视、仇外心理和相关不容忍行为的做法的定期报告。该报告是俄罗斯本着努力维护第二次世界大战进程和结果的历史真相的精神编写的。

11 月 30 日 国家间科技信息协调委员会第 30 次例会在莫斯科举行。亚美尼亚、白俄罗斯、哈萨克斯坦、摩尔多瓦、俄罗斯以及独联体执行委员会和俄罗斯科学院全俄科技信息研究所的代表出席了会议。会议讨论了独联体国家间科技信息交流领域的热点问题。

11 月 30 日 俄罗斯副总理亚历山大·诺瓦克表示，俄罗斯将与一些石油输出国组织成员国协调，每日减产 50 万桶石油，这一措施延长至 2024 年第一季度末。诺瓦克指出，削减量将根据 2023 年 5 月和 6 月的平均出口水平计算，包括每天 30 万桶原油和每天 20 万桶成品油。

12 月

12 月 2 日 由"潘捷列耶夫海军上将"号大型反潜舰和"佩琴加"号补给舰组成的俄罗斯太平洋舰队军舰分队抵达越南庆和省南部金兰湾进行公务访问。

12 月 2 日 俄罗斯、哈萨克斯坦等国代表团团长发表关于欧洲安全与合作组织地区安全局势的联合声明，重申致力于在欧亚地区发展友好、平等和互利的国家间关系，致力于在共同承诺和共同目标的基础上建立自由、公正、民主、共同和不可分割的欧亚安全共同体的构想。声明强调了联合国和欧洲安全与合作组织在国际关系中的协调作用和地位，推动国际积极议程，共同迎接问题和挑战。

12 月 5 日 里海沿岸国外长会议在莫斯科举行。阿塞拜疆外长巴耶拉莫夫、伊朗外长阿米拉布杜拉希安、哈萨克斯坦外长努尔特莱乌和土库曼斯坦外长梅列多夫出席了会议。会议期间，拉夫罗夫与里海沿岸国外长举行了多次双边会晤。会议讨论了共同关心的广泛问题，重点是发展里海合作的优先事项以及国际议程上的热点问题。

12月5日至6日　第五十九轮关于外高加索地区安全与稳定会议在日内瓦举行，格鲁吉亚、阿布哈兹、南奥塞梯、俄罗斯和美国的代表参加了讨论，讨论由联合国、欧洲安全与合作组织和欧盟共同主持。俄方代表强调了北约在该地区的军事存在等问题，与会各方强调维护日内瓦模式，将此作为解决外高加索问题的谈判平台，并且一致同意就地区问题建立预防和应对机制。

12月11日　俄罗斯太平洋舰队编队抵达菲律宾马尼拉港进行访问，太平洋舰队包括"特里布茨海军上将"号和"潘捷列耶夫海军上将"号两艘大型反潜舰在内的编队抵达菲律宾马尼拉港，并在此停靠。据太平洋舰队消息称，此次到访旨在"在该地区展示俄罗斯海军的存在，以及发展和加强与外国的友好关系"。

12月14日　俄罗斯与联合国就实施《俄罗斯－联合国关于国内农产品出口正常化的备忘录》进行磋商。双方就确保俄罗斯化肥和食品不受阻碍地进入世界市场的任务详细交换了意见，讨论了西方制裁阻碍俄罗斯农产品出口问题和向世界最贫穷国家提供粮食和肥料等问题。

12月13日至16日　中俄（罗斯）边界联合委员会第二十八次会议在北京举行。会议审议了执行2006年11月9日《中华人民共和国政府和俄罗斯联邦政府关于中俄国界管理制度的协定》的一系列问题。报告指出，中俄边境局势稳定，双方保持密切合作，还讨论了边境口岸互联互通和跨界水域共同使用问题。

12月15日　黑海经济合作组织外长理事会第四十七次会议以视频会议模式举行。俄罗斯外交部副部长潘金率团参加。会议通过了黑海经合组织最新经济议程，该文件确定了中期战略方针和合作方向，包括经济、贸易、社会和其他领域的互动目标。

12月18日　欧盟通过了第十二轮"一揽子计划"制裁，俄罗斯外交部就此发表声明称，针对这些不友好的非法行动，俄罗斯方面扩大了欧洲机构和欧盟成员国的代表名单，根据联邦法律，禁止他们进入俄罗斯领土。

12月19日　中华人民共和国国务院总理李强与俄罗斯总理米舒斯京共同举行中俄总理第二十八次定期会晤。双方高度评价中俄总理定期会晤机制在协调推动两国经贸、投资、能源、人文、地方合作中发挥的重要作用，重申愿进一步提高该机制效率，取得更多互利合作成果。

12月20日　第六届俄罗斯－阿拉伯合作论坛部长级会议在摩洛哥马拉喀什举行。会议商定了一系列具体步骤，以加强俄罗斯与阿拉伯国家之间的全方位合作。与此同时，会议还通过了关于落实2024年至2026年论坛原则、目标和目的的最终宣言和行动计划。

12月21至22日　俄罗斯副外长格鲁什科在巴库与阿塞拜疆共和国副外长阿济莫夫就地区和欧洲安全问题举行了部际磋商。双方重申致力于就地区和欧洲安全问题保持密切对话。

12月25日　俄罗斯外交部发表声明，对12月17日至23日在北京举行的中、俄、哈、吉、塔五国裁减边境武装力量协定联合监督小组第四十五次会议进行总结。声明指出，1996年和1997年中国、俄罗斯、哈萨克斯坦、吉尔吉斯斯坦、塔吉克斯坦五国分别缔结了《关于在边境地区加强军事领域信任的协定》和《关于在边境地区相互裁减军事力量的协定》，以确保该地区稳定与安全并加强五国友谊与合作。

12月25日　俄罗斯国家杜马北极委员会主席尼古拉·哈里托诺夫就美国最近出台的外大陆架文件发表评论表示，美国在北极大陆架的扩张是不可接受的，并可能导致紧张局势加剧。

12月27日　俄罗斯外交部就此前联合国大会通过的《关于国际信息安全背景下信息和电信领域成就的决议》发表声明称，大多数联合国成员国原则上同意俄罗斯建立公平公正的国际信息安全体系的方法。声明指出，俄罗斯希望联合国大会通过一项程序性决定草案，批准俄罗斯关于交换计算机事件信息的政府间联络点登记册的倡议。

12月30日　俄罗斯政府通过行政令，延长对大米和谷物出口的临时禁令至2024年6月30日。行政令指出，这一举措是为了保持国内市场的稳定。行政令还规定了一些例外情况，提出上述产品禁令不适用于欧亚经济联盟成员国以及阿布哈兹和南奥塞梯地区。此外，大米和谷物可作为人道主义援助物资和国际过境运输物资运往国外。

12月30日 俄罗斯外交部发表声明，对2023年外交政策主要成果进行总结。声明指出，2023年俄罗斯外交部门在与"西方集体"对抗升级的背景下执行了普京总统制定的外交政策路线。其主要任务是为特别军事行动提供政治和外交支持，扩大与世界多数民族国家和团体的合作。